सुरेन्द्र मोहन पाठक

सुरेन्द्र मोहन पाठक का जन्म 19 फ़रवरी, 1940 को खेमकरण, अमृतसर, पंजाब में हुआ। विज्ञान में स्नातक की उपाधि लेने के बाद आप 'इंडियन टेलीफ़ोन इंडस्ट्रीज़' में नौकरी करने लगे। पढ़ने के शौक़ीन पाठक जी ने मात्र 20 वर्ष की उम्र में ही अन्तरराष्ट्रीय ख्यातिप्राप्त उपन्यासकार इयान फ्लेमिंग रचित 'जेम्स बांड' सीरीज़ और जेम्स हेडली चेज़ (James Hadley Chase) के उपन्यासों का अनुवाद करना शुरू कर दिया था।

सन् 1949 में आपकी पहली कहानी, '57 साल पुराना आदमी', 'मनोहर कहानियाँ' नामक पत्रिका में प्रकाशित हुई। आपका पहला उपन्यास 'पुराने गुनाह नए गुनाहगार' सन् 1963 में 'नीलम जासूस' नामक पत्रिका में छपा था। 1963 से 1969 तक आपके उपन्यास विभिन्न पत्रिकाओं में छपते रहे।

सुरेन्द्र मोहन पाठक के सबसे प्रसिद्ध उपन्यास 'असफल अभियान' और 'खाली वार' थे। इनके प्रकाशन के बाद पाठक जी प्रसिद्धि के सर्वोच्च शिखर पर पहुँच गए। इसके बाद अब तक पीछे मुड़कर नहीं देखा है। 1977 में छपे आपके उपन्यास 'पैंसठ लाख की डकैती' की अब तक ढाई लाख प्रतियाँ बिक चुकी हैं। जब इसका अनुवाद अंग्रेज़ी में प्रकाशित हुआ, तब इसकी ख़बर 'टाइम' मैगज़ीन में भी प्रकाशित हुई। पाठक जी के अब तक 300 से अधिक उपन्यास छप चुके हैं और वे अपने शुरुआती जीवन की कथा 'न बैरी न कोई बेगाना' और लेखकीय जीवन के सबसे हलचल वाले दिनों की कथा 'हम नहीं चंगे बुरा न कोय' नाम से लिख चुके हैं।

सम्पर्क : smpmysterywriter@gmail.com

वेब एड्रेस : www.smpathak.com

सुरेन्द्र मोहन पाठक

निंदक नियरे राखिए

राजकमल पेपरबैक्स

राजकमल पेपरबैक्स में
पहला संस्करण : दिसम्बर, 2020
तीसरा संस्करण : फरवरी, 2021

राजकमल पेपरबैक्स : उत्कृष्ट साहित्य के जनसुलभ संस्करण

राजकमल प्रकाशन प्रा.लि.
1-बी, नेताजी सुभाष मार्ग, दरियागंज
नई दिल्ली-110 002
द्वारा प्रकाशित

शाखाएँ : अशोक राजपथ, साइंस कॉलेज के सामने, पटना-800 006
पहली मंजिल, दरबारी बिल्डिंग, महात्मा गांधी मार्ग, प्रयागराज-211 001
36 ए, शेक्सपियर सरणी, कोलकाता-700 017
वेबसाइट : www.rajkamalprakashan.com
ई-मेल : info@rajkamalprakashan.com

यश प्रिंटोग्राफिक्स
ग्रेटर नोएडा-210 310 (उत्तर प्रदेश)
द्वारा मुद्रित

मूल्य : ₹299

NINDAK NIYARE RAKHIYE
Autobiography by Surendra Mohan Pathak

ISBN : 978-93-89598-73-5

निंदक नियरे राखिए, आँगन कुटी छवाय।
बिन पानी साबुन बिना, निरमल करे सुभाय॥

—कबीर

अगर अभिव्यक्ति की स्वतंत्रता छिन जाती है तो मूढ़ और मूक जिबह को ले जाई जाती भेड़ों की तरह हाँके जा सकते हैं।

—जॉर्ज वाशिंगटन

अधेड़ावस्था

सरापा आरज़ू हूँ, दर्द हूँ, दाग़-ए-तमन्ना हूँ,
मुझे दुनिया से क्या मतलब, मैं अपनी आप दुनिया हूँ।

एक रोज रात आठ बजे अपने प्रिय लेखक से मिलने की तमन्नाई एक महिला मेरे घर पधारी। मैंने उसे बैठक में बिठाया और खुद भी उसके सामने मुकाम पाया। वो उम्र में पैंतीस-छत्तीस साल की और रख-रखाव से कोई विवाहित महिला जान पड़ती थी। उसका जिस्म बहुत भरा-भरा था और वो साड़ी ब्लाउज पहने थी। ब्लाउज इतना लो-कट था कि पल्ला जरा ढलकता था तो बहुत कुछ बहुत दूर तक दिखाई देता था। बरबस मुझे 'दाग़' का शेर याद आया :

यह लुत्फ है कि दुपट्टा उड़ा रही है हवा,
छुपा रहे हैं वो सीना, कमर नहीं छुपती।

औरत के मन में क्या है ये औरत चुटकियों में भाँप जाती है। नतीजतन मेरी बीवी, जो मेरे से कोई मिलने आया हो तो मेरे करीब कभी नहीं बैठती थी, वहीं बैठ गई।

बीवी के उस एक्शन से नापसन्दगी महिला की शक्ल से साफ झलकी।

फिर जैसे वो मेरे से लुका-छिपी का खेल खेलने लगी।

बीवी की निगाह भटकती थी तो वो झुककर अपने उन्नत वक्ष की घाटियों का मुझे नजारा कराती थी, बीवी की निगाह वापिस लौटती थी तो वो सीधी हो जाती थी।

ऐसा उसने कई बार किया।

बीवी से फिर भी कुछ छुपा नहीं था इसलिए वो भी साफ जाहिर कर रही थी कि उसका वहाँ से हिलने का कोई इरादा नहीं था।

उस ड्रिल के दौरान वो मुस्कराती भी रहती थी, बातें भी करती रहती थी और बीवी को पूरी तरह से नजरअन्दाज करके रखती थी।

"भई, इनके लिए चाय बनाओ।"—मैं बोला।

"बनाती हूँ।"—बीवी भुनभुनाई, लेकिन उठकर न दी।

वो चाय बनाने किचन में चली जाती तो वो महिला ब्लाउज उतारकर हैंडबैग में तो न रख लेती, लेकिन अपने यौवन की छटा यकीनन ज्यादा फराखदिली से मेरे दीदार के लिए बिखेरती।

मैंने दो-तीन बार फिर बीवी को चाय की बाबत याद दिलाया तो आखिर वो गई और उलटे पाँव चाय के विकल्प के तौर पर कोकाकोला लेकर लौटी।

जिसे कि मेहमान ने हाथ भी न लगाया।

आखिर वो विदा हुई।

लेखक के दर्शन पाकर और लेखक को 'दर्शन' कराकर।

जरूर उसकी मान्यता थी कि भगवान ने दिए थे तो छुपाने के लिए तो नहीं दिए थे!

नारायणा से एक औरत मुझे ऑफिस में फोन करती थी, दोपहरबाद किसी वक्त तकरीबन रोज फोन करती थी लेकिन पूछने पर भी नहीं बताती थी कैसे उसे मेरा वो नम्बर मालूम हुआ था। बहुत मीठा बोलती थी, मेरा और मेरे नावलों का खूब यशोगान करती थी और वार्तालाप के सिरे पर मिलने की प्रबल इच्छा प्रकट करती थी जिसमें कि एक फच्चर था।

वो चाहती थी कि उससे मिलने के लिए मैं नारायणा उसके घर आऊँ।

उस बात से जितना मैंने इनकार किया, उतनी उसकी मनुहार बढ़ती गई।

आखिर मुझे लगा कि उस सिलसिले पर अंकुश लगाने का यही तरीका था कि मैं उसकी दरख्वास्त कुबूल कर लेता।

मैंने ऐसा ही किया।

अगली बार जब उसका फोन आया तो मैं बोला, आता हूँ।

वो बाग-बाग हो गई। उसने मुझे नारायणा का अपना पता बताया और इलाके के कुछ लैंडमार्क भी बताए, जिसकी वजह से मंजिल पर पहुँचने की कोशिश में मुझे भटकना न पड़ता।

एक ऑटो पर सवार होकर मैं निर्देशित पते पर पहुँचा।

पता एक काफी रौबदार कोठी का निकला। मैंने कॉलबैल बजाई तो एक मेड ने दरवाजा खोला।

मैंने उसे अपना नाम बताया और महिला का नाम लेकर बोला कि मैं उससे मिलने आया था।

मुझे दरवाजे पर खड़ा छोड़कर वो मैडम को बुलाकर लाई, जो बड़े उत्साह से, बड़े प्रेम भाव से मेरे से मिली।

मुझे उम्र में वो चालीस-बयालीस साल की लगी, शक्ल-सूरत उसकी मामूली थी, लेकिन सज-धज उम्दा थी।

जो शायद मेहमान की खातिर ही की गई थी।

वो मुझे एक सुसज्जित ड्राईंगरूम में लेकर आई, आमद के लिए बार-बार धन्यवाद देते हुए मुझे बैठने को बोला और 'अभी आई' कहकर गायब हो गई।

मैंने सहमति में सिर हिलाया और प्रतीक्षा करने लगा।

वो काफी देर न लौटी तो मैं विचलित होने लगा। मैं उस औरत को जानता नहीं था, लेकिन उसके घर में बैठा हुआ था। अब मेरे भीतर ये अहसास भी सिर उठाने लगा कि मैंने वहाँ आकर गलती की थी।

क्या करूँ?

गलती सुधारूँ? उठकर चल दूँ?

तभी मेड वहाँ पहुँची।

"मैडम बुलाती हैं।"—वो बोली।

"कहाँ?"—मैं हड़बड़ाया।

"लेकर चलती हूँ।"

मैं उठा और उसके साथ हो लिया।

एक गलियारे के सिरे पर जाकर वो एक बन्द दरवाजे पर ठिठकी।

"जाइए।"—वो बोली।

"मैडम यहाँ हैं?"

"हाँ।"

"भीतर?"

"हाँ।"

मेरे अगला कोई सवाल करने से पहले वो लम्बे डग भरती वहाँ से चली गई।

मैंने झिझकते हुए दरवाजा खोला और भीतर कदम रखा।

वो एक बड़े वैभवशाली ढंग से सुसज्जित, एयरकंडीशंड बैडरूम था, जिसमें रोशनियाँ नॉर्मल दूधिया या पीली होने की जगह नीली थीं और वो कहाँ फिट थीं, मालूम नहीं पड़ता था। सामने एक डबल बैड था, जिस पर कई तकियों, गद्दियों के सहारे बड़ा उत्तेजित पोज बनाए वो लेटी हुई थी।

मेरी आमद पर भी वो न उठी, पूर्ववत् लेटी रही।

"आइए।"—मादक स्वर में वो बोली।

हे भगवान!

क्या हो रहा था?

क्या 'सीआईडी' का वो सीन डुप्लीकेट हो रहा था, जिसमें देवानंद वहीदा रहमान से पहली बार उसकी ख्वाबगाह में मिलता है और गाना होता है—जाता कहाँ है दीवाने, सब कुछ यहाँ है सनम...

"अरे, आओ न!"

झिझकता-सा मैं बैड के करीब पहुँचा।

"बैठो!"

मैंने दाएँ-बाएँ निगाह दौड़ाई। वहाँ कोई कुर्सी या स्टूल तो था नहीं। कहाँ बैठो!

"अरे, बैठो न!"

तब मेरी समझ में आया वो मुझे बैड पर बैठने को कह रही थी।

"बैठता हूँ।"—मैं बोला—"लेकिन पहले मेरी बात सुनिए।"

"क्या!"

"मैं पाँच मिनट के लिए आया था..."

"उसका तो सवाल ही नहीं पैदा होता। जनाब, आते अपनी मर्जी से हैं, जाते होस्ट की मर्जी से हैं।"

"आप सुनिए तो!"

"बोलो।"

"मैं ऑटो वाले को बोलकर आया था कि मैं पाँच मिनट में लौट आऊँगा।"

"क्या! ऑटो वाला तुम्हारा इन्तजार कर रहा है?"

"हाँ। मैं यही तो अर्ज करना चाह रहा था कि अगर ज्यादा देर रुकना है..."

"रुकना है।"

"...तो मैं उसे भाड़ा देकर डिसमिस करके आता हूँ।"

"फिर ठीक है। जल्दी जाओ और जल्दी आओ।"

"बस, गया और आया।"

मैं बगूले की तरह कोठी से बाहर निकला।

ऑटो इन्तजार नहीं कर रहा था—मैंने उसे वहाँ पहुँचते ही फारिग कर दिया था—मैं लपकता हुआ ब्लॉक के मोड़ तक पहुँचा और जिधर सींग समाए, भाग निकला।

वापिसी के सारे रास्ते सीआईडी का गाना मेरे जेहन में बजता रहा :

> *अजी सुनिए हुजूर, जाना हमसे न दूर, देखो पहलू से उठके तो जाना बुरा... जाता कहाँ है दीवाने...*

मद्रास से एक महिला मेरे को पत्र लिखती थी जो थी तो बिहार की लेकिन, बकौल उसके, काफी अरसे से मद्रास में सैटल्ड थी। उसकी लिखी जो पहली ही चिट्ठी मुझे मिली थी, वो रोंगटे खड़े करने वाली थी। चिट्ठी की भाषा इतनी फाश थी कि मैं हैरान था कि कैसे कोई औरत ऐसी चिट्ठी किसी गैर मर्द को—भले ही वो उसका पसन्दीदा लेखक था—लिख सकती थी! लम्बी चिट्ठी का एक ही फिकरा मुलाहजा फरमाइए :

> *मेरे पति का कुतुबमीनार मेरी इन्दुस वैली में प्रवेश पर ही ढेर हो जाता है।*

मेरी अक्ल ने मुझे यही सुझाया कि वो चिट्ठी किसी महिला की चिट्ठी नहीं हो सकती थी, किसी कम्बख्त मर्द ने खुद को औरत जताकर वो चिट्ठी लिखी थी।

मैंने चिट्ठी फाड़कर फेंक दी।

बीसेक दिन बाद फिर एक चिट्ठी आ गई, जिसमें गिला किया गया था कि

मैंने उस महिला की पहली चिट्ठी का जवाब नहीं दिया था। इस बार की चिट्ठी में उसके विवाहित जीवन की कुछ बातें फिर दर्ज थीं, लेकिन भाषा में पहले जैसी वल्गैरिटी नहीं थी।

वल्गैरिटी बतौर अनैक्शचर साथ जो नत्थी थी!

पत्र के साथ उसका एक तीन गुणा पाँच इंच का रंगीन कैमरा प्रिंट संलग्न था, जिसमें वो डबल बैड पर सम्पूर्ण नग्नावस्था में लेटी दिखाई दे रही थी और कोढ़ में खाज की तरह उसकी पुश्त पर दर्ज था :

सप्रेम भेंट

मेरे प्रिय लेखक सुरेन्द्र मोहन पाठक को

मेरे पोस्ट बॉक्स वाला जीपीओ मेरे घर से दफ्तर के रास्ते में था, दफ्तर जाते चिट्ठियाँ मैं वहाँ से निकाला करता था और दफ्तर में लंच में या उसके बाद की फुरसत में उन्हें पढ़ता था। उस रोज मेरे साथ एक मेहमान मौजूद था जो कि रीडर से दोस्त बना था। मैंने चिट्ठी और तसवीर दोनों उसको दिखाईं।

उसने चिट्ठी पढ़ी, तसवीर देखी फिर बोला—"क्या करोगे इनका?"

"क्या करूँगा!"—मैं बोला—"फाड़ के फेंकूँगा।"

"जवाब दोगे?"

"नहीं।"

फिर उसने अजीब माँग की।

"मुझे दे दो।"—वो बोला।

"क्या! क्या तुम्हें दे दूँ?"

"ये चिट्ठी। ये फोटो।"

"क्या करोगे?"

"बस, दे दो।"

"अरे, फाश चिट्ठी है, मेरे नाम है, कैसे तुम्हें दे दूँ?"

"अच्छा, फोटो दे दो।"

"उस पर भी मेरा नाम लिखा है।"

"पीठ पर है। मैं मिटा दूँगा।"

"लेकिन करोगे क्या?"

"अरे, दे दो न! प्लीज!"

"लेकिन नाम..."

"मैं मिटा दूँगा।"

"पक्की बात?"

"हाँ।"

"दिखाना पड़ेगा मुझे कि नाम मिटा दिया है।"

"मैं कल ही दिखाने आऊँगा।"

मैंने चिट्ठी फाड़कर फेंक दी और फोटो उसे दे दी।

अगले रोज आकर उसने मुझे फोटो दिखाई।

अब पुश्त पर 'सप्रेम भेंट' के नीचे लिखा दिखाई दे रहा था :

मेरे प्रिय अरुण कुमार बरतारया को।

'लेखक सुरेन्द्र मोहन पाठक' उसने पुश्त पर से इस चतुराई से मिटाया था कि पता ही नहीं लगता था कि उसके नाम की जगह पहले कुछ और दर्ज था।

वो मुस्कराया।

वही फाश मुस्कराहट जो फोटो में चित्रित नंगी औरत के चेहरे पर दर्ज थी।

मिले हैं चन्द कतरे जो, चलो उनसे गुजर कर लें,
सभी को तिश्नगी के दौर में दरिया नहीं मिलता।

उस औरत की फिर कभी कोई चिट्ठी मुझे न आई।

मैंने इत्मीनान की साँस ली।

लेकिन इत्मीनान वक्ती निकला।

दो महीने बाद वो खुद आ गई।

एक दोपहरबाद वो मेरे आईटीआई के दफ्तर में पहुँची और उसने चपरासी से मेरी बाबत दरयाफ्त किया।

चपरासी उसे मेरे पास छोड़ गया।

मैंने देखा कि वो उम्र में करीब चालीस साल की मामूली शक्ल-सूरत वाली महिला थी, जो अपनी शक्ल-सूरत जैसा मामूली सफेद साड़ी-ब्लाउज पहने थी, जिसमें वो किसी बाल सुधार केन्द्र की वार्डन जान पड़ती थी।

जाहिर था कि जो न्यूड फोटो उसने मुझे भेजी थी, वो हालिया नहीं थी। अलबत्ता बाजरिया फोटो वाली सूरत मैंने उसे साफ पहचाना। फिर उसने खुद अपना परिचय देकर मेरी पहचान की तसदीक की।

मेरे छक्के छूट गए।

तौबा!

मैंने तो सपने में नहीं सोचा था कि आइंदा कभी वो मेरे सिर पर ही आ खड़ी होगी। वैसे तो वो बावजूद पोस्ट बॉक्स नम्बर मेरे घर भी पहुँच सकती थी—मेरे पुराने, पोस्ट बॉक्स मिलने से पहले के, उपन्यासों पर तो मेरे घर का ही पता छपता था—उसका मेरे ऑफिस पहुँचना भी कोई हैरानी की बात नही थीं, क्योंकि अपने उपन्यासों के 'लेखकीय' में मैं ही कभी-कभार दर्ज किया करता था कि मैं सरकारी कम्पनी आईटीआई में मुलाजिम था और आईटीआई—इंडियन टेलीफोन इंडस्ट्री—दिल्ली में एक ही थी।

जहाँ मेरी सीट थी, वहाँ आसपास बहुत स्टॉफ होता था, परले विंग में कदरन शान्ति होती थी और उधर का एक अधिकारी उस रोज आया नहीं था। मैं उसको वहाँ लेकर गया और हम दोनों आमने-सामने बैठे। मैंने चाय मँगाई और उसके साथ हल्का-फुल्का औपचारिक वार्तालाप शुरू किया। फिर मेरे बिना पूछे ही उसने अपने बारे में, अपने हसबैंड के बारे में, अपनी जॉब के बारे में, अपनी मद्रास की सोशल लाइफ के बारे में बताना शुरू कर दिया। ये भी बताया कि शादी हुए लम्बा अरसा हो गया था, लेकिन कोई औलाद नहीं थी—क्यों नहीं थी, मैंने न पूछा।

उस डायलॉग में—जो कि असल में मोनोलॉग ही था—मेरी शिरकत 'हाँ हूँ' से ज्यादा नहीं थी।

फिर उसने अपना हैंडबैग खोला, उसमें से एक वजनी लिफाफा निकाला, लिफाफे में से पोस्टकार्ड साइज़ की रंगीन तसवीरों का एक मोटा पुलिंदा बरामद किया और एक-एक करके मेरे देखने के लिए उन्हें मुझे थमाना शुरू किया।

वो कोई पचास के करीब तसवीरें थीं, जिनमें से एक में भी उसके तन पर कपड़ों का नामोनिशान नहीं था। निर्विकार भाव से वो एक-एक तसवीर पेश कर रही थी और साथ में रनिंग कमेंट्री दे रही थी :

"ये हम मेरीना बीच पर खड़े हैं।"

"ये बीच पर ही हम सूर्य स्नान कर रहे हैं।"

"इसमें...इसमें...इसमें...इसमें भी हम बीच पर ही हैं।"

"ये हम अपने बैडरूम में हैं।"

"ये बाथरूम में शावर बाथ ले रहे हैं।"

"ये बालकनी में..."

"ये यहाँ..."

"ये वहाँ..."

तसवीरें खत्म हुईं तो वो बोली—"इसमें से जो तसवीरें आपको पसन्द हों, वो हमें बता दीजिए, हम मद्रास से आपको उनके प्रिंट भेज देंगे।"

मैं न कह सका कि मैं उन्हें एक बार देखकर ही धन्य हो गया था दोबारा देखने की हवस नहीं थी। मैंने यही कहा कि ऐसा करना ठीक न होता, क्योंकि डाक से भेजी तसवीरें किसी और के हाथ पड़ सकती थीं—घर में बीवी के हाथ, ऑफिस में किसी सहकर्मी के हाथ।

उसने फिर आग्रह न किया।

"तो फिर शाम को मिलते हैं।"—फिर बोली।

"जी!"

"हम तीन दिन दिल्ली में हैं। दिन भर तो हम उन कामों में बहुत बिजी रहेंगे, जिनके लिए दिल्ली आए हैं, लेकिन शाम सात बजे के बाद किसी भी वक्त आप हमारे होटल में आ सकते हैं..."

उसने मुझे बताया कि वो अशोका यात्री निवास में ठहरी हुई थी और साथ में रूम नम्बर भी जोड़ा।

उसे इतनी गारंटी थी कि मैं आने से रुकने वाला नहीं था कि एक बार भी उसने तसदीक की कोशिश न की कि मैं आ रहा था या नहीं।

"अगर आपके"—वो आगे बढ़ी—"कोई लाइक माइंडिड फ्रेंड्स हों तो आप उन्हें भी साथ ला सकते हैं।"

"वो किसलिए?"—मैं हैरानी से बोला।

"सर्कल जर्क" के लिए, जो कि हम बहुत लाइक करते हैं।"

"ओह! ठीक है। मैं देखूँगा।"

वो चली गई।

शाम को छुट्टी हुई तो मैंने अशोका यात्री निवास का रुख न किया।

अगले रोज दफ्तर पहुँचते ही सबसे पहले मैं उस क्लर्क के रूबरू हुआ, जिसका काम इनकमिंग कॉल्स रिसीव करना होता था और बड़ी शिद्दत से उसे समझाया कि अशोका यात्री निवास से अगर फलां नाम की किसी औरत का मेरे

लिए फोन आए तो मैं उसे बोल दूँ कि पाठक साहब को एकाएक टुअर पर जाना पड़ गया था और वो बाकी का पूरा हफ्ता आउट ऑफ स्टेशन थे।

यही पट्टी मैंने चपरासी को पढ़ाई।

ऑफिस तो वो न लौटी, लेकिन फोन उसका कई बार आया।

एक अनजान टेंशन के हवाले तीन दिन मैंने गुजारे।

फिर कभी उसने चिट्ठी तो मुझे न लिखी लेकिन नए साल पर उसका ग्रीटिंग कार्ड कई साल नियमित रूप से मुझे प्राप्त होता रहा, जिसका पावती पत्र मैं भी उसे भेजता रहा।

सर्कल जर्क! हे भगवान!

ये उन दिनों का वाकया है जब पटियाला हाउस कोर्ट में अपने एक प्रकाशक के साथ मेरा केस चल रहा था। मैं एक बड़ी हैसियत वाली लॉ फर्म का क्लायंट था, जिसके वकीलों का मैजिस्ट्रेट सम्मान करते थे। उनकी शर्त होती थी कि उनके क्लायंट के—मेरे—केस में तारीख बुधवार और शनिवार के अलावा किसी दिन की न पड़े—क्योंकि शनिवार को हाई कोर्ट की छुट्टी होती थी और बुधवार वहाँ नया केस नहीं लगता था—और पेशी ऐसे फिक्स्ड टाइम की हो जो उन्हें माफिक आता हो। गर्मियों के दिनों के एक शनिवार को मैं तारीख भुगतकर परेशानहाल घर वापिस लौटा तो बीवी ने बताया कि फलां नाम की आगरा से आई लड़की दो-तीन बार फोन कर चुकी थी, वो किसी अखबार की रिपोर्टर थी, मेरे से मिलना चाहती थी, पहाड़गंज के फलां होटल में ठहरी हुई थी जहाँ, उसका अनुरोध था कि, मैं उससे आकर मिलूँ।

मैं थका-हारा लौटा था, मेरे को फिर घर से निकलना कुबूल न हुआ।

शाम पाँच बजे वो घर पहुँच गई।

बोली, आगरा से आई थी, मिले बिना नहीं जा सकती थी—इसलिए भी क्योंकि वो मेरे लिए आगरे का मशहूर पेठा लेकर आई थी।

मैंने देखा वो कोई 24-25 साल की नौजवान लड़की थी, जिसकी रंगत साँवली थी, नयन-नक्श साधारण थे, कद लम्बा था, बदन छरहरा था और सूरत पर नौजवानी की भरपूर रौनक थी। वो टखनों तक आने वाली स्कर्ट और गोल गले की स्कीवी पहने थी।

ज्ञातव्य है कि ये सन् 1993 की बात है जबकि मैं तिरेपन साल का था, यानी वो मेरे से आधी उम्र की थी और इसी वजह से बीवी उसकी बाबत आश्वस्त थी।

एक घंटा वो घर में रुकी। उस दौरान उसने मेरे लेखन के बारे में, मेरी हॉबीज के बारे में, मेरे परिवारिक और निजी जीवन के बारे में मेरे से कई सवाल पूछे

जिनके मैंने समुचित जवाब दिए, लेकिन मुझे थोड़ा अचरज हुआ कि जवाब उसने न नोट किए, न रिकॉर्ड किए।

रुखसती का वक्त हुआ तो बोली कि वो इलाके से वाकिफ नहीं थी, यानी नहीं जानती थी कि पहाड़गंज के लिए ऑटो उसे कहाँ से मिलेगा।

उसे साथ लेकर मैं घर से निकला, लेकिन घर से काफी दूर तक या तो ऑटो मिला नहीं, मिला तो पहाड़गंज जाने के लिए न माना।

नतीजतन अपनी मारुति वैन पर मैंने उसे पहाड़गंज पहुँचाया।

वहाँ मुझे वो अपने होटल तक न लेकर गई, उसके अनुरोध पर मैंने उसे नयी दिल्ली रेलवे स्टेशन के सामने सड़क पर उतारा।

तब उसने एक बड़ा रोचक रहस्योद्घाटन किया।

मेरा इंटरव्यू तो महज बातचीत का बहाना था, असल में वो मेरी डाई-हार्ड रीडर थी, मेरे से मिलने को लालायित थी और सिर्फ इस वजह से आगरा से आई थी।

"अकेली!"—मैं हैरानी से बोला।

"हाँ।"—जवाब मिला।

"होटल में अकेली ठहरी हुई हो?"

"जब अकेली हूँ तो और कैसे ठहरूँ?"

"डर नहीं लगता?"

"कैसा डर?"

"भई, सुना है कि पहाड़गंज के होटल ऐसे-वैसे ही होते हैं!"

"होते होंगे।"—वो लापरवाही से बोली।

"तो मेरे से मुलाकात का मिशन तो पूरा हो गया, अब वापिस जा रही हो?"

"अब नहीं। कल सुबह जाऊँगी।"—वो एक क्षण ठिठकी फिर बोली—"मैं और रुक सकती हूँ।"

"अच्छा! घर वाले परेशान नहीं होंगे?"

"नहीं होंगे। पिता है नहीं, माँ की पेश नहीं चलती, तीन भाई हैं, वो परवाह नहीं करते।"

"आई सी। और रुकना क्यों चाहती हो?"

उसने तत्काल उत्तर न दिया, कुछ क्षण अपलक मेरी तरफ देखा और फिर बोली—"दिल्ली में कुछ नहीं देखा मैंने, इसलिए।"

"ओह!"

"आप दिल्ली वाले हैं, सोच रही थी दिखा देते। आपके पास अपनी गाड़ी है इसलिए..."

वो जानबूझकर खामोश हो गई।

"ठीक है।"—मैं बोला।

"क्या! क्या ठीक है।"

"कल मिलते हैं।"

"कहाँ?"

"कल बारह बजे इसी जगह मिलना।"

"मिलूँगी। बाई दि वे, लेडीज ड्रैसिज में आपको कौन-सा रंग पसन्द है।"

"काला! क्यों पूछ रही हो?"

"यूँ ही।"

वो चली गई।

अगले रोज़ निर्धारित समय पर, निर्धारित स्थान पर वो मुझे मिली।

काली ड्रैस में।

तीन दिन मैंने ऑफिस से छुट्टी की और उसे भरपूर सैर कराई—ऐसी जगहों की भी जो कि दिल्ली का बाशिन्दा होने के बावजूद मैंने खुद नहीं देखी थी।

शाम का आखिरी पड़ाव प्रैस क्लब होता था जहाँ मेरे ड्रिंक करने पर वो नापसन्दगी का इजहार करती थी।

वो वापिस जाने लगी तो मैंने यूँ ही पूछ लिया—"कभी फिर आएगी?"

अप्रत्याशित जवाब मिला :

"मैं हर महीने आ सकती हूँ।"

"ऐसा?"

"हाँ, लेकिन रुकूँगी नहीं। सुबह आऊँगी, शाम को चली जाऊँगी।"

वो हर महीने आने लगी।

दूसरे, या शायद तीसरे, फेरे में प्रैस क्लब में जब मैंने विस्की का गिलास थामा तो वो बोली—"क्या ये मैं भी पी सकती हूँ?"

मुझे हैरानी हुई।

पहले तो वो मेरे ही पीने से बेजार होकर दिखाती थी।

"पहले कभी पी?"—मैंने पूछा।

उसने हिचकिचाते हुए सहमति में सिर हिलाया।

विस्की के दो लार्ज पैग उसने मेरे साथ पिये।

जिसके बाद बड़े सहज भाव से उसने ये रहस्योद्घाटन किया कि वो दिल्ली से बहुत पहले से पूरी तरह से वाकिफ थी।

"फिर मेरे से ये क्यों बोला"—मैं हैरानी से बोला—"कि दिल्ली में कुछ नहीं देखा?"

उसने जवाब न दिया, लेकिन यूँ मेरी तरफ देखा जैसे मेरी अक्ल पर तरस आ रहा हो।

और दो फेरों के बाद पता लगा—रेगुलर स्मोकर थी।

फिर सिग्रेट की राख विस्की में झाड़कर, घोलकर पीते मैंने उसे देखा।

फिर दिन दहाड़े इतनी विस्की पीने लगी कि मुझे फिक्र होने लगती थी कि दो सौ किलोमीटर दूर घर कैसे पहुँचेगी।

एक बार ट्रेन छूट गई।

मैंने सराय काले खाँ बस टर्मिनस से उसे आगरे की बस पर सवार कराया।

बाद में उसी ने बताया कि रात साढ़े बारह बजे घर पहुँची थी। माँ पूछती थी 'कहाँ से आई है' तो बोलती थी, 'नहीं बताऊँगी।'

नियमित रूप से वो हर महीने मेरे से मिलने दिल्ली आती रही।

एक बार दिल्ली से आगे कहीं लम्बे सफर के बाद कहीं रिश्तेदारी में जाना था। मेरे साथ पिकनिक के लिए ओवरनाइट दिल्ली में रुकी पर अगले दिन अगले सफर पर न निकली।

और चार दिन न गई।

फिर दिल्ली से ही आगरा वापिस लौट गई।

चार साल वो सिलसिला चला।

फिर उसने आना बन्द कर दिया।

तब तक उसके घर वालों से मेरी वाकफियत हो चुकी थी इसलिए उसके घर वालों से मैंने उसकी बाबत दरयाफ्त किया।

मालूम पड़ा बीमार थी।

फिर मालूम पड़ा कि सीजोफ्रेनिया की शिकार थी।

फिर मालूम पड़ा गम्भीर शिकार थी।

इलाज!

मालूम पड़ा ठीक से नहीं हो पा रहा था क्योंकि भाई इलाज का खर्चा उठाने से कतराते थे।

मैंने उसकी माँ के नाम इलाज में अपने तुच्छ योगदान के तौर पर दस हजार रुपये का चैक भेजा।

उसकी माँ ने खुद मुझे फोन करके चैक की पावती स्वीकार की और धन्यवाद ज्ञापन किया।

थोड़े अन्तराल के बाद मैंने उतनी ही रकम का फिर एक चैक भेजा तो चैक वाला रजिस्टर्ड लैटर वापिस आ गया। तदुपरान्त परिवार से भी सम्पर्क टूट गया।

आज खबर नहीं किस हाल में है।

है भी या नहीं।

जब भी मुझे कभी उसकी नाशाद, बेनियाज, बेतरतीब जिन्दगी का खयाल आता है, दिल के किसी कोने से आवाज उठती है :

आलूदा-ए-मासियत है दामन मेरा,
जल जाने का मुस्तहक है खिरमन मेरा;
बेकार है शिकवा अहलेदुनिया का 'रवां'
बढ़ कर नहीं कोई मुझ से दुश्मन मेरा।

सन् 1983 में, जबकि सन्नी दयोल की पहली फिल्म 'बेताब' रिलीज़ हुई थी, शाम सात बजे के करीब एक 'एसयूवी' पर सवार चार सिख युवक मेरे घर पहुँचे। उन्होंने बताया कि वो भटिंडा, पंजाब से थे और दो ही शगल उन्हें दिल्ली लाए थे—एक 'बेताब' और एक मैं।

"बस जी"—एक बोला—"इक तां धरमिन्दर दे मुंडे दी फिल्म वेखनी सी ते दूजा तुहानू मिलना सी।"

"जी आयां नूं।"—मैं बोला।

मैंने उन्हें अपनी स्टडी में बिठाया और ठंडा-गर्म की बाबत सवाल किया, जिससे उन्होंने मजबूती से इनकार किया। फिर अभी हल्की-फुल्की बातें शुरू हुई ही थीं कि एक लड़का उठकर चला गया।

"वो कहाँ गया?"—मैंने उत्सुक भाव से पूछा।

"आता है।"—एक जना इत्मीनान से बोला।

"फिर भी..."

"औंदा, ए जी।"

मैं खामोश हो गया।

बातों का सिलसिला फिर शुरू हुआ।

दस मिनट बाद एकाएक रुखसत हुआ युवक लौटा।

विस्की की बोतल के साथ।

अजनबी इलाके में उसने खुद ही लिकर शॉप ढूँढ़ ली थी।

"तुसी घुट्ट लांदे ओ, जी?"—मेरे से सवाल हुआ।

मैंने इनकार में सिर हिलाया।

"साढ़े लई ग्लास मँगा दयो।"

मैंने चार गिलास आइस्ड वाटर की बोतल और नमकीन मँगवाया।

उन्होंने ट्रे पर से एक गिलास और पानी की बोतल उठाई और बाकी सामान वापिस भिजवा दिया।

एक गिलास!—मैंने अचरज से सोचा—क्या उन चारों में से एक ही जना पीता था?

मेरा खयाल गलत था। चारों पीते थे। लेकिन उनके पीने का स्टाइल अनोखा था—ऐसा, जैसा मैंने कभी न देखा था, न सुना था।

एक जने ने गिलास में काफी सारी विस्की डाली, विस्की जितना ही पानी डाला और एक साँस में गिलास खाली कर दिया।

फिर बोतल और गिलास आगे पास ऑन कर दिए।

दूसरे ने भी वैसे ही विस्की हलक में उड़ेली।

फिर तीसरे ने।

चौथे ने।

दस-बारह मिनट में दो राउंड लगे और विस्की की लिटर की बोतल खाली हो गई।

गौरतलब है कि उम्र में उनमें से कोई भी पच्चीस-छब्बीस साल से बड़ा नहीं था। सब ने मूँछों पर हाथ फेरा और फिर मेरे से मेरे बारे में, मेरे नावलों के बारे में बतियाने लगे।

और दस मिनट बाद उठ खड़े हुए।

"नाइट ड्राइव करनी ए, जी"—एक बोला—"इजाजत दयो।"

वो चले गए तो मेरी बीवी मेरे पास पहुँची।

"गए?"—वो बोली।

"हाँ।"—मैंने जवाब दिया।

"शुकर है।"

"क्यों?"

"कैसी बघियाड़ जैसी शक्लें थीं। कैसे गटागट विस्की पी। मुझे तो डर लग रहा था।"

"खामखाह! अरे, भले लड़के थे।"

"भले लड़कों के ये लच्छन होते हैं!"

"पंजाब में होते हैं। बड़े जमींदारों के लड़के जान पड़ते थे, जो जब पीते हैं तो ऐसे ही छक के पीते हैं। फिर पिकनिक पर निकले हुए थे। धर्मेन्द्र के फैन थे, उसके बेटे सनी दयोल के फैन अपने आप ही बन गए थे। आल दि वे भटिंडा से फिल्म देखने आए क्योंकि 'बेताब' अभी पंजाब में रिलीज नहीं हुई थी।"

"और आपको देखने आए!"

"अरे, आए तो सन्नी दयोल की फिल्म के लिए, मेरे पास तो इसलिए आ गए क्योंकि दिल्ली में थे।"

"चार थे। कैसे खूँखार लग रहे थे..."

"तेरी खामखयाली है। नेक बन्दे थे।"

"...मुझे तो डर लग रहा था।"

"खामखाह!"

"रात के वक्त ऐसे लोगों को इतने लोगों को घर न घुसाया करो। वो भी रात

लेखक पत्नी के साथ

के वक्त! गलत-शलत लोगों से फासला रखना सीखो।"

"अरे, वो नेक बन्दे..."

"चुटकियों में बोतल खाली कर दी! बहक जाते तो?"

"खामखाह! अरे, उन्होंने ड्राइव करके भठिंडा जाना है। कैसे बहक जाते?"

"नशे में तुम्हारे साथ कोई उलटी-सीधी हरकत कर बैठते तो?"

"तो तू आ के बचा लेती न! झाँसी की रानी!"

"वो तो मैं हूँ।"

"और मैं कौन?"

उसने कुछ क्षण सोचा।

"झाँसे का राजा।"—फिर बोली।

मेरी हँसी छूट गई।

"बस कर अब!"—मैं बोला।

वो भी हँसी और किचन में चली गई।

चलना तो चाहिए जमाने के साथ लेकिन,
फिर भी अच्छा है गर कुछ फासला रखा जाए।

लेकिन जिस मुलाकाती का मैं अब जिक्र करने जा रहा हूँ, उसके सामने उपरोक्त सारे कुछ भी नहीं।

एक शाम आठ बजे के करीब घर में दिल्ली पुलिस का एक युवा सब-इंस्पेक्टर आया जो वर्दी में था, बैल्ट होल्स्टर में गन लगाए था और टुन्न था।

"आपको मेरे साथ गांधीनगर थाने चलना है।"—मेरे रूबरू हुआ तो वो रौब से बोला।

"क्यों?"—मैंने सशंक भाव से पूछा।

"एसडीएम साहब ने बुलाया है।"

"कौन एडीएम साहब?"

"मिश्रा साहब। इलाके के सब-डिवीजनल मैजिस्ट्रेट हैं।"

"क्यों बुलाया है?"

"उन्होंने मिलना है।"

"क्यों?"

"मेरे को नहीं मालूम। वो बोलेंगे।"

"मिलना उन्होंने है, जाना मेरे को है?"

"हाँ। तो चल रहे हैं आप?"

मैंने इनकार में सिर हिलाया।

"आप नहीं चल रहे हैं?"

"नहीं।"

"मेरे को आपको लिवाने के लिए भेजा गया है।"

"सॉरी!"

"फोन कराइए।"

"खराब है।"

"किसी और घर से कराइए।"

मैं उसे पड़ोस में ले के गया जहाँ से उसने कॉल लगाई और किसी को बोला—"साहब, ये आने को मना कर रहे हैं।"

दूसरी तरफ से उसे कोई हिदायत मिली। उसने फोन वापिस रख दिया। बिना मेरे से कोई कलाम किए वो बाहर गली में गया, अपनी मोटरसाइकल पर सवार हुआ और वहाँ से रुखसत हो गया।

मैं अपने घर लौट आया।

आधे घंटे बाद गली में असाधारण हलचल हुई। एक बार पुलिस का सायरन भी बजा।

उत्सुकतावश भीतर से उठकर मैं बाहर गेट पर पहुँचा।

पुलिस की नीली बत्ती वाली एक जीप दरवाजे पर आकर खड़ी हुई।

उसके पीछे एक और जीप थी जिस पर लाल बत्ती लगी थी और जिसकी विंड स्क्रीन पर एसडीएम का स्टीकर लगा था। उसके पीछे एक मिनी ट्रक था, जिसमें दस-बारह बावर्दी पुलिस वाले खड़े थे।

गली में सनसनी दौड़ गई।

इतनी पुलिस!

तभी पता नहीं फोन कैसे ठीक हो गया जो कि बार-बार बजने लगा। सारी गली सवाल करने लगी।

हमारे घर इतनी पुलिस क्यों आई थी?

मैं खुद हैरान था।

तभी अगली जीप से तीन सितारों वाला एक इंस्पेक्टर उतरा, मेरे करीब पहुँचा और अदब से बोला—"पाठक साहब?"

"जी हाँ।"—मैं बोला।

"एसडीएम साहब आए हैं। आपसे मिलना चाहते हैं।"

"क्यों?"

"बोलेंगे न!"

"ओके। वैलकम।"

मैंने भीतर जाकर बैठक का बाहर बरामदे की ओर का दरवाजा खोला।

इंस्पेक्टर के साथ एक गोरे चिट्टे, पतले, लम्बे, खुशमिजाज युवक ने भीतर कदम रखा।

"मिश्रा साहब।"—इंस्पेक्टर बोला—"इलाके के एसडीएम।"

"वैलकम, सर।"

एसडीएम ने गर्मजोशी से मेरे से हाथ मिलाया।

"बिराजिए।"

वो बैठे तो मैंने बीवी को चाय के लिए इशारा किया और फिर उनके सामने बैठा।

"हुक्म कीजिए।"—मैं सविनय बोला।

"अरे, भई"—एसडीएम बोले—"अपने फेवरेट राइटर को कोई रीडर हुक्म कर सकता है!"

"जी!"

"मैं आपका हर नावल पढ़ता हूँ और आपका हर नावल मेरे पास है। बहुत बढ़िया लिखते हो।"

"थैंक्यू, सर।"

"कोई मुझे शाहरुख की नयी फिल्म और आपके नये नावल में से चॉयस दे तो यकीनी तौर पर मैं आपके नावल को चुनूँगा।"

"जहेनसीब!"

"सुनील सीरीज को बहुत बढ़िया लिखते हो, भई। उसके कई फिकरे तो मैं याद करके रखता हूँ और अपने ड्राफ्ट्स में नोट करता हूँ। जैसे—आई विल क्रॉस दैट ब्रिज वैन आई रीच इट।"

"कमाल है!"

ऐसी ही हल्की-फुल्की बातों में और चायनोशी में आधा घंटा उन्होंने मेरे साथ गुजारा और फिर मेरे से बड़ी गर्मजोशी से हाथ मिलाकर, फिर मिलने की ख्वाहिश पर जोर देकर सरकारी अमले के काफिले के साथ विदा हुए।

उनके जाते ही कितने ही अड़ोसी-पड़ोसी हमारे गेट पर जमा हो गए और पुलिस की आमद की वजह पूछने लगे।

"इलाके का एसडीएम इनसे मिलने आया था।"—बीवी ने बताया।

"वो! भाई साहब से मिलने आया था?"

"हाँ।"

"खुद चल के?"

"हाँ।"

"इतनी पुलिस के साथ?"

"हाँ।"

"कमाल है!"

तदुपरान्त मेरी मिश्रा जी से दोबारा मुलाकात ही न हुई, धीरे-धीरे दोस्ती भी हो गई। मेरा पूसा रोड पर स्थित उनके सरकारी आवास पर भी आना-जाना हो गया और उनके परिवार से भी परिचय हो गया।

तब एक मर्तबा हमारी पहली मुलाकात की बाबत मैंने उनसे सवाल किया।

"आप किसी के घर"—मैं बोला—"उससे मिलने की मुराद लेकर जाते हैं तो ऐसे ही लाव-लश्कर के साथ जाते हैं, जैसे मेरे यहाँ आए?"

"डोंट टॉक नानसेंस!"—वो हँसते हुए बोले।

"तो मेरे यहाँ ऐसे क्यों पधारे?"

"भई, लेखक पर एसडीएम का भी तो कोई रौब गालिब होना चाहिए था!"

"ओह! तो वो शो खास मेरे लिए आर्गेनाइज किया था?"

"हाँ।"

"गली में दहशत फैल गई थी।"

"फैली रही तो नहीं थी न!"

"वो तो है। फैली रही तो नहीं थी।"

"पड़ोसियों ने आपका रौब नहीं खाया?"

"खाया, जी, बहुत खाया।"

वो हँसे।

अपने घर में उन्होंने मुझे मेरी पुस्तकों का संकलन भी दिखाया।

मुझे ये देखकर बहुत हैरानी हुई—उतनी ही खुशी भी हुई—कि मेरे लिखे सारे नावल उनके पास थे और कुछ अंग्रेजी के लेखकों को छोड़कर हिन्दी पॉकेट बुक्स के व्यवसाय के मेरे जैसे किसी दूसरे लेखक का कोई नावल उस संकलन में नहीं था।

अलबत्ता उन्होंने खुद बताया कि उन्होंने वेद प्रकाश काम्बोज के काफी उपन्यास पढ़े थे और उनमें उसकी 'झकझकी' उन्हें बहुत पसन्द आती थीं।

मेरी उनसे वाकफियत के दौरान उनकी दिल्ली में कई महकमों में ट्रांसफर हुई लेकिन सम्पर्क बना रहा।

मेरे घर की पहली मंजिल पूरी नहीं बनी हुई थी। पहली मंजिल पर नीचे की बैठक और बरामदे के ऊपर खुली टैरेस थी, जिस तक बाजरिया इलैक्ट्रिक पोल टैरेस तक पहुँच बना लेना किसी चोर के लिए मामूली काम निकला। एक सुबह सामने के पड़ोसी ने बताया था कि टैरेस पर सामान बिखरा पड़ा था और ऊपर जो दो कमरे थे, उनके दरवाजे खुले पड़े थे।

हमने ऊपर जाकर देखा तो पाया कि दरवाजों के ताले कुंडों के समेत उखाड़ दिए गए थे लेकिन चोर की मेहनत का उसे कोई काबिलेजिक्र फल नहीं मिला था।

ऊपर हमारी रिहायश नहीं थी, कुछ छोटा-मोटा सामान ही पड़ा होता था जिसमें से ज्यादातर चोरी के लिए मुफीद नहीं था। फिर भी चोर एक टेप रिकॉर्डर, एक पीतल की मूर्ति और कोई दो सौ रुपये कैश जैसी दो-तीन चीजें उठा ले गया था।

मेरा एक वाकिफ पुलिस इंस्पेक्टर था जिससे मैंने उस बाबत मशवरा किया कि मुझे चोरी की रपट दर्ज करानी चाहिए थी या नहीं।

"नुकसान क्या हुआ?"—उसने पूछा।

"कोई खास नहीं।"—मैं बोला—"यही कोई हजार-बारह सौ रुपये का।"

"मत कर। लेकिन आइंदा के लिए कोई एहतियात बरत।"

एहतियात यही थी कि मैं टैरेस की जगह नीचे की तरह कमरा डाल देता ताकि वो फ्रंटल असैसमेंट बन्द हो जाती जो कि चोर ने आजमाई थी। तब मुझे मिश्रा जी की याद आई जिनकी एसडीएम के बाद की कई असाइनमेंट्स में से एक ईस्ट देहली म्यूनीसिपल कार्पोरेशन के जोनल कमिश्नर की भी थी। मैंने उन्हें फोन किया और तफसील से तमाम वाकया बयान किया और कहा कि जो तामीर दरकार थी, वो उसमें मेरी मदद करें।

"फोन पर बैठो।"—उन्होंने हिदायत दी—"दस मिनट में तुम्हें वर्तमान जोनल कमिश्नर का फोन आता है।"

वो फोन आया।

"क्या बनाना चाहते हो?"—उसने पूछा।

मैंने बताया।

"बना लो।"

"कोई तंग तो नहीं करेगा?"

"अरे, जोनल कमिश्नर कह रहा है।"

"तो फिर एक प्रार्थना और स्वीकार कीजिए।"

"बोलो।"

"कोई पूछने भी न आए। मुझे किसी को ये भी न कहना पड़े कि किसकी इजाजत से तामीर हो रही थी।"

"ठीक है।"

सच में ही कोई करीब न फटका।

मैंने जो बनाना जरूरी था, वो तो बनाया ही, दूसरी मंजिल पर एक बड़ा कमरा और बना लिया।

तमाम गली वाले पूछते थे कैसे हुआ? फील्ड स्टॉफ को, पुलिस को कितना पैसा दिया। मैं कहता था नहीं दिया तो और हैरान होते थे।

ये था मिश्रा साहब का जहूरा।

और अपने प्रिय लेखक की कद्र करने का उनका स्टाइल।

मिश्रा जी से मेल मुलाकात तब तक गाहे-बगाहे होती ही रही जब तक कि कोई डेढ़ दर्जन लोकल ट्रांसफर्ज के बाद उनकी ट्रांसफर अरुणाचल प्रदेश में न हो गई।

तीन साल वो दिल्ली से बाहर रहे।

वापिस आने के कुछ अरसे के बाद एक बार उनका फोन आया कि उनकी बेटी की शादी थी और मेरा नया पोस्टल अड्रैस पूछा।

तब तक मैं नोयडा शिफ्ट कर चुका था, मैंने नोयडा का अपना पता उन्हें एसएमएस कर दिया।

शादी का इनवीटेशन कार्ड मुझे कभी न मिला।

फिर एक दिन एसएमएस आया :

शादी आज शाम आठ बजे। एसैक्स फार्म में।

बस! ओवर एंड ऑल।

एसएमएस में ये तक दर्ज नहीं था कि एसैक्स फार्म नाम की जगह दिल्ली में कहाँ थी।

संयोगवश ही मुझे उस जगह की खबर थी क्योंकि मेरी पोती के जन्मदिन का फंक्शन वहाँ हो चुका था।

शाम को मैं विवाह स्थल पर पहुँचा।

एन्ट्रेंस के सामने ही एक ऊँचे प्लेटफार्म पर वर-वधु विराजे हुए थे और संयोगवश उस घड़ी मिश्रा साहब उनके पीछे खड़े थे।

बधाई का लिफाफा हाथ में लिये मैं आगे बढ़ा, प्लेटफार्म पर चढ़ा और मिश्रा जी की ओर बढ़ा।

तभी दो और मेहमान भी मिश्रा जी की ओर बढ़े।

"पाठक जी"—मिश्रा जी ने ट्रैफिक पुलिस के सिपाही की तरह एक खुली हथेली मेरी तरफ हूली—"आप जरा रुकिए।"

मैं ठिठक गया।

मिश्रा जी उन दो मेहमानों को रिसीव करने लगे।

दाता! क्या वहाँ टोकन सिस्टम था मेहमानों के लिए और मैं ऐंट्री से पहले वो टोकन कलेक्ट करना भूल गया था, जिससे मेहमानों की ग्रेडेशन—ए क्लास, बी क्लास, सी क्लास वगैरह—थी जिसके मुताबिक ही उन्हें रिसीव किया जाना था और मैं ईडियट ग्रेड जम्प करके आगे बढ़ने लगा था!

मैंने शगुन का लिफाफा वधु की गोद में डाला, उसे पारम्परिक आशीर्वाद दिया और उलटे पाँव वहाँ से बाहर निकल गया।

मेरा ड्राइवर अभी पार्किंग में जगह ही तलाश कर रहा था कि मैं वापिसी के लिए लौट भी आया था।

वो मिश्रा जी से रूबरू मेरी आखिरी मुलाकात थी।

उनकी मेहरबानी है, जर्रानवाजी है कि अपने प्रिय लेखक को वो अभी भी कभी-कभार फोन खड़का देते हैं वर्ना वर्तमान में मुझे ये भी मालूम नहीं कि अब वो कौन से महकमे में उच्चाधिकारी हैं।

जो आलाजर्फ होते हैं, हमेशा झुक के मिलते हैं,
सुराही सरनिगूं होकर भरा करती है पैमाने।

सुरेश कोहली ने दो बड़े काम जिन्दगी में मेरे लिए किए।

मुझे दरियागंज के प्रकाशकों की हाउसिंग सोसायटी का मेम्बर बनवाया।

मुझे प्रैस क्लब ऑफ इंडिया का मेम्बर बनवाया।

नवसंस्थापित ग्रुप हाउसिंग सोसायटी के सारे कर्ता-धर्ता कोहली के दोस्त थे जबकि मैं किसी एक को भी नहीं जानता था—जानता क्या, किसी की कभी शक्ल भी नहीं देखी थी।

सर्दियों की एक सुबह ग्यारह बजे के करीब वो मेरे आईटीआई के अंसारी रोड वाले ऑफिस में आया और बोला—"किसी ग्रुप हाउसिंग सोसायटी का मेम्बर है?"

"नहीं।"—मैंने जवाब दिया।

"क्यों?"

"न कभी खयाल आया, न कभी ऐसी किसी सोसायटी से वास्ता पड़ने की नौबत आई?"

"अब वास्ता पड़े तो मेम्बर बनेगा?"

"हाँ, क्यों नहीं?"

"मैं बनवा सकता हूँ। क्योंकि पब्लिशर्स की एजुकेशनल कोऑपरेटिव ग्रुप हाउसिंग सोसायटी का। नई बनी है।"

"बढ़िया। बनवा।"

"पहले मेरी शर्त है।"

"क्या?"

"मुझे विस्की पिला।"

"अभी?"

"हाँ।"

"अभी तो दोपहर भी नहीं हुई!"

"तेरे को क्या?"

"यहाँ?"

"और कहाँ?"

"पागल है! लगे हुए, भरे-पूरे ऑफिस में..."

"तू अफसर है यहाँ। इतना इंतजाम नहीं कर सकता तो काहे का अफसर है!"

"ठीक है, लेकिन मेरी एक शर्त है।"

"बोल।"

"तू ही पिएगा।"

"मंजूर।"

जो उसका हुक्म हुआ, चपरासी की मार्फत उसका अद्धा मैंने मँगवाया। उन दिनों मेरी सीट ऑफिस की इमारत की पहली मंजिल पर उस हॉल में थी जो बाद में रिपेयर लैब बन गया था। वहाँ कोई बारह टेबलें लगी होती थीं, दो सीनियर अधिकारियों के केबिन थे, और वहाँ दोपहर तक फील्ड स्टॉफ का बैठा, खड़ा बड़ा जमघट मौजूद होता था। वहाँ कहीं कोहली के विस्की पीने का इंतजाम नामुमकिन था। लेकिन सामने की विशाल टैरेस के बायें कोने में छत को जाती सीढ़ियों के बाजू में एक सँकरा पैसेज था, जिसके कोने में एक दरवाजा था जो कि रिकॉर्ड रूम का था, जहाँ कि फाइलें रखी जाती थीं। जो चपरासी फाइलों का इंचार्ज था और उसकी चाबी रखता था, मैंने उसे पटाया। उसने उस रूम की चाबी मुझे सौंप दीं। मैंने कोहली को विस्की का अद्धा सौंपा और चिल्ड मिनरल वॉटर की बोतल, वैफर्स के एक पैकेट और गिलास के साथ उसे वहाँ बन्द कर दिया और बाहर से ताला लगा दिया।

हर दस मिनट बाद मैं वहाँ झाँकने जाता था तो उसे बड़े इत्मीनान से खड़े-खड़े घूँट लगाते पाता था।

ऐसे तीसरे फेरे में अद्धा मुझे तीन-चौथाई खाली दिखाई दिया।

अगले फेरे में जो नजारा दिखाई दिया, वो डरावना था, मुझे हिला देने वाला था।

अद्धा खाली था और कोहली दरवाजे के करीब के कोने में बेतहाशा उल्टियाँ कर रहा था।

पानी की बोतल भी खाली थी।

मैं दौड़कर एक गिलास में पानी लाया, गिलास उसे

थमाया और उसकी पीठ थपकने लगा। पाँच मिनट बाद वो सीधा हुआ। आधा पानी उसने कुल्ला करने में बहाया और बाकी आधा पिया।

मैंने उसको जाकर मेरी सीट पर बैठने को बोला और चपरासी को बुलाया।

रूम का हाल देखकर वो भी घबरा गया।

मैंने एक पचास का नोट—उस जमाने में उससे कम में अच्छे ब्रांड की विस्की का अद्धा आता था—दिया और कातर भाव से बोला—"कुछ कर। भगवान के लिए ये बखेड़ा समेट।"

"जमादारिन को ढूँढ़कर लाना पड़ेगा।"

"कुछ भी कर, कर।"

उसने सहमति में सिर हिलाया।

"सँभाल लेगा? मैं निश्चिंत हो जाऊँ?"

उसने फिर सहमति में सिर हिलाया।

मैं हॉल में अपनी सीट पर लौटा।

कोहली मेरी टेबल के सामने एक विजिटर्स चेयर पर यूँ आराम से पसरा बैठा था जैसे कुछ हुआ ही नहीं था।

"आ गया मजा?"—अपनी चेयर पर उसके सामने बैठता मैं व्यंग्य से बोला।

"हाँ।"

"विस्की पी नहीं, मेदे के रूट से बहाई! बेहतर होता कि अद्धा खोलता और सीधे ही फर्श पर उड़ेल देता।"

वो धूर्त भाव से हँसा।

"सब तेरी वजह से हुआ।"—फिर बोला।

"क्या!"

"तेरा खयाल किया न! जल्दी-जल्दी पी। ऐसे मैंने पहले कभी पी नहीं थी। जल्दबाजी माफिक न आई इसलिए वो हुआ...जो हुआ।"

"वजह ये नहीं थी कि दोपहर भी न होने दी और न सिर्फ पी, ढेर पी?"

"नहीं, ये नहीं थी।"—वो पूरी ढिठाई से बोला।

मैं मुँह बाये उसे देखता रहा।

"अब वो तो सुन जिसकी वजह से मैं यहाँ आया।"

"विस्की पीने आया। पीकर उलटी करने आया।"

"अरे, सुनता है कि नहीं?"

"सुनता हूँ।"

"जिस ग्रुप हाउसिंग सोसायटी का मैंने जिक्र किया, उसकी मेम्बरशिप अप्लाई करने का आज आखिरी दिन है। शाम पाँच बजे तक तमाम कागजी कार्यवाही पूरी

करनी होगी। आगे तेरी अर्जी जमा मैं करा दूँगा। तेरा वहाँ जाना भी जरूरी नहीं होगा जहाँ अर्जी जमा करानी है।"

"क्या कागजी कार्यवाही?"

उसने कार्यवाही बयान की और मेम्बरशिप का फॉर्म भी सौंपा।

बाकी का मेरा सारा दिन भागदौड़ में सर्फ हो गया। सबसे ज्यादा वक्तखाऊ काम कोर्ट जाकर मैजिस्ट्रेट से एक सर्टिफिकेट एनडोर्स कराना निकला। जैसे-तैसे सब कागजात मुकम्मल किए और वक्त रहते कोहली को सौंपे।

मैं मेम्बर बन गया।

अमूमन ऐसी हाउसिंग सोसायटी का प्रोजेक्ट सिरे लगने में और मेम्बरान को फ्लैट्स की सुपुर्दगी में पाँच-छ: साल लगते हैं। उस सोसायटी को अपने ब्लॉक्स खड़े करने में चौदह साल लगे और उसके बाद भी मेम्बरान को जो फ्लैट पोजेशन के लिए ऑफर किए गए वो इनकम्पलीट थे। मसलन :

- न कहीं नलकों की टूटियाँ थीं, न कहीं वॉशबेसिन थे।
- किसी भी छोटी-बड़ी खिड़की पर ग्रिल नहीं थी।
- मेन डोर डबल नहीं था।
- किचन में न कबर्ड थे, न कुकिंग प्लेटफार्म कम्पलीट था।
- बैडरूम्स में जहाँ वार्डरोब्स होनी चाहिए थीं, वहाँ उसके लिए छोड़ी गई बस खाली जगह थी।
- एसी के लिए न कन्ड्यूट था, न हैवी ड्यूटी इलैक्ट्रिक प्वायंट का इंतजाम था।
- बिजली का कनैक्शन नहीं था, उसके लिए आकूपेंट ने खुद अप्लाई करना था।
- टोटल फ्लोर एरिया पर फुट-फुट मलबा जमा था।

मुझे बोला गया कि मैं उसी हालत में फ्लैट लेना कुबूल करूँ और हलफनामा दूँ कि इनकम्पलीशन के सिलसिले में कोई रिफंड क्लेम नहीं करूँगा, फाइनल पेमेंट—जो कोई बयालीस हजार रुपये के करीब थी—दूँ तो मैं फ्लैट का इमीजियेट पोजेशन हासिल कर सकता था।

मैंने किया।

फिर तीन महीने और ढेर खर्चा फ्लैट को किसी काबिल बनाने में लगा।

जबकि रहना मैंने उसमें था ही नहीं।

मेरी रिहायश कृष्णानगर में एक उम्दा डबल स्टोरी इमारत में थी, जो दो सौ गज के प्लॉट पर बनी हुई थी।

इस फ्लैट के सिलसिले में तो मेरे इरादे कुछ और ही थे।

इसीलिए दो साल तो मैंने घर में किसी को पता भी न लगने दिया कि मुझे फ्लैट का पोजेशन मिल गया था।

वो फ्लैट कहने को तीन बैडरूम, दो बाथरूम, किचन, ड्राईंगरूम, डायनिंग, दो बालकनी वाला था। लेकिन उसका टोटल कवर्ड एरिया सिर्फ 900 वर्ग फुट था, जबकि तीन बैडरूम वाले अच्छी सोसायटीज़ के फ्लैट्स में वो एरिया 1400-1500 वर्ग फुट, या और भी ज्यादा होता था। अगल-बगल और कई बहुखंडीय आलीशान सोसायटीज़ उसारी जा रही थीं, जिनके मुकाबले में मेरी सोसायटी सर्वेंट क्वार्टर्स जान पड़ती थी। लेकिन बाद में एक वक्त आया तो उस इलाके ने—नाम मयूर विहार फेज वन एक्सटेंशन—ऐसी तरक्की की, ईस्ट दिल्ली में क्वालिटी लिविंग के लिहाज से ऐसा फोकस में आया कि रीयल एस्टेट इनवेस्टमेंट के लिहाज से वो लोगों की नम्बर वन चॉयस बन गया। फिर मैट्रो आ गई तो जैसे सोने पर सुहागा की मसल चरितार्थ हो गई। मेरा उस पर कुल जमा खर्चा तीन लाख रुपये हुआ था, आज उस मामूली फ्लैट की कीमत डेढ़ करोड़ रुपये है।

मैं फ्लैट ओनर था।

कर्टसी सुरेश कोहली।

जिसने खड़े पैर मुझे उस सोसायटी का मेम्बर बनवाया था, जिसका वो खुद मेम्बर नहीं था।

आखिर जब फ्लैट मेरे लायक न रहा, या मैं फ्लैट के लायक न रहा, तो मैंने उसे किराये पर दिया।

बतौर गैस्ट कोहली के साथ प्रैस क्लब जाते-जाते शाम को वहाँ बैठकर घूँट लगाने का चस्का मुझे भी लग गया था।

तब तीसरे साथी चावला का हमारे साथ वहाँ जाना बन्द हो गया था क्योंकि किसी गम्भीर बात को लेकर मेरी उससे अनबन हुई थी और फिर मैंने हमेशा के लिए उसकी यारी दरकिनार कर दी थी। लिहाजा कोहली के साथ प्रैस क्लब में ड्रिंक्स के लिए जाने की मेरी पहली और अहम शर्त ये होती थी कि चावला साथ न हो।

कोहली को क्या एतराज होता, उसे तो हलाल करने के लिए एक वक्त में एक ही बकरा चाहिए होता था, जो कि मैं था।

एक शाम हम वहाँ बैठे ड्रिंक्स शेयर कर रहे थे, मेरा उसे गुडनाइट बोल के जाने का वक्त हो रहा था तो एकाएक वो बोला—"यहाँ का मेम्बर बनेगा?"

"कहाँ का?"—मैं हड़बड़ाया।

"अरे, जहाँ बैठा है, वहाँ का और कहाँ का! प्रैस क्लब ऑफ इंडिया का!"

"बनूँगा।"

उसने खुद मेरा एप्लीकेशन फॉर्म भरा। उस पर दो मेम्बर्स की एन्डोर्समेंट दरकार होती थी, एक उसने खुद की, दूसरी किसी क्लबमेट से करवाई।

दस महीने के इन्तजार के बाद मैं प्रैस क्लब का मेम्बर बन गया।

इस नवाजिश की कोहली ने भरपूर फीस वसूली।

ये एक अलिखित फरमान बन गया कि अगर मैं क्लब में था और वो वहाँ पहुँचता था या वो क्लब में था और मैं वहाँ पहुँचता था तो उसका बार बिल मेरे जिम्मे था।

फ्रीलोडिंग की ये उसकी स्थापित आदत थी जो कभी न छूटी।

क्लब में दाखिल होते ही पैन होती उसकी निगाह सारे हॉल में इस तलाश में घूमती थी कि कौन उसे ड्रिंक ऑफर कर सकता था। फिर उसी की टेबल पर जा के विराजता था। उसके कुछ मुँहफट दोस्त उसे उसकी उस आदत के लिए साफ टोकते थे, एतराज करते थे तो एतराज का जवाब भी उसके पास तैयार होता था—"मैं बेरोजगार हूँ, तुम तो नहीं हो न!"

वैसे किसी और परिवेश में पूछे जाने पर अपने दस कारोबार गिना देता था।

मसलन :

- डाक्यूमेंट्री फिल्म मेकर था :
  दावा करता था कि ख्वाजा अहमद अब्बास, मुल्खराज आनन्द, खुशवंत सिंह जैसी मकबूल हस्तियों पर सौ डाक्यूमेंट्री बना चुका था।
- नावलिस्ट था :
  ताजिन्दगी इंगलिश में एक ही नावल लिखा था। शीर्षक था : COMPROMISES
- ट्रांसलेटर था :
  अब्बास, अमृता प्रीतम, कृश्न चंदर जैसे लेखकों का इंगलिश में अनुवाद किया था। कोई पैंतीस पुस्तकें छपीं बताता था।
- फिल्म हिस्टोरियन था :
  अकबर खान की ताजमहल का बुक वर्जन तैयार किया था जो कि काफी टेबल वाली बुक्स की भव्यता से प्रकाशित हुआ था।
- लिटरेरी क्रिटिक था :
  कभी-कभार किसी पुस्तक की समालोचना उसके नाम के तहत किसी डेली पेपर में छपी दिखाई दे जाती थी।
- पोयेट था :
  इंगलिश में कविता करता था। पोयेट्री की एक पुस्तक कमला दास के साथ कोलैबोरेशन में छपी थी। शीर्षक था : CLOSURE
- एडीटर था :
  'राउंड टेबल' नाम के इंगलिश न्यूजपेपर का संयुक्त सम्पादक तब तक रहा जब तक कि न्यूजपेपर बन्द न हो गया, और वो घड़ी बहुत जल्दी आई थी।

- प्रकाशक था :
  चेतना पब्लिकेशन के नाम से इंगलिश की पुस्तकें छापता था। कितनी छापीं, नहीं मालूम। बन्द होने से पहले प्रकाशन कितना अरसा चला, ये भी नहीं मालूम।
- फीचर राइटर था :
  हिन्दी और इंगलिश दोनों भाषाओं के पेपर्स और मैगजींस में कभी-कभार इस मद में उसका योगदान दिखाई देता था।
- फीचर फिल्म मेकर था :
  उसके विजिटिंग कार्ड पर 'नूपुर फिल्म्स' और 'सुरेश कोहली प्रोडक्शंस' नामक दो फिल्म कम्पनियाँ दर्ज थीं, जिसका बिजनेस अड्रैस उसके घर का पता था। इन दोनों कम्पनियों ने क्या बनाया था—या अभी बनाना शुरू करना था—नहीं मालूम। मेरे खयाल से वो विजिटिंग कार्ड उसने अजनबियों पर रौब गाँठने के लिए छपवाया हुआ था, जिससे लगता कि वो बहुत बिजी आदमी था।
- सीरियल मेकर था :
  सन् 1980 में दूरदर्शन के लिए 'रिश्ते नाते' नाम का तेरह एपिसोड का एक सीरियल उसने बनाया था, जिसके एक एपिसोड में खुद उसने भी एक छोटा-सा रोल किया था, ताकि, बकौल उसके, तसदीक हो जाती कि 'रिश्ते-नाते' बनाने वाला सुरेश कोहली कोई और नहीं था। तदुपरान्त अपनी जिन्दगी के बाकी बत्तीस सालों में फिर कभी उसने कोई सीरियल न बनाया।

जिस शख्स को जिन्दगी में इतने काम थे, क्लब में जब ड्रिंक ऑर्डर करने की नौबत आती थी तो कहता था बेरोजगार था। वही बेरोजगार आदमी घर में अक्सर स्कॉच विस्की की पार्टी करता था, जिसमें दिल्ली के बड़े-बड़े लोगों की शिरकत होती थी। मैं क्योंकि 'बड़ा-बड़ा लोग' नहीं था, इसलिए ऐसी किसी पार्टी में उसने मुझे कभी नहीं बुलाया था अलबत्ता पार्टी की, उसमें टॉप जेंट्री की हाजिरी की बातें जरूर करता था।

सिर्फ एक बार गलती से अपनी बर्थडे की पार्टी में मुझे बुला बैठा था, जिसमें कतई मेरा मन नहीं लगा था क्योंकि मैं होस्ट के सिवाय किसी एक भी गैस्ट से वाकिफ नहीं था जबकि गैस्ट तमाम के तमाम एक-दूसरे से बाखूबी वाकिफ थे। 'ड्राइवर को फारिग करना था' का बहाना बनाकर पार्टी अभी गर्मा ही रही थी कि मैं वहाँ से चला आया था।

चालीस के पेटे में था जबकि एकाएक वहाँ कुछ कर गुजरने के बुलंद इरादों के साथ मुम्बई शिफ्ट कर गया। आठ—या शायद नौ—साल उसने वहाँ गुजारे

लेकिन कुछ फिल्मी लोगों से दोस्ती गाँठ लेने के अलावा कोई काबिलेजिक्र काम वो वहाँ न कर सका। वहाँ उसकी कोई बड़ी अचीवमेंट थी तो ये थी कि फ्री लॉजिंग हमेशा तलाश कर लेता था।

इस सन्दर्भ में दूरदर्शन के प्रोग्राम डायरेक्टर शरद दत्त ने, जो कि उसका मेरे से ज्यादा दोस्त था, उसके मुम्बई प्रवास का एक वाकया मुझे सुनाया।

बकौल शरद दत्त, ख्वाजा अहमद अब्बास के घर में एक रात पार्टी थी, जिसमें कोहली भी शरीक था। पार्टी देर रात तक—डेढ़-दो बजे तक—चली, जिसके बाद बाकी मेहमान अपनी-अपनी गाड़ियों पर रुखसत हो गए, केवल कोहली पीछे रह गया, जिसका यातायात का कोई अपना साधन नहीं था और जाना उसने काफी दूर था।

तब मेजबान ने उसे राय दी कि वो रात वहीं ठहर जाए और सुबह चला जाए।

जिसने सुबह चला जाना था, वो आठ महीने वहाँ रहा।

सन् 1998 में अपनी नौकरी से रिटायर होने के बाद मेरी उससे मुलाकात बहुत घट गई थी। तब वो इंडिया हैबीटैट सेंटर का और इंडिया इंटरनेशनल सेंटर का भी मेम्बर बन चुका था, जिनकी मेम्बरशिप आम लोगों के लिए तो क्या, खास लोगों के लिए भी दुर्लभ थी। कभी प्रैस क्लब में आता था तो जाहिर करता था, जैसे स्टॉफ की कैंटीन में आया हो।

फिर उसकी बाईपास सर्जरी हुई जिससे उबरने के बाद उस पर कई तरह की पाबन्दियाँ आयद हुईं। वो हैवीली डायबटिक था—रोज दो तरह की इंसुलिन लगाता था—इसलिए पाबन्दियाँ तो पहले से भी कम नहीं थीं अलबत्ता बाईपास के बाद और

बढ़ गईं। हैवी स्मोकर था, लेकिन कहता था कि सिग्रेट पीना छोड़ दिया था, घूँट लगाना नहीं छोड़ सका था, लेकिन कहता था कि मिकदार बहुत कम कर दी थी।

फिर बाईपास सर्जरी के बावजूद स्टेंट्स लगे।

जीवन की गाड़ी थी, जैसे-तैसे चलती रही।

जनवरी 2016 के मिडल में एक बार मुझे उसका फोन आया।

दुआ-सलाम के बाद उसने मुझे बताया कि उसका नया साल बहुत खराब शुरू हुआ था। पहली तारीख को ही उसे 'अपोलो' में भरती होना पड़ा था, जहाँ से नौ दिन बाद वो घर लौटा था। बोला, डॉक्टरों ने उसको राय दी थी कि वो घर से न निकला करे।

जो कि हौसला पस्त करने वाला फरमान था।

मैंने उसे कहा कि मैं जल्दी ही उससे मिलने आऊँगा, लेकिन किन्हीं वजुहात से न जा सका।

28 जनवरी को उसने बाजरिया एसएमएस मुझे मेरे न आने की तरफ इशारा करता रिमाइंडर भेजा :

मैं जानता हूँ कि तू बहुत बिजी आदमी हो गया है
लेकिन अपना नया नावल तो भेज सकता है!

जवाब में मैंने उसे आश्वासन दिया कि अपनी तमाम नव प्रकाशित पुस्तकों के साथ मैं अगले हफ्ते उसके हुजूर में जरूर हाजिर होऊँगा।

लेकिन मेरी नालायकी थी कि न जा सका।

उसने फिर एसएमएस भेजा :

मैं एक महीने से तेरे नये नावलों के साथ तेरी आमद का इन्तजार कर रहा हूँ। अब तू आमद की जहमत रहने दे, नावल कूरियर से भेज दे या प्रकाशक का नाम एसएमएस कर दे, मैं उससे खुद मँगा लूँगा।

मैंने जवाब दिया :

महीना नहीं हुआ यार। कल या बड़ी हद
परसों जरूर आऊँगा।

पन्द्रह फरवरी, 2016 को शाम सात बजे के करीब अपनी नयी पुस्तकों के साथ मैं उसके ग्रेटर कैलाश-2 में स्थित आवास पर पहुँचा। कॉलबैल के जवाब में मेड ने दरवाजा खोला, जिसने मुझे बताया कोहली साहब घर पर नहीं थे। घर पर कोई भी नहीं था। मैंने उससे पूछा कोहली साहब कहाँ गए थे, जवाब मिला उसे नहीं मालूम था। ये भी नहीं मालूम था कि जल्दी लौट आने वाले थे या देर लगनी थी।

मेड को पुस्तकों का बैग थमाकर मैं चला आया।

मुझे हैरानी थी कि जो शख्स कहता था कि उसे घर से निकलना मना था, वो घर पर नहीं था।

मैंने प्रैस क्लब का रुख किया।

रास्ते में कार में बैठे-बैठे मैंने उसे लम्बा एसएमएस भेजा :

सन् 1972 में पड़ोसी के फोन पर मुझे कॉल मिली कि मेरे बड़े साले का एक्सीडेंट हो गया था। मेरी दो साल से ब्याहता बीवी घबरा गई, बोली, मैं फौरन उसे उसके मायके ले के चलूँ, जो कि बाराटूटी पर था। फौवारे तक बस में और आगे तांगे पर हम बाराटूटी पहुँचे। जाकर मालूम हुआ कि जिस साले का एक्सीडेंट हुआ था, वो घर नहीं था। हमारे आधे घंटे के इन्तजार के बाद वो हँसता, पान चबाता घर लौटा। व्याकुल बहन ने एक्सीडेंट की बाबत पूछा तो भाई ने उसे एक टखने के करीब आई पेंसिल की लकीर से भी बारीक खरोंच दिखा दी, जो इतनी सूक्ष्म थी कि ठीक से देख पाने के लिए मैग्नीफाइंग ग्लास की जरूरत पड़ती। हमने कहा शुक्र है कि खैर हुई और फिर जाती बार के मुकाबले में दुगने टाइम में वापिस घर लौटे।

वक्त बदल गए, बुनियाद न बदलीं।

ईश्वर करे आप अपनी हैल्थ प्रॉब्लम से जल्दी निजात पाएँ और दीर्घायु हों।

मेरा तंज उसके घर न होने पर था जबकि वो कहता था कि उसे घर से निकलने की मनाही थी।

उसने एसएमएस से जवाब दिया :

गलत मिसाल है।

एक महीने से ज्यादा हो गया है मुझे हस्पताल से लौटे हुए। एक दोस्त घर आने की घोषणाएँ करता है और फिर कह देता है यहाँ बिजी हो गया, वहाँ बिजी हो गया। आखिर आने का पूरा यकीन दिलाता है तो आमद का वक्त नहीं बताता। बीमार दोस्त बस इन्तजार करता है। आखिर आने वाला एकाएक ऐसे मौके पर आन टपकता है जबकि मेरी मैडीकल अप्वायंटमेंट के लिए डॉक्टर के पास हाजिरी होती है।

बीमार दोस्त को इन्तजार था कि दोस्त आएगा तो वो उसको ड्रिंक पेश करने का फख्र हासिल करेगा, लेकिन मैं भूल गया कि 'लेडी फ्रॉम स्काटलैंड' को हलक से उतारने का कोई मुकर्रर टाइम नहीं होता।

वो सुरेश से मेरी आखिरी कम्यूनीकेशन थी। रूबरू मुलाकात हो ही न पाई। मुझे सूझा ही नहीं कि जब उसने एक एसएमएस में लिखा था 'दि लाइफ इज क्लोजिंग बाई' तो उसका मतलब था कि वो जिन्दगी के आखिरी अंजाम के करीब था।

27 मार्च को मुझे मेल मिली कि 23 मार्च, 2016 को सुरेश कोहली का निधन हो गया था। उस विज्ञप्ति में जो बात असाधारण थी, वो थी :

We would like to 'celebrate' his life and work on 29.3.2016 from 5-6 pm at Chinmaya Mission, 89, Lodhi Estate, Lodhi Colony, New Delhi.

क्रिया की ऐसी विज्ञप्ति न मैंने पहले कभी देखी थी, न सुनी थी। 'To mourn the death of' की जगह 'To celebrate the life of' दर्ज था। तदुपरान्त नजदीकी हैबीटैट सेंटर में ख्वाजा अहमद अब्बास पर उसकी डाक्यूमेंट्री 'एन आइलैंड इन हिम सैल्फ' पूर्वनियोजित थी, लेकिन उसकी स्क्रीनिंग को कैंसल नहीं किया गया था, वो बदस्तूर वैसे ही स्क्रीन की गई थी, जैसे सुरेश जिन्दा होता तो दिखाई जाती।

क्रिया की शाम को विशाल चिन्मय मिशन हॉल खचाखच भरा हुआ था। मैं जानता था उसकी जानकारी का दायरा व्यापक था, लेकिन इतना व्यापक था, नहीं जानता था। श्रद्धांजलि अर्पण की रसम अदायगी निहायत सिम्पल हुई। मंच पर जाकर केवल दो व्यक्ति—शरद दत्त और कार्तिका वी.के., तद्कालीन चीफ एडीटर हार्पर कॉलिंस—संक्षेप में बोले और एक युवती ने उस मौके के लिए मौजूं गालिब की गजल गाई।

बाद में खामोशी से सब लोग विदा हुए—हैबिटैट सेंटर में फिर जमा होने के लिए—कोई आडम्बरपूर्ण रुदन नहीं, कोई हाहाकार नहीं, कोई होड़ नहीं बेवा को ये जताने की 'मुझे ज्यादा ग़म हुआ था', 'मैं ज्यादा बड़ा हमदर्द था' वगैरह।

एक जीनियस को शाइस्तगी से अलविदा बोला गया।

सितारों से भरा ये आसमां कैसा लगेगा,
हमारे बाद तुमको ये जहाँ कैसा लगेगा!
इसी मिट्टी में मिल जाएगी पूँजी उम्र भर की,
गिरेगी जिस घड़ी दीवार-ए-जां कैसा लगे!

प्रैस क्लब की कुछ दिलचस्प बातों का मैं यहाँ जिक्र करना चाहता हूँ :

मेम्बर बन जाने के एक साल बाद तक मेरे को खबर नहीं लगी थी कि क्लब का बार ग्यारह से ढाई बजे तक दिन में भी खुलता था। क्लब के सन्दर्भ में मैं बादाखोरी को शाम का ही शगल समझता था।

एक बार दिन में कोहली मुझे अंसारी रोड पर मिला तो एकाएक बोला—"चल, आज लंच क्लब में करते हैं।"

"लंच क्लब में?"—मैं सकपकाया।

"हाँ।"

"वहाँ लंच भी बनता है?"

"पक्का। बिना नागा।"

एक बजे हम क्लब में पहुँचे तो मुझे पता लगा कि बार की दिन की रौनक शाम की रौनक से किसी कदर भी कम न थी। फिर शाम की बार की हाजिरी भरने वाले कई लोग मुझे वहाँ बैठे ड्रिंक करते दिखाई दिए।

बाद में मुझे मालूम हुआ कि कई मेम्बर, वरिष्ठ पत्रकार, दो टाइम के पक्के रियाज़ी थे।

एक टाइम क्लब के जनरल सैक्रेट्री हिन्दोस्तान टाइम्स के चाँद जोशी थे, ग्यारह बजे बार खुलते ही पहला पैग उनके लिए बनता था, कभी दिन में क्लब न आ पाएँ तो बात दूसरी थी। लेकिन दिल्ली में हों और शाम को वहाँ न हों, ये नामुमकिन था। छक के ड्रिंक करते थे और काफी लम्बा अरसा बार में ठहरते थे। निहायत खुशमिजाज और मिलनसार शख्सियत पाई थी। कभी एक जगह टिक के नहीं बैठते थे। गिलास हाथ में लिये टेबल टु टेबल फिरते थे। कहीं कोई उन्हें स्नैक्स ऑफर करता था तो हमेशा एक ही जवाब देते थे—"खाने के वक्त खाएँगे। अभी पीने का वक्त है। दोनों कामों को मिक्स करने का क्या मतलब!"

इस मिजाज के और भी मेम्बर वहाँ थे, जो ड्रिंक करते थे तो ड्रिंक ही करते थे, खाने का क्या मतलब!

लेकिन ऐसे भी थे जो पीते कम थे खाते ज्यादा थे।

एक मेम्बर विस्की और रम मिला के पीते थे।

एक मेम्बर विस्की के साथ चाय पीते थे। यानी एक घूँट विस्की, एक घूँट चाय। एक घूँट विस्की एक घूँट चाय।

एक मेम्बर ने पता नहीं क्या खता की थी कि बारमैन का असिस्टेंट उन्हें झाड़ देता था—"ये अपना ड्रिंक पकड़ो और कहीं और जाकर पियो। बार पर नहीं खड़ा होना।"

और वो था कि चल देता था।

सर्दियों में बाज लोग गर्म पानी में विस्की पीते थे इसलिए गर्म पानी की केतली बार पर ही उपलब्ध होती थी।

एक मेम्बर ने बार पर पहुँचकर ऑर्डर किया—"जॉन, एक लॉर्ज विस्की लगाओ। लेकिन आज गर्म पानी के साथ।"

"यस, सर।"—बारमैन तत्परता से बोला।

उसने साहब की पसन्दीदा विस्की का लॉर्ज पैग गिलास में डाला, केतली में से भाप उगलता गर्म पानी गिलास में डाला और...

दो आइस क्यूब डाल दिए।

"अरे, अरे!"—मेम्बर तीखे स्वर में बोला—"क्या करता है, जॉन!"

"क्या करता है? ओह! सॉरी, सर। हैबिट है न, सर!"

एक वयोवृद्ध मेम्बर को मैं अक्सर कहते सुना करता था—"भई, हमको एक लॉर्ज पैग और लगा दो। ये बीस रुपये हैं, बाकी बीस रुपये हम आपको कल देंगे।"

मैं हैरान होता था कि कैसा आदमी था, जिसे बीस रुपये का तोड़ा था! चालीस ही कल क्यों नहीं दे देता था?

एक अस्सी साल उम्र के रिटायर्ड फारेन कारस्पांडेंट थे, जो छक के पीते थे। दूसरा शौक बतियाने का था। बात कोई भी हो, शुरुआत एक समान होती थी :

"जब मैं कोपनहेगन में था..."

"जब मैं रोम में था..."

"जब मैं बुडापेस्ट में था..."

वगैरह।

एक मेम्बर विदेश संचार निगम में उच्चाधिकारी थे और इतने पॉपुलर थे कि क्लब के सालाना इलैक्शन कराने की जिम्मेदारी उन्हें सौंपी जाती थी। नाम एमएमसी शर्मा था। एमएमसी से क्या बनता था, इस बाबत उनसे पूछा जाता था तो जवाब मिलता था, मनमोहन चन्द्र शर्मा।

उनके किसी दोस्त से पूछा जाता था तो जवाब मिलता था : महामादर...शर्मा।

आदतन खुशमिजाज आदमी थे, अपने नाम के दूसरे, कम्बख्त, वर्शन से बाखूबी वाकिफ थे, लेकिन नाराज होना तो दूर, बाकायदा तसदीक करते थे कि हाँ, यही पूरा नाम था।

एक निहायत इज्जतदार और रौब वाले अधेड़ मद्रासी साहब—जो कि प्रैस इन्फर्मेशन ब्यूरो में डिप्टी सैक्रेट्री के पद पर आसीन थे—प्रैस क्लब के मेम्बर थे और शाम को बार खुलने के वक्त पर अक्सर वहाँ आते थे। ऐसी खटके-दबके वाली पर्सनैलिटी के मालिक थे कि क्या वेटर, क्या मेम्बरान, सब उनका अदब करते थे। ऐसी आन बान शान से क्लब में पहुँचे देवतास्वरूप शख्स—अपनी एम्बैसेडर कार खुद ड्राइव करके आते थे—जब क्लब में पहुँचते थे तो कोई रौब होता था, लेकिन डेढ़-दो घंटे बाद जब लौटने का वक्त होता था तो रौब दयनीय नजारे में तब्दील हो चुका होता था। इतनी पी चुके होते थे कि आँखों में बिलौरी चमक होती थी, खुद चल पाने में असमर्थ होते थे, दो वेटर उनको दाएँ-बाएँ से थामकर बाहर पार्किंग में लेकर जाते थे, जहाँ नजदीकी टैक्सी स्टैंड से एक टैक्सी ड्राइवर बुलाया जाता था, जो उनकी कार ड्राइव करता उन्हें उनके घर छोड़कर आता था और आने-जाने का टैक्सी का भाड़ा चार्ज करता था।

एक मेम्बर बार पर हाजिरी के मामले में इतना डिसिप्लिंड था कि उसकी आमद से घड़ी का टाइम मिलाया जा सकता था। करीब भगवान दास रोड पर उसका बिजनेस ऑफिस था, जहाँ से क्लब की कार ड्राइव पाँच मिनट की थी। दोनों टाइम की हाजिरी उसकी निश्चित थी और बार के दाएँ कोने का एक बार स्टूल उसकी मुकर्रर सीट था। दिन में ठीक एक बजे और शाम को ठीक सात बजे वहाँ जैसे जादू के जोर से प्रकट होता था। संयोग से कभी उस बार स्टूल पर पहले

से कोई बैठा हो तो इतना उसका लिहाज वहाँ स्थापित था कि वो उठ जाता था। चार लॉर्ज वोदका दिन में और चार विस्की शाम को उसकी मिनिमम इनटेक थी लेकिन मजाल था कि साथ में कभी नमक भी चाटा हो!

एक बार पैनक्रियास में इन्फेक्शन हो जाने की वजह से 8-10 दिन नर्सिंग होम में भरती रहा, ठीक तो हो गया, लेकिन डॉक्टर ने हिदायत दी कि ड्रिंक करना छोड़ दें; हमेशा के लिए नहीं छोड़ सकता था तो एक साल के लिए तो जरूर ही छोड़ दें।

क्लब में अपनी सीट को सुशोभित करने के लिए, अपना दरबार लगाने के लिए वो फिर भी आता था। विस्की की जगह लाइम और सोडा पीता था, जिसको पीते वक्त उसकी शक्ल पर ऐसी होती मुर्दनी थी जैसे वो फाँसी की सजा पाए मुजरिम का लास्ट मील हो।

हफ्ता-दस दिन उसने वो शहीदी ड्रामा किया और फिर शुरू हो गया।

डेढ़ साल के करीब के बाद लिवर में खराबी की शिकायत उबरी। तब नर्सिंग होम में तो न भरती होना पड़ा, लेकिन शराब के करीब भी न फटकने की हिदायत मिली।

दो महीने क्लब से गायब रहा।

फिर हफ्ता भर कोल्ड ड्रिंक्स से दिल बहलाया और...

फिर शुरू हो गया।

वारिस न आदतां जान्दियां ने, भावें कट्टिये पोरिया पोरिया जी।

दूसरे अल्फाज में :

छुटती नहीं है काफिर मुँह की लगी हुई।

अपने बनाने वाले के रूबरू एक दिन सबने होना है, लेकिन जिस शख्स का मैंने ऊपर जिक्र किया, वो जब खुदा के रूबरू होगा तो उसके साथ उसका पहला डायलॉग होगा :

ये इन्तजार गलत है कि शाम हो जाए,
जो हो सके तो अभी दौर-ए-जाम हो जाए।
मुझ जैसे रिन्द को भी तूने हश्र में या रब,
बुला लिया है तो कुछ इंतजाम हो जाए।

प्रैस क्लब में अस्सी के दशक में नवभारत टाइम्स के एक पत्रकार—जो कि कवि भी थे—क्लब के रेगुलर थे। चार-पाँच लॉर्ज दिन में और चार-पाँच लॉर्ज शाम को नियमित रूप से पीते थे। लोकसभा के सैशन के दौरान वहाँ की रिपोर्टिंग पहले क्लब से चार पैग लगाने के बाद ही करने जाते थे। जहीन थे, आलादिमाग थे, इसलिए बाखूबी जानते थे कि—मुहावरे की जुबान में—कैसे लिकर को होल्ड किया जाना था। यहाँ उनका जिक्र उनकी ड्रिंकिंग कपैसिटी की वजह से नहीं है,

बल्कि शाम की शिफ्ट की उनकी एक खास आदत की वजह से है। क्लब का बार उन दिनों रात दस बजे बन्द होता था और उस घड़ी तक अमूमन वो वहाँ होते थे। उनकी खास आदत, बल्कि स्पेशियलिटी, जिसका मैं यहाँ जिक्र करना चाहता हूँ, ये थी कि शाम को बार में कितनी भी पी लें, जाती बार विस्की का एक लॉर्ज पैग साथ लेकर जाते थे। अपने अखबार से उन्हें ड्राइवर समेत गाड़ी मिली हुई थी इसलिए उन्हें सुविधा थी 'वन फार दि रोड' चुसकते हुए घर पहुँचने की जो कि क्लब से मुश्किल से पाँच किलोमीटर दूर था।

यानी बार का एक गिलास रोज घर ले जाते थे।

लेखक दिल्ली पुलिस के विज्ञापन में

आखिर किसी ने इस बात की मैनेजमेंट से शिकायत की, उनकी इस बाबत बाकायदा जवाबतलबी हुई तो उनका यादगार जवाब था कि वो आइंदा भी ऐसा ही करेंगे अलबत्ता बारमैन को हिदायत दी जाए कि उनके बार के बिल में रोज एक गिलास भी चार्ज कर लिया जाए।

बड़े पत्रकार थे, सीनियर मेम्बर थे, इसलिए बात ने ज्यादा तूल न पकड़ा, खाली उन्हें ये हिदायत दी गई कि गिलास वो अगले रोज वापिस ले आया करें, क्योंकि आते तो वो रोज थे।

उन्होंने उस हिदायत पर कभी अमल न किया लेकिन वो जुदा मसला है। क्लब ने तो कार्यवाही की न बराबर और मुस्तैद! शिकायत को तवज्जो में तो लिया गया न!

बारे दुनिया में रहो ग़मज़दा या शाद रहो,
ऐसा कुछ कर के चलो यां कि बहुत याद रहो।

कर के गए ऐसा कुछ यकीनन।

एक गीलास रोज...

क्लब्ज़ के बार के खुलने-बन्द होने का टाइम एक्साइज का महकमा निर्धारित करता था। हर क्लब के लिए अनिवार्य था कि वो निर्धारित टाइम पर बार बन्द कर दे, लिकर के स्टॉक को लॉक कर दे और स्टॉक इन हैंड को रजिस्टर में एंटर करे। इस वजह से क्लोजिंग के करीब पन्द्रह और पाँच मिनट पहले मेम्बरान को खबरदार करने के लिए दो बार वार्निंग बैल बजाई जाती थी कि बार बन्द होने वाला था। यानी सुबह ग्यारह से पहले और शाम सात से पहले बार सर्विस बन्द रहती थी और सुबह ढाई बजे और शाम साढ़े दस बजे सर्विस फिर बन्द हो जाती थी। लेकिन जो लोग क्लब में पहले से मौजूद होते थे, उनके लिए ये कोई बड़ी असुविधा नहीं थी। वार्निंग बैल बजने पर वो जितने पैग चाहें मँगाकर अपनी टेबल पर रख सकते थे और मर्जी हो तो आधी रात तक पीते रह सकते थे। आखिरी घंटी बजती थी तो बारमैन को आवाजें दी जाने लगती थी :

"जॉन, मेरे लिए दो लॉर्ज रख लेना।"

"मेरे लिए चार लॉर्ज रख लेना।"

"मेरे लिए एक बीयर और रख लेना।"

वगैरह...

यूँ मेम्बरान की टेबल पर अपना मिनी बार जब तक वो चाहते, चल सकता था।

क्लब के लिकर के रेट बाहर के कमर्शियल बार्स से आधे से कम होते थे।

सन् 1971 में जब मैं क्लब का मेम्बर बना था, तब वहाँ डिप्लोमैट विस्की का लॉर्ज पैग सवा छ: रुपये का आता था, रम का लॉर्ज पैग पाँच रुपये का आता था। जमा, पानी, बर्फ, सर्विस सब फ्री। यानी एक शाम की मर्यादित मौज के लिए

तब बीस रुपये काफी होते थे, जिनमें पापड़ जैसा छोटा-मोटा स्नैक और वेटर की टिप भी शामिल होती थी।

अंसारी रोड पर अट्ठारह नम्बर अहाते में भी आईसीआई का गोदाम और दफ्तर था। उस इमारत का लैंडलार्ड तब मेरे से पच्चीस साल बड़ा था, रहता न्यू फ्रेंड्स कॉलोनी में था लेकिन दोपहर से रात आठ-नौ बजे तक वहीं पाया जाता था, जहाँ टॉप फ्लोर का एक कमरा उसके कब्जे में था—और कहना न होगा कि उसकी जाती तफरीह के लिए था। शाम को वहीं बैठकर स्टोव पर मटन बनाता था या मुर्गा भूनता था और घूँट लगाकर ही घर का रुख करता था। उम्रदराज शख्स था इसलिए अंग्रेज के राज की दिल्ली के वक्त जवान था। तब अविभाजित भारत में बार्स पर कोई पाबन्दी नहीं थी। बकौल लैंडलार्ड, तब कनॉट प्लेस के किसी बार में चार जने छककर स्कॉच पीते, डिनर करते तो बामुश्किल सौ रुपये खर्च होते थे।

कृश्नचंदर की कहानियों में अंग्रेज के राज के लाहौर का जैसा जिक्र पाया जाता है, उस पर ऐतबार लाया जाए तो तब 'फ्लैटी' जैसे सुपीरियर बार में बीयर का गिलास छ: आने में और स्कॉच विस्की का पैग सवा रुपये में आता था, फिर भी ऐसी जगहों पर जाने की हैसियत किसी-किसी की जानी जाती थी। जब तब के स्टेनोग्राफर की—जैसे कि लाहोर में मेरे पिता थे—तनखाह चालीस रुपये हो तो स्कॉच के पैग पर तब सवा रुपया खर्चना भी कौन अफोर्ड कर सकता था।

ये बात भी गौरतलब है कि तब एक रुपया एक डॉलर के बराबर होता था जबकि आज (अच्छे दिन आ रहे हैं) एक डॉलर सत्तर रुपये से ज्यादा का है। शायद इसीलिए कहा गया है :

सदा ऐश दौरां दिखाता नहीं,
गया वक्त फिर लौट आता नहीं।

बहरहाल बात प्रैस क्लब के सन् 1971 के माहौल की हो रही थी।

तब क्लब से बाहर बार सिर्फ फाइव स्टार होटलों में होते थे, जिनके रेट कोई आम आदमी अफोर्ड नहीं कर सकता था, इस वजह से मुख्यत: वो फॉरेन क्लायंटेल के लिए ही होते थे। आज अकेले कनॉट प्लेस में ही दो सौ से ऊपर रेस्टोरेंट हैं, जिनमें से तकरीबन में बार सर्विस भी उपलब्ध है।

आज की महँगाई के वक्त भी प्रैस क्लब में रम का लॉर्ज पैग पचास रुपये का है, ऐवरेज वोदका और विस्की का लॉर्ज पैग 60-70 रुपये का है। जमा, पर्फेक्ट आइस और आरओ वाटर फ्री।

जॉनीवाकर ब्लैकलेबल का क्लब में लॉर्ज पैग तीन सौ रुपये से कम का है जबकि बाहर आठ सौ से ऊपर का है। फिर कोढ़ में खाज की तरह कई जगह लॉर्ज पैग साठ मिलीलिटर का नहीं, पचास मिलीलिटर का है।

क्लब के सस्ते, अफोर्डेबल रेट्स पर जोर देने के पीछे मेरा मकसद ये दर्ज करना था कि कुछ मेम्बरान फिर भी बाहर से अद्धा, पव्वा साथ ले आते थे, बार से एक पैग मँगाते थे और दो घंटे चोरी से अपनी विस्की पीते रहते थे। ये हरकत मैनेजमेंट के नोटिस में कभी तो आनी ही थी, आई तो ऐसे मेम्बरान को वार्निंग जारी की गई कि वो हरकत एक्साइज के नियमों के विरुद्ध थी, नतीजन उनकी मेम्बरशिप खारिज की जा सकती थी।

उस वार्निंग के तहत पता नहीं कितने बाज आए और कितनों ने वार्निंग को नजरअन्दाज किया और अपना गैरकानूनी, बल्कि बद्अखलाक, शगल जारी रखा।

पत्रकार को बड़ा जिम्मेदार और मर्यादित व्यक्ति माना जाता है, पता नहीं इस ममाले में जिम्मेदारी कहाँ जाती थी, मर्यादा कहाँ जाती थी!

25 जून, सन् 1975 को देश पर इमरजेंसी लागू हुई जो इक्कीस महीने लागू रही।

उस दौरान दिल्ली के सारे क्लब्ज के बार बन्द कर दिए जाने का हुक्म हुआ।

इमरजेंसी का दौर प्रेस कलब पर इतना भारी गुजरा कि उस पर ताला पड़ जाने की नौबत आ गई।

वहाँ एक ही तो एक्टिविटी थी—मयखोरी—जिसके लिए लोगबाग वहाँ जमा होते थे। बार बन्द हुआ तो मेम्बरान की आमद बन्द हो गई। जहाँ शाम को खड़े होने को जगह कम पड़ती थी वहाँ क्या शाम क्या दोपहर, उल्लू बोलने लगे। मैनेजमेंट का स्टॉफ को वेतन देना मुहाल हो गया। मेम्बरान को अपील भेजी गई कि लंच के लिए, शाम की चाय के लिए कहीं तो जाते हो, क्लब में ही आ जाया करो।

अपील का कोई असर न हुआ।

मैनेजमेंट ने क्लब के बाहर नोटिस लगा दिया कि लंच और जलपान के लिए क्लब पब्लिक के लिए खुला था।

कोई नतीजा सामने न आया।

पुत्री, पत्नी, पुत्रवधु के साथ

वेटरों को मेम्बरान से आउटस्टैंडिंग बिल्ज की उगाही के लिए लगाया गया ताकि स्टॉफ की तनखाहों का जुगाड़ हो सके। वो द्वारे-द्वारे जाकर आउटस्टैंडिंग पेमेंट की अपील करते थे, किसी पर उसका असर होता था तो चैक दे देता था, अधिकतर 'भिजवा देंगे' कहकर टाल देते थे।

फिर मरता क्या न करता के तौर पर क्लब ने एक कदम उठाया जो कि गैर-वाजिब भी था और इमरजेंसी के लिहाज से गैरकानूनी भी था।

वेटर कभी-कभी फिर भी आ जाने वाले मेम्बरान को हिंट टपकाने लगे कि वो बाहर से अपनी विस्की लाकर क्लब में पी सकते थे।

तब उजड़े चमन की थोड़ी-बहुत रौनक लौटी।

मेम्बरान अपनी बोतल लाने लगे और बाकी सर्विसिज क्लब की हासिल करके वहाँ ड्रिंक करने लगे। मैनेजमेंट ने यूँ जाहिर किया जैसे उन्हें इस बात की कोई खबर नहीं थी।

मेम्बरान के लिए एक दुश्वारी उसमें भी पेश आई। वो बोतल खोलते थे, कुछ अरसा ड्रिंक एनजॉय करते थे कि वेटर कान में फूँक मारने आ जाता था :

"साहब, बारमैन दो पैग माँग रहा है।"

"साहब, कुक दो पैग माँग रहा है।"

"साहब, मैनेजर दो पैग माँग रहा है।"

"साहब, एक पैग मेरे लिए भी छोड़ना।"

इमरजेंसी खत्म हुई तो क्लब की कब की बिसरी रौनक वापिस लौटी।

सन् 1996 में प्रैस के लिए फिर एक बार अनचीन्ही, अनजानी दुश्वारी पेश आई। 16 मई, 1996 को अटल बिहारी वाजपेयी देश के प्रधानमंत्री बने और तब उनका—देश के प्रधानमंत्री का—आवास 6, रायसीना रोड पर था, जबकि क्लब 1, रायसीना रोड पर थी।

क्लब को सिक्योरिटी रिस्क माना गया और उसे शिफ्ट किए जाने का हुक्म सुनाया गया।

पत्रकारों की क्लब थी, कैसे उन्हें वो हुक्म कुबूल होता! फिर शिफ्टिंग क्या ओवरनाइट होने वाला काम था!

फिर नया हुक्म जारी हुआ कि क्लब का रायसीना रोड की ओर वाला प्रवेश द्वार बन्द कर दिया जाए और उसका पिछवाड़े की तरफ से—राजेन्द्र प्रसाद रोड की तरफ से—गेट खोला जाए।

वो राय भी प्रैक्टीकल नहीं थी क्योंकि फ्रंट में पार्किंग थी जो पिछवाड़े में नहीं थी।

सीनियर पत्रकारों ने बहुत ऊपर तक उस हुक्म का विरोध किया।

फिर आखिर जो इंतजाम लागू हुआ, वो ये था कि गैस्ट्स का क्लब में प्रवेश पूर्णतया प्रतिबंधित कर दिया गया और उन्हीं मेम्बरान को प्रवेश का अधिकार दिया गया, जिनके पास क्लब की मेम्बरशिप के फोटो आई-कार्ड थे। एक तीन सितारों वाला इंस्पेक्टर गेट पर बैठने लगा जिसके साथ क्लब का स्टॉफ लगाया जाता था जिसका काम हर मेम्बर की शिनाख्त की तसदीक करना होता था।

वाजपेयी की सरकार सिर्फ तेरह दिन चली।

तेरह दिन ही वो भारत के प्रधानमंत्री बने रह पाए।

उनके इस्तीफा देते ही रायसीना रोड का माहौल फिर नॉर्मल हो गया।

यहाँ ये बात गौरतलब है कि प्रैस क्लब के ऐन सामने सड़क के पार चैम्सफोर्ड क्लब है, उसे सिक्योरिटी रिस्क न माना गया।

क्यों न माना गया, ये तब का सरकारी अमला ही बेहतर जानता था।

शायद इसलिए कि चैम्सफोर्ड बड़े, बाहैसियत लोगों की फैंसी क्लब थी और प्रैस क्लब का वजूद ऐसा था—अभी भी है—जैसे राजमहल के सामने झोंपड़ा हो।

□

सन् 1973-74 में ही मैंने हिमालय पॉकेट बुक्स से अपने तीन नावलों के, जो कि वहाँ छपे थे—रहस्य का अँधेरा! स्पाई चक्र, ऑपरेशन सिंगापुर—के कॉपी राइट्स वापिस खरीदे।

आबिद साहब ने राइट्स वापिस करने की उस रकम से डेढ़ गुणा रकम वसूल की जो कि वो नावल उनके पास नए छपे थे तो उन्होंने मुझे दी थी। साथ ही अहसान किया कि मेरठ के पब्लिशर तो दुगनी देने को तैयार थे।

जो कि सरासर झूठ था। दिल्ली मेरठ में उन्होंने कई जगह उन्हें बेचने की कोशिश की थी, लेकिन कीमत की बात होने की नौबत ही नहीं आई थी, क्योंकि किसी ने खरीद में रुचि नहीं ली थी। वो सवा-सवा सौ पेज के नावल थे, जो तब के पेजों के क्लेवर से मैच नहीं करते थे।

तब तक इंडिया पेपरबैक्स और हिमालय पॉकेट बुक्स दोनों का प्रकाशन कब का बन्द हो चुका था। उस डाउनफाल की वजह ये थी कि किसी की बातों में आकर आबिद साहब ने फिल्म निर्माण में हाथ डाला था, एक फिल्म बनानी शुरू की थी, जिसमें उनका बेटा हीरो था, यासमीन, जो 'सरकारी मेहमान' जैसी एकाध फिल्म में ही दिखाई दी थी, हीरोइन थी और प्राण जैसे दो-तीन नामचीन कैरेक्टर एक्टर थे। उस फिल्म के निर्माण के चक्कर में दोनों पॉकेट बुक्स बन्द हुईं; अंसारी रोड ऑफिस का ग्राउंड फ्लोर वाला शोरूम बेचना पड़ा, कानपुर में इस सिलसिले में क्या-क्या किया, उसकी मुझे खबर नहीं।

फिल्म के बारे में कभी भी उनसे सवाल होता था तो हमेशा एक ही जवाब मिलता था—"शूटिंग कम्पलीट है, पैच वर्क चल रहा है।"

पैच वर्क चलता रहा।

फिल्म कभी रिलीज न हुई।

बेटे का हीरो बनने का ख्वाब वजूद में आने से पहले ही गुरुब हो गया।

बहरहाल अब मैं फख्र से कह सकता था कि मैं अपने नाम से छपे तमाम नावलों का कॉपीराइट होल्डर था।

जो कि इस धन्धे का दूसरा कोई भी लेखक न कह सका।

गुलशन नंदा भी नहीं।

वेद प्रकाश शर्मा भी नहीं।

वेद प्रकाश शर्मा के सौ के करीब नावलों के कॉपीराइट जब राजकुमार गुप्ता ने मार्केट से खरीदे थे तब वो काम खुद लेखक भी कर सकता था क्योंकि मनोज पॉकेट बुक्स के सदके तब तक वो बहुत अच्छे पैसे कमाने लगा था। उन नावलों को राजकुमार गुप्ता ने तीस-तीस, चालीस-चालीस बार छापा और खूब चाँदी काटी। दो रुपये कीमत में मूल रूप से छपा हर नावल अब सौ रुपये में छपता है, कुछ डेढ़ सौ रुपये में भी छपते हैं, और प्रकाशक उनको कभी आउट ऑफ प्रिंट नहीं होने देता। लेखक ने वो राइट्स खुद खरीदे होते तो जो चाँदी प्रकाशक ने काटी, वो लेखक ने काटी होती क्योंकि बाद में तो वो और मशहूर हो गया था। जाहिर है अपने फायदे के सौदे पर भी—फायदा अलबत्ता बाद में नमूदार होता—उसे गाँठ का पैसा गँवाना कुबूल नहीं हुआ था।

इसी को कबीर जी के शब्दों में कहते हैं :

घालत में सुख ऊपजै, काढ़त निकलै प्रान।

बाजरिया शनु पेपरबैक्स एक रोज़ मुझे खबर लगी कि साधना पॉकेट बुक्स वाले—जिनके लिए आइंदा लिखने से मैं मजबूत इनकार कर चुका था—मेरे नावल 'बैंक वैन रॉबरी' को, जो कि उनके यहाँ छपा मेरा पहला नावल था, रीप्रिंट करने की तैयारी कर रहे थे।

मैं तुरन्त 'साधना' के ऑफिस में जाकर दोनों पार्टनरों के रूबरू हुआ और प्राप्त समाचार की बाबत उनसे सवाल किया।

"छाप रहे हैं।"—इत्मीनान भरा जवाब मिला—"नया तो देते नहीं हो...क्या करें?"

"क्या करें?"—मैं बोला—"मार्केट में लेखकों की कमी है?"

"नहीं, लेकिन हमारे प्रकाशन की गुडविल से, हमारी मेहनत से हमारे यहाँ तुम्हारी डिमांड बन गई हुई है, इसलिए..."

साधना की गुडविल!

क्या पिद्दी क्या पिद्दी का शोरबा!

और उनकी मेहनत में मैंने कुछ न किया। मैंने बढ़िया, दमदार उपन्यास न लिखा होता तो क्या करती उनकी मेहनत! और जितने लेखक छापे, उनमें से तो किसी की रीप्रिंट छापने लायक डिमांड न बनी!

सब मैंने मन-ही-मन सोचा, जुबानी कुछ न कह सका।

"मैं कॉपीराइट होल्डर हूँ।"—मैंने कहा—"आपसे लिखत में करार है कि आप नावल एक ही बार छापेंगे।"

"ओये,"—दूसरा पार्टनर बोला—"ओरीजिनल पब्लिशर को अपने यहाँ छपे राइटर का नावल दोबारा छापने से कोई नहीं रोक सकता।"

"कॉपीराइट की बाबत तहरीरी एग्रीमेंट रोक सकता है।"

वो तिलमिलाया और जवाब देने की जगह अपने पार्टनर का मुँह देखने लगा।

"हम दोबारा छापें तो?"—पार्टनर बोला।

"पैसा दो। एडवांस पेमेंट करो।"

"हम पहली बार ही ज्यादा छाप लेते और वो आज भी ढेर हमारे पास बचा होता तो?"

"तो क्या! छाप लेना था ज्यादा।"

"अब कोरम पूरा कर रहे हैं न!"

"नो!"

"ओये,"—दूसरा पार्टनर बोला—"एक नावल एक बार दोबारा छाप लेंगे तो आफत आ जाएगी!"

"नहीं, आफत नहीं आ जाएगी। अगर एक बार ही छापने की बात है तो भले ही मुफ्त में छाप लो।"

जो बात मैंने मुहावरे के तौर पर कही थी, दोनों उसको पकड़कर बैठ गए।

'बैंक वैन रॉबरी' का रीप्रिंट नये कवर के साथ मुफ्त में ही छापा।

मैं कलप कर रह गया, लेकिन अपनी बात से नहीं फिर सकता था।

नये नावल के प्रकाशन का सिलसिला 'साधना' से मैंने एकाएक बिगाड़ा था, इसलिए अब मुझे किसी नये प्रकाशक की तलाश थी। 'शनु' में नया नावल छपता था, लेकिन वो रोता-धोता प्रकाशक था, मेरठ में 'नीलम' में नया नावल छपता था, लेकिन वहाँ की प्रोडक्शन इतनी खराब होती थी कि किताब की शक्ल देखकर रोना आता था। फिर उन दोनों के यहाँ मेरे उपन्यास के प्रकाशन की कोई फ्रीक्वेंसी निर्धारित नहीं थीं।

आइंदा रीप्रिंट्स तो छपते रहे, लेकिन किसी नये प्रकाशक से सम्पर्क न बन सका, जो कि मेरा नया नावल छापने का इच्छुक होता।

जो कि मेरे लिए चिन्ता का विषय था।

ऐसे में एक चमत्कार हुआ।

एक सुबह मैं ऑफिस—लेट पहुँचा।

पन्द्रह पैसे फी कॉपी रायल्टी देने वाला प्रकाशक मेरे से पहले मेरे ऑफिस पहुँचा हुआ था।

मुझे सख्त हैरानी हुई।

मैंने राजकुमार गुप्ता का अभिवादन किया, उन्हें सादर बिठाया और चाय से नवाजा।

काफी इधर-उधर की बातें करने के बाद, लेखन में मेरी हालिया मसरूफियात की बाबत ढेर पूछताछ करने के बाद आखिर उन्होंने अपने आगमन का मन्तव्य बताया।

वो मेरे नये उपन्यास छापना चाहते थे।

पन्द्रह पैसे की कॉपी रायल्टी वाला जिक्र फिर न उठा, काफी लम्बे वार्तालाप और गम्भीर भाव-ताव के बाद आखिर बात किसी मुकाम पर पहुँची।

पाँच रुपये कीमत के नावल की मेरी फीस आठ हजार रुपये मुकर्रर हुई।

जो कि बहुत ही संतोषजनक फीस थी, फीस के मामले में मेरी बड़ी, ऊँची छलांग थी। ऊपर से राज पॉकेट बुक्स हैसियत वाला प्रकाशन था।

मैंने बड़े उत्साह से विमल सीरीज का ग्यारहवाँ उपन्यास 'हारजीत' लिखा और स्क्रिप्ट प्रकाशक को सौंपी।

प्रकाशन की प्रक्रिया के दौरान ही कुछ ट्रेड का मिजाज बदला, कुछ राज बाबू का मिजाज बदला, नतीजतन उन्होंने 'हारजीत' को छः रुपये कीमत में छापने का फैसला किया।

तत्काल मैंने माँग की कि क्योंकि वो कीमत 20 प्रतिशत बढ़ा रहे थे तो मेरी फीस में भी 20 प्रतिशत की बढ़ोत्तरी होनी चाहिए थी।

राज बाबू ने उस बात पर गम्भीर विचार करने का आश्वासन दिया।

मैं खामोश हो गया, क्योंकि मैं तो आठ हजार रुपये फीस पर ही अभी तक नाच रहा था।

दिसम्बर सन् 1982 में छः रुपये मूल्य में राज पॉकेट बुक्स से 'हारजीत' प्रकाशित हुआ।

प्रकाशित उपन्यास देखकर मुझे और भी खुशी हुई। उपन्यास में 288 प्रिंटिड पेजिज़ थे, जबकि 'साधना', 'शनु' वगैरह में कम ग्रामेज के कागज पर 200-225 पेज ही छपते थे। सिर्फ 'खालीवार' में 'हारजीत' जितने पेज थे, लेकिन उसकी कीमत सात रुपये थी और कागज बहुत पतला था इसलिए सस्ता था।

यहाँ इस बात का जिक्र जरूरी है कि राज पॉकेट बुक्स पर भी मेरी प्रमुख व्यापारिक शर्त लागू थी कि उपन्यास केवल एक बार छापने के लिए प्रकाशक के हवाले था, उसका कॉपीराइट होल्डर लेखक—यानी कि मैं—था।

अगले साल 'राज' में मेरे पाँच नये उपन्यास नियमित अन्तराल से छपे—जिनमें 'विश्वास की हत्या' नामक उपन्यास भी था बतौर थ्रिलर जिसे रीडर आज तक याद करते हैं—और 'शनु' से 'जादूगरनी' छपा जो कि वहाँ मेरा आखिरी उपन्यास था।

जब 'राज' से पाँचवाँ उपन्यास 'खाली मकान' अभी प्रैस में था तो एक दिन प्रकाशक का फ़ोन आया—"भाई जी, मीटिंग करनी है।"

मुझे बाद में मालूम पड़ा था कि लाला जी मीटिंगें करने के बहुत शौकीन थे। आलू उबला हुआ खाना था या तला हुआ, घर में इस बात का फैसला भी मीटिंग बुलाकर करते थे।

शाम को प्रैस क्लब में मैंने उनसे मीटिंग की, जिसमें उनके साथ उनके तब के पार्टनर शिव बाबू भी शामिल थे, जो राज बाबू बोल रहे हों तो बहुत कम दखलअन्दाज होते थे, बस खामोश श्रोता बने रहते थे।

थोड़ा खान-पान चल चुका तो राज बाबू असल मुद्दे पर आए।

"भाई जी"—वो बोले—"हमने बड़े जोश से आपको छापना शुरू किया था और सोचा था कि हम आपको बहुत ऊ पर तक ले जाएँगे..."

"थैंक्यू।"—मैं बोला।

"...हमने आपकी पहली किताब 'हारजीत' पच्चीस हजार छापी जिसमें से इक्कीस डिस्पैच हुई..."

ओ माई गॉड! साधना में तो ग्यारह छपती थी—डिस्पैच पता नहीं कितनी होती

राजकुमार गुप्ता, एक सांझा दोस्त, शिव बाबू

थी—और वो सोलह ट्राई करने को अभी बोल रहे थे, की नहीं थी।

"...फिर 'विश्वास की हत्या' पच्चीस छापी तो वो भी इक्कीस डिस्पैच हुई। 'खून से रंगा चाकू' पच्चीस छापी तो वो बीस डिस्पैच हुई। 'अँधेरी रात' इसीलिए तेईस छापी जो बीस से भी कम डिस्पैच हुई। अब 'खाली मकान' बाइस छाप रहे हैं..."

"प्रॉब्लम क्या है? मीटिंग का मुद्दा क्या है?"

"भाई जी, सेल उठ नहीं रही। डाउन जा रही है।"

'सेल डाउन जा रही है' भी लाला जी का फेवरेट स्लोगन था—पैंतीस साल बाद आज तक है। पैंतीस साल से सेल डाउन जा रही है, अभी तक पाताल में नहीं पहुँची।

सेल का रोना रोते रहने के पीछे उनका मकसद लेखक को डरा के रखना होता था ताकि वो अपने आप को खुशकिस्मत समझे कि उसका नावल राजकुमार गुप्ता छाप रहा था और वो कहीं और चल देने का खयाल भी न करे। 'बहुत ऊपर तक ले के जाएँगे' हर लेखक को बोलते थे, कभी किसी को न ले जा सके। कोई ऊपर या ऊपर के रास्ते में फिर भी कहीं पहुँचा तो अपनी मशक्कत से, अपनी जांमारी से, न कि राजकुमार गुप्ता के हथेली लगाए।

"मुझे क्यों बता रहे हैं?"—मैंने पूछा।

"आपको आपके नावल की सेल की पोजीशन मालूम होनी चाहिए न!"

"क्यों मालूम होनी चाहिए? मैं एक एडीशन का पैसा चार्ज करता हूँ। मुझे इस बात से क्या लेना है कि प्रकाशक ने एडीशन कितनी प्रतियों का किया! कुछ लेना होता तो इस बाबत मैं ही सवाल करता जो कि आप जानते हैं मैंने कभी नहीं किया।"

"फिर भी..."

"फिर भी अगर सेल नहीं उठ रही तो मैं क्या कर सकता हूँ? क्या करना चाहिए मुझे? आपके लिए मार्केट से ऑर्डर कलैक्ट करने निकलूँ?"

"ऐसा हमने कब कहा?"

"तो क्या करूँ मैं? जनाब, मेरे को बताने लायक बात ये तब होती जब आपका इलजाम होता कि मैं नावल अच्छे नहीं लिख रहा..."

"ये भी हमने नहीं कहा।"

"कहेंगे भी तो कुछ नहीं होगा। जैसा मैं लिखता हूँ, उससे बेहतर मैं नहीं लिख सकता।"

"कोशिश तो कर सकते हो!"

"क्या कोशिश?"

"कुछ ऐसा लिखो कि धमाका हो जाए।"

'धमाका हो जाए' से लाला जी की क्या मुराद थी, मैं न समझ सका फिर भी मैंने कहा—"ठीक है, कोशिश करूँगा।"

आइंदा मेरी किस्मत में यश पाना लिखा था, इसलिए धमाका मेरे किए न हुआ, अपने आप ही हो गया।

मैंने 'हारजीत' की कहानी को आगे बढ़ाया।

कहानी आगे बढ़कर एक मुकाम तक पहुँची तो मुझे लगा कि वो मेरी उम्मीद से ज्यादा वसीह होती जा रही थी। लिहाजा मैंने प्रकाशक को खबर की कि अगला उपन्यास विमल का था और वो दो भाग में होगा।

राज बाबू को खबर बहुत सुहाई।

उन दिनों पार्ट में नावल छपने का रिवाज ताजा-ताजा चला था और प्रकाशक इस बात से बहुत सन्तुष्ट थे कि पार्ट का उपन्यास हो तो एक तो दूसरे भाग की अपने आप ही डिमांड बन जाती थी; दूसरे, वो ज्यादा बिकता था और फिर पहले पार्ट के भी फिर से ऑर्डर आने लगते थे। एक अरसा वो स्टंट इतना कामयाब हुआ था कि प्रकाशक अपने लेखकों को मजबूर करने लग गए थे कि वो पार्ट में उपन्यास लिखें।

मैंने विमल के ही उपन्यास पार्ट में लिखे हैं। बाद में विमल को ऐसी बेमिसाल मकबूलियत हासिल हुई थी कि पाठकों को तिकड़ी से कम विमल का उपन्यास कुबूल ही नहीं था। एक बार वो सिलसिला स्थापित होने के बाद मैंने दो बार विमल का ऐसा उपन्यास लिखा जिसका कोई पार्ट नहीं था—पहली बार 'हजार हाथ' और दूसरी बार 'जो लरे दीन के हेत'—दोनों बार पाठकों ने गम्भीर शिकायत की कि उपन्यास एक ही जिल्द में क्यों खत्म हो गया था।

अब कोई पार्ट का उपन्यास पढ़कर राजी नहीं—किसी में दूसरे पार्ट का इन्तजार करने जितना सब्र नहीं—लेकिन विमल का नया कारनामा आज भी पाठकगण तिकड़ी—में हो सके तो चौकड़ी में—पाना चाहते हैं। ये फख्र अब कदरन जीत सिंह को भी हासिल है।

विमल और जीत सिंह के अलावा मैंने सिर्फ दो बार पार्ट में उपन्यास लिखा है:

सुनील का 'अमन के दुश्मन' और 'हाइजैक' जिसे बाद में मैंने इकट्ठा करके 'लहू पुकारेगा आस्तीं का' बना दिया था।

और थ्रिलर 'मकड़जाल' और 'ग्रैंडमास्टर'।

मैंने जब भी पार्ट का उपन्यास लिखा, मुकम्मल स्क्रिप्ट एक ही बार में तैयार की और फिर उसके पार्ट किए ताकि दोनों पार्ट ऊपर-नीचे जल्द-अज-जल्द छप सकते और पाठकगण के सब्र का इम्तहान न होता। राजा पॉकेट बुक्स की ही मिसाल है कि उनकी नाक के बाल उनके एक महान लेखक के पार्ट के उपन्यास

का जब पहला भाग मेरठ में छपा, तब दूसरे भाग के लिए अभी उन्होंने पैन में स्याही भी नहीं भरी थी। दो साल बाद दूसरा उपन्यास मार्केट में आया और वो भी उस प्रकाशन के माध्यम से नहीं, जिसने कि पहला भाग छापा था, दूसरा भाग राजा पॉकेट बुक्स में छपा। यानी जो दूसरा भाग अब खरीदे, वो अन्य प्रकाशक का छापा पहला भाग ढूँढ़ता फिरे।

लाला जी की बातों में आकर मैंने तब उन्हें 'विमल का इंसाफ' छापने को दे दिया जबकि 'मौत का नाच' अभी मैं लिख रहा था। 'मौत का नाच' अभी मैं लिख ही रहा था कि 'विमल का इंसाफ' मार्केट में आ गया था और वो 'धमाका' अपने आप ही हो गया था, जिसकी प्रकाशक मेरे को राय देता था कि मैं करूँ। 'विमल का इंसाफ' ऐसा कामयाब हुआ, उसकी ऐसी धुँआधार सेल हुई कि प्रकाशक भी चमत्कृत हो गया और कहना भूल गया, 'भाई जी, सेल नहीं उठ रही'।

फिर ऐसा इत्तफाक हुआ कि 'मौत का नाच' का भी 'खालीवार' जैसा हाल हुआ। कहानी सिमट ही नहीं रही थी। 'खालीवार' की तरह कीमत बढ़ाकर पुस्तक छापने से भी शायद काम न बनता और तीन पार्ट का नावल तब तक ट्रेड में कभी छपा नहीं था, इसलिए पूरी सम्भावना थी कि प्रकाशक उस प्रस्ताव को खातिर में न लाता। फिर भी मैं प्रकाशक के पास गया और डरते-डरते उसे पूछा कि कथानक का एक पार्ट और हो जाए तो क्या वो कुबूल करेगा!

इनकार सुनने को तैयार होकर आया मैं देखकर हैरान हो गया कि दोनों पार्टनर—राजकुमार गुप्ता और शिव बाबू—उछल पड़े, ऐसे कि गनीमत हुई कि सिर छत से न जा टकराए।

वस्तुत: वो 'मौत का नाच' का सर्कुलर मार्केट में भेज चुके थे और उन्हें उसके ऐसे भारी-भरकम ऑर्डर प्राप्त हो रहे थे कि हैरान भी हो रहे थे और खुश भी हो रहे थे।

लिहाजा एक और पार्ट की मंजूरी के साथ मैं घर लौटा।

लाला जी के उतावलेपन की वजह से, मौके का जल्दी फायदा उठाने की फितरत की वजह से उन्होंने मुझे फिर मजबूर किया कि मैं 'मौत का नाच' प्रिंटिंग के लिए प्रैस में लगने दूँ, बाकी का मैटर लिखता रहूँ।

यहाँ मैं उनकी एक निहायत बेजा, अनप्रोफेशनल हरकत का जिक्र करना चाहता हूँ जो कि मुझे बाद में मालूम हुआ, उनके यहाँ आम बात थी।

प्रकाशक के सामने मैं शुरू से एक शर्त रखता आया था कि फाइनल प्रूफ मैं खुद पढ़ूँगा, क्योंकि उनके नालायक प्रूफ रीडरों से मैं आजिज था।

राज बाबू ने मुझे 'मौत का नाच' के आखिरी फर्मे के प्रूफ भेजे।

मैंने बड़ी मेहनत से प्रूफ पढ़े और फिर इन्तजार करने लगा कि उनके यहाँ से कोई आएगा और प्रूफ ले जाएगा।

कोई न आया।

जबकि उन्हें 'मौत का नाच' मार्केट में पहुँचाने की बहुत जल्दी थी।

आखिर प्रूफ लेने कोई आया तो वो ऐसा रहस्योद्घाटन करके गया कि मैं दंग रह गया।

वो फर्मा तो छप भी गया हुआ था, प्रैस से उठ भी चुका हुआ था, बाइंडर के पास पहुँच भी चुका हुआ था।

तो मैंने प्रूफ क्यों पढ़े? वो किस काम आने थे?

किसी काम नहीं आने थे। फाड़ के फेंकने के काम आने थे। मैंने नाहक बेगार की थी। प्रकाशक ने मेरी प्रूफ पढ़ने की माँग पूरी की थी—बिना अपना काम रोके।

ऐसा हजरती, ऐसा करतबी शख्स था राजकुमार गुप्ता, प्रकाशक राज (अब राजा) पॉकेट बुक्स।

बहरहाल 'मौत का नाच' छपा।

पहले धमाका हुआ, अब चमत्कार हुआ।

फिर 'खून के आँसू' छपा।

तो तहलका मच गया।

प्रकाशक की जैसे लॉटरी निकली।

मेरे सुबुद्ध पाठक जानते हैं कि मेरे वो तीन उपन्यास, साथ में 'हारजीत' भी जोड़ के चार उपन्यास, बाद में बखियापुराण की चौकड़ी के नाम से मशहूर हुए और उनका दर्जा 'न भूतो न भविष्यति' का बन गया। बाद में मैंने विमल के और भी कई यादगार उपन्यास लिखे जिन्हें पाठकों ने खूब सराहा, लेकिन साथ में जोड़ के—बढ़िया है लेकिन बखियापुराण का कोई मुकाबला नहीं। पाठगकण बखियापुराण की तुलना 'शोले' से करने लगे कि जैसे 'शोले' बनाने वाले सिप्पी ब्रदर्स कभी 'शोले' से बेहतर फिल्म न बना सके, वैसे सुरेन्द्र मोहन पाठक भी बखियापुराण से बेहतर उपन्यास नहीं लिख सकता था।

ऐसी ऐतिहासिक कामयाबी हासिल करने वाली विमल सीरीज की बखियापुराण के नाम से मशहूर चौकड़ी प्रकाशक के लिए फलने-फूलने के काम आई। लेखक का, यानी कि मेरा, उससे कोई तुरत-फुरत व्यावसायिक भला न हुआ। जो प्रकाशक 'सेल उठ नहीं रही' का निरन्तर रोना रोता था, उसने उस चार किताबों को नार्मल से चार गुणा ज्यादा छापा, लेकिन न मुझे एक काला पैसा फालतू दिया, न आगे देने की पेशकश की, न अपनी जुबानी कुबूल किया कि मेरा प्रिंट ऑर्डर उसके यहाँ चार गुणा हो गया था और न खुद मुझे सूझा कि मौजूदा कामयाबी के जेरेसाया मुझे उससे अपनी उजरत में इजाफे की माँग करनी चाहिए थी।

लेकिन कामयाबी का वो चढ़ता सूरज भले ही मुझे न दिखाई दिया, अन्य प्रकाशकों को बराबर दिखाई दिया। नतीजतन रविवार के दिन—क्योंकि अपनी

लेखक बीस वर्ष की आयु में

आईटीआई की नौकरी की वजह से और किसी दिन मैं घर पर उपलब्ध नहीं होता था—मेरे घर प्रकाशकों का तांता लगने लगा। दोपहर से पहले एक ही वक्त में इतने प्रकाशक पहुँच जाते थे कि एक मेरे पास बैठा होता था तो दो गली के एक बाजू, दो गली के दूसरे बाजू, दो अपनी कारों में मुझसे मिलने के लिए मेरे फारिग होने का इन्तजार कर रहे होते थे। हर प्रकाशक से मुझे एक से एक आकर्षक ऑफर मिलीं, लेकिन मेरी अक्ल मारी गई थी, जो मैंने एक गलत आदमी के लिए गलत किस्म की वफादारी दिख़ाते हुए तमाम प्रकाशकों को टाल दिया और फीस में बढ़ोत्तरी के लिए मूल प्रकाशक से ही भाव-ताव किया। आगे के लिए मैंने पन्द्रह हजार रुपये की माँग रखी, तब तक मुझे नौ हजार छ: सौ रुपये देता वो बारह हजार पर अड़ा रहा।

मैंने जिद न छोड़ी, उसे बताया कि मैं दूसरे किसी प्रकाशक से उससे भी ज्यादा बड़ी रकम हासिल करके दिखा सकता था।

आखिर उसने मेरी माँग कुबूल की।

मैं पन्द्रह हजारी लेखक बन गया जबकि तभी यकीनी तौर पर तीस हजारी बन सकता था।

सन् 1984 में मेरे हाथ आया वो ऐसा मौका था, जिसे मैं तरीके से मैनीपुलेट कर पाया होता तो मैं तभी उतना मकबूल, उतना इम्पॉर्टेंट लेखक बन गया होता, जितना कि आखिर कई साल बाद बना।

लेकिन प्रकाशक से कारोबार करना तो मुझे आज तक नहीं आया, तब कहाँ से आ जाता! लिहाजा इतनी कामयाब, इतनी कालजयी उपन्यासमाला लिख चुकने

के बावजूद आइंदा दो साल भी मैं राज पॉकेट बुक्स के खूँटे से ही बँधा रहा।

उस दौरान वहाँ से मेरे पन्द्रह नये उपन्यास और दो रीप्रिंट—'पैंसठ लाख की डकैती' और 'आज कत्ल होकर रहेगा'—छपे। रीप्रिंट्स की क्या उजरत वहाँ से हासिल हुई, मुझे याद नहीं लेकिन होना तो उसने चिकन फीड ही था।

राज पॉकेट बुक्स से कोई जनरस पेमेंट हासिल होना तो एक सपना था जो किसी लेखक का कभी पूरा नहीं हो सकता था। प्रेम वाजपेयी, वेद प्रकाश शर्मा जैसे किसी चले हुए लेखक को दूसरी जगह से तोड़कर अपने बाड़े में घसीटने के तहत कभी ऐसी पेमेंट उसने की भी तो वो पेमेंट न होकर दूसरे प्रकाशक के साथ विश्वासघात करने की एवज में रिश्वत थी और जिसकी भरपाई इस बात से भी होती थी कि तब दोनों लेखक 'कॉपीराइट प्रकाशकाधीन' की शर्त स्वीकार करते थे।

फिर उस प्रकाशक ने एक ऐसी टुच्ची हरकत की, जिसने मेरे सब्र का प्याला आखिर छलका ही दिया।

उससे—सबसे—मेरे व्यावसायिक अनुबंध की ये एक अहम शर्त होती थी कि वो मेरे उपन्यास को एक ही बार छापने का अधिकारी था, यानी जो उजरत देगा, वो एक, सिर्फ एक एडीशन की होगी, फिर छापेगा तो मेरे से पूर्व अनुमति लेगा और मेरी मेरे को मंजूर फीस एडवांस में भरेगा। लेकिन मुझे मालूम पड़ा कि उसने 'आज कत्ल होकर रहेगा' को गुपचुप तरीके से फिर छाप लिया था और प्रिंट ऑर्डर भी कोई छोटा-मोटा नहीं, आठ हजार प्रतियों का था।

यहाँ ये बात भी दिलचस्पी से खाली नहीं कि उसकी वो पोल खोलने वाला शख्स उसका एक फैलो पब्लिशर था, जो कि पहले मेरा भी पब्लिशर रह चुका था। प्रिंटिंग उसका फैमिली ट्रेड था, संयोगवश 'आज कत्ल होकर रहेगा' दोबारा उसी के एक रिश्तेदार की प्रिंटिंग प्रैस में छपा था इसलिए निश्चित तौर पर उसे उस रीप्रिंट की और प्रिंट ऑर्डर की खबर थी।

अपने नियमित प्रकाशक की वो हरकत मुझे नागवार गुजरना लाजमी था, वो तो सरासर जेब कतरने जैसा काम था, लिहाजा उसके ऑफिस में जाकर मैंने इस बाबत उसे ललकारा तो लम्बी हील हुज्जत के बाद उसने उपन्यास को फिर छापा होना तो कुबूल कर लिया, लेकिन कोई उजरत देने के नाम पर फरमाया—"हम माफी चाहते हैं।"

'मीटिंग करनी है' और 'सेल डाउन जा रही है' के बाद माफी चाहना भी उनका फेवरेट शगल था और किसी न किसी से कोई न कोई माफी चाहते ही रहते थे।

बख्शना जो न हुआ किसी को भी!

मैं फिर भड़का और कहा कि माफी उस काम की होती थी जो अनजाने में हो गया हो, जो जानबूझकर, नापाक, भितरघात जैसे इरादे से किया गया हो, उसकी माफी नहीं होती, खामियाजा होता था।

लाला जी 'माफी चाहते हैं' ही भजते रहे, कोई खामियाजा चुकता करने को तैयार न हुए।

फिर मैंने उन्हें वो बातें भी कहीं, जो नहीं कहनी चाहिए थीं।

"आप मोटे हो, डायबटिक हो, ऊपर से ये आपकी हरकतें हैं, आपका अंजाम बुरा होगा। खुदा की बेआवाज लाठी एक बार पड़ेगी कि सब कस बल निकल जाएँगे। पीछे तो बेईमानी कर ली, आगे क्या करोगे? कलम छीन लोगे?"

ये सब मैंने उनके पार्टनर की मौजूदगी में उनके सामने खड़ा होकर कहा और उन्होंने खामोशी से सुना।

आखिर उनके सामने उनके लिए आगे न लिखने का संकल्प दोहराकर मैं वापिस लौटा।

यूँ मेरे उपन्यासों के प्रकाशन के एक जमे-जमाए सिलसिले में विघ्न आया जो कि मेरे साथ कोई नया वाकया नहीं था, लेकिन इस बार के विघ्न ने—वक्ती तौर पर या लम्बे अरसे के लिए—मुझे बेरोजगार न किया। राज पॉकेट बुक्स से मेरा नाता टूट गया था, ये बात एक बम की तरह पॉकेट बुक्स ट्रेड में जाकर फूटी। नतीजतन फिर कई प्रकाशक मेरे घर के चक्कर लगाने लगे।

अपनी अगली इनिंग के लिए मैंने 'अभिनव' को चुना जो कि हिन्द पॉकेट बुक्स का ही मार्का था।

कभी हिन्द पॉकेट बुक्स का इतना नाम था और मेरी बतौर लेखक औकात अभी इतनी छोटी थी कि मैं अक्सर कहा करता था कि अगर कोई मेरा नावल हिन्द पॉकेट बुक्स में छपवा दे तो बतौर उजरत जितनी रकम वहाँ से मिले, वो उसे भी रख ले और उतनी ही रकम मैं उसे अपने पल्ले से भी दूँगा।

किस्मत की खूबी देखिए कि जो सपना फिर भी पूरा न हुआ वो अब अपने आप ही साकार हो गया।

सितम्बर, 1985 में अभिनव में मेरा पहला उपन्यास सुनील सीरीज का 'पीला गुलाब' छपा और बतौर उजरत मुझे पच्चीस हजार रुपये मिले जो कि लेखन से मेरी कमाई में एक बड़ी छलांग थी।

तब अपनी सरकारी नौकरी में मेरी माहाना तनखाह शायद सात हजार रुपये के करीब थी। तब नौकरी करते हुए मुझे इक्कीस साल हो गए हुए थे, मैं मामूली कर्मचारी भरती होकर अधिकारी बन चुका था, तेरह साल की नौकरी अभी बाकी थी, लेकिन इतनी बड़ी उजरत हासिल हो जाने के बावजूद मैंने नौकरी छोड़ने का खयाल भी न किया। जब मैं कर सकता था तो क्यों न करता! नौकरी का, सरकारी अफसरी का एक अपना जलवा था जो मेरे पर हावी था, मुझे ये खयाल करके गर्व महसूस होता था कि पॉकेट बुक्स ट्रेड का मैं इकलौता लेखक था, जो लेखक होने के अलावा भी किसी काबिल था।

और फिर तेरह साल की बाकी बची नौकरी में मेरी अभी तीन प्रोमोशन और हो सकती थीं, दो तो हुई ही थीं—मैं ग्रेड वन से ग्रेड थ्री ऑफिसर बन गया था—ग्रेड फोर इसलिए नहीं बन सका था कि जब तक वो नौबत आई थी तब तक मेरे रिटायर होने में केवल पाँच महीने बाकी रह गए थे और कम्पनी की हालत उन दिनों इतनी पतली हो चली थी कि प्रोमोशन डिले करना टॉप मैनेजमेंट की पॉलिसी बन गया था।

गौरतलब है कि रिटायरमेंट के वक्त मेरी कैरी होम सैलरी बारह हजार रुपये थी और मेरी नावल की फीस, जो तब बीस रुपये मूल्य में छपता था, दो लाख रुपये थी।

'अभिनव' पर लौटते हुए मैं अर्ज करना चाहता हूँ कि वहाँ मेरा व्यापारिक वास्ता शेखर मल्होत्रा से था, जो कि हिन्द पॉकेट बुक्स के संस्थापक दीनानाथ मल्होत्रा का पुत्र था और उन दिनों तकरीब कारोबार वो ही सँभालता था। बावक्ते-जरूरत वो ही मेरे घर या ऑफिस आता था। वो एक गोरा चिट्टा, खुशमिजाज रोली पीली व्यक्ति था, जिसकी कुछ खास खूबियाँ मेरी निगाह में आईं। मसलन :

- गाड़ी खुद ड्राइव करता था, लेकिन उसके पास पक्का ड्राइविंग लाइसेंस नहीं था, लर्नर लाइसेंस से ही काम चलाता था जिसे कि बार-बार रीन्यू करवाता रहता था। लर्नर लाइसेंस उन दिनों ड्राइविंग स्कूल्ज़ से ही मिल जाया करता था।

मैंने कहा—"आप इतनी बड़ी हस्ती हो, आपको क्या प्रॉब्लम है पक्का लाइसेंस हासिल करने में? आप तो चाहें तो लाइसेंस बनाने वालों को मय कैमरा, रिकॉर्ड रजिस्टर अपने घर बुला सकते हैं!"

"चल रहा है।"—उसका लापरवाह जवाब था।

गौरतलब है कि जनाब के सगे चाचा, पिता दीनानाथ मल्होत्रा के छोटे भाई, सुरेन्द्र नाथ थे जो कि तब पंजाब और हिमाचल राज्यों के गवर्नर थे, जो इससे पूर्व इंडियन पुलिस सर्विस (आईपीएस) के उच्चाधिकारी थे और किसी राज्य के पुलिस कमिश्नर भी रह चुके थे। ऐसी मकबूल हस्ती के भतीजे के पास ड्राइविंग लाइसेंस नहीं था।

- पिता का जिक्र पापा, डैडी या फादर कहकर नहीं करता था, जब भी उनका जिक्र करता था, 'दीनानाथ जी' कहकर करता था।
- मेरे पास जब भी मिलने आता था, पहला काम ये करता था कि कलाई घड़ी उतारकर मेज पर रख देता था। फिर पाँच मिनट रुके या पचास मिनट, घड़ी तभी वापिस पहनता था जब उठकर जाने लगता था।
- पहला—या शायद इकलौता—प्रकाशक था जो बाई प्लेन मुम्बई आउटस्टैंडिंग

पेमेंट्स कलैक्ट करने जाता था। सुबह अपनी कार पर एयरपोर्ट पहुँचता था, मुम्बई के प्लेन में सवार होता था और शाम तक लौट भी आता था।

मैं सिर्फ एक बार हिन्द पॉकेट बुक्स के शाहदरा से आगे दिलशाद गार्डन में मेन दिल्ली-यूपी हाइवे पर स्थित ऑफिस गया था, जहाँ मुझे, कर्टसी शेखर मल्होत्रा, दीनानाथ जी के रूबरू होने का सौभाग्य प्राप्त हुआ था। मुझे बड़ा फख्र महसूस हुआ था कि मैं ऐसी हस्ती से मिल रहा था जिसने भारत में पॉकेट बुक्स प्रकाशन की बुनियाद खड़ी की थी और पुस्तक प्रकाशन के धन्धे में एक इंकलाब लाकर दिखाया था।

'अभिनव' में 'पीला गुलाब' के बाद मेरा दूसरा नया नावल 'तीन दिन' छप रहा था, जबकि प्रकाश भारती वहाँ पहुँच गया। शेखर मल्होत्रा ने मुझे खुद बताया कि वो अपने उपन्यास 'अभिनव' में छपवाने का तमन्नाई बनकर वहाँ पहुँचा था और कहता था कि बतौर मिस्ट्री राइटर उसमें और सुरेन्द्र मोहन पाठक में कोई फर्क नहीं था, सिवाय इसके कि वो 'जरा पहले से' लिख रहा था।

मेरे से बिगड़ने के बाद 'साधना' ने उसे 'मेरे जैसे' उपन्यास लिखने के लिए ऐंगेज किया था इसलिए उसने पूरी निष्ठा के साथ सुनील का, सीरीज के ले आउट का डुप्लीकेट तैयार करके उपन्यास लिख लिया—रिपोर्टर हीरो की जगह रिवोर्टर हीरो, 'ब्लास्ट' की जगह 'थंडर', रिपोर्टर की फैंसी मोटरसाइकल की जगह मोटर साइकल वगैरह—और अनुवादक से लेखक बन गया। इतना ही नहीं उसने मेरे अन्दाजेबयाँ की भी नकल मारी और वो अल्फाज भी चोरी किए जो किसी डिक्शनरी में नहीं पाए जाते थे, मैंने खुद गढ़े थे, जैसे—पुलन्दा बाँध दूँगा, पटड़ा हो जाएगा वगैरह और वो सम्बोधन और मुहावरे ज्यों के त्यों अपने लिखे में जड़ने शुरू कर दिए जो बाजरिया सुनील सिर्फ मैं पाठकों को परोसता था, जैसे—तूफानेहमदम, गुलेगुलजार, शूगर प्लम, ब्राइट आइज, ऐंजलफेस, आई विल क्रास दैट ब्रिज वैन आई रीच इट, आई कैननाट सी ए डैमसेल इन डिस्ट्रेस, सारे जहां का दर्द हमारे जिगर में है वगैरह।

ऐसा ताजा-ताजा बना मिस्ट्री राइटर कहता था कि उसमें और पाठक में बस ये फर्क था कि वो जरा पहले से लिख रहा था।

'अभिनव' में घुसने की कोशिश तो उसकी नाकाम रही, लेकिन जब तक वो इस धन्धे में टिका उसने हर वो काम किया जो मैं करता था। मसलन :

- मेरी तरह नये साल का ग्रीटिंग कार्ड छपवाकर पाठकों, लेखकों, प्रकाशकों को भेजता था।
- मेरे जैसी फोटो खिंचवाकर अपने उपन्यास के टाइटल की बैक पर छपवाता था।
- मेरी तरह भूमिका लिखने की कोशिश करता था जिसे उसकी कोशिश गम्भीर या रोचक बनाने की होती थी, लेकिन वो हास्यास्पद बन जाती थी।

और भी पता नहीं क्या कुछ करता था मेरे से आगे निकलने का सपना साकार करने के लिए।

मैंने उसकी किसी हरकत पर कभी कोई एतराज न उठाया क्योंकि किसी ने गलत नहीं कहा है कि इमीटेशन इज बैस्ट फार्म ऑफ एप्रिसियेशन, सिवाय उसके सुनीलियन जुबान की नकल मारने के। और वो एतराज भी मैंने उसे न जताया, उसके प्रकाशक को जताया। मैंने 'साधना' में जाकर पूरी संजीदगी से दोनों पार्टनरों को समझाया कि उनकी शह पर या उनकी शह के बिना उनका लेखक जो कर रहा था, वो गलत था, नाजायज था, कॉपीराइट वायलेशन के दायरे में आता था, अगर कोर्ट में उसे उस बाबत जवाबदारी करनी पड़ती तो प्रकाशक पर भी उसके किए की पूरी जिम्मेदारी आयद होती।

उस बात ने उन्हें कदरन हिलाया और उन्होंने प्रकाश भारती को हिदायत दी कि भविष्य में वो मेरी बनाई फ्रेज़ालोजी की, मेरे अन्दाजेबयां की नकल करने से परहेज रखे।

तभी कहीं जाकर वो उन हरकतों से—मुकम्मल तो नहीं, काफी हद तक—बाज आया।

'अभिनव' में मेरे पाँच नये नावल और तीन रीप्रिंट छपे और मेरा वहाँ से रिश्ता खत्म हो गया क्योंकि प्रकाशन ही झोल-झाल हालत में पहुँच गया और आखिर बन्द हो गया। सिवाय आखिर के वहाँ जब तक सिलसिला चला, अच्छा-अच्छा चला।

आखिर में जो बद्‌मजा बात हुई वो ये थी कि आखिर में छपे दो रीप्रिंट्स—दोहरी चाल, स्टार नाइट क्लब—की पेमेंट मुझे न मिली।

फिर शेखर मल्होत्रा से मुलाकात भी बन्द हो गई।

एक बार संयोगवश अंसारी रोड पर—जहाँ कि उन दिनों हिन्द पॉकेट बुक्स का सिटी ऑफिस हुआ करता था—मेरी शेखर मल्होत्रा से मुलाकात हुई तो मैंने बड़े संकोच के साथ उसे रिमाइंड कराया कि मेरी 'अभिनव' से इनिंग के आखिर में छपे दो रीप्रिंट्स की पेमेंट मुझे नहीं मिली थी तो बड़ा भोला जवाब मिला—"मुझे तो इस बाबत कुछ पता नहीं, मैं एकाउंटेंट से मालूम करूँगा।"

एकाउंटेंट से क्या मालूम किया—मालूम किया भी या नहीं—मुझे कोई खबर न लगी। मैं भी उस रकम का गम खाकर खामोश हो गया। मैं ये तो नहीं कह सकता कि इतने बड़े प्रकाशक की नीयत में खोट थी, मुमकिन था जो हुआ था अनजाने में हुआ था, लेकिन ये अहसास बड़ी देर मेरे मन को सालता रहा कि मेरी जेब कट गई थी।

उन्हीं दिनों लंदन वाला श्रीराम विद्यार्थी—'कौन पाठक' फेम—दिल्ली आया और हमेशा की तरह मेरे ऑफिस में आकर मेरे से मिला। उन दिनों वो लंदन में 'बुक्स फ्रॉम इंडिया' के नाम से एक फर्म चलाता था जिसकी सप्लाई लाइन बरकरार रखने

के लिए वो भारत आता था और सारे प्रकाशकों से मिलकर पुराना हिसाब करके नया ऑर्डर देकर जाता था। वो मुझे मिला तो बातों-बातों में हिन्द पॉकेट बुक्स का भी जिक्र आया। तब मैंने उसको बताया कि मेरे उनके यहाँ 'अभिनव' के मार्के के तहत आठ उपन्यास छपे थे जिनमें से दो की पेमेंट मुझे आज तक नहीं मिली थी।

उस पर विद्यार्थी ने मुझे अपनी प्रोफेशनल राय दी कि मैं इस बाबत दीनानाथ मल्होत्रा को चिट्ठी लिखूँ और ये नानपेमेंट वाली बात उनकी तवज्जो में लाऊँ। बुक ट्रेड में उनकी बड़ी हैसियत थी, वो ये लांछन अपने पर आना अफोर्ड नहीं कर सकते थे कि किसी छोटे-मोटे लेखक की कोई छोटी-मोटी पेमेंट उन लोगों ने इरादतन नहीं की थी।

उसकी ये भी राय थी कि चिट्ठी के अन्त में मैं जरूर लिखूँ : If I don't get a favourable reply in a reasonable time, I'll go to press.

मैंने वो चिट्ठी कभी न लिखी।

ऐसा मेरे साथ रवि पॉकेट बुक्स, मेरठ ने भी किया जबकि उसने मेरी इंगलिश की दो जोक बुक्स FUN FUN FUN FUNDA वॉल्यूम तीन और चार छापीं और करार पाई उजरत चालीस हजार रुपये मुझे न दी। लेकिन जैसे मैंने शेखर मल्होत्रा को रिमाइंड कराया था, 'रवि' के मालिक को तो नानपेमेंट की बाबत कभी रिमाइंड भी न कराया जबकि तदुपरान्त मुझे वो कई बार मिला, अभी भी मिलता है।

वजह क्या था?

ये तो नहीं थी कि मैं बड़ा संतोषी जीव था, मुद्रा के प्रति बैरागी हो गया था।

ये भी नहीं थी कि मेरी अक्ल मारी गई थी।

बहरहाल पता नहीं कि कैसी दयालुता मेरे पर तब हावी हुई कि मैंने 'रवि' के प्रकाशक को कभी हिंट तक न दिया कि वो मेरी अपने यहाँ छपी दो जोक बुक्स की पेमेंट दबाए बैठा था।

जिस किसी ने कहा था कि हराम का काला पैसा भी पेट फाड़कर बाहर निकलता है, वो शायद पॉकेट बुक्स के चन्द प्रकाशकों के हाजमे से वाकिफ नहीं था।

लेकिन इस सिलसिले में बड़ा गच्चा मैंने डायमंड पॉकेट बुक्स से खाया जो कि दोनों भाइयों में बिजनेस के बँटवारे के बाद अब बड़े भाई नरेन्द्र वर्मा के कब्जे में थी और जिसने मई, 1999 से लेकर फरवरी, 2000 तक के दस महीनों में मेरे सत्तरह रीप्रिंट्स छापे और बतौर उजरत मुझे काला पैसा न दिया।

बिना पेमेंट उपन्यास छाप लेने का इतना बड़ा स्कोर दो वजह से बन पाया।

एक तो अधिकतर रीप्रिंट्स पहले 'राज' से छपे हुए थे जो कि अपनी बदनीयती से मजबूर उन्हें बार-बार छाप लेता था और टोके जाने पर साफ मुकर जाता था कि उसने ऐसा किया था, 'वापसी बहुत ज्यादा आ गई थी', 'कुछ बंडल गोदाम में गलती से कहीं और रखे गए थे, अब मिले थे' जैसे जवाब देकर इलजाम रफा-दफा

करने की कोशिश करता था। नहीं कर पाता था तो 'माफी चाहते हैं' वाला हथियार तो था ही। उसको इस नाजायज हरकत से हतोत्साहित करने के लिए मैंने 'डायमंड' को मुँह लगाया था और वो उपन्यास वहाँ रीप्रिंट के लिए दिए थे।

लेखक 'डायमंड' के गुलशन राय और नरेन्द्र वर्मा के साथ

पॉकेट बुक्स के धन्धे में तब ये रवायत बन गई हुई थी कि किसी उपन्यास का नया, बढ़ी हुई कीमत वाला, नये टाइटल वाला संस्करण मार्केट में आता था तो पुराने की डिमांड खत्म हो जाती थी। यूँ री-री-रीप्रिंट्स के सिलसिले में 'राज' की ज्यादातियों को अंकुश तो लगा लेकिन आर्थिक रूप से मेरे हिस्से झुनझुना आया। मैं तो जैसे शेर के शिकंजे से छूटा और भालू के कब्जे में आ गया।

दूसरी वजह ये थी कि नरेन्द्र वर्मा मेरा हमप्याला था, हमनिवाला था, कोई व्यापारिक ताल्लुकात न होते हुए भी मेल-मुलाकात थी, फिर 'डायमंड' के साथ आर्थिक रूप से मेरी पहली पारी बहुत बढ़िया चली थी जबकि वहाँ मेरे 40 नये पुराने उपन्यास छपे थे। इन तमाम बातों की वजह से मैं नरेन्द्र वर्मा से उस नामुराद हरकत की उम्मीद नहीं कर सकता था, जो कि उसने की।

मैं 'डायमंड' में छपे अपने हर रीप्रिंट के साथ इन्तजार करता था कि अभी फीस के बारे में कोई बातचीत होगी, या बिना बातचीत के चैक आएगा, लेकिन ऐसा न हुआ। पहले तो मेरा इस विसंगति की तरफ ध्यान तक न गया कि पेमेंट का कोई जिक्र ही नहीं उठ रहा था लेकिन कभी तो ध्यान जाना ही था। मैंने प्रकाशक को फोन करके एक नम्र रिमाइंडर दिया कि 'डायमंड' में हर महीने दो नावल छपने से मेरे दूसरे कैश—रिपीट, कैश—कस्टमर भागे जा रहे थे जो कि मेरे लिए ठीक नहीं

हो रहा था। उसने पेमेंट का हिंट तो पकड़ा नहीं, जवाब में ये कह दिया कि थोड़े अरसे बाद वो मेरे माहाना रीप्रिंट्स को दो से एक कर देगा।

जब सत्तरह उपन्यास यूँ ही धुप्पल में छपे तो मेरे सब्र का बाँध टूट गया। मैंने उस सिलसिले पर परमानेंट फुलस्टॉप लगा दिया।

पेमेंट फिर भी नदारद।

पेमेंट क्या, उसका जिक्र भी नदारद।

जबकि प्रैस क्लब में अक्सर मुलाकात होती थी, जिसका कि नरेन्द्र वर्मा भी मेम्बर था। हम ड्रिंक्स शेयर करते थे, हमारे में दुनिया जहान की बातें होती थीं लेकिन वो सत्तरह रीप्रिंट्स की पेमेंट का कोई जिक्र करता नहीं था, मेरी उसके सामने, हमप्याला दोस्त के सामने, उस बाबत जुबान नहीं खुलती थी।

फिर मैंने उसे एक चिट्ठी लिखी जिसमें उसे वो वाकया याद दिलाया जबकि एक कागजी ने उसके ऑफिस में—जो कि उन दिनों दरियागंज में था—उसके सामने बैठकर उस पर पेमेंट में कोताही को लेकर इलजाम लगाया था तो वो बुरी तरह से भड़का था और गुस्से से बोला था—"हमें कोई और जो कुछ भी कहे, बेईमान न कहे।"

उसके एग्जैक्ट वर्ड्स मैंने दोहराए—"सानूं बेईमान न आखो।"

और उससे सवाल किया कि क्या अब उसकी वो भावना नहीं रही थी?

उसने वो हिंट न पकड़ा, उसे वो चिट्ठी भी हजम हो गई।

आखिर मैंने सत्तरह रीप्रिंट्स की उजरत को राइट ऑफ कर दिया।

और क्या करता? दोस्त से खता खाई थी, किसी गैर से तो नहीं!

लेकिन बलिहार, सुरेन्द्र मोहन पाठक नाम के उस शख्स की अक्ल पर जो उसी प्रकाशक के उसी वाग्जाल में फिर फँसा जिसमें लॉर्ज स्केल पर पहले फँस चुका था। दूध का जला छाछ फूँक-फूँक कर पीना न सीखा, या यूँ कहिए कि छाछ से भी जला।

आखिर फिरंगी जुबान में ऐसे ही तो नहीं कहा गया कि वंस ए फूल, आलवेज़ ए फूल।

इस बार—पिछली मिसएडवेंचर के दस साल बाद सन् 2010 में—नरेन्द्र वर्मा ने जो नयी पुड़िया मुझे सरकाई वो ये थी कि वो डायमंड में मेरे उपन्यासों के इंगलिश में अनुवाद हर दो महीने में एक अनुवाद की रफ्तार से छापेंगे और साथ ही यूँ प्रकाशित हर उपन्यास का सारी क्षेत्रीय भाषाओं में अनुवाद छापेंगे।

मुझे इंगलिश में छापने की चेतना उनमें इसलिए जागी थी क्योंकि हाल ही में 'बलाफ्ट' नाम के चेन्नई के एक प्रकाशन ने 'पैंसठ लाख की डकैती' का इंगलिश अनुवाद '65 LAKH HEIST' छापा था, जो कि आनन-फानन हर किसी की तवज्जो का मरकज बना था, इतना कि टाइम्स मैगजीन के 23 मार्च, 2009 के एनुअल स्पेशल ईशू में 'शार्ट लिस्ट' कॉलम में पाँच जनों का सांग, डीवीडी और बुक के सन्दर्भ में जिक्र था, जिनमें एक मैं था। वो जिक्र बमय मेरी तसवीर इस प्रकार था :

The 65 LAKH HEIST :
This classic by Hindi pulp fiction master Surender Mohan Pathak has sold more than 25 million copies since it first appeared in 1977. A new translation from Indian publisher Blaft brings its Punjabi underworld grit to readers in English for the first time.

Short List

***TIME'S* PICKS FOR THE WEEK**

1 SONG
Crack a Bottle

Remember that little white rapper guy? Always getting into trouble? It's been a while since Eminem was last heard from, but this single suggests he hasn't worried much about changing his shtick. Joined by Dr. Dre and 50 Cent, he's just as earsplitting, bawdy—and catchy—as ever.

2 DVD
Ashes of Time Redux

A moony postromantic, Hong Kong's Wong Kar-wai makes films trapped in a web of lost love. This recut of his 1994 Eastern western is a heartbreaking rhapsody with an iconic cast: Leslie Cheung, Brigitte Lin, Tony Leung Chiu-wai and Maggie Cheung. Unmissable.

3 BOOK
Spoiled

Husbands, wives, nannies and children orbit one another in the cold moral vacuum of uptown Manhattan. Caitlin Macy's stories dissect the lives of the rich and miserable with tender but surgical precision. This is what happens to gossip girls 20 years down the line.

4 DVD
Beverly Hills Chihuahua

A pampered pet (voiced by Drew Barrymore) from 90210 gets lost and saved in Baja. Made back when *immigration*, not *the economy*, was the code-red political phrase, this Disney box-office hit says Mexicans are the kindest, friendliest people—as long as they're dogs.

5 BOOK
The 65 Lakh Heist

This classic by Hindi pulp-fiction master Surender Mohan Pathak has sold more than 25 million copies since it first appeared in 1977. A new translation from Indian publisher Blaft brings its Punjabi underworld grit to readers in English for the first time.

Arts Online
For more reviews and openings this weekend, go to time.com/entertainment

By Richard Corliss, Lev Grossman, Jyoti Thottam and Josh Tyrangiel

Neko Case's Short List

The mighty female voice of North American indie power poppers the Pornographers, Neko Case has long an alt-country favorite. She follows her critically acclaimed 2006 albun *Fox Confessor Brings the Flood*, with tl month's *Middle Cyclone*. Here's what Case is into this season, from bandı A.C. Newman's solo album to a dos David Lynch.

Twin Peaks
I've been watching a lot of *Twin Peak* again. I'm from Washington State, ar was the first time that the Northwest ever seen as a place to be. I love tha region was shown to the world that w David Lynch, who got the spookiness weirdness of it.

A.C. Newman
His new record, *Get Guilty*, is all I list to. I'm still mad that I didn't sing on I can understand that he doesn't wa sound exactly like the New Pornogra The harmonies are superaddictive. H so effortless.

The Cramps
The band's lead singer, Lux Interior, j died, which is utterly sad to me. They so not worried about being cool. He w man and woman at the same time a a raging lunatic.

Guillermo del Toro
I've been listening to this NPR interview with him over and over again. I so compassionate-sounding. His mo famous movie, *Pan's Labyrinth*, is th one I connected with the least, but the way he thinks, and I love the wa he talks.

The Living, by Annie Dillard
The way she constructs a sentence i beautiful and simple. She doesn't wı like a woman or a man. That's a kin balance that's totally sublime.

Religion • Mythology • Cookery • Relationship
Osho • Astrology • Science • Quiz • Gemology

DIAMOND POCKET BOOKS (P) LTD

Classics • Health • Sports • Fiction • Lifestyle
Comedy • Novels • Children Books • Yoga

April 16, 2010

Mr. Surender Mohan Pathak,
H-2/4, Krishna Nagar,,
Delhi-110051
EmaiL.whodunitpathak@gmail.com
Dear Mr.Pathak,

Thanks for your letter and Novel " Akhiri Maqsad". I very much pleased to receive it as this will start a new relation as author and publisher with you. You have got a good reputation and readership all over India even in the non Hindi states where non Hindi readers know your name as Rajni Kant and Kamal Hasan known in Hindi belt. Therefore I am taking a big steps with your love and affection. I am sure it will be success.

My main purpose is to start the publication of your novel in English because as I studied the future market of India. Your name will catch the attention of new generation which is now reading in English as all the new literate or new generation is today putting their children in convent school and they do not have time to read fiction till their school days and till the time they are fully ensured for their job. As soon as they get the job they travel too much and during the course of their travel they are reading fiction in English. This is the right time to introduce a right author to the new generation. People know your name , fame and popularity. They are reading English not Hindi.

I am writing this letter only for the purpose that I must make my conscious and mind clear as both of us are at a life span because of the health reason.

We will definitely meet next time and will decide about remuneration because we both have to judge the expenses in translation and what we are going to make. MY main aim is that this is the right time to hit all the Indian languages including English with your name, fame and popularity.

With very kind regards & your trust on me

Your's Truly

N.K. VERMA

X-30, Okhla Industrial Area, Phase-II, New Delhi-110020
Phones : 011-41611861, 41712100, 41712200 Fax: 011-41611866
E-mail : sales@dpb.in Website : www.dpb.in

न्यूजपेपर की कटिंग एवं लेटरहैड की कॉपी

नरेन्द्र वर्मा ने अपने 16 अप्रैल, 2010 के पत्र में मुझे यहाँ तक फूँक देकर आसमान पर चढ़ाया कि नान-हिन्दी राज्यों में मेरा नाम रजनीकांत और कमल हासन की तरह जाना जाता था। उन्होंने आगे प्रकाशन में और पठन-पाठन में इंगलिश का ही भविष्य बताया क्योंकि आज के बच्चे सब कॉन्वेंट स्कूलों में पढ़ते थे, जिन्होंने बड़े होकर इंगलिश फिक्शन को ही पैट्रनाइज करना था। लोग मेरे 'नेम, फेम और पापुलरिटी' से वाकिफ थे लेकिन उनकी प्रेफरेंस आगे-आगे इंगलिश बन जाने वाली थी। लिहाजा मेरे उपन्यासों के इंगलिश ट्रांसलेशंस की कामयाबी निश्चित थी।

इस बार उन्होंने—शुक्र था—मेरी फीस का भी जिक्र किया और ट्रांसलेशन पर होने वाले खर्चे का यूँ जिक्र किया जैसे वो मेरी फीस में से काटा जाना था।

मैंने 'आखिरी मकसद' इस मिशन के लिए उनकी नजर किया जो कि बकौल उनके इंगलिश और हिन्दी के अलावा सारी क्षेत्रीय भाषाओं में प्रकाशित होना था।

इंगलिश ट्रांसलेशन THE LAST GOAL उन्होंने अपने स्टॉफ के किसी बन्दे से कराया और फाइनल चैक अप के लिए मेरे हवाले किया।

मैंने ट्रांसलेशन पढ़ा तो मेरा जी सड़ गया। ऐसा घटिया ट्रांसलेशन था कि लगता था कि लेखक को ठीक से अंग्रेजी तो क्या, हिन्दी भी नहीं आती थी। प्रकाशक से शिकायत की तो उसने पोपले मुँह से बोल दिया—"आप ठीक कर दो।"

एक महीना लगाकर मैंने इंगलिश ट्रांसलेशन की मरम्मत की—मरम्मत क्या, कायापलट किया और उसे प्रकाशक के हवाले किया।

तब प्रकाशक ने अपने 29 अक्टूबर, 2010 के पत्र के माध्यम से मुझे खबर की कि उसने सिर्फ मेरे उपन्यासों के लिए एक ट्रांसलेटर एंगेज किया था इसलिए मैं एक उपन्यास और उसे भेज दूँ ताकि वो खाली न बैठे।

मैं 'हजार हाय' भेज दिया।

उपरोक्त पत्र में इस बात का भी जिक्र था कि हमें 'टर्म्स एंड कंडीशंस' निर्धारित कर लेनी चाहिए थीं ताकि हमारे फ्रेंडली रिलेशंस में कोई अन्तर न आता।

फ्रेंडली रिलेशंस!

ऐसे शख्स को फ्रेंडली रिलेशंस की फिक्र थी जो दस साल पहले ही सत्तरह रीप्रिंट्स की उजरत दबाकर उनकी बुनियाद हिला चुका था।

जो काम हमें 'दोस्ताना ताल्लुकात बनाए रखने की खातिर' कर लेना चाहिए था, वो उसने कभी न किया।

उसने फिर अपने मंसूबे को दोहराया कि वो हर दो महीने में मेरा एक इंगलिश ट्रांसलेशन मार्केट में लाएगा और उसकी उम्दा ऑल इंडिया सेल सुनिश्चित करेगा। इस बार उसने हिन्दी का जिक्र तो किया लेकिन क्षेत्रीय भाषाओं का जिक्र न किया।

जनवरी, 2011 में आखिर उसने 'दि लास्ट गोल' प्रकाशित किया जबकि लगभग साल पहले फरवरी, 2010 में 'ब्लाफ्ट' से मेरा दूसरा इंगलिश नावल

'DAY LIGHT ROBBERY' भी छप चुका था जो कि 'दिन दहाड़े डकैती' का अनुवाद था।

'ब्लाफ्ट' के छापे दो उपन्यासों के मुकाबले में शक्ल-सूरत और साज-सज्जा के मामले में डायमंड का छापा उपन्यास कहीं नहीं ठहरता था, लेकिन एक बात उसके हक में फिर भी थी कि उसकी कीमत 'ब्लाफ्ट' के छापे उपन्यासों से आधी थी। 'ब्लाफ्ट' ने अपने दोनों प्रकाशित उपन्यासों की रिलीज का दिल्ली में भव्य आयोजन किया था—65 LAKH HEIST की तो पार्क होटल में ड्रिंक्स की पार्टी भी की थी—जबकि डायमंड ने 'दि लास्ट गोल' को प्रमोट करने में उँगली हिलाने की भी कोशिश नहीं की थी, अलबत्ता दावे हर मामले में आसमान छूते किए थे।

पता नहीं प्रकाशक की 'दि लास्ट गोल' से उम्मीदें पूरी न हुईं या कोई और वजह बनी, अपना मेरे इंगलिश नावल छापने का बाई मंथली प्रोग्राम उसने वहीं ड्रॉप कर दिया।

और 'हजार हाथ' बिना किसी मुलाहजे के मुझे वापिस लौटा दिया।

'दि लास्ट गोल' की उजरत!

सही पकड़ा।

मुझे कभी हासिल न हुई।

डाक से छ: कॉपी अलबत्ता जरूर हासिल हुईं।

छ: क्यों?

तब मुझे पहली बार मालूम हुआ कि 'लेखक को छ: कॉपी' प्रकाशकों की स्थापित रवायत थी।

मैंने बीस की माँग की, जो कि मुझे हमेशा बिना माँगे हासिल होती थीं।

चार और भेज दीं।

मन इतना खिन्न हुआ कि दोबारा तकाज़ा करते न बना।

पता नहीं ऐसा करतब उसने मेरे ही साथ किया था या सब लेखकों के साथ करता था।

मेरे खयाल से मेरे ही साथ किया था। जाबर का जोर जबर पर कहाँ चलता था! कमजोर पर ही तो चलता था!

जो कि मैं था।

जुबाँ कट जाए गर लब से तुम्हारा कुछ गिला निकले,
मगर यह तो कहूँगा, तुमको क्या समझा था क्या निकले।

राजकुमार गुप्ता के किरदार पर, उनके बिजनेस स्टाइल पर मैंने पीछे बहुत नुक्ताचीनी की—अभी आगे भी करूँगा—लेकिन उनमें दो खूबियाँ ऐसी थीं जिनका मैं कायल था और हमेशा रहूँगा :

Religion • Mythology • Cookery • Relationship
Osho • Astrology • Science • Quiz • Gemology

DIAMOND POCKET BOOKS (P) LTD.

Classics • Health • Sports • Fiction • Lifestyle
Comedy • Novels • Children Books • Yoga

October 29, 2010

Mr. Surendra Mohan Pathak,
H-2/4, Krishna Nagar,
Delhi-110051

Dear Pathakji,

I am happy that you have started the finalization of the script " Akhari Maksad" in English. You are very kindly requested to give me one more book for translation as we have kept one translator for your books.

It is my special request that you should decide the terms & conditions before we start the publication of novels so that we must be pleased to have regular friendly relations. We must feel proud to be associated with each other but looking into the commercial side and future of English novels.

We can publish at least six novels in a year as we publish one month Hindi set and one month English set. We can circulate the books all over India and can get a good market for it. Your name is very popular and people would like to read your novels time and again. I am not talking about Hindi only I am also talking about English, some readers read only in English but they are your fan. We have to make the books available at all the malls like Crossword and Landmark and they should know that the novels are coming regularly and they will wait for next novel. It may take about one year but I am sure, after one year, we will create a very positive market.

I just want to share my feelings and views with you.

With very kind regards,

For Diamond Pocket Books (P) Ltd.

N.K. VERMA

X-30, Okhla Industrial Area, Phase-II, New Delhi-110020
Phones : 011-41611861, 41712100, 41712200 Fax: 011-41611866
E-mail : sales@dpb.in Website : www.dpb.in

लेटरहैड की फोटोकॉपी

एक तो स्वभावगत सहयोगी थे, कोई किसी समाजी मसले पर उनसे मदद की माँग करे तो उसे निराश नहीं होना पड़ता था। उनके सहयोग का शीराजा खासतौर से मैंने तब बटोरा जब साधना पॉकेट बुक्स से मेरी कोर्ट-कचहरी हुई।

दूसरे, लेखक से उसकी फीस के बारे में भले ही कितनी झैं-झैं करते हों, लेकिन कभी किसी लेखक को फीस न दी हो, या पूरी न दी हो, या कलपा के, कई चक्कर कटवा के दी हो, ऐसा राज बाबू ने कभी न किया। जो हरकत 'डायमंड' ने मेरे साथ की, मैं सपने में भी नहीं सोच सकता था कि राज बाबू किसी के साथ कर सकते थे। लेखक की रकम दूध से धो के देते थे, इस मसल को चरितार्थ करते देते थे कि मजदूर को उसकी उजरत उसका पसीना सूखने से पहले मिलनी चाहिए।

अधेड़ावस्था

जारी...

तेरे खुलूस ने बर्बाद कर दिया, ऐ दोस्त,
फरेब खाते तो अब तक सँभल गए होते।

राज पॉकेट बुक्स के साथ अपनी पहली पारी में मेरा नियमित रूप से वहाँ लिखना जारी था तो उस दौरान एक रोज दोपहरबाद आईटीआई के ऑफिस में मेरे पास शनु पेपरबैक्स से बना मेरा एक वाकिफकार आया जो कि खुद लेखक नहीं था—न उसने ऐसी कोई कोशिश कभी की थी—लेकिन 'सचिन' के छद्म नाम से उसकी फोटो के साथ सामाजिक उपन्यास 'शनु' में छपते थे। प्रकाशक बाजरिया भूत लेखन उसके नाम से छापे जाने वाले नावल की स्क्रिप्ट का इंतजाम करता था, भूत लेखन की फीस वो शख्स भरता था और उसके छद्म नाम 'सचिन' के तहत छपे नावल की उसे कोई रायल्टी भी नहीं मिलती थी। यानी प्रकाशक की फुल मौज थी जो लेखक को कुछ देने की जगह उससे ढेर वसूलता था। कभी नावल बड़ा हो जाता था, प्रकाशक उस शख्स को खबर करता था तो अतिरिक्त पृष्ठ छापने के लिए कागज पर होने वाला अतिरिक्त व्यय भी वो वहन करता था। पैसे वाला आदमी था—सुना था कि सांपला, हरियाणा में उसके दो पैट्रोल पम्प थे—इसलिए 'सचिन' के लिए जो खर्चा वो करता था, वो उसके लिए मामूली था। खुद वो दाएँ-बाएँ नावल दिखाकर ये दावा करने का सुख पाता था कि वो लेखक था, वो नावल उसने लिखा था।

उसने मुझे बताया कि वो सीधा मेरठ से आ रहा था और वहाँ का संगीता पॉकेट बुक्स का प्रकाशक मेरा नक़ली नावल—वो भी विमल सीरीज का—छापने की तैयारी कर रहा था।

"उसकी मजाल नहीं हो सकती।"—मैं बोला।

"नावल प्रैस में है। टाइटल छप भी गया हे। मैं देख के आया हूँ।"

"उस पर मेरा नाम छपा है।"

"हाँ, लेकिन थोड़े से संशोधन के साथ।"

"क्या संशोधन?"

"नाम सुनील मोहन पाठक छपा है।"

"मैं प्रकाशक को सीधा कर दूँगा।"

"पाठक साहब, कुछ नहीं कर सकोगे।"

"मैं कोर्ट में जाऊँगा।"

"किस बिना पर? सुनील मोहन पाठक तुम्हारा नाम थोड़े ही है!"

लेखक पत्नी के साथ

मैं खामोश हो गया।

"लेकिन"—फिर बोला—"तुम ये भी तो कहते हो कि नावल विमल सीरीज का है!"

"चालाकी से।"

"क्या मतलब?"

"उसमें सीरीज के हीरो सोहल का नाम सोहन है। ऐसी ही मिलती-जुलती तब्दीलियाँ और नामों में भी की गई हैं लेकिन कहानी ऐन वैसी लिखवाई गई है, जैसी विमल सीरीज की होती है। टाइटल भी जानबूझकर तुम्हारे हालिया टाइटलों से मिलता-जुलता बनवाया गया है।"

"अच्छा!"—मैं चिन्तित भाव से बोला।

"उसने सब सोच-विचार के, पूरी तैयारी के साथ किया है। कुछ नहीं कर सकोगे।"

"कुछ तो करूँगा!"

"नहीं कर सकोगे।"

वो मनहूस खबर सुनाकर, पीछे मुझे फिक्रमन्द छोड़कर वो चला गया।

मैं क्या कर सकता था?

अगर ऐसा कुछ मेरे साथ भी होने जा रहा था तो उसे रोका जाना जरूरी था।

'जुल्म सहने से भी जालिम की मदद होती है।'

ये सबक सिर्फ विमल के लिए नहीं था, उसके प्रणेता के लिए भी था।

मेरठ के प्रकाशकों में ये भेड़ चाल स्थापित थी कि एक जना अपनी किसी नाजायज हरकत में कामयाब हो जाता था तो सारे जने आनन-फानन उसी लीक पर चलने लगते थे।

सोहल का नकली उपन्यास छपना, उस पर मेरे नाम का धूर्त इस्तेमाल होना मुझे बहुत नुकसान पहुँचा सकता था। लिहाजा उस सिलसिले पर रोक लगना मेरे उस धन्धे में मेरे भविष्य की सुरक्षा के लिए निहायत जरूरी था।

मैं राजकुमार गुप्ता की शरण में गया।

राज बाबू ने भी चिन्ता व्यक्त की कि ऐसा भ्रष्ट कार्य होने जा रहा था।

"तुम क्या चाहते हो?"—फिर बोले।

"ये भी कोई पूछने की बात है! इससे पहले कि बीज पनपकर पौधा बन जाए, पौधा पेड़ बन जाए, कुछ करना चाहता हूँ।"

"कोर्ट जाना पड़ेगा।"

"मैं जाऊँगा।"

"कोई तुरत-फुरत नतीजा हाईकोर्ट जाने से ही निकलेगा।"

"ठीक है।"

"हाईकोर्ट के बड़े वकील बड़ी फीस चार्ज करते हैं। बहुत खर्चा होगा।"

"मैं झेलूँगा। आप हाईकोर्ट के किसी वकील से वाकिफ हैं?"

"हूँ तो सही!"

"तो उससे मेरे लिए बात कीजिए न!"

"वो तो मैं कर लूँगा लेकिन पहले उस खबर की तसदीक होना जरूरी है जो तुम्हें मिली है।"

"खबर लाने वाले ने दावा किया है कि नावल प्रैस में है, टाइटल छप भी गया है, वो देख के आया है।"

"फिर भी तसदीक होना जरूरी है और वो तभी होगी जब वो नावल वजूद में आएगा।"

दो हफ्ते में नावल मार्केट में दिखाई देने लगा।

उपन्यास : दस करोड़ की डकैती

लेखक : सुनील मोहन पाठक।

विमल सीरीज

सोहन : सात राज्यों में घोषित इश्तिहारी मुजरिम।

घटना स्थल : गोवा

कहानी : सोहल के पूर्व प्रकाशित कारनामों से, खासतौर से 'आज कत्ल होकर रहेगा' से मिलती-जुलती।

आवरण पर टॉप पर बड़े-बड़े अक्षरों में 'पाठक' लिखा था और बॉटम पर 'पाठक' से आधे मोटे अक्षरों में 'दस करोड़ की डकैती' और उसके नीचे सुनील मोहन पाठक लिखा था। वो स्टाइल भी मेरे मेरठ से हाल ही में प्रकाशित रीप्रिंट्स से पिक किया गया था।

नकली असली

जिन वकील साहब का मैं बाजरिया राजकुमार गुप्ता क्लायंट बना, उनका नाम अनूप सिंह था, जो बहुत ही प्रभावशाली व्यक्तित्व वाले कवि हृदय, वयोवृद्ध सिख थे, जो ग्रीन पार्क की विशाल कोठी में रहते थे और वहीं गैराज में उनका ऑफिस था, जहाँ चारों दीवारों पर लॉ बुक्स का साम्राज्य था—कार गैराज के सामने की राहदारी में खड़ी होती थी।

उनका बेटा राजेन्द्र सिंह भी वकील था और मनमोहन सिंह नाम का एक भांजा भी वकील था। जिसका ऑफिस वैस्ट पटेल नगर था जहाँ शाम को अनूप सिंह भी अक्सर पाए जाते थे।

आगे चलकर बतौर वकील मनमोहन जी से मेरा फिर वास्ता पड़ा क्योंकि तब तक अनूप सिंह जी का देहावसान हो चुका था।

होईकोर्ट में अनूप सिंह जी की बड़ी इज्जत थी, छोटे-बड़े तमाम वकील सादर प्रणाम करते थे।

पंजाबी के कवि थे, पाँच कविता संग्रह प्रकाशित हो चुके थे, जिनमें से पाँचवाँ उन्हें राजकुमार गुप्ता ने नि:शुल्क छाप कर दिया था और इसी वजह से राजबाबू से उनके मधुर सम्बन्ध थे।

खुद लेखक थे इसलिए लेखकों की उन्हें बहुत कद्र थी, जिसका सुख मैंने भी पाया—उन्होंने मेरे से बहुत कम फीस चार्ज की।

केस की तैयारी के सिलसिले में पहली बार जब उन्होंने मुझे ग्रीन पार्क अपनी कोठी पर बुलाया तो मैंने राज बाबू से साथ चलने की दरख्वास्त की जो उन्होंने सहज ही कुबूल कर ली। शनिवार सुबह नौ बजे हमने ग्रीन पार्क में हाजिर होना था, जहाँ मैंने कृष्णानगर से और राज बाबू ने शक्तिनगर से पहुँचना था।

निर्धारित समय से दस मिनट पहले जब मैं ग्रीन पार्क पहुँचा तो मैंने अपने से पहले राज बाबू को फुटपाथ पर खड़े पाया जबकि उन दिनों उनके पास यातायात का अपना कोई साधन नहीं था।

मैं धन्य हो गया। पता नहीं कितनी बार मैं उनकी इस फराखदिली पर शुक्रगुजार हुआ।

हम अनूप सिंह जी से मिले, उन्हें सुनील मोहन पाठक का नावल दिखाया।

काफी देर उन्होंने नावल को उलटा-पलटा, कहीं-कहीं से पढ़कर भी देखा, बीच-बीच में मेरे से सवाल किए :

"डिफीकल्ट केस है।"—आखिर बोले—"बट देयर इज इनटेंट टु डीफ्रॉड। बचाव के लिए पब्लिशर को सुनील मोहन पाठक को भी पेश करना पड़ेगा जो अगर फर्जी नाम है तो नहीं पेश कर पाएगा। मेरे खयाल से पहली ही पेशी में सुनील मोहन पाठक के प्रकाशन पर रोक लग जाएगी। मिसल तैयार करते हैं। केस फाइल करते हैं।"

केस फाइल करने में उन्होंने इतना टाइम लगाया कि तब तक सुनील मोहन पाठक का एक और उपन्यास 'सुनहरी जाल' मार्केट में आ गया और अभी तीसरे उपन्यास 'लाल हवेली का रहस्य' की उसमें घोषणा छपी थी।

हाईकोर्ट में केस लगा तो जज ने दूसरी पार्टी को सुने बिना स्टे देने से इनकार कर दिया और दूसरी पार्टी के लिए हाजिर होने का हुक्म जारी किया।

दूसरी पार्टी संगीता पॉकेट बुक्स ने भी बड़ी लॉ फर्म आनन्द एंड आनन्द की सेवाएँ हासिल कीं जहाँ से सीनियर पार्टनर प्रवीण आनन्द उसकी तरफ से पेश हुए। कोर्ट में अपने क्लायंट के पेश होने से पहले ही आनन्द साहब अनूप सिंह जी से कम्प्रोमाइज की बातचीत करने लगे।

फिर प्रतिवादी राकेश जैन कोर्ट में पेश हुआ, जिसने कठघरे में खड़े होकर

शपथ ग्रहण करके कहा कि वो ही सुनील मोहन पाठक था यानी वो उसका अडॉप्टिड नेम था।

उस पेशी के बाद अनूप सिंह जी ही मेरे से इसरार करने लगे कि मैं कम्प्रोमाइज के लिए हामी भरूँ?

"ओये, काका"—वो बोले—"जो कुछ माँग हमने कोर्ट में रखी थीं, वो सब तो दूसरी पार्टी ने मान ली है! तू सुनील मोहन पाठक का छपना बन्द कराना चाहता था न? हो रहा है। वो तेरे किसी कैरेक्टर का नाम इस्तेमाल नहीं करेगा, तेरी किसी सीरीज का नाम इस्तेमाल नहीं करेगा, जो दो नावल छापे हैं, उसके लैफ्टओवर को डेस्ट्राय करेगा, तीसरा नावल 'लाल हवेली का रहस्य' वो नहीं छापेगा। और तुझे क्या-क्या चाहिए?"

मेरे से कहते न बना कि यूँ भ्रष्ट प्रकाशक को भ्रष्टाचार की सजा तो न मिली!

खुद आनन्द साहब ने मेरे मुँह पर कहा—"सारी उम्र केस में लगे रहोगे तो भी इससे ज्यादा बेनीफेट नहीं मिलेगा।"

खुद को एक तरह से घिरा पाकर मैंने कम्प्रोमाइज के लिए हामी भरी।

कोर्ट से मेरे हक में डिक्री हुई।

कम्प्रोमाइज के लिए प्रतिवादी ने कोर्ट में अपना लिखत में बयान दाखिल किया कि उसे वादी के हक में, प्रतिवादी के खिलाफ डिक्री जारी होना स्वीकार था, उसने वादी की शर्त के अनुसार दो पुस्तकों से सम्बन्धी तमाम प्रकाशन सामग्री—आवरण डिजाइन, स्क्रिप्ट वगैरह—नष्ट कर दी थी और सुनील मोहन नाम के किसी व्यक्ति का कोई अस्तित्व नहीं था वो वादी का ही छद्‌म नाम था।

यूँ 'सुनील मोहन पाठक' नाम की न्यूसेंस से मुझे निजात मिली और फिर किसी प्रकाशक की ऐसी कोई हरकत मेरे खिलाफ करने की मजाल न हुई।

सन् 1985 कई मामलों में मेरा बहुत इवेंटफुल साल गुजरा।

इसी साल मैं एक पुत्री का पिता बना।

इसी साल मैं आईटीआई में कर्मचारी से अधिकारी बना।

इस साल में मेरे सबसे ज्यादा इकत्तीस, रीप्रिंट छपे जो कि नौ प्रकाशकों ने छापे और छ: नए नावल छपे। यानी एक साल में मेरे कुल जमा सैंतीस टाइटल प्रकाशित हुए। मोटे तौर पर हर दस दिन में मेरा एक नावल मार्केट में आया।

इसी साल बाजरिया 'अभिनव' मेरी हिन्द में छपने की ख्वाहिश पूरी हुई।

इसी साल मेरा अशोक पॉकेट बुक्स से वास्ता पड़ा और उसके प्रभारी प्रकाशक की सूरत में बसन्त सहगल नाम का एक नया दोस्त मिला, जिससे लगभग फौरन ही मेरी ऐसी ट्यूनिंग हुई कि बतौर हमप्याला, हमनिवाला सालों-साल मेरा उसका साथ चला।

अशोक पॉकेट बुक्स एन.डी. सहगल एंड कम्पनी का मार्का था और एन.डी. सहगल एंड कम्पनी का शुमार तब बड़े प्रकाशकों में होता था, दरीबा कलां में उनकी थोक पुस्तकों की दुकान थी और गुलशन नन्दा के वो शुरुआती प्रकाशक थे। और भी कई नामचीन लेखक तब उनके यहाँ से प्रकाशित होते थे। फिर मूल प्रकाशक का स्वर्गवास हो गया, उसके पुत्र बसन्त सहगल ने प्रकाशन को टेक ओवर किया, जो कि कोलगेट में सेल्समैन की नौकरी करता था, जिसे जल्दी छोड़ देने की वजह के वो दो वर्शन बताता था और खुद ही भूल जाता था कि पहले किसको कौन-सा वर्शन सुना चुका था।

4.1984 Present: Mr. Anoop Singh for the plaintiff.
Mr. Pravin Anand, for defendant No.1.
Plaintiff and defendant No.1 are also present. The parties' counsel state that the parties have compromised the suit. Let their statements be recorded.

Sd/-
Judge

April 17,1984.

Statement of Rakesh Kumar Jain, sole proprietor of defendant No.1 on SOLEMN AFFIRMATION:

We have compromised the suit. Let a decree be passed in favour of the plaintiff against the defendant No.1 through me in terms of para 26(a)(i) to (vii) of the plaint. I have already destroyedall the offending covers,impugned material including covers etc., sought to be destroyed as per prayer 26(b). The plaintiff has agreed to give his prayers regarding the rendition of accounts and a decree for the amount and costs of the suit. There is no person by the name of Sunil Mohan Pathak which is a fictitious name adopted by me.

RO&AC
April 17,1984.

Sd/- H.C. Goel
Judge

Certified to be True Copy

...miner Judicial Department
...igh Court of Delhi
...uthorised Under Section 76 Act
...ndian Evidence Act)

17th day of April, 1984.

Coram:- HON'BLE MR. JUSTICE H.C. GOEL

For the Plaintiff:- Mr. Anoop Singh, Advocate

For the Defendant:- Mr. Pravin Anand Advocate for defendant 1 and none for the other defendants.

This suit coming on this day for final disposal before this Court in the presence of counsel for the parties, it is ordered that a decree for perpetual injunction be and the same is hereby passed in favour of the plaintiff and against defendant No. 1 through Shri Rakesh Kumar Jain, its Sole Proprietor, and whose adoptive name is Sunil Mohan Pathak impleaded as defendant No. 2 in this Suit, as per the following terms as contained in para 26(a)(i) to (vii) of the plaint, and the said defendant No. 1 will be restrained:

(i) From using the name/mark PATHAK/SUNIL MOHAN PATHAK or any other name/mark which is deceptively similar to the plaintiff's name/mark PATHAK/SURINDER MOHAN PATHAK,

(ii) From using the names of the characters such Surinder Singh Sohal and aliases like Vimal, Girish Mathur, Banwari Lal Tongewala, Ramesh Kumar Sharma, Kailash Malhotra, Basant Kumar, Motor mechanic,

(iii) From using name 'Vimal Series',

(iv) From using name 'Sunil Sarees',

(v) From using the names of the characters such

Magual Alfanse, Surjee Kaur, Ramakant and Sunil.

(vi) From marketing and selling and using the get up as on the offending novels DAS KAROR KI DAKAITI and SUNEHRI JAAL which are deceptively similar to the plaintiff's novel OPERATION ZARHAZA FORT. And

(vii) From bringing out novel under the name LAL HAVELI KA RAHASYA.

It is lastly ordered that the parties shall bear their own costs.

Given under my hand and the seal of the Court this the 13th day of April, 1984.

N

THE SEAL OF THE HIGH COURT OF DELHI

(N. C. KOCHHAR)
REGISTRAR

21/5/84 19/5/84

Certified to be True Copy
Examiner Judicial Department
High Court of Delhi
Authorised Under Section 76 Act
(Indian Evidence Act)

एग्रीमेंट की कॉपी

एक वर्शन तो ये था कि पिता की मृत्यु के बाद प्रकाशन को सँभालने वाला कोई नहीं था—एक छोटा भाई अशोक था लेकिन वो स्थायी रूप से कैनेडा में बसा हुआ था—इसलिए उसने नौकरी छोड़ी ताकि विरसे में मिला पिता का प्रकाशन सँभाल पाता।

दूसरा वर्शन ये था कि वो मोटा हो गया था, सेल्समैन की जॉब वाली दौड़धूप उसे दुश्वार लगने लगी थी, उसे लगता था कि वो अपनी जॉब की जिम्मेदारी को पूर्णतया जस्टीफाई करने में असमर्थ था और यही ईमानदाराना वजह बताकर—वो मोटा हो गया था—उसने नौकरी से इस्तीफा दिया था।

खुद उसका जोर दूसरी वजह पर होता था क्योंकि वो ये स्थापित करती थी कि वो कितना सिंसियर मुलाजिम था।

एक रोज जब मैं घर पर था तो मुझे फोन आया—"हम अशोक पॉकेट बुक्स से बोल रहे हैं, क्या आप हमें उपन्यास दे सकते हैं?"

मैं हड़बड़ाया; कोई नाम नहीं, कोई परिचय नहीं, सीधे उपन्यास की माँग। वो भी बिना बताए कि उपन्यास नया चाहता था या रीप्रिंट।

"नहीं दे सकते।"—मैं प्रोपोजल पर विचार भी किए बिना बोला।

"क्यों?"

"माई हैंड्स आर फुल।"

और फोन बन्द कर दिया।

दो दिन बाद उसका फिर फोन आ गया।

इस बार ऑफिस में आया।

ऑफिस का नम्बर उसने मेरे घर फोन करके मेरी बीवी से हासिल किया था।

इस बार उसने अपना परिचय दिया और कहा कि उपन्यास की बाबत वो मेरे से मिलकर बात करना चाहता था।

"भई, मैं फील्ड वर्क वाली नौकरी करता हूँ"—मैं बोला—"ऑफिस में नहीं बैठता।"

"आप फील्ड में जहाँ होंगे, मैं वहाँ आ जाऊँगा।"

"ठीक है। आधे घंटे बाद मुझे पार्लियामेंट स्ट्रीट में रिजर्व बैंक के सामने मिलना।"

"मैंने शक्तिनगर से आना होगा, आधे घंटे में मैं वहाँ नहीं पहुँच पाऊँगा।"

"ओके। एक घंटे बाद।"

जब मैं पार्लियामेंट स्ट्रीट पहुँचा तो रिजर्व बैंक के सामने वो पहले से मौजूद था।

उसी ने मुझे पहचाना।

वो कोई पौने छः फुट कद का, गोरा चिट्टा, क्लीनशेव्ड, निहायत तन्दुरुस्त, टिपीकल पंजाबी लुक वाला आदमी था और सच में ही इतना फूला-फैला हुआ था कि हैरानी होती थी कि उसका वेस्पा स्कूटर उसका वजन सँभाल लेता था, जो

लेखक अपनी स्टडी में "शिप ऑफ थिरेसस" फिल्म की सहलेखिका खुशबू रांका के साथ

कि मुझे बाद में मालूम हुआ कि सौ किलो से ऊपर था। फिर भी वो आकर्षक व्यक्तित्व का मालिक था और निहायत खुशमिजाज जान पड़ता था।

हम दोनों एक-दूसरे से परिचित हुए।

"मुझे दरअसल चार्टर्ड बैंक में काम है, जो यहाँ से थोड़ी ही दूर है"—मैं बोला—"मैंने रिजर्व बैंक का नाम इसलिए लिया था, क्योंकि चार्टर्ड बैंक बोलता तो वो आपको ढूँढ़ना पड़ता। जानते हैं कहाँ है!"

उसने निर्दोष भाव से मुस्कुराते हुए इनकार में सिर हिलाया।

"मुझे वहाँ थोड़ी ही देर का काम है, तब तक करीब ही एक जगह है, वहाँ आप आराम से बैठ सकेंगे। ड्रिंक करते हैं?"

उसने हिचकिचाते हुए सहमति में सिर हिलाया।

"डे टाइम में?"

"बीयर!"

मैंने उसे प्रैस क्लब में ले जा के बिठाया, उसके लिए बीयर मँगाई और जल्दी लौट आने के आश्वासन पर खुद अपने काम पर निकला।

चार्टर्ड बैंक में मुझे जरूरत से ज्यादा वक्त लग गया।

मैं प्रैस क्लब लौटा तो मैंने देखा कि प्रकाशक के सामने रखी बीयर की बोतल अभी भी आधे से ज्यादा भरी हुई थी।

"अरे!"—मैं हैरान हुआ—"अभी बस इतनी ही पी!"

"दूसरी है।"—वो लज्जालु भाव से मुस्कुराता बोला।

मालूम पड़ा कि उतने अल्प समय में ही सहगल साहब ने वेटर से बाकायदा

दोस्ती गाँठ ली हुई थी और बीयर की दूसरी बोतल और फिश फिंगर्स उन्होंने खुद ही मँगा ली थीं।

वो मेरी सहगल साहब से पहली मुलाकात थी जो जल्दी ही प्रगाढ़ मित्रता में बदल गई और सन् 1998 में मेरी रिटायरमेंट तक बहुत अच्छी चली।

उनके बताए मुझे मालूम हुआ कि शक्तिनगर में उनका आवास था जिसकी विशाल बेसमेंट में अशोक पॉकेट बुक्स का ऑफिस था। एन.डी. सहगल एंड कम्पनी की दरीबे की दुकान उन्होंने बेच दी हुई थी क्योंकि उसे सँभालने वाला कोई नहीं था।

उनकी कोलगेट की नौकरी के दौरान पिता भी सँभालते ही थे। पिता सँभाल सकते थे तो पुत्र क्यों नहीं सँभाल सकता था जबकि नौकरी छोड़ चुका था!

असल वजह वाकफियत गहरी हुई, उनके लाइफ स्टाइल को समझने का मौका मिला तो समझ में आई।

वो वजह थी—अजगर करे न चाकरी, पंछी करे न काम।

आरामतलब जिन्दगी थी, पिता का कमाया इतना था कि प्रकाशन तो महज शगल के तौर पर जारी था ताकि उनका कामकाजी शख्स का दर्जा बना रहता।

ये बात यूँ भी स्थापित हुई कि 'और क्या छापते हैं' के जवाब में एक उन्होंने राजहंस का नाम लिया, जिसके रीप्रिंट के उपन्यास राजहंस से नहीं, विजय पॉकेट बुक्स से हासिल करते थे जो कि राजहंस के पूर्वप्रकाशित उपन्यासों के कॉपीराइट होल्डर थे। और गुलशन नन्दा को छापते थे, जिसके पाँच उपन्यासों का कॉपीराइट एन.डी. सहगल एंड कम्पनी के पास था।

अब वो रीप्रिंट्स के लिए मेरे से उपन्यास चाहते थे।

रीप्रिंट्स के आसरे तो प्रकाशन नहीं चलता था। मैंने वो बात उन्हें कही तो वो बोले, अशोक पॉकेट बुक्स की मार्केट में गुडविल बनी हुई थी इसलिए चलता था। अलबत्ता मैं उन्हें नया उपन्यास दूँगा तो वो खुशी से छापेंगे।

रीप्रिंट के लिए मैंने उन्हें 'इश्तिहारी मुजरिम' दिया और वो ही फीस कोट की जो मुझे और जगहों से हासिल थी, जो कि उन्होंने निःसंकोच कुबूल की।

बाद में मुझे मालूम हुआ कि पॉकेट बुक्स के दिल्ली के सारे बड़े पब्लिशर—स्टार, मनोज, राज, डायमंड, सुबोध, साधना—उनके पर्सनल फ्रेंड थे। स्टार, डायमंड, मनोज, राज सबकी दरीबे में एन.डी. सहगल एंड संस की तरह थोक पुस्तकों की बड़ी-बड़ी दुकानें थीं, सब पिता के दोस्त थे, इसलिए पुत्र के भी दोस्त थे। राज, मनोज से तो उसकी खास दोस्ती थी क्योंकि शक्तिनगर में उनकी कोठी से चार गलियाँ परे उनकी कोठी थी, यानी उनसे प्रकाशक का ही नहीं, पड़ोसी का भी रिश्ता था। हिन्द के दीनानाथ मल्होत्रा उनके पिता के लाहोर से वाकिफ थे और पुत्र शेखर मल्होत्रा उनका पर्सनल फ्रेंड था।

स्टार पॉकेट बुक्स वाले गुलशन नन्दा के समधी थे, लेकिन बसन्त सहगल

के पिता से उनके इतने उम्दा ताल्लुकात रह चुके थे कि जब भी दिल्ली आते थे तो और कहीं भी जाने से पहले सहगल साहब के घर हाजिरी भरते थे और उनकी बीवी नन्दा जी के लिए ऐसा लंच—या डिनर—तैयार करती थी कि फाइव स्टार होटल के कुक शर्मिन्दा हो जाएँ।

कर्टसी बसन्त सहगल भी नन्दा साहब से मिलने का सौभाग्य एक बार मुझे प्राप्त हुआ था। सहगल साहब के यहाँ उनका लंच था और वो एयरपोर्ट से सीधे सहगल साहब की कोठी पर पहुँचे थे। सहगल साहब ने इस बात की मुझे पूर्वसूचना दी थी और नन्दा साहब के साथ लंच में शामिल होने को बोला था।

नन्दा साहब ने जब सर्व हुई डिशिज़ को देखा था तो सहसा उनके मुँह से निकला था—"एक आदमी के लिए इतना कुछ?"

जवाब में पति-पत्नी दोनों का फेवरेट स्लोगन पत्नी के मुँह से निकला था "तुहानू कोई परवाह ए!"

उसके कुछ महीने बाद एक बार और मैं स्टार पॉकेट बुक्स के आसिफ अली रोड स्थित ऑफिस में उनसे मिला था और तदुपरान्त मुम्बई से उनके स्वर्ग सिधार गए होने की खबर आई थी।

गुलशन नन्दा की बेमिसाल लोकप्रियता का ये भी बड़ा सबूत है कि उनके अन्तिम संस्कार में शामिल होने के लिए दिल्ली के तमाम बड़े पब्लिशर मुम्बई पहुँचे थे।

मार्च 1985 में राजहंस के एक नावल के साथ अशोक पॉकेट बुक्स में 'इश्तिहारी मुजरिम' का रीप्रिंट प्रकाशित हुआ, जिसकी सेल से सहगल साहब इतने उत्साहित हुए कि नये नावल के लिए अनुरोध करने लगे।

उन्हीं दिनों मैंने 'एक करोड़ का जूता' की स्क्रिप्ट शनु से साल्वेज की थी। मैंने वो स्क्रिप्ट सहगल साहब को देने का निश्चय किया। तब तक मेरी उनसे अच्छी यारी हो गई थी, उनके यहाँ घूँट लगाने और फिश खाने मैं अक्सर जाने लगा था इसलिए रिटर्न कर्टसी के तौर पर मैंने अपने नये नावल के स्थापित रेट से बहुत कम पैसे उनसे चार्ज किए।

लेकिन सहगल साहब दोस्त बाद में और मतलबी कारोबारी पहले निकले। उन्होंने 'एक करोड़ का जूता' के सन्दर्भ में क्या गुल खिलाया था, इसकी खबर मुझे तब मिली जबकि मेरे एक वैलविशर ने मुझे मनोज पॉकेट बुक्स के आगामी सैट का सर्कुलर लाकर दिखाया, जिसके चार पृष्ठों में से मुखपृष्ठ पर दाएँ-बाएँ गुलशन नन्दा की और मेरी तसवीर छपी थी और मेरी तसवीर के नीचे 'नया उपन्यास : एक करोड़ का जूता' यूँ छपा था जैसे उपन्यास का मेरा सौदा अशोक से नहीं, मनोज पॉकेट बुक्स से हुआ था।

वो सहगल साहब की एक नाजायज हरकत थी, बावजूद तब तक स्थापित हो चुकी दोस्ती, जिसका विरोध जरूरी था।

मैंने किया।

सहगल साहब ने बात को हँसी में उड़ाने की कोशिश की।

"ओये, नहीं, भ्राजी"—वो बोले—"मनोज में डिस्ट्रीब्यूशन की बात है।"

"सोल डिस्ट्रीब्यूशन की?"—मैंने पूछा—"खुद एक भी कॉपी नहीं बेचोगे?"

जवाब नदारद।

मेरी नाराजगी को भाँप कर उन्होंने वो सर्कुलर विदड्रा करवाया।

तब मुझे मालूम हुआ कि सहगल साहब टोकन पब्लिशर थे। जो इक्की-दुक्की किताब अपने प्रकाशन में गाहे-बगाहे छापते थे, दोस्ती के नाते उसके अधिकतर काम दोस्त प्रकाशक ही करा देते थे। किसी ने कागज खरीदवा दिया, किसी ने किताब छपवा दी, किसी ने टाइटल छपवा दिया, किसी ने बाइंडिंग करवा दी, यूँ तैयार किताब सहगल साहब के पास पहुँच जाती थी जिसमें से आधी से ज्यादा बिकवाते भी डायमंड, मनोज जैसे प्रकाशक ही थे। ए एच व्हीलर की सप्लाई वो खुद हैंडल करते थे क्योंकि अच्छे ऑर्डर के लिए और प्राम्प्ट पेमेंट के लिए उन्हें व्हीलर के तब के जनरल मैनेजर समीर बनर्जी की मदद हासिल थी, जिसे सहगल साहब ने हमप्याला हमनिवाला बनाया हुआ था। दिल्ली वो अक्सर आता था और चाहे वो कितना भी मसरूफ हो, उसकी दिल्ली की हर शाम सहगल साहब की मेहमाननवाजी में गुजरती थी।

वैसी ही यारी उन्होंने राजहंस से लगा ली थी।

राजहंस—असली नाम केवल कृष्णा कालिया—तनहा आदमी था, विधुर था, छोटा लड़का स्कूल में पढ़ता था—शायद सातवीं या आठवीं क्लास में—बड़ा अमूमन बाहर रहता था इसलिए सहगल साहब जैसा दोस्त उसे बहुत रास आया जो कि यारबाशी के लिए सदा उपलब्ध था।

सहगल साहब की राजहंस से दोस्ती इस मसल को चरितार्थ करती थी : तुझे और नहीं, मुझे ठौर नहीं।

उन्हें राजहंस के मुकाबले में मेरा कितना लिहाज था, इसकी एक मिसाल गौर फरमाइए :

मेरा एक दोस्त था जो रीडर से दोस्त बना था। उसकी पंचकुइयाँ रोड पर लैम्प शेड्स की दुकान थी, जहाँ मैं जब भी उधर से गुजरता था तो अक्सर जा बैठता था। एक रोज उस दोस्त ने मुझे अपना शादी का कार्ड थमाया। मैंने कार्ड पढ़ा तो मुझे मालूम हुआ कि उसकी शादी कमला नगर में थी और बारात के जमा होने की जगह घंटा घर चौक थी, जहाँ से सहगल साहब का घर बहुत करीब था। लिहाजा दो हफ्ते पहले मैंने उन्हें बताया कि फलाँ तारीख शाम को मैंने उनके घर के करीब

एक शादी में शिरकत करने जाना था, तब पहले मैं उनके घर हाजिरी भरूँगा।

उन्होंने इस बात पर खुश हो के दिखाया और एडवांस में मुझे ड्रिंक्स के लिए न्योत दिया।

मेरा भी पहले उनके घर पहुँचने के पीछे असल मंतव्य यही था।

वो तारीख पहुँची तो उस शाम को दरियागंज दफ्तर से मैं सीधा सहगल साहब के घर पहुँचा।

सहगल साहब घर पर नहीं थे।

जिस शख्स को उस शाम की मेरी आमद की पूर्वसूचना थी, जिसको मैं बीच में इस बाबत रिमाइंड भी करा चुका था, जिसने खुद उस शाम मुझे ड्रिंक्स से नवाजने की पेशकश की थी, वो घर पर नहीं था।

उनकी बीवी ने बताया कि साहब राजहंस के घर गए थे, उसने मेरे बिना कहे वहाँ फोन किया और साहब को मेरी आमद की खबर की और फिर फोन मुझे थमा दिया।

मैंने ये उम्मीद करते फोन थामा कि सहगल साहब खेद प्रकाश करते हुए कहेंगे कि मेरी आमद के बारे में भूल गए थे और फौरन घर लौटने का, जो कि राजहंस के घर से बड़ी हद पन्द्रह मिनट का फासला था, मुझे आश्वासन देंगे।

ऐसा कुछ न हुआ।

"आ जाओ।"—वो फोन पर चहकते हुए बोले।

मैंने खामोशी से फोन वापिस क्रेडल पर रख दिया और बारात की असैम्बली प्लेस घंटा घर पहुँचा जहाँ कि अभी सिर्फ मैं ही मैं था।

पहले सहगल साहब के यहाँ जाना था इसलिए जल्दी जो आ गया था।

लेखक ए.एच. व्हीलर के तत्कालीन जनरल मैनेजर समीर बनर्जी के साथ

मेरा अपेक्षित मजा मेरी सजा बन गया।

बाद में भी उस शाम घर न मिलने का सहगल साहब ने कोई खेद प्रकाश न किया। कोई बड़ी बात तो हुई नहीं थी! पाठक साहब को तो घर-घर धक्के खाने की आदत थी—ब्राह्मण जो ठहरे! जजमान के पीछे तो भटकना हुआ न—और ये खबर अखबार में छपी थी, टीवी पर आई थी, शक्तिनगर में उस बाबत मुनादी हुई थी, पर्चे बाँटे गए थे।

फिर भी सहगल साहब के साथ घूँट की सोहबत मैंने काफी की। कई बार शाम को उनके यहाँ मैं फिश के लालच में चला जाता था, जो कि वो फ्राई करके खुद बनाते थे और बहुत उम्दा बनाते थे। हमेशा सोल फिश पाँच-छ: किलो इकट्ठी लाते थे और उसको मसाला लगा के, हाफ फ्राई करके फ्रिज में रख देते थे। किचन में उनकी तेल की कढ़ाई सदा ही तैयार रहती थी। यानी दस मिनट में फिश सर्व किए जाने को तैयार।

उन्हीं से मुझे फिश का चस्का लगा। ऑफर होती थी तो ढेर खाता था। विस्की का क्या था, वो तो मैं घर जाकर भी पी सकता था।

यूँ बने समाजी ताल्लुकात के जेरेसाया 'एक करोड़ का जूता' के साथ उन्होंने एक और भी ज्यादती की। दस हजार कॉपी एक्स्ट्रा छपवाकर, सिलाई करवाकर लेकिन टाइटल चढ़वाए बिना गोदाम में रख ली।

जब पहला एडीशन खत्म हुआ तो एक शाम अनुनयपूर्ण स्वर में बोले—"भ्राजी, मैं किताब के नये टाइटल पर 'द्वितीय संस्करण' लिख लूँ?"

ये सवाल उन्होंने तब किया जब कि बतौर शाम की घूँट की शिरकत के मेहमान के तौर पर मैं उनके घर में मौजूद था, मेरे एक हाथ में उनकी सर्व की विस्की का गिलास था और दूसरे में तली हुई सोल फिश का टुकड़ा था।

कैसे टोक पाता कि वो नाजायज हरकत थी? कैसे इनकार कर पाता?

उन्होंने शह पाकर दूसरे संस्करण की कीमत भी बढ़ा ली और टाइटल भी बदल दिया।

फिर वैसी ही चिरौरी करके तीसरा संस्करण तैयार कर लिया और फिर प्राइस बढ़ा ली, फिर टाइटल बदल लिया।

तब तक मेरे उनसे पारिवारिक सम्बन्ध स्थापित हो चुके थे, मैं उनकी बीवी से राखी बँधवाने लगा था, कैसे इनकार करता!

मुलाहजे में उन्होंने मेरा दबा के शोषण किया, जितनी फिश खिलाई, उससे सौ गुणा वसूल कर ली, जो थोड़ी-बहुत रौनक उनके प्रकाशन में आई, वो मेरी वजह से आई, फिर भी गुणगान राजहंस का करते थे, गुलशन नन्दा का करते थे।

"भाई साहब"—खुद उनकी बीवी कहती थी—"ये उसी की खिदमत करते

हैं जिससे वसूली मुमकिन हो। किसी को खिलाते-पिलाते हैं तो जब तक दस गुणा वसूल न कर लें, इन्हें चैन नहीं आता।"

फोकस राजहंस पर स्थानांतरित होने से पहले उनका घर प्रकाशकों की शाम की पिकनिक का अड्डा बना हुआ था। मनोज वाले, जो नानवेज नहीं खाते थे, अंडा तक नहीं खाते थे, सहगल साहब के घर में घूँट लगाते खुद को भ्रम में रखते कि सोया खा रहे थे, मटन कोफ्ता खा रहे थे। रौनकी माहौल होता था जिसमें शिरकत करना मुझे अच्छा लगता था।

फिर वो शाम की महफिलबाजी राजहंस के यहाँ शिफ्ट हो गई जिसमें निमित्त सहगल साहब ही बने जो कि तब तक राजहंस से काफी घनिष्ठ सम्बन्ध स्थापित कर चुके थे।

फिर पता चला कि अब दिन में भी अमूमन वहीं पाए जाते थे।

उनकी बीवी ने एक बार मुझे बताया कि सहगल साहब रोज सुबह राजहंस के यहाँ उसके साथ वाक करने जाते थे।

मैं बहुत प्रभावित हुआ।

इतना उद्यम! इतनी हैल्थ कांशसनैस! डेली मार्निंग वाक!

मैंने सहज ही सोच लिया था कि मार्निंग वाक तो सुबह सवेरे ही होती थी।

बाद में जाने-अनजाने बीवी ने पोल खोली कि सहगल साहब सुबह दस बजे अशोक विहार के लिए रवाना होते थे जहाँ अपने घर के करीब के एक पार्क में राजहंस उन्हें मिलता था। दोनों थोड़ा-सा हिलते-डुलते से जिसे वाक कहते थे फिर बैंच पर बैठकर गप्पें लगाते थे और दोपहर तक दोनों राजहंस के घर पहुँच जाते थे जहाँ बीयर खोल लेते थे और टीवी पर वीडियो फिल्म देखने लगते थे।

तब अभी केबल का दौर नहीं आया था, इसलिए वीडियो लायब्रेरीज घर-घर खुली हुई थीं जो दस रुपये में फिल्म की वीडियो कैसेट किराए पर देती थीं। राजहंस का छोटा लड़का तब सातवीं में पढ़ता था और स्कूल से घर लौटते ही टीवी के आगे बैठ जाता था। राजहंस के पास मनोज वालों की दी एक सैकंडहैंड एम्बैसेडर कार थी जिसके लिए उसने एक सिख ड्राइवर रखा हुआ था। कार बस इतना चलती थी कि बालक को सुबह स्कूल छोड़ के आती थी और दोपहरबाद छुट्टी के वक्त वापिस लेकर आती थी। एक फरलाँग दूर स्थित मार्केट से डबल रोटी, अंडे लेने ड्राइवर को भेजा जाता था तो वो कार पर ही जाता था और दर्जन अंडे राजहंस के लिए लाता था तो दर्जन अपने लिए भी ले आता था, जिसकी राजहंस को खबर ही नहीं लगती थी क्योंकि सारी ऐसी खरीद आन एकाउंट होती थी।

छोटा लड़का ड्राइवर से फिल्म की कैसेट एकाध नहीं मँगाता था, इकट्ठी सात-आठ मँगाता था और वो घर में मौजूद हो तो टीवी पर कोई न कोई फिल्म चलती होना जरूरी था। खाना खाकर टीवी के सामने ही कार्पेट पर सो जाता था,

फिल्म फिर भी चलती थी। कोई टीवी बन्द कर दे तो जाग जाता था और उसे बन्द करने वाले को खाने को दौड़ता था।

राजहंस के किराए के ग्राउंड फ्लोर के फ्लैट का ड्राईंगरूम काफी बड़ा था और राजहंस हमेशा वहीं पाया जाता था। कर्टसी सहगल साहब, जब मेरा भी उसके घर में आना-जाना हो गया था तो कुछ ऐसे इत्तफाक पेश आए थे कि मैं सुबह, दोपहर, शाम, रात हर वक्त कभी-न-कभी उसके घर गया, मैंने कभी उसे लिखते न देखा।

कब लिखता था?

क्या रात को?

बादाखोरों के चले जाने के बाद! प्रेम बाजपेई की तरह!

प्रेम बाजपेई एक ऐसा लेखक था जिसके बारे में मशहूर था कि वो रात को लिखता था, दिन में सोता था, या पीली पत्ती, किमाम वाला मघई पान चबाता ऊँघता था।

लेकिन रात को महफिल बर्खास्त होने के बाद राजहंस की तो उठ के बैडरूम में जाने की हालत नहीं होती थी।

बहरहाल जिक्र मैं उनकी सुबह की सैर का कर रहा था।

वो दोनों दो-ढाई घंटे बीयर चुसकते गुजारते थे, फिर रैस्ट फरमाते थे और शाम को बोतल खोलकर बैठ जाते थे।

ये था वाक का रेजीमन जिसकी दोनों इतनी बधाइयाँ लेते थे।

दोनों की ऐसी 'राम मिलाई जोड़ी' बनी थी कि राजहंस को तो उसके बिना मोहताजी सताती थी। सहगल साहब कभी लुधियाने चले जाते थे तो राजहंस यूँ बेचैन होने लगता था जैसे नयी ब्याही बीवी मायके चली गई हो। लुधियाने सहगल को फोन करके गिला करता था—"यार, तू तो बैठ ही गया जा के!"

न हुए सहगल साहब माशूक वर्ना आह भरकर कहता :

फूल रही कचनार श्याम नहीं महलों में।

तब ये जागृति भी मेरे हिस्से आई कि जिगरी दोस्त वो नहीं होते थे जिनके गुण मिलते थे, वो होते थे जिनके अवगुण मिलते थे।

काश कोई अमीर मीनाई के इस शेर पर एतबार लाता :

गाहे बगाहे की मुलाकात ही अच्छी है 'अमीर',
कद्र कम कर देता है रोज का आना जाना।

ऐसे फिराक के दिनों में एक बार दोपहरबाद राजहंस अंसारी रोड मेरे ऑफिस में पहुँच गया।

मुझे सख्त हैरानी हुई।

फिर याद आया कि उसको फूँक देने के लिए एक बार मैंने बड़ की हाँक दी थी कि मेरे ऑफिस में दो टाइपिस्ट लड़कियाँ थीं जो उसके नावलों को दीवानगी की हद तक पसन्द करती थीं। आकर बैठते ही वो बोला—"कहाँ हैं भई, वो लड़कियाँ? मिलवाओ उनसे।"

"वो तो"—मैंने खेद जताया—"आज छुट्टी पर हैं।"

"दोनों?"

"हाँ।"

उसे स्पष्ट बहुत मायूसी हुई।

फिर बोला, सहगल लुधियाने चला गया था, लौट ही नहीं रहा था, इसलिए आज मैं उसके साथ उसके घर चलूँ।

नौकरी का हवाला देकर मैंने असमर्थता जताई। उसने एक न सुनी। बोला, उसने तो मुझे साथ ले जाने के लिए वो टैक्सी रोक के रखी हुई थी, जिस पर वो वहाँ आया था। बड़ी मुश्किल से मैंने उसको इस वादे के साथ रुखसत किया कि मैं शाम को सीधा उसके यहाँ पहुँचूँगा।

शाम को मैं पहुँचा तो जैसे गिरफ्तार हो गया। उसकी सिंगुलर सोहबत का मेरे साथ पहले कभी इत्तफाक नहीं हुआ था और जैसे बिना सब्जेक्ट के सहगल एंड कम्पनी उसके साथ बतियाती थी, वैसे मैं बतिया न सका। इस वजह से बीच-बीच में खामोशी के लम्बे, असुविधाजनक अन्तराल आ जाते थे।

आखिर दस बजे, जैसे सजा काट के, मैंने वहाँ से मुक्ति पाई।

यहाँ ये बात काबिलेजिक्र है कि सहगल की राजहंस से जुगलबन्दी की लम्बी शुरुआत दोस्ती से नहीं, मुसाहिबी से हुई थी। दोस्त बनने से पहले सहगल का दर्जा मुसाहिब का था जो अपने पास छपते लेखक से गुडविल बनाने के लिए उसकी पुच-पुच करता था, क्योंकि राजहंस का रीप्रिंट करने के लिए नावल वो उससे तो हासिल करता नहीं था, उसे उसकी तसवीर छापने के लिए उसकी अनुमति दरकार थी, बैक पर लेखक के अपने हस्तलेख में लेखक से छपते नावल की बाबत चार लाइनें लिखवानी होती थीं, इसलिए राजहंस से अपनी वाकफियत के शुरुआती दौर में शाम को विस्की की बोतल सहगल ही साथ ले जाता था। उसके अनुरोध पर जब मैं उसके साथ पहली बार राजहंस के घर गया था तो मुसाहिबी की परम्परा कायम रखते हुए मैं भी बोतल साथ ले के गया था जिस पर सहगल ने तो बाकायदा खुश होकर दिखाया था, राजहंस ने नोटिस ही नहीं लिया था।

काहे को लेता!

हर नये आने वाले को वो तो अक्सर कहा करता था—"मेरे घर का तो नलका भी खोलोगे तो उसमें से विस्की निकलेगी।"

एक बार, सिर्फ एक बार, बकौल खुद उसके, यारबाशी से आजिज आकर वो अकेला किसी हिल स्टेशन इस दृढ़ संकल्प के साथ गया था कि नावल मुकम्मल करके ही वापिस लौटेगा। सबको सुना के गया था कि वो गर्मियाँ गुजारने नहीं, नया नावल लिखने वहाँ जा रहा था, जो कि वो दिल्ली में नहीं लिख पा रहा था।

बीस दिन बाद वो वहाँ से लौटा।

बीस बोतल विस्की कनज्यूम करके।

नावल का एक अक्षर भी लिखे बगैर।

राजहंस के घर 'मनोज' का विनय गुप्ता, 'राज' का राजकुमार गुप्ता और उन लोगों का जोगेन्द्र खन्ना नाम का एक म्यूचुअल फ्रेंड, जो कि कपड़े का व्यापारी था और मॉडल टाउन में रहता था, रेगुलर थे। फिर रेगुलर मेहमानों में सहगल साहब भी शामिल हो गए थे और कभी-कभार आने वालों में 'डायमंड' के दोनों भाई थे और साधना के दोनों पार्टनर थे।

कभी-कभार शेखर मल्होत्रा भी आता था, लेकिन वो नॉनड्रिंकर था।

बुक ट्रेड में शाम की वहाँ की महफिल की सबको खबर थी और लोग बाग अक्सर कहते सुने जाते थे कि वो राजहंस का घर थोड़े ही था, वो तो पब्लिशर्स का क्लब था।

मैं वहाँ क्यों जाता था?

मैं इसलिए जाता था कि पॉकेट बुक्स के बड़े-बड़े प्रकाशक वहाँ आते थे। शायद कोई मुझे भी अपने लिए लिखने की कोई जनरस ऑफर देता।

ऐसा कभी न हुआ।

ढाई-तीन साल वहाँ की हाजिरी भरने में मैंने जाया किए।

मैं जब कभी भी शाम की उस महफिल में शरीक होता था, आधी रात से पहले कभी घर नहीं पहुँचता था और ड्रिंक्स को उतना एनजॉय भी नहीं कर पाता था जितना कि बाकी लोग करते थे। उसमें एक वजह ये भी थी कि सब जने पीते ही थे, खाने को नमक चाटने को नहीं होता था। और कोई इस बात की तरफ तवज्जो देता भी नहीं जान पड़ता था—सहगल भी नहीं जो कि भोजन भट्ट महान था, खाना जिसकी हॉबी था।

दूसरे, उनमें जिस किस्म की बातें होती थीं, उनमें भी मेरी शिरकत बहुत कम होती थी। मोटे तौर पर मैं वहाँ बोर ही होता था, लेकिन क्योंकि एक मिशन के तहत वहाँ जाता था इसलिए बोर होना बर्दाश्त कर सकता था।

ड्रिंक्स के साथ तो न सही लेकिन ड्रिंक्स के बाद भी वहाँ कभी खाने का जिक्र नहीं होता था। पता नहीं मेहमानों के चले जाने के बाद मेजबान भी खाता था या नहीं।

अलबत्ता एक बार—सिर्फ एक बार—जिक्र हुआ।

एक बार रात के दस बज गए तो मैंने इजाजत लेनी चाही।

“रुको।” —राजहंस बोला—“आज खाना खा के जाना।”

मुझे बड़ी हैरानी हुई। मैंने सहगल की तरफ देखा।

“आहो, भ्राजी।”—वो चहकता-सा बोला—“डिनर कर के जाना।”

एक घंटा मैं और बैठा।

डिनर नदारद।

उस शाम वहाँ ‘मनोज’ का विनय गुप्ता, सहगल, उनका म्यूचुअल फ्रेंड जोगेन्द्र खन्ना और मैं ही थे।

मैंने फिर फरियाद लगाई कि मेरा लम्बा सफर था, ऊपर से सर्दियों की रात थी, मुझे अब चला जाना चाहिए था।

“भ्राजी”—सहगल मुसाहिबी अन्दाज से बोला—“बस थोड़ी देर और।”

राजहंस ने सहमति में खाली सिर हिलाया।

लेखक मनाली में

वो थोड़ी देर भी गुजरी।

मैं हैरान था कि खाना घर में मौजूद था कि कहीं से आना था।

आखिर मेरी हैरानी दूर हुई। खाने का राज खुला।

खाना घर नहीं आना था, घरवालों ने खाने के पास जाना था।

आखिर सारे जने उठे और अशोक विहार मार्केट के एक रेस्टोरेंट में पहुँचे, जो कि रात की उस घड़ी लगभग खाली था, और खाना नसीन हुआ।

आखिर बिल पेश हुआ।

जो इतने बड़े-बड़े लोगों की मौजूदगी में—खुद मेजबान की मौजूदगी में, वो भी कोई कम बड़ा लोग नहीं था—बिल मैंने अदा किया।

किसी ने एतराज न किया।

न एतराज की नौबत आने से पहले किसी ने बिल की तरफ हाथ बढ़ाया था।

मुझे ऐसा अहसास हुआ कि मुझे खाने के लिए नहीं रोका गया था, बिल अदा करने के लिए रोका गया था।

एक बद्‌मजा तजुर्बे के साथ आधी रात को मैंने वहाँ से रुखसत पाई।

लेकिन उस शाम के ऐसे तजुर्बात का मेरा कोटा अभी मुकम्मल नहीं हुआ था।

रास्ते में रूपनगर चौक के करीब स्कूटर पंचर हो गया।

आधी रात को सुनसान सड़क पर मैंने पिछला पहिया तब्दील किया और उसके पेच वापिस कसते वक्त पता नहीं क्या हुआ—शायद पाना गलत साइड में घुमा दिया—कि एक पेच का हैड टूटकर पाने में आ गया! ये जरूर नशे का असर था जो तब कोई शैतानी ताकत मेरे में आ गई थी कि मैं पेच के दो टुकड़े कर देने वाले नामुमकिन काम को अंजाम दे बैठा था।

जैसे-तैसे—इस अन्देशे के तहत कि बाकी पेच अभी ढीले हुए, पहिया अभी निकला—मैं घर पहुँचा।

अगली सुबह मैं वाकिफ पंचर वाले की दुकान पर स्कूटर लेकर गया। उसने रिम में फँसे आधे पेच का मुआयना किया और बोला—"पेच तो मैं जैसे-तैसे निकाल दूँगा लेकिन ये बताओ, बाउजी, कि इसे तोड़ा कैसे?"

मैं क्या बताता?

ये कि मैंने न तोड़ा, नशे ने तोड़ा।

उस वाकये के बाद फिर कभी मैं राजहंस के यहाँ से आधी रात को वापिस न लौटा।

□

मैं राजहंस के यहाँ जाना भी अवायड करने लगा था लेकिन कभी-कभार कोई वजह, कोई मुलाहजा निकल आता था कि जाना पड़ जाता था।

ऐसी एक बार का जिक्र मैं यहाँ करना चाहता हूँ।

राजहंस, पता चला था कि, अपने छोटे लड़के का जन्मदिन बड़े आडम्बर से मनाता था, जिसके उपलक्ष्य में शाम को ड्रिंक्स, डिनर की पार्टी रखता था और सारे प्रकाशकों को और कुछ खास रिश्तेदारों को आमंत्रित करता था। बड़ा लड़का अपने दोस्तों को अलग से बुलाता था। लेखक मैं अकेला था जिसने सिर्फ एक बार ऐसी पार्टी में हाजिरी भरी थी और किसी दूसरे लेखक को मैंने वहाँ मौजूद नहीं पाया था। पता नहीं वो किसी और लेखक को बुलाता नहीं था या कोई आता नहीं था। मेरा एक बार का बुलावा भी बाई प्रॉक्सी था—सहगल साहब के अनुरोध पर मैं वहाँ गया था।

जन्मदिन की पार्टी से पिछली शाम भी संयोगवश मैं वहाँ था। तब मेरे सिवाय वहाँ 'मनोज' का विनय गुप्ता, उन सबका सांझा दोस्त जोगेन्द्र खन्ना, सहगल साहब और एक कोई और मेहमान था, जिसका कि शायद अगले रोज होने वाली पार्टी की तैयारी में कोई रोल था।

उस रोज सब जने ड्राईंगरूम में बैठने की जगह बाहर सेहन जैसी एक कवर्ड जगह में बैठे जहाँ कि डायनिंग टेबल लगी थी। ड्रिंक्स का दौर चला लेकिन साथ के लिए मजाल है कि नमक की एक डली भी हो।

अगले रोज के लिए राजहंस ने बाजरिया सहगल बकरे का पाँच-छ: किलो कीमा कुटवा के मँगवाया हुआ था जिसकी कोफ्ता करी बननी थी और कोफ्तों को एक रोज पहले शेप देकर फ्रिज में रखना था। ड्रिंक्स के साथ सहगल और अनजान आदमी वो काम भी करते रहे।

नौ बजे तक कोफ्तों की दो थाली भर गईं और अभी और बनने थे।

तब एकाएक भूख ने मुझे ऐसा सताया कि मैंने चुपचाप एक थाली में से चार कोफ्ते उठाए और उठकर किचन में चला गया।

किसी ने न मेरी उस हरकत की तरफ तवज्जो दी, न मेरी गैरहाजिरी की तरफ।

सिवाय विनय के।

मैंने किचन में जाकर फ्राईंग पैन ढूँढ़ा, उसे गैस पर रखा, उसमें ऑयल डाला और चार कोफ्तों को चपटा कर के उन्हें शामी कबाब की तरह फ्राईंग पैन में डाल कर फ्राई किया।

किचन में ही मैं तैयार आइटम को खा रहा था तो विनय वहाँ आ गया।

"क्या कर रहे हो?"—उसने पूछा।

मैं तो तनिक झेंपते हुए बताया।

"मेरे लिए भी बनाओ। भूख से दम निकल रहा है।"

"यार, तुम कैसे लोग हो? जब पता है मेजबान ने खाने को कुछ नहीं देना तो अपना ले आया करो।"

"हर बार खयाल होता है कि ऐसा इत्तफाक से हुआ, अगली बार नहीं होगा। फिर ये खयाल होता है कि कोई दूसरा ले आएगा।"

मैं चार कोफ्ते और उठा के लाया और विनय के लिए बनाए।

विनय ने स्वाद ले-ले कर इत्मीनान से खाए।

फिर हम डायनिंग टेबल पर वापिस लौटे।

तब तक सारा कीमा कोफ्तों में तब्दील हो चुका था और चार बड़ी थाली भर चुकी थीं।

अगली शाम मैं फिर वहाँ था।

तब सहगल ने मुझे एक बात बताई—"भ्राजी, आज सुबह एक किलो कीमा हम फिर ले के आए।"

"अच्छा! क्यों?"

"वो कल...आपने उठा लिये न काफी सारे कोफ्ते! इसलिए।"

और मैं समझ रहा था कि किसी की मेरी उस हरकत की तरफ तवज्जो नहीं गई थी।

आठ कोफ्ते!

शार्ट हो गए थे नालायक मेहमान की नामाकूल हरकत से।

जो वजन में मुश्किल से डेढ़ सौ ग्राम थे।

इतने से आज की कोफ्ता करी के शार्ट पड़ जाने का खतरा था।

और वो खतरा मेजबान को उतना परेशान नहीं कर रहा था, जितना सहगल साहब को।

काफी लोगों की शिरकत में पार्टी शुरू हुई।

बालक को आशीर्वाद और तोहफे दिए गए। केक काटा गया।

फिर ड्रिंक्स की पार्टी शुरू हुई।

उस दौरान राजहंस मेरे से बोला—"ऊपर एक कमरा है, उसमें मेरा बड़ा लड़का अपने तीन दोस्तों के साथ शाम से ही जमा हुआ है। वो लोग एक बोतल विस्की और छ: बोतल बीयर खत्म कर चुके हैं और अभी और माँग रहे हैं।"

बल्ले!

शेर बच्चा था! शेर ही तो होता!

घूँट लगाने में बाप सेर, बेटा सवा सेर।

"पार्टी है।"—प्रत्यतत: मैं बोला—"छोटे भाई का बर्थडे है, सैलीब्रेट करने दो!"

"हाँ।"

पार्टी की रौनक में इजाफा करने के लिए एक ढोल वाला भी बुलाया गया था। उसने ढोल बजाना शुरू किया तो कई जने उसके सामने डांस करने लगे।

राजहंस भी।

एक हाथ में गिलास, आँखें बन्द और झूम यूँ रहा था कि कई बार गिरने को हुआ।

"इन्हें रोको, यार।"—मैं विनय से बोला—"वर्ना ढेर हो जाएँगे।"

विनय ने चिन्तित भाव से गर्दन हिलाई, लेकिन किया कुछ नहीं।

"इनके हाथ में अभी तीसरा ही है।"—मैं बोला—"एक सीजंड ड्रिंकर का इतने में ही टुन्न हो जाना बुरे लक्षण होते हैं।"

"किस बात के?"—विनय ने उत्सुक भाव से पूछा।

"लिवर खराब होने के।"

"क्या मतलब?"

"ये और सहगल बोतल के रियाजी हैं, ढाई पैग से इनकी हालत क्यों खराब है?"

उसने उस बात पर विचार किया।

"आदी पीने वाले को कम पीने से ज्यादा नशा होने लगे तो ये लिवर की खराबी का श्योर साइन होता है।"

"तुम्हें क्या पता?"

"है न पता!"

थोड़ी देर बाद ढोल बन्द करवाया गया और राजहंस को दो जनों ने दाएँ-बाएँ

से थाम कर ड्राईंगरूम में ले जाकर दीवान पर बिठाया।

जहाँ से वो फिर न उठे।

डिनर के लिए भी नहीं।

डिनर में ये बात गौरतलब थी कि जो भोज्य पदार्थ कुक ने तैयार किए थे, वो सब तकरीबन दो-तिहाई खत्म हो गए लेकिन कोफ्ता करी, जिसकी इतने आडम्बर के साथ एक दिन पहले तैयारी की गई थी, किसी भी मेहमान की तवज्जो का मरकज न बन सकी।

वो सिर्फ दस-पन्द्रह फीसदी खाई गई, बाकी तमाम की तमाम पीछे बची।

पार्टी में सहगल की बीवी भी आई थी, बाद में काफी सारा खाना, कोफ्ते भी, वो पैक करके घर ले गई। फिर भी साठ फीसदी कोफ्ता करी पीछे बची जिसका बड़ा पतीला रात को फ्रिज में रखा गया।

सहगल ने खुद बताया कि सवेरे पतीला बास मार रहा था।

रात को फ्रिज का दरवाजा ठीक से बन्द नहीं हुआ था नतीजतन सुबह पार्टी की स्टार डिश को कचरे के हवाले करना पड़ा।

जिसके कि शार्ट हो जाने का खतरा था, क्योंकि आठ कोफ्ते पिछली रात 'भ्राजी ने उठा लिए थे'।

बाद में मुझे अहसास हुआ कि किसी पार्टी से, जहाँ सहगल साहब सपरिवार आमंत्रित हों, बचे हुए खाने में से पैक करा के खाना घर ले जाना उनके लिए कोई बड़ी बात नहीं थी।

सहगल साहब के घर में शाम को कोई ड्रिंक्स का मेहमान हो तो उनका डिनर का इसरार जरूर होता था, भले ही उसकी मेहमान के लिए घर में कोई तैयारी न हो। असल में ड्रिंक्स का शाम का कोटा पूरा हो जाने के तत्काल बाद उनका विशाल उदर खाना खाना पुकारने लगता था और अमूमन खाना फ्रिज में से ही निकलता था।

उस इसरार का निशाना एक बार मैं बना तो मैंने पाया कि जो खाना परोसा जा रहा था वो साफ किसी शादी की दावत का सरप्लस लग रहा था।

रीहीट की गईं डिशिज, तवे पर गर्म किया तन्दूर का परांठा।

सब पिछले रोज का।

या क्या पता उससे भी पिछले रोज का।

मेरा मिजाज मेजबान से छुपा न रहा, वो बीवी को आवाजें देने लगा—"भई, इनको ताजी बना दे।"

जैसे नाजायज मेहमान नाजायज माँग खड़ी कर रहा हो।

जबकि मैंने मुँह भी नहीं खोला था।

लेखक भूपेंद्र कुमार स्नेही की शादी में 'एन दाएँ मनोहर श्याम जोशी'

न कुछ खाने के लिए, न कुछ कहने के लिए।

बीवी ने ताजी रोटी न बनाई। बनाती भी तो रोटी डिशिज को ताजा थोड़े ही कर देती।

मैंने किसी तरह से जहरमार किया।

उसके बाद कभी मैंने रात को खाना खा के जाने को हामी न भरी।

सहगल साहब ने एक बार बहुत इसरार किया तो मैंने ये तक कहा कि मैं रात को खाना खाता ही नहीं था, क्योंकि उनके यहाँ स्नैक्स ही इतने ज्यादा हो जाते थे कि खाने के लिए पेट में जगह नहीं बचती थी।

फिर भी कई बार ड्रिंक्स के समापन के बाद उन्होंने इसरार किया—"भ्राजी, वन डिश डिनर!"

भ्राजी न माना, बल्कि कहना चाहिए कि न फँसा।

फिर उस बाबत अपने मन की भड़ास उन्होंने तीसरे जने के सामने निकाली।

एक बार उन्होंने फोन किया कि समीर बनर्जी आया हुआ था और मेरे से मिलना चाहता था।

जो कि बिलकुल झूठ था।

ए.एच. व्हीलर का जी.एम. समीर बनर्जी दिल्ली आया तो हुआ था लेकिन, जैसा

कि बाद में स्पष्ट हुआ, उसने कभी नहीं कहा था कि वो मेरे से मिलना चाहता था।

सहगल साहब ने असल में मुझे शाम की बोतल के इनवेस्टर के तौर पर सैट किया था।

शाम को मेरी छुट्टी के वक्त वो अंसारी रोड मेरे ऑफिस में पहुँच गए। पता लगा कि स्कूटर पर नहीं, ऑटो पर आए थे क्योंकि आगे पहाड़गंज की, जहाँ आराकशा रोड के एक होटल में समीर बनर्जी ठहरा हुआ था, उनकी लिफ्ट तो अश्योर्ड थी।

मैं अपनी कार पर उन्हें पहाड़गंज लेकर गया।

समीर बनर्जी मुझे देखकर सख्त हैरान हुआ।

उसके हैरान होने ने ही सहगल साहब के दावे की पोल खोल दी कि वो मुझे याद कर रहा था।

"मैंने सोचा था"—सहगल साहब जल्दी से बोले—"कि भ्राजी को आपसे मिलना चाहिए था।"

सात बजे ड्रिंक का मुद्दा उठा।

समीर ने सहगल साहब की तरफ देखा।

सहगल साहब ने कन्धे उचका दिए, बोले—"मैं समझा था कि..."

क्या समझा था, उन्होंने एक्सप्लेन न किया।

शायद उम्मीद कर रहे थे कि समीर ने, जिसका दर्जा होस्ट का था, बोतल मँगा के रखी होगी।

तब मैंने बैग में से बोतल निकालकर मेज पर रखी।

बादाखोरी का दौर चला।

तब जो गिला सहगल साहब के मन में था, वो जुबान पर आया।

निहायत बेअदबी से जुबान पर आया।

नाहक वो समीर को बताने लगे—"भ्राजी शाम को ड्रिंक्स के लिए हमारे घर आते हैं तो..."

जैसे मैं रोज जाता था। वहाँ मेरा हाजिरी रजिस्टर था जिसे वो मेरी रोजाना आमद के सबूत के तौर पर पेश कर सकते थे।

"...मेज पर डिनर लगा हुआ होता है, छोड़कर चले जाते हैं..."

अरे भई, ये भी तो बता कि कौन सा डिनर लगा होता है!

"...मैनर्स ही नहीं हैं।"

जानते थे मुझे मैनर्स नहीं हैं, मेरे से किनारा फिर भी नहीं करते थे।

जिस होटल में समीर ठहरा हुआ था, उसमें सिर्फ लॉजिंग और ब्रेकफास्ट का इंतजाम था।

समीर हमें एक करीबी रेस्टोरेंट में ले के गया, जिसकी उसे खबर थी कि वहाँ अच्छा खाना बनता था।

खाने का बिल आया, मैंने बिल अदा करने की कोशिश की तो सहगल साहब बड़े उत्तेजित होकर हल्ला करने लगे—"नहीं, भ्राजी, तुसी न दयो। तुसी न दयो।"

उनके इतने पुरजोर इसरार का मतलब मैंने यही लगाया कि बिल वो देना चाहते थे।

जैसा कि उन्होंने न किया। कोशिश तक न की। दिखावा तक न किया बिल देने का।

बिल समीर ने दिया।

तब तक हल्की-हल्की बूँदाबाँदी होने लगी थी।

"पता नहीं ऑटो मिलेगा कि नहीं।"—बड़बड़ाते से वो हिंट सरकाने लगे—"पता नहीं यहाँ से मुझे ऑटो मिलेगा कि नहीं।"

मैंने हिंट पकड़ा और कहा—"कनॉट प्लेस से मिल जाएगा।"

अपनी कामयाबी पर इतराते और मेरे पर अहसान करते वो मेरे साथ पैसेंजर सीट पर सवार हुए।

कनॉट प्लेस में प्लाजा के करीब मैंने आउटर सर्कल पर एक जगह कार रोकी जहाँ से ऑटोज़ का गुजरना आम होता था क्योंकि वहाँ वनवे ट्रैफिक था।

"भ्राजी, मैं यहाँ उतर जाता हूँ।"—वो बोले पर अपनी सीट से हिले भी नहीं, "पता नहीं ऑटो मिलेगा या नहीं" की रट फिर लगाने लगे।

"आईटीओ से मिल जाएगा।"—मैं बोला।

उन्होंने चैन की गहरी साँस ली और फिर पसरकर बैठ गए।

आईटीओ के चौक के पास जहाँ से मैंने दाएँ मुड़ना था और उनका रास्ता बहादुरशाह जफर मार्ग से सीधा था, मैंने फिर कार रोकी।

उन्होंने यूँ सचेत होकर दिखाया जैसे पता ही न लगा हो कि आईटीओ पहुँच गए थे। उतरे फिर भी नहीं।

"अभी कोई ऑटो गुजरेगा तो रोकूँगा।"—वो बोले।

दो-तीन ऑटो गुजरे, उन्होंने हमेशा, जानबूझकर, तब आवाज दी, जब वो आगे निकल गए।

उतर के फुटपाथ पर खड़ा होने की कोशिश हरगिज न की क्योंकि बहाना था कि बूँदाबाँदी हो रही थी।

मैंने असहाय भाव से गर्दन हिलाई और बोला—"आगे चलता हूँ। दरियागंज से ट्राई करना।"

"नहीं, भ्राजी, ऐनी तकलीफ न करो..."

भ्राजी को कहना चाहिए था कि नहीं करता, उतरो। लेकिन आदत से मजबूर, न कह सका।

"...ऐ ते टॉर्चर हो गई तुहाडे वास्ते। हरिओम! हरिओम!"

दरियागंज करीब आने लगा तो वो सीट पर पसर गए और सिर छाती पर झुकाकर ऊँघने लगे।

मुझे शक्तिनगर ही जाना पड़ा।

रास्ते में जब उन्हें इस बात का अहसास हुआ तो सीधे हो के बैठ गए, ऊँघ पता नहीं कहाँ गई!

तमाम रास्ते 'ये तो टॉर्चर हो गई' और 'हरिओम, हरिओम' बदस्तूर भजते रहे।

शक्तिनगर चौक पर मैंने कार रोकी।

तब तक बूँदाबाँदी बन्द हो चुकी थी, बन्द क्या हो चुकी थी, सूखी सड़कों से लगता था कि उधर हुई ही नहीं थी।

"आप यहाँ उतर जाइए।"—मैं बोला।

"यहाँ उतर जाऊँ?"—वो संदिग्ध भाव से बोले।

"हाँ। मैं अपने घर जाने के लिए चौक से यू टर्न लूँगा न! आपका घर तो यहाँ से करीब ही है! मुश्किल से दो फर्लांग दूर।"

"हाँ। हाँ। पर भ्राजी, घर चलो न! एक-एक ड्रिंक और लेंगे।"

"सहगल साहब, साढ़े ग्यारह बज रहे हैं!"

"अच्छा! इतना टाइम हो गया!"

"जरा सा फासला है। चलना नहीं चाहते तो वो रिक्शा खड़ी है, उस पर बैठ जाइए।"

"हाँ। मैं करता हूँ कुछ।"

वो कार से उतरे।

मैं अपनी राह लगा।

पूर्व में जाना था, उत्तर में पहुँचा था।

बाद में कई बार मैंने उन्हें फख्र से कहते सुना था कि लोग बाग उन्हें घर से ले जाते हैं, घर छोड़ जाते हैं।

"घरों लै जान्दे ने, घर छड जान्दे ने।"

एक मैं ही नामाकूल शख्स था, जो न घर लेने आया था और न घर तक छोड़ के गया था।

मेरे को मैनर्स नहीं थे, मैनर्स वाले को कितने मैनर्स थे, इसका एक ही दृष्टांत देता हूँ।

गुड़गाँव से आगे पटौदी रोड पर विनय गुप्ता, जोगेन्द्र खन्ना, राजहंस और बसन्त सहगल ने एक फार्म खरीदा हुआ था जिसमें मेजर इनवेस्टमेंट विनय की और खन्ना की थी, लेकिन उसके नाम पर फुदकते सबसे ज्यादा राजहंस और

सहगल थे। हर किसी को फार्म पर चलने का ऐसे दावतनामा देते थे जैसे फार्म पड़ोस में था, वाकेबल डिस्टेंस पर था। उन चारों के गठबंधन में वो फार्म एक धुरा बन गया हुआ था।

उन्हीं दिनों मनोहर कहानियाँ की बेतहाशा कामयाबी से प्रभावित होकर विनय गुप्ता ने भारी सज-धज के साथ वैसी एक मैगजीन वैसी ही पार्टनरशिप में निकालने का फैसला किया जैसी उनकी फार्म में स्थापित थी।

यानी मेजर इनवेस्टमेंट विनय और खन्ना की और टोकन इनवेस्टमेंट राजहंस और सहगल की।

सहगल साहब उस मैगजीन की खबरें सुनाने खासतौर से मेरे पास आते थे और उसकी तैयारियों की बाबत लम्बी-लम्बी छोड़ते थे कि बहुत बड़ा प्रोजेक्ट था जिसके लिए एक नयी कम्पनी फ्लोट की जा रही थी, जिसके वो चारों—विनय, खन्ना, राजहंस, सहगल—डायरेक्टर—रिपीट, डायरेक्टर—रिपीट थे।

एक बार उन्होंने मुझे बताया कि मैगजीन के लिए—यानी नयी कम्पनी के लिए—स्टॉफ भरती किए जाने की शुरुआत हो गई थी और आने वाले इतवार को लेडी स्टेनोग्राफर की पोस्ट के लिए राजहंस के फ्लैट पर कैंडीडेट्स का वॉक-इन-इंटरव्यू था जो कि डायरेक्टर्स ने लेना था।

"भ्राजी, डायरेक्टर्स दी मीटिंग ए"—उसने मुझे ताकीद की—"तुसी न आना।"

ये ताकीद उसको थी जो राजहंस के यहाँ अकेला कभी नहीं गया था।

सिवाय उस एक बार के जब खुद राजहंस ने मेरे ऑफिस आकर इस बाबत मेरे से जिद की थी और मैं मुलाहजे का मारा उसके घर गया था।

लेकिन पाठक जैसे मामूली राइटर पर रौब जमाना हुआ न, कि डायरेक्टर्स की...डायरेक्टर्स की मीटिंग थी।

जो शख्स अपनी चिड़िया की बीट जैसे प्रकाशन के लिए मेरा मोहताज था, वो मुझे आगाह कर रहा था कि 'डायरेक्टर्स की मीटिंग थी, छोटा लोग मैं न आऊँ'।

बाद में उसने खुद बताया कि 'डायरेक्टर्स' सारा दिन बैठे इन्तजार करते रहे, एक भी कैंडीडेट इंटरव्यू के लिए न पहुँचा।

फिर वो प्रोजक्ट ही ड्रॉप हो गया।

चढ़ने से पहले ही हयादार डायरेक्टरों की, जिनमें से एक 'मैनर्स वाला' सहगल साहब था, आब उतर गई।

□

राजहंस अपने नावलों पर—वो कहीं से भी छपें—एक ही फोटो छपवाता था जो कि जवानी की थी। राजहंस से बेहतर वाकिफ लोग कहते थे कि वो फोटो

उसकी शादी से पहले की थी, जो शादी से पहले भावी दुल्हन को दिखाने के लिए बनवाई गयी थी।

पॉकेट बुक्स के धन्धे में लेखक की तसवीर वरीयता से छपे, ये चलन मैंने शुरू किया था। यूँ रंगीन तसवीर भी सबसे पहले मेरी छपी थी। जवानी में मुझे खुशफहमी थी कि मैं बहुत खूबसूरत था, मेरी शक्ल संजीव कुमार से मिलती थी इसलिए अपने नावलों की पुश्त की तसवीर मैं बदलता रहता था—जबकि राजहंस की वो ही जवानी की एक तसवीर आदिकाल से छपती चली आ रही थी—मैं नये साल का ग्रीटिंग कार्ड छपवाता था तो उस पर भी हर बार मेरा नया पोज़ होता था। सन् 1998 का ग्रीटिंग कार्ड किसी वजह से मैं न छपवा सका। कभी मेरे प्रकाशक ने नावल के साथ मेरा एक पोस्टर छापा था, जिसके सौ के करीब प्रिंट मेरे पास मौजूद थे। मैंने उन्हीं को नये साल के ग्रीटिंग कार्ड की शक्ल दी और लिमिटिड लोगों को वो पोस्ट कर दिया, क्योंकि सबको पोस्ट करने लायक तादाद में वो मेरे पास था ही नहीं। वो पोस्टर-कम-ग्रीटिंग कार्ड ओमप्रकाश शर्मा को मिला तो उन्होंने मुझे चिट्ठी लिखी जिसमें उन्होंने लेखक का अपनी पुरानी तसवीर को इस्तेमाल करना गलत ठहराया, क्योंकि फोटो हालिया होगी, तभी तो पाठक लेखक को पहचानेगा।

मैं दो वजह से उनकी उस बात से सहमत नहीं था।

एक तो पोस्टर वाली तसवीर इतनी पुरानी नहीं थी कि उसके मुकाबले में मेरी सन् 1998 की अपीयरेंस में कोई इंकलाबी तब्दीली आ गई जान पड़ती। दूसरे, लेखक की नावल पर फोटो उसकी शक्ल प्रचारित करने के लिए नहीं छपती थी, उसके मार्के के तौर पर छपती थी ताकि कोई नया सुरेन्द्र मोहन पाठक पैदा हो जाए तो पाठक को फर्क पता चल सके।

ऐसा मैंने महज सोचा, अपनी सोच उनको अरसाल न की।

तसवीर के सन्दर्भ में शर्मा जी ने अपने पत्र में एक मिसाल भी दर्ज की थी :

> जयपुर में राधा पॉकेट बुक्स द्वारा प्रकाशित की गई राजहंस की एक पुस्तक के सन्दर्भ में लेखक और प्रकाशक पर मुकदमा चला। जयपुर में प्रकाशक अरुण जैन और लेखक राजहंस को अदालत में पेश होना पड़ा। मैजिस्ट्रेट ने विवादित किताब उठाकर देखी, उस पर छपी राजहंस की नौजवानी की तसवीर देखी, तसवीर का प्रतिवादी राजहंस की शक्ल से मिलान किया तो बोला—"किस बूढ़े को पकड़ लाए हो? इस आदमी को लाओ जिसकी ये तसवीर है।"

पत्र में अन्त में उन्होंने सोम ठाकुर को कोट किया :

> जाने क्या नाता है,
> देह की बहार का
> पीले पतझार से
> लौट-लौट आता है
> मन का वसन्त जो
> मधुवन के द्वार से।

'अभिनव' में जब मेरा पहला नावल 'पीला गुलाब' छपा था, तभी वहाँ राजहंस का भी एक, इकलौता, नावल छपा था। तब उसने शेखर मल्होत्रा से इच्छा व्यक्त की थी कि वो भी चाहता था कि उसके उपन्यास पर उसकी रंगीन तसवीर छपे जैसे कि पाठक की छपती थी। तब शेखर मल्होत्रा ने खासतौर से एक फोटोग्राफर राजहंस के घर भेजा जिसने राजहंस की दो-चार-दस नहीं, साठ-पैंसठ तसवीरें खींचीं। एक तसवीर राजहंस ने चुनी जो कि प्रकाशनार्थ प्रैस में लगाई गई।

उसने तसवीर पर दोबारा गौर किया तो उसकी बाबत उसका इरादा बदल गया।

उसने फौरन शेखर मल्होत्रा से सम्पर्क किया और कहा कि वो नयी तसवीर न छापी जाए, उसकी जगह उसकी वो ही तसवीर छापी जाए जो कि हमेशा से छपती चली आ रही थी।

प्रकाशक को छपता टाइटल रुकवाना पड़ा।

नतीजतन उपन्यास मार्केट में आया तो आधी प्रतियों पर राजहंस की रंगीन बुढ़ियाई शक्ल की तसवीर थी और आधी पर पुरानी ब्लैक एंड व्हाइट जवानी की तरोताजा तसवीर थी।

0121-642545
☎ ~~72545~~

61, आर्य नगर,
सूरजकुण्ड रोड, मेरठ–250001

ओम प्रकाश शर्मा
उपन्यासकार

दिनांक 6-2-1998

प्रिय पाठक,

फोल्डर रूप में नववर्ष की बधाई मिली – धन्यवाद।

अब तो नौकरी से रिटायर होगए होंगे, लेखन और हिन्दी साहित्य के भी पठन पाठन में भी एक मस्ती है – आशा है अब उसका पूरा उपयोग करोगे। फोल्डर देखकर मेरी भी एक बार इच्छा हुई कि अपने पुराने फोटोग्राफ उपन्यासों पर छपवाया करूं, इसलिए कि अब तो फोटोग्राफ ही माशाअल्लाह आते हैं। परन्तु फिर अदालत की बात याद आई। जयपुर में राधा और राजहंस पर कोई मुकदमा चला – जब किसी तरह राजहंस को लाद कर वह लेगए तो मैजिस्ट्रेट किताब उठाकर देखी। कहा – किस बूढ़े को पकड़ लाए हो – इस आदमी को लाओ। राजहंस को कहना पड़ा किताब पर यही फोटोग्राफ चलता है और यह फोटोग्राफ शादी से पहले दुल्हन को दिखाने के लिए छपवाया था – यानि तब फोटो लिया गया था। सो सोमठाकुर की यह पंक्ति याद आगई –

जाने क्या नाता है, देह की बहार का
पीले पतझार से
लौट-लौट आता है, मन का वसन्त जो
मधुबन के द्वार से।

अगर पुराने फोटोग्राफ छपवाऊंगा तो कोई पहचानेगा कैसे?

परिवार में सभी के प्रति शुभकामनाओं सहित —

ओमप्रकाश शर्मा

सहगल साहब प्रकाशन से कितने कमिटिड थे, उसकी एक मिसाल यहाँ दर्ज है :

एक रोज दोपहर के करीब उन्होंने मुझे ऑफिस में फोन किया कि वो आगामी प्रकाशित होने वाले मेरे रीप्रिंट के पहले चार पृष्ठों के प्रूफ मुझे दिखाना चाहते थे, जिन्हें लेकर वो एक घंटे में मेरे ऑफिस पहुँच रहे थे। मैंने कहा, मुझे दिखाने की जरूरत नहीं थी, उनका खुद ही देख लेना काफी था।

"नहीं, भ्राजी।"—उनकी जिद थी—"राइटर को तो वो प्रूफ दिखाने हुए न!"

"अच्छी बात है। आना।"

सहगल साहब न आए, शाम को उनका फोन आया।

लुधियाने से।

"डॉक्टर साहब आ रहे थे।"—अपने जीजा को वो कभी 'जीजा जी' कहकर रेफर नहीं करते थे, हमेशा 'डॉक्टर साहब' कहते थे और ऐसे कहते थे जैसे डॉक्टर होना भारत का राष्ट्रपति होने से बड़ा वाकया था—"लिफ्ट मिल रही थी, मैं उनकी कार पर लुधियाने चला आया।"

जो प्रूफ 'राइटर को दिखाने हुए न' थे, वो उन्होंने मुझे कभी न दिखाए।

दूसरी मिसाल :

मेरा उनके हवाले एक रीप्रिंट जिस प्रिंटिंग प्रैस में छप रहा था, उसका मालिक मेरे से जाती तौर पर वाकिफ था। एक रोज उसका फोन आया—"आपके सहगल साहब वाले नावल का मैटर बढ़ गया था, मैंने सहगल साहब को खबर की कि आधा फर्मा—यानी आठ पेज—और छापने पड़ेंगे, उसके लिए कागज वो भेजेंगे या मैं अपने पास से लगा दूँ। सहगल साहब ने जवाब दिया कि जितना मैटर बढ़ गया है, मैं उतना काट दूँ। मैंने पूछा कहाँ से काट दूँ तो जवाब मिला अपनी समझ से जहाँ से मर्जी काट दे। अब बताइए, काट दूँ?"

"नहीं, नहीं, हरगिज नहीं।"—मैं जल्दी से बोला—"मैं सहगल साहब से बात करता हूँ।"

मैंने बात की। सहगल साहब ऐसा कुछ कहा होने से साफ मुकर गए।

"भ्राजी, ईडियट हैगा ए।"—वो बोला—"समझता ही नहीं कुछ। समझता है तो उलटा-सीधा समझता है। तुहाड़ा नावल! काटने का क्या मतलब! मैं हुने उससे गल्ल करता हूँ।"

खामखाह के मुलाहजे से बन्धा जिस शख्स को मैं कौड़ियों के मोल नावल देता था, उसको नावल के आठ पेज फालतू छापने में फाँसी लगती थी।

बढ़े हुए मैटर को लेकर ऐसे और भी कड़वे तजुर्बे मुझे हुए थे।

शनु पेपरबैक्स में प्रकाशनाधीन एक नावल के दो पेज बढ़ गए थे, तो उसने दो ही पेज छपवाए थे—यानी एक ही वर्का आगे-पीछे से छपा—और उस वर्क का चेपा उपन्यास के अन्त में लगवाया था।

राजकुमार गुप्ता ने जब 'खून के आँसू' रीप्रिंट किया था तो बखिया पुराण की चौकड़ी की जान क्लाइमैक्स से कुछ मैटर खुद ही काट दिया था ताकि आधा फर्मा बढ़ न जाता।

'सदा नगारा कूच का' के साथ 'लेखकीय' नहीं छपा था, क्योंकि बकौल राज बाबू पृष्ठों में कोरम काल के लिए 'लेखकीय' की जगह नहीं थी। ये वो वक्त था जबकि पाठकों को 'लेखकीय' के बिना मेरा उपन्यास कुबूल ही नहीं था। जब मैंने अपना स्पष्टीकरण पाठकों के दरबार में पहुँचाया और उन्हें बताया कि 'लेखकीय' न छप पाने के पीछे सरासर प्रकाशक जिम्मेदार था तो उन्होंने प्रकाशक की जी भर के भर्त्सना की।

एक बार अपने वाहियात, गैरजरूरी विज्ञापनों के लिए तीन पेज की जगह बनाने के लिए मुझे 'लेखकीय' काटकर छोटा करने के लिए मजबूर किया।

मेरे प्रसिद्धतम नावलों में से 'मेरी जान के दुश्मन' जब पहली बार पवन पॉकेट बुक्स में छप रहा था तो प्रकाशक का फोन आया कि उपन्यास में एक फर्मा—यानी सोलह पेज—बढ़ गया था, मैं मैटर काटूँ।

यानी पहले नावल लिखने पर सिरखपाई करूँ, फिर उसे काटने-छाँटने पर।

मैंने उससे गुहार लगाई कि वो एक फर्मा ज्यादा छाप ले, उसके अतिरिक्त खर्चे की भरपाई के लिए मैं अगली बार छोटा नावल लिखूँगा ताकि वो एक फर्मा कम छाप सके।

'किसान खुद अपना माल बेचने आया है' के नारे वाले लेखकद्वय के प्रकाशन तुलसी पॉकेट बुक्स ने भी लेखक से इस मामले में कोई इंसाफ न किया।

उनके यहाँ एक बार एक फर्मा फालतू छपा तो उसकी कीमत दस हजार रुपये मेरे से चार्ज कर ली।

लेकिन पाँचों उँगलियाँ बराबर तो नहीं होतीं न। सारे प्रकाशकों का इस बाबत मिजाज एक ही साँचे में ढला तो नहीं हो सकता न!

लेखक पैंतालीस साल की उम्र में

मिसाल मुलाहजा फरमाइए :

हार्पर कालिंस में मेरी इनिंग के दौरान वहाँ मेरी स्क्रिप्ट के साइज़ के मामले में, मैटर की घट-बढ़ के मामले में कभी हुज्जत न हुई। उनके लिए मैंने नावल जब तक लिखा, स्क्रिप्ट के विस्तार पर किसी पाबन्दी के बगैर लिखा। इसी वजह से सन् 2014 में वहाँ छपे मेरे पहले नावल 'कोलाबा कांस्पीरेसी' में 406 पृष्ठ थे, कीमत महज 125 रुपये थी, जबकि मेरे पूर्वप्रकाशक राजा पॉकेट बुक्स को इस कीमत में 320 से ज्यादा पेज छापना हरगिज कुबूल न होता। 'राजा' में इतने पृष्ठ छपते तो कीमत डेढ़ सौ रुपये से कम न होती और बढ़ी हुई कीमत के जेरेसाया कोई बढ़ी हुई उजरत भी सपना होती।

'वैस्टलैंड' से मेरा साथ बहुत थोड़ा अरसा चला। वहाँ से मेरा एक ही नया द्विभाषी नावल 'कॉनमैन' छप पाया जिसकी 175 रुपये कीमत थी और 320 पेज थे। फिर भी कीमत में पचास रुपये की बढ़ोत्तरी के बावजूद प्रकाशक ने आठ पेज कम छापने की जिद पकड़ी और इस बाबत बाकायदा हुक्म जारी किया कि मैं आठ पेज का—सिर्फ आठ पेज का, पूरे फार्म का भी नहीं—मैटर काटूँ ताकि 'कॉनमैन' के हिन्दी वर्जन में 312 पृष्ठ हो पाते। मैंने जिरह की कि आधा फार्म कम छापने से सिर्फ कागज की कीमत का फर्क होता था, बाकी तमाम खर्च पूरे फार्म वाले ही होते थे लेकिन कौन सुनता था। नावल 320 पेज में सैट हो चुका था, 'रेडी टु प्रेस' स्थिति में था, फिर भी नाजायज, हिटलराना दिमागी लहर के हवाले हुई सम्बन्धित सम्पादिका ने अपनी जिद बरकरार रखी, हुक्म बरकरार रखा :

आठ पेज काटो।

ऐसा एक ही सूरत में हो सकता था कि मैं साथ छपे अपने 'लेखकीय' में से आठ पेज काटता जो मुझे तो कुबूल था ही नहीं, विस्तृत 'लेखकीय' के आदी मेरे पाठकों को भी कुबूल नहीं होने वाला था।

तब मजबूरन मैंने नयी पेशकश दाखिलदफ्तर की।

पूरे पेज छापे जाएँ, हुज्जत वाले आठ पेज का खर्चा लेखक वहन करेगा।

तब कहीं जाकर सम्पादिका की जिद टूटी और आखिर 'कॉनमैन' में 320 पेज छपे।

अब सवाल है—

क्या ये हिन्दी की नाकद्री की मिसाल है?

रचना किसी अंग्रेजी के स्थापित लेखक की होती तो क्या इतने बड़े प्रकाशक ने आठ पेज—रिपीट, महज आठ पेज—कम छापने का हुक्म जारी किया होता?

क्या हिन्दी में आठ पेज ज्यादा छप जाते—जो कि ज्यादा भी नहीं थे—तो फर्म घाटे में चली जाती?

ऐसी कोई बात नहीं थी।

कोई बात थी तो आदरणीय, प्रात:स्मरणीय सम्पादिका की ईगो की थी, जिसे लेखक को अपना ईक्वल कुबूल करना मंजूर नहीं था इसलिए उसके साथ कोई न कोई फसादी मुद्दा खड़ा रखना उसकी फितरत में शुमार था, भले ही हासिल कुछ भी न हो! जमा, जरूर उस पर हेनरी सैकंड का साया था।

अपने मित्र, मातहत को हेनरी सैकंड हमेशा दबंगई से कहता था—"बैकेट! आई एम युअर किंग!"

मैडम उसी मिजाज के साथ फरमान जारी करती थीं—"ऑथर! आई एम युअर एडीटर!"

टु ईच हिज़ ओन।

जब पेंगुइन से मेरा कौल-करार हुआ था तो नावल की कीमत पर कोई हुज्जत नहीं थी, वो उन्हें 175 रुपये सहर्ष कुबूल थी और आपसी अंडरस्टैंडिंग के तहत पृष्ठ संख्या 320 निर्धारित हुई थी। लेकिन जब वहाँ से मेरा पहला उपन्यास 'कहर' छपा था तो उसके मार्केट में आने के बाद ही मुझे खबर लगी थी कि पुस्तक में 348 प्रिंटिड पेज थे। अलबत्ता जब दूसरा उपन्यास 'जा के बैरी सन्मुख जीवै' छपा था और वो 380 पेज तक पहुँच गया था तो प्रकाशक ने हुज्जत नहीं की थी, शिकायत भी नहीं की थी, सिर्फ राय पूछी थी कि क्या कुछ पेज कम हो सकते थे? मैंने सविनय जवाब दिया था कि उस सिलसिले में या तो 18 पृष्ठ का 'लेखकीय' हटाया जा सकता था या पिछले उपन्यास 'कहर' का सार संक्षेप—11 पृष्ठ—हटाया जा सकता था, या दोनों हटाए जा सकते थे और इस बाबत प्रकाशक का जो फैसला होगा, वो मुझे सहर्ष मंजूर था।

मेरे को कोई फाइनल जवाब न मिला।

लेकिन जब उपन्यास प्रकाशित हुआ तो मैंने पाया उपन्यास में पूरे 380—अपेक्षा से साठ अधिक—पृष्ठ छपे थे।

आपका खादिम बाग-बाग हो गया, प्रकाशक की उदारता के प्रशस्तिगान के लिए मेरे पास शब्द नहीं थे।

न प्रकाशक ने ऐसी किसी प्रशस्ति का अभिलाषी बन के दिखाया। उसके लिए 'इज वाज़ आल पार्ट आफ ए गेम।'

ऐसा ही खुशगवार तजुर्बा प्रस्तुत प्रकाशक से हुआ। प्रस्तुत प्रकाशक ने करार के मुताबिक बायो—2 के पौने चार सौ पेज छापने थे, लेकिन चार सौ बाइस पेज बिना हुज्जत छापे थे।

निगाहें नीची रखते हैं बुलंदी के निशां वाले,
उठा कर सर नहीं चलते जमीं पर आसमां वाले।

सहगल साहब के प्रकाशन की एक और खूबी—या खामी—थी कि उनके सिवाय कोई भी प्रकाशक बाइंडर से फर्मों में पिन नहीं लगवाता था, सब धागे की सिलाई वाली बाइंडिंग करवाते थे। सिर्फ सहगल साहब पिन लगवाते थे क्योंकि पिन वाली बाइंडिंग सस्ती पड़ती थी। इस बाबत उन्हें टोका तो उन्होंने बड़ा ढिठाईभरा जवाब दिया कि हमारे यहाँ तो पिन ही लगेगी।

तब पहली बार मेरा मन बतौर प्रकाशक उसकी तरफ से हिला।

फिर अस्सी के दशक में ही एक दौर ऐसा आया कि सारे प्रकाशकों ने एकजुट होकर ए.एच. व्हीलर की व्यापारिक मनमानियों का विरोध किया और उस विरोध को रेलमंत्री तक पहुँचाया। फिर सबने व्हीलर को माल देना बन्द कर दिया। उस विरोध में वो बड़े प्रकाशक भी शामिल थे, जो कि पॉकेट बुक्स नहीं छापते थे।

सारी दिल्ली में तब सिर्फ एक ही सूरमा था जो कहता था कि वो प्रकाशकों के साथ नहीं था।

"सहगल साहब, आप किसी की तरफ हो?"—मैं पूछता था।

"भ्राजी, मैं व्हीलर वल्ल हाँ।"—सहगल साहब गर्व से कहता था।

उतने ही गर्व से अपने अशोक पॉकेट बुक्स के दफ्तर को वो उन दिनों व्हीलर का ब्रांच ऑफिस बताते थे।

उनके उस स्टैंड की वजह से उनकी 'डायमंड' जैसे प्रकाशक से भी बिगड़ गई, जो उनका ढेर माल बिकवाता था और उन्हें नियमित रूप से माहाना पेमेंट करता था, जो घर बुलाकर उनकी ड्रिंक्स डिनर की दावत करता था—जबकि ऐसा दावतनामा उनके लिए सहगल साहब ने कभी जारी न किया, हमेशा कहते ही रहे 'भ्राजी, इक दिन डायमंड वालयां नू ड्रिंक डिनर लई बुलाना ए'। हमेशा कहते ही रहे, बुलाया कभी नहीं।

'मैं व्हीलर की तरफ हूँ' के उनके स्लोगन ने उनको इतना बदनाम किया था कि वो दरीबे से गुजरते तो पीछे से फबतियाँ कसी जाती थीं—'वो देखो, गद्दार जा रहा है।'

उनको कोई परवाह थी?

जरा भी नहीं।

बदनाम भी होंगे तो क्या नाम न होगा?

और व्हीलर की तरफदारी किसलिए?

एक छोटे से फायदे के लिए कि समीर बनर्जी—'मेरा यार समीर बनर्जी'—उन्हें व्हीलर के स्टॉलों से ऑर्डर दिलवा देता था और पेमेंट जबरन जल्दी करवा देता था।

कितने ऑर्डर? कितनी पेमेंट?

जरा सा तो प्रकाशन था उनका! या मैं या राजहंस या पाँच नावल गुलशन नन्दा के जो एक बार के छापे ही खत्म नहीं होते थे।

गुलशन नन्दा के जिक्र पर वो आदतन उनकी तारीफ के पुल बाँधने लगते थे।

मिशन मुझे नीचा दिखाना होता था, जाहिर करना होता था कि उनके मुकाबले में मैं कुछ भी नहीं था। जबकि जो चार पैसे वो प्रकाशन से कमाते थे, मेरी वजह से कमाते थे, डायमंड वाले उनकी किताबें अपने माल में शामिल करते थे तो मेरी वजह से ऐसा करते थे, फिर भी वो नन्दा जी, नन्दा जी यूँ भजते थे, जैसे कि हर साल पाँच नावल रीप्रिंट करके एक लाख कॉपी बेच लेते हों। मेरे सामने उनकी डिमांड का जिक्र यूँ करते थे जैसे सेल के आँकड़ों का खयाल करने से जिस्म में सिहरन दौड़ जाती हो।

"भ्राजी, बड़ी विकदी ए।"

दो बातों ने उनके दावे की पोल खोली।

मैंने साढ़े पाँच साल उनको नावल दिए, उस अरसे में कभी गुलशन नन्दा के उनके कब्जे के किसी नावल का रीप्रिंट होते न देखा।

उन्होंने गुलशन नन्दा के अपने पास के पाँच नावलों को बेचने की कोशिश की तो कोई ग्राहक न मिला। मैंने खुद राजकुमार गुप्ता से पूछा—"गुलशन नन्दा के नावल क्यों नहीं लेते हो?"

"पागल हूँ मैं?"—राज बाबू का जवाब था—"कोई सेल नहीं है।"

उसने बताया कि एक बार उस बाबत सहगल साहब का फोन आया था कि नन्दा के उसकी मिल्कियत पाँच नावलों के राइट्स वेद प्रकाश शर्मा अपनी फर्म के लिए माँग रहे थे लेकिन उसने शर्मा जी को ये सोच के टाल दिया था कि वो नावल लेने में राज भाई इंटरेस्टिड होंगे।

राज भाई ने जीरो इंटरेस्ट लिया।

सिर्फ एक बार मौका लगा था उस मद से चार पैसे खड़े करने का तो पसर गए थे और मौका गँवा दिया था।

शिवा पॉकेट बुक्स मेरठ से मेरे नये-पुराने दोनों प्रकार के नावल छपते थे। एक बार प्रकाशक ने आकर कहा कि वो अपनी व्यापारिक सूची में महज गुलशन नन्दा जैसे बड़े राइटर का नावल दिखाने के लिए उसका एक, सिर्फ एक रीप्रिंट छापना चाहता था। लिहाजा मैं सहगल साहब से उसकी बात कराऊँ, गुलशन नन्दा का सिर्फ एक बार छापने के लिए एक नावल उसे दिलाऊँ, जिसके वो दस हजार रुपये देने को तैयार था।

उन दिनों पॉकेट बुक की स्थापित कीमत छः रुपये थी, वो गुलशन नन्दा का रीप्रिंट दस रुपये में भी छापता तो दस हजार रुपये फीस किसी कदर कम नहीं था।

सहगल साहब ने इक्कीस हजार रुपये माँगे।

बीस नहीं, पच्चीस नहीं, इक्कीस। वो रकम जरूर उनका कोई टोटका था।

प्रकाशक ने दोबारा गुलशन नन्दा का रीप्रिंट छापने का खयाल तक न किया।

बाद में सहगल साहब ने कई बार उस बारे में मेरे से पूछा और ये हिंट भी

ड्रॉप किया कि वो कुछ कम रकम भी कुबूल कर सकते थे।

"कितनी कम? दस हजार?"

"नहीं, इतनी कम तो नहीं!"

"आपको इतनी कम कुबूल हो तो भी वो अब इंटरेस्टिड नहीं है।"

सहगल साहब को यकीन न आया। उन्होंने खुद मेरठ फोन किया।

टका-सा जवाब मिला—"नहीं चाहिए।"

लेकिन सहगल साहब की रट बरकरार रही :

"भ्राजी, बड़ी बिकदी ए नन्दा जी दी किताब।"

फिर सहगल साहब के साथ साबोटाज (SABOTAGE) का वाकया हुआ।

उनके द्वारा रीप्रिंट किए गए मेरे नावल 'खतरनाक अपराधी' में पाँचवाँ फर्मा—यानी 65 से 80 तक के पेज—किसी और प्रकाशन के किसी और नावल का लगा हुआ था और मूल पृष्ठ गायब थे।

जाहिर था कि ये प्रकाशन संघ के किसी सदस्य की 'गद्दार' को सजा थी जो बाइंडर से उसकी मिलीभगत से वाकया हुई थी, जिसको बाइंडर ने बड़े प्रकाशक को, बड़ा बिजनेस देने वाले प्रकाशक को राजी रखने के लिए अंजाम दिया था।

सहगल साहब को वक्त रहते उस साबोटाज का पता भी लग गया फिर भी उन्होंने किताब डिस्पैच कर दी, बाइंडिंग खुलवाकर गलत फर्मा निकलवाकर उसकी जगह सही फर्मा लगवाकर किताब को दुरुस्त करने की कोई कोशिश न की।

वैसी ही बिगड़ी हुई नौ किताबें—नौ के अंक को शुभ मानते थे, इसलिए लेखक की नौ कॉपियाँ—मुझे देने के लिए एक शाम को छुट्टी होने से थोड़ी देर पहले मेरे ऑफिस पहुँच गए।

बहुत ऐंठे हुए! गर्वीले!

किताब की क्या खराबी हुई थी, मुझे पहले से खबर थी इसलिए रस्सी से बँधे नौ किताबों के पैकेट को मैंने खोलने तक की कोशिश न की।

"क्या सोचा है आपने हमारे बारे में?"—पूरी ऐंठ के साथ, बद्तमीजी की बाउंड्री को छूते वो बोले।

"क्या सोचा है!"—मेरी भवें उठीं—"क्या सोचना है?"

"हमारे एजेंट बाहर जा रहे हैं ऑर्डर बुकिंग के लिए। आपने हमें आगे किताब देनी है या नहीं?"

उनका कोई एजेंट नहीं था। दूसरों के एजेंटों से यारी गाँठते थे और फरियाद करके कहते थे कि फील्ड में तो उन्होंने जाना ही था, मेरे लिए भी ऑर्डर बुक कर लाते। ऐसा उन एजेंटों को कहते थे जो कि उनके वाकिफ डायमंड, मनोज जैसे

लेखक राजकमल के बिग बॉस अशोक महेश्वरी और उनके सुपुत्र अनन्य के साथ

बड़े प्रकाशकों के सैलरीड एम्पलाई थे। कोई सहगल साहब को ओब्लाइज कर देता था, कोई नहीं करता था।

अब दाई से पेट छुपा रहे थे, कह रहे थे, 'हमारे एजेंट बाहर जा रहे हैं।'

"भई, जैसी किताब मेरी आपने छापी है"—मैं नम्रता से बोला—"उसके देखते हुए तो..."

"मैं क्या करूँ?"—वो भड़के—"मैं किताब के अन्दर घुसूँ?"

असल में उनके अल्फाज थे—"मैं किताब दे विच वड़ां?"

हाँ, अन्दर घुसो, मेरी किताब छापनी है तो अन्दर घुसो।

मैंने कहना चाहा लेकिन कह न सका। मेहमान के आगे तुर्श जुबान न खुली।

तब तक छः बज चुके थे, मैं उठकर खड़ा हो गया। अनमने भाव से नौ किताबों वाला पैकेट मैंने उठाया और बाहर को चल दिया।

वो मेरे पीछे।

मैं ऑफिस की इमारत से निकल के, अहाता पार करके, अंसारी रोड पार करके सामने की गली में दाखिल हुआ, जहाँ अगले मोड़ पर मेरी कार खड़ी होती थी।

वो फिर भी मेरे पीछे। साथ में मनुहार करते हुए—"भ्राजी, पैकेट मैं पकड़ लेता हूँ।"

मैं गली में चलता रहा, वो फुदकते हुए मेरे साथ लगे रहे। इतना विशाल शरीर फुदकने के लिए तो नहीं बना था लेकिन फुदक रहा था।

आखिर मैं कार तक पहुँचा तो समझ में आया कि क्यों वो पीछे-पीछे वहाँ तक पहुँचे थे।

वहाँ मेरी कार के पीछे उनका स्कूटर खड़ा था, जो जाहिर करता था कि उन्हें मालूम था कि मैं अपनी कार कहाँ पार्क करता था।

स्कूटर के करीब एक सुन्दर, छरहरी महिला खड़ी थी जो साड़ी-ब्लाउज में बड़ी नाजुक और कमसिन लग रही थी।

महिला ने मुस्कराकर, कमर से लगभग दोहरी होकर, हाथ जोड़कर मुझे नमस्ते की।

तब मेरी समझ में आया कि क्यों सहगल साहब रोड पर से ही विदा नहीं हुए थे और क्यों उनका स्कूटर मेरे ऑफिस वाले अहाते में आकर खड़ा होने की जगह वहाँ मेरी कार के पीछे खड़ा था।

उस महिला के—जिसका नाम मुझे नहीं मालूम—ट्रेड में और सहगल साहब की सोशल जानकारी में उन दिनों बहुत चर्चे थे।

वो महिला वस्तुतः लिटरेरी बुक्स के किसी पब्लिशर की मुलाजमत में थी, जिसने रिटायर होने का निर्णय लिया था और अपना बिजनेस वाइंड अप कर दिया था। वो महिला कई साल से उसके साथ थी इसलिए वो उसे अपनी लायबलिटी

समझता था। सहगल साहब उसके दोस्त थे, उसने सहगल साहब से दरख्वास्त की कि वो उसे अपने पास रख लें। जैसा सहगल साहब का धन्धा था, उसमें उनको किसी मुलाजिम की जरूरत ही नहीं थी। उनकी छापी किताबें तो मुलाहजे में दूसरे प्रकाशक बिकवाते थे, घर में एक नौकर था जिससे वो पैकिंग का काम भी करवा लेते थे, छोटे-मोटे डिस्पैच की जो छोटी-मोटी क्लर्की होती थी, उसे वो खुद करते थे। लोकल सप्लाई दरीबे में ही थी, उसके लिए नौकर को दो बंडल किताबों के थमाकर स्कूटर के पीछे बिठाते थे और दरीबे पहुँच जाते थे। ऑफिस वर्कर का क्या करना था उन्होंने!

लेकिन पता नहीं कि दोस्त की दोस्ती का मुलाहजा निभाया या महिला की सुन्दरता और सपोर्टिंग नेचर ने असर दिखाया कि उन्होंने उसे अपने यहाँ रखना कुबूल कर लिया।

महिला रोजाना उनके यहाँ आने लगी और आकर बेसमेंट में स्थित गोदाम-कम-ऑफिस में बिराजने लगी।

आगे जल्दी ही सहगल साहब की हरकतें अपनी कहानी खुद कहने लगीं। मसलन :

- घर में भी सजकर रहने लगे, जबकि वैसे चार-चार दिन शेव नहीं करते थे और गर्मियाँ हों या सर्दियाँ शाम को नहाते थे।
- च्यवनप्राश खाने लगे। बकौल बीवी एक महीने में किलो-किलो के चार डिब्बे खाली कर दिए।
- बेसमेंट में कई-कई दिन उतरते ही नहीं थे, अब वहीं घंटों गुजारने लगे।
- दिन में घर से निकलते थे तो महिला को स्कूटर पर बिठाकर साथ ले के जाते थे।

इतनी तब्दीलियाँ बीवी को कभी तो खटकनी ही थीं, आखिर खटकीं।

बकौल उसके वो एक दिन चुपचाप बेसमेंट में गई तो देखा वो कुर्सी पर सुशोभित थी और सहगल साहब फर्श पर चौकड़ी मारे उसके कदमों में बैठे हुए थे।

उस नजारे से बीवी भड़की। उसने उस औरत की घर में मौजूदगी पर एतराज जताया जिसे सुनकर सहगल साहब के कान से मक्खी उड़ाई। उनकी नब्बे साल की माँ जिन्दा थी, बीवी ने माँ के कान भरे, माँ ने भी पुत्र को इशारों से समझाया, पुत्र ने कोई इशारा कैच न किया। एक बार बात खुल जाने की वजह से वो और बोल्ड हो गया। घोषणा कर दी कि वो घर के मेम्बर की तरह घर में रहेगी। कभी-कभार ये तक कहने लगे आज चिकन वो बनाएगी। जवाब में बीवी कहती कि अगर वो मेरी किचन में घुसी तो टाँगें तोड़ दूँगी।

ऊपर सहगल साहब अपने बैडरूम में मसनद लगाकर लेटे होते थे तो वो आकर उनके सामने खड़ी नहीं होती थी, उनके सिरहाने बैठकर उनसे बतियाती थी।

बीवी सब देखती थी और कुढ़ती थी। मेरे से पूछती थी, भाई साहब, मैं क्या करूँ? मैं क्या बताता? यही कहता था कि फेज था, गुजर जाएगा।

माँ ने फिर टोका तो वो भड़क कर पड़े—"लो! मैं कोई बूढ़ा हो गया हूँ?"

कहाँ?

महीने में चार किलो च्यवनप्राश खाने वाला तो जवानों का जवान होता था।

बात इतनी पसरी कि लुधियाने तक पहुँच गई। लुधियाने से बहन आई भाई को समझाने, भाई ने उसकी भी न सुनी।

वो औरत बड़ा पारिवारिक मसला बन गया।

बीवी कलपती थी—"भाई साहब, इन्होंने उलटा-सीधा कुछ कर डाला तो मेरा क्या होगा?"

सहगल साहब उन दिनों जैसे नौजवान लड़के गर्लफ्रेंड के साथ घूमते थे, वैसे उस औरत के साथ खुल्ला घूमते थे।

लेकिन आशिक माशूकी के ऐसे कारोबार में रोकड़ा खर्च होता था, जिसकी उनके पास कोई कमी तो नहीं थी, लेकिन खर्च करने का हौसला नहीं था। खाने-पीने के सामान की खरीद के अलावा कोई खर्चा करते मैंने उन्हें कभी नहीं देखा था। जल्दी ही आउटिंग के वो खर्चे उन्हें खलने लगे, फिर उन्होंने उस औरत की मेनटेनेंस के खर्चे में कोई शेयरहोल्डर खोजने की कोशिश की। पहले 'मनोज' के विनय गुप्ता को बोला कि वो उसे अपने ऑफिस में रख ले। विनय गुप्ता औरत की केस हिस्ट्री से पहले से वाकिफ था, उसने साफ इनकार कर दिया।

फिर राजहंस को पुड़िया सरकाई।

"भ्राजी, इसका हैंडराइटिंग बहुत अच्छा है, आपकी चिट्ठियाँ लिखा करेगी।"

राजहंस को कोई ऐसी ढेर चिट्ठियाँ आती ही नहीं थीं, आती थीं तो वो उनकी तरफ कभी तवज्जों नहीं देता था, वो क्या करता चिट्ठियाँ लिखने वाली का!

अब वो उसे मेरे पास ले आए थे।

मैंने नमस्ते का जवाब दिया, कार में सवार हुआ और उन दोनों को पीछे गली में खड़ा छोड़कर वहाँ से निकल लिया।

बतौर प्रकाशक सहगल साहब से वो मेरी आखिरी मुलाकात थी।

घर का आना-जाना फिर भी बना रहा, लेकिन मेरे उनके बीच मेरे नावल की बात कभी न उठी।

क्योंकि जानते थे जवाब क्या मिलना था।

साढ़े पाँच साल में उन्होंने मेरे बारह रीप्रिंट और दो नए नावल—दूसरा 'लाश गायब'—छापे।

राजहंस के रीप्रिंट्स सात-आठ महीने में एक की रफ्तार से छापना जारी रखा, नन्दा जी भजना—'बड़ी विकदी ए'—जारी रखा, उसके अलावा कभी कोई

इक्की-दुक्की शायरी की या कोई गानों की या ऐसी ही कोई खामखाह की किताब छाप लेते थे जो कि पहले उनके पिता के समय में दो रुपये मूल्य में छपी होती थीं।

एक बार ड्रिंक्स के दौरान बीवी की, माँ की मौजूदगी में मुझे हिंट सरकाने लगे कि उनके पास मेरे सारे टाइटल खत्म थे और सबकी इसलिए बड़ी डिमांड थी क्योंकि अशोक...अशोक पॉकेट बुक्स में छपे थे।

जैसे पेंग्विन में छपे थे।

"भ्राजी, सारे कैन्दे ने फेर छापो।"

(सारे कहते हैं फिर छापो।)

"कौन सारे कहते हैं?"—मैंने सहज भाव से पूछा।

"सारे, भ्राजी, सारे।"

"फिर वो सारे"—मैं पूर्ववत् सहज भाव से बोला—"जो कहते हैं, जो आपके सलाहकार हैं, तरफदार हैं, आपके साथ कोर्ट में खड़े होंगे?"

उन्होंने मुँह बाये मेरी तरफ देखा।

"कॉपीराइट होल्डर मैं हूँ। मेरी इजाजत के बिना आपने मेरा कोई नावल फिर छापा तो मैं भूल जाऊँगा कि मैंने आपकी बीवी से बहन का रिश्ता जोड़ा है, भूल जाऊँगा कि मैं आपकी माँ की चरण रज लेता हूँ।"

उसके बाद हाथ में थमा जाम बद्‌मजा लगने लगा।

कैसा प्रकाशक था! पहले क्या सारे नावलों का, खासतौर से दो नये नावलों का, कम अर्क निकाल चुका था जो अब उन्हें फिर छाप लेने का हिंट मुझे सरका रहा था, घर आए को दो घूँट पिला के कपड़े उतारने की कोशिश कर रहा था।

जैसा कि मैंने पीछे अर्ज किया, मौसम कोई भी हो, सहगल साहब शाम को नहाते थे।

तो सारा दिन क्या करते थे।

एक ही अहमतरीन काम करते थे।

खाते थे।

उनका जीवन भोज्य पदार्थों को समर्पित था।

ए लाइफ डेडिकेटिड टु हॉगिंग।

जैसे सांस हर वक्त चलती है, वैसे मुँह हर वक्त चलता रहना चाहिए।

बेहतरीन चिकन! बेहतरीन मटन। बेहतरीन फिश।

मूली, गाजर, चुकंदर, खीरा, ककड़ी, बन्द गोभी, गर्मियों में बेल।

घर में एक फ्रिज सिर्फ उनके भोज्य पदार्थों को स्टॉक करने के लिए था।

चाय दिन में सिर्फ दो बार पीते थे—एक बार सुबह और दूसरी बार शाम चार बजे के करीब। कभी किसी लीक्विड ड्रिंक की जरूरत महसूस होती थी तो सूप पीते

थे। किचन में सूप का कुकर हमेशा मौजूद रहता था। उसे जाकर चूल्हे पर चढ़ाते थे, एक सीटी बजाते थे और सूप का गिलास इत्मीनान से सुड़कने के लिए भर लाते थे। उनका सूप ढेर लहसुन, अदरक और चिकन के या मटन के या फिश के लैफ्टोवर्स से बनता था, जिसे मैंने घर के किसी दूसरे प्राणी को कभी पीते नहीं देखा था।

लहसुन की उनके घर में बड़ी हाजिरी थी। वैज पके, या नानवैज, उसमें ढेर लहसुन जरूर डाला जाता था।

"भ्राजी, कोलेस्टरोल ठीक करता है।"

"पपीता पेट के लिए अच्छा होता है।"

"भ्राजी, धरमिन्दर पपीता खाता है। रात को विस्की पीता है, सुबह पपीता खाता है और दही खाता है।"

जैसे जब भी मुम्बई जाते थे, धमेन्द्र के मेहमान होते थे, इसलिए उन्हें फर्स्ट हैंड जानकारी थी कि वो कब क्या खाता था।

चुकंदर लिवर के लिए अच्छा होता था।

मूली किडनी के लिए अच्छी होती थी, बन्द गोभी हार्ट बर्न दूर करती थी। बेल गर्मी दूर करता था, खीरा, ककड़ी में कैलोरी नहीं होती थीं, वगैरह।

"भ्राजी, इन्हीं चीजों ने तो बचाया हुआ है।"—वो अक्सर कहते थे।

अब जब हर वाइटल आर्गन की देखभाल जरूरी थी तो उस हिसाब से खाना तो बनता था न! और यूँ खाना वक्तखाऊ काम तो हुआ न! फिर छोटा-मोटा रैस्ट भी करना हुआ। काम के लिए टाइम भला कहाँ से बचता! पूरे वैद्य थे इस मामले में। जब हर चीज की तासीर समझते थे तो किसी को नजरअन्दाज कैसे कर सकते थे!

आम आदमी दस-पन्द्रह मिनट में भोजन से निपट जाता है, वो रात को खाने में डेढ़ घंटा लगाते थे। सामने लगी हर चीज का पूरा आनन्द उठाते हुए उसे उदरस्थ करते थे। थोड़ा यहाँ से उठा, थोड़ा वहाँ से पकड़, थोड़ा ये चबा, थोड़ा वो झिंझोड़। बोटी को तब तक नमक लगा-लगा के चूसते रहते थे जब तक हड्डी बिलकुल नंगी न हो जाए और शीशे की तरह चमकने न लगे।

विस्की भी ऐसे ही इत्मीनान से पीते थे, साथ में सलाद और फिश खाते थे। एक शाम के ड्रिंक्स के साथ दो किलो फ्राइड फिश खा जाते थे और इससे ज्यादा मूली, खीरा, चुकंदर वगैरह खाते थे। इतना काम होता था कनज़म्शन का, जैसे डिनर में डेढ़ घंटा लगाते थे, ड्रिंक्स में दो घंटे लगाते थे।

मकसद बारह बजाना होता था, जिससे पहले वो कभी नहीं सोते थे। क्योंकि जल्दी सो जाएँ तो सुबह से पहले ही बीच में उठ के बैठ जाते थे।

'भ्राजी, चार पैग दो सोडे, छुट्टी' उनका तकिया कलाम था। कहने का ढंग ऐसा होता था जैसे किसी निहायत जरूरी काम को जल्दी निपटा लेने की शाबाशी चाहते हों।

कोई गर्मी की शिकायत करे तो कहते थे—"लै! दो बीयर पियो, सारी गर्मी निकल जांदी ए।"

जोकि उनकी खामखयाली थी। बीयर को इसलिए गर्मी का तोड़ समझ लिया जाता था क्योंकि वो चिल्ड पी जाती थी। वस्तुत: जब उसका खुमार जिस्म से रुखसत पाता था जो वो विस्की से ज्यादा गर्मी करती थी।

किसी भोज्य पदार्थ के पीछे पड़ते थे तो तब तक पड़े रहते थे जब तक कि उससे आजिज न आ जाएँ। घर में इडली बनती थी तो दिन भर में दो-दो तीन-तीन करके दो दर्जन खाते थे। और रोज खाते थे। लेकिन इस वजह से बाकी भोज्य पदार्थों में कोई कमी आ जाती हो, ऐसा कतई नहीं था। जब बाई एपीटाइट नहीं, बाई वेट खाना हो तो होता भी कैसे?

खुद स्टेटस रिपोर्ट जारी करते थे—"भ्राजी, मटन घटा दिया है, क्योंकि रैड मीट कोलेस्ट्रोल बढ़ाता है, फिश बढ़ा दी है, जो ओमेगा-थ्री कन्टेंट्स की वजह से आर्टरीज के लिए अच्छी होती है।"

मेरे को भी सलाह देते थे—"भ्राजी फिश खाये जाओ, बेल पिये जाओ। एक की तासीर गर्म, दूसरी की ठंडी, आपस में काउंटर बैलेंस हो जाएँगी, आपको कोई नुकसान नहीं होगा।"

"मैं दोनों छोड़ दूँ तो?"

"हीं हीं हीं। भ्राजी मखौल करदे ने।"

□

सहगल हाउसहोल्ड की ये भी खूबी थी कि नौकर बिना उनकी गति नहीं थी और घर में नौकर कोई टिकता नहीं था। न टिकने की वजह यही थी कि अपने मितव्ययी मिजाज के तहत बँधुवा मजदूर की तरह रखते थे। किचन में बना खाना उसको मना था। राशन के मोटे चावल और अपनी दाल-रोटी—राशन के आटे की—उसे अपने लिए खुद बनानी पड़ती थी, घर में बनी किसी और चीज में उसकी शिरकत 'एब्सोल्यूट नो नो' थी। मौसम कोई भी हो, रात को सोता भी ऊपर जाती सीढ़ियों के मोड़ की लम्बी सीढ़ी पर था, जो कि खुले में सोने के समान था—सीढ़ियों में वहाँ बन्द कमरों से ज्यादा ठंड होती थी, बरसात में छत का पानी सीढ़ियों में बह आता था, गर्मियों में वहाँ पंखे का कोई प्रबन्ध नहीं था।

कैसे टिकता?

नौकर से काम हो तो उसे नाम से आवाज देकर बुलाते थे।

रामू।

नौकर बदल गया फिर भी रामू।

फिर बदल गया फिर भी रामू।

तीन नौकरों का एक ही नाम! मैंने उस इत्तफाक पर हैरानी जाहिर की। तब राज उजागर हुआ।

फैमिली राशनकार्ड में एक नग रामू नौकर भी दर्ज था।

रामू का राशन शामू को कैसे मिल सकता था! भोलू को कैसे मिल सकता था! इसलिए सब रामू।

कमला नगर का बाजार बहुत रौनक वाला था इसलिए स्वाभाविक तौर पर वहाँ बहुत भीड़ होती थी। वहाँ एक पकौड़े वाला था, जिसकी स्पैशियलिटी दाल की पकौड़ी थी, जो वहाँ सारा दिन देर रात तक बनती थी और उसकी विशेषता ये होती थी कि छोटी-सी पकौड़ी के हर पीस में अदरक का टुकड़ा, हरी मिर्च का टुकड़ा और एक साबुत काली मिर्च होती थी। ऐसी कोरम काल बनाने वाला कारीगर ही जानता था कि वो कैसे कर पाता था।

एक शाम मैं सहगल साहब के घर जाता कमला नगर से गुजरा तो मेरा जी चाहा कि मैं उनके यहाँ वो दाल की पकौड़ी लेता चलूँ जो कि मुझे बहुत पसन्द थी और वहाँ परिवार के साथ शेयर करके खाऊँ।

मैं ऐसा न कर सका।

दुकान के करीब तो क्या, दूर भी कहीं मुझे कार पार्क करने की जगह न मिली।

मैं सहगल साहब के घर पहुँचा।

मैंने उनके सुपुत्र नीरज को कहा कि वो कमला नगर स्कूटर पर जाकर वो दाल की पकौड़ी लेकर आए। पति-पत्नी के सामने मैंने उसे उस दुकान का रास्ता समझाया और बीस का नोट थमाया।

वो चला गया।

दस मिनट में लौट भी आया।

कमाल है!—मैंने मन-ही-मन सोचा।

मिसेज सहगल ने उस लिफाफे को ही फाड़कर सीधा किया और 'परचेज अकम्पलिश्ड बाई स्पैशल मैसेंजर' मेरे सामने रख दी।

काले हुए हुए—जैसे मोबिल आयल में तले गए हों—प्याज के पकौड़े और उनके ऊपर रखे हुए चार सिंघाड़े के साइज के वैसे ही छोटे-छोटे चार समोसे।

"ये!"—मैं हकबकाया-सा बोला—"ये क्या है?"

"भाई साहब, ये वहाँ नहीं गया।"—मिसेज सहगल मुस्कराती, जगमगाती बोली—"हमारे पास में भी एक पकौड़ों की दुकान है, वहाँ से लाया है।"

"वहाँ क्यों नहीं गया?"—मैं हैरानी से बोला।

"भ्राजी"—सहगल साहब ने पत्नी-सुपुत्र की तरफदारी की—"पकौड़े ही तो खाने थे! हैं न ये पकौड़े!"

ठीक!

मैंने उन्हें छुआ भी नहीं।

एक बार मैं उनके घर पहुँचा तो सहगल साहब ने घोषणा की—"भ्राजी, चंगे टाइम पर आए। रामू गर्मागर्म जलेबियाँ लैन गया है, आता ही होगा।"

मैंने सहमति में सिर हिलाया और उनके बैडरूम में दरवाजे के करीब की एक कुर्सी पर बैठ गया।

रामू जलेबियों के साथ लौटा।

मुझे उसने दरवाजे के करीब बैठा पाया तो लिफाफा मुझे थमा दिया।

क्या बड़ी बात थी! किसी को तो थमाना ही था! मेरे से वाकिफ था, मुझे थमा दिया।

बड़ी बात आगे आई।

मैंने लिफाफे में हाथ डाला, एक जलेबी निकाली—संयोगवश वो लिफाफे की सबसे बड़ी जलेबी थी—और...

रामू को थमा दी।

सहगल साहब की आँखों में खून उतर आया। गनीमत हुई कि जलेबी उन्होंने रामू से छीन न ली। उन्होंने जबड़े भींचते यूँ मुझे देखा जैसे मैंने ऐसा गुनाह किया था जिसकी तलाफी भी मुमकिन नहीं थी।

मैंने लिफाफा उन्हें थमा दिया।

"तुसी ते लवो।"—वो कठिन स्वर में बोले।

"मैं जलेबी नहीं खाता।"

शाम को घर में बादाखोर एकाध ही पहुँचे तो उठकर ड्राईंगरूम में जाने की जगह वो मेहमान को अपने साथ बैडरूम में ही बैठा लेते थे।

एक शाम हम दोनों आजू-बाजू बैठे ड्रिंक का आनन्द ले रहे थे और चेंज के लिए सहगल साहब खुद नहीं, मिसेज सहगल किचन में फिश बना रही थीं।

फिश की सर्विस हमें हो रही थी और मैं बहुत खुशी से, बहुत सन्तुष्टि से उसे अपने जाम के साथ खा रहा था।

तभी एक किशोर वहाँ पहुँचा, उसने सहगल साहब को सादर प्रणाम किया।

सहगल साहब ने उसे वहीं बिठा लिया।

मैंने सवालिया निगाह से उनकी तरफ देखा तो उन्होंने मुझे बताया कि वो

उनके किसी रिश्तेदार का लड़का था, करीब ही रहता था इसलिए अक्सर उनसे मिलने आ जाता था।

रिश्तेदार के पन्द्रह-सोलह साल के लड़के को किसी ने पानी का गिलास तक न पहुँचा।

वो ललचाई आँखों से हमें फिश खाता देखता रहा।

मेरा जी किया कि मैं फिश उसे ऑफर करूँ, लेकिन फिर जलेबी वाला वाकया याद आ गया। मैंने जो जी में था, वो न किया।

दस मिनट गुजरे।

बालक की निगाह थी कि फिश पर से हट ही नहीं रही थी।

तभी मिसेज सहगल फिश का नया लॉट हमें सर्व कर गई।

बालक की आँखों में उम्मीद की चमक आई।

शायद अब...

ऐसा कुछ न हुआ।

आखिर वो जब्त न कर सका, उसके मुँह से निकल ही गया—"मैं भी खाऊँगा।"

सहगल साहब ने यूँ उसकी तरफ देखा जैसे कोई अनहोनी बात सुन ली हो। कुछ क्षण अपलक उसे घूरा।

"मैं भी खाऊँगा।"—वो सहमे, दबे स्वर में यूँ बोला जैसे गुनाह कुबूल कर रहा हो।

बड़ी शिद्दत से उन्होंने उसकी 'गुस्ताख' सूरत से निगाह हटाई, फिर किचन में पत्नी को पुकार लगाई—"रानी, ऐन्नू वो दे कुछ। ऐ वी मंगदा पया ए।"

कुछ!

फिश नहीं। वर्ना खुद ही ऑफर कर दी होती।

पत्नी आई और उसे वहाँ से उठा के साथ ले गई।

जब उसे फिश में शरीक नहीं करना था—मैंने खुद से सवाल किया—तो पास क्यों बिठाया? उसे तुच्छता का अहसास दिलाने के लिए!

पुत्री के साथ

मेरी छः बजे छुट्टी होती थी।

शाम पाँच-सवा पाँच बजे तरोताजा, चमचम करते, सजे-धजे सहगल साहब मेरे ऑफिस पहुँच जाते थे और दुआ-सलाम से निपटते ही सवाल करते थे—"भ्राजी, की प्रोग्राम?"

भ्राजी कम्बख्तमारा साढ़े आठ बजे का घर से निकला होता था, सारा दिन ऑफिस में फाँसी लगा होता था, क्या जवाब देता? ये भी नहीं कह सकता कि घर जाना था। वो साथ चलते।

"वही प्रोग्राम।"—मुझे कहना पड़ता—"छुट्टी हो जाए, फिर करते हैं कुछ।"

"ठीक ए।"—वो कहते थे और पसर के बैठ जाते थे।

हर तीसरे दिन 'की प्रोग्राम" पूछने आ जाते थे। रोज इसलिए नहीं आते थे कि राजहंस की भी हाजिरी भरनी होती थी या फिर उनके घर कोई ऐसा वाकिफकार आ जाता था जिसके साथ उनका घूँट का मुलाहजा होता था।

अंसारी रोड ऑफिस में मेरा जो केबिन था, वो पहली मंजिल के दो हॉलों से बिलकुल कटा हुआ था और आते-जाते उसको मैं ही ताला लगाता था। लिहाजा छुट्टी हो जाने के बाद वहीं बोतल खोल लेने की सुविधा थी।

या फिर मैं उन्हें क्लब ले जाता था।

वो सिलसिला बहुत देर तक चला, इतनी देर तक कि मैं आजिज आ गया, खुद को सहगल साहब की गिरफ्त में महसूस करने लगा।

एक बार अपने दोस्त जोगेन्द्र खन्ना को साथ ले आए।

खन्ना को मेरा मुफलिस के झौंपड़े जेसा केबिन रास न आया, वो बोला कनॉट प्लेस चलते हैं, किसी रेस्टोरेंट में चाय-वाय पीते हैं।

हम कनॉट प्लेस के लिए रवाना हुए तो सहगल साहब ने घोषणा की—"आज ड्रिंक्स खन्ना साहब की तरफ से।"

एक घंटा हमने कनॉट प्लेस के रेस्टोरेंट वेंगर्स में गुजारा। वहाँ सहगल ने अपने लिए जो नानवैज स्नैक मँगवाया वो इतना छोटा पोर्शन था कि एक नहीं तो दो बार में पूरा खाया जा सकता था, फिर भी वो बार-बार मुझे कहते थे—"भ्राजी, बाइट लवो।"

मैं बाइट लेता तो पीछे बाइट भी न बचती।

आधा खा चुकने के बाद वो फिर मेरे से बोले—"भ्राजी, बाइट लो।"

अब क्या बाइट लूँ! अब तो बाइट ही बाकी थी प्लेट में।

इतने मुलाहजे, मैनर्स—खासतौर से मैनर्स—वाले शख्स को ये न सूझा—या जानबूझकर नजरअन्दाज किया—कि वो आइटम दो प्लेट भी मँगाई जा सकती थी।

बोतल खन्ना की कार में ही थी, लेकिन सवाल था कहाँ पियें।

"मेरे घर चलो।"—वो बोला।

यानी मॉडल टाउन चलो, जो वहाँ से बीस किलोमीटर दूर था, वहाँ जाता तो मेरा वापिसी का फासला बढ़ जाता। मैंने इनकार कर दिया और सुझाया कि करीब ही पंचकुईयां रोड पर एक लैम्प शेड्स की दुकान थी, जिसका मालिक मेरा दोस्त था और वहाँ बैठकर पी लेने देता था, क्योंकि खुद भी पीता था।

हम वहाँ पहुँचे, दुकान का मालिक मुंजाल हमें मिला, लेकिन उसने बताया कि उसने एक शादी में जाना था और वो दुकान का शटर बस गिराने ही लगा था कि हम आ गए थे।

तब तक सात बज चुके थे।

मजबूरन मैं उन्हें प्रैस क्लब ले के आया।

खन्ना कपड़े का बड़ा व्यापारी था और दिल्ली का पुराना बाशिन्दा था, लिहाजा हर आधे घंटे बाद उसे वहाँ अपना कोई वाकिफ दिख जाता था। वो उसे आवाज देकर हमारी टेबल पर बुलाता था तो चहकते से सहगल साहब कहते थे—"भ्राजी, ऐन्ना लई वी मँगाओ।"

मैं ऑर्डर करता था।

वो जाता था कोई दूसरा आ जाता था।

"भ्राजी, ऐन्ना लई वी मंगाओ।"

मैंने सोचा सहगल साहब ने घोषणा की थी कि 'आज ड्रिंक्स खन्ना साहब की तरफ से' इसलिए सहगल साहब इतने जनरस हो रहे थे।

दस बजे तक कई बार 'ऐन्ना लाई वी मँगाओ' हुआ।

साथ में अपने लिए तो मँगाना ही था।

बिल आया।

सहगल साहब का तो उससे कोई मतलब ही नहीं था, खन्ना ने भी उसको नजरअन्दाज किया।

मैंने बिल उठाकर देखा तो मेरे छक्के छूट गए।

तीन जनों की शाम को क्लब में बैठक का जो नॉर्मल बिल होता था, वो उससे चार गुणा था।

जो मैंने अदा किया।

'आज ड्रिंक्स खन्ना साहब की तरफ से' ने वैसा तो कुछ किया ही नहीं, अपनी बोतल भी बचा ली।

खन्ना से मेरी सीधे मुलाकात कभी नहीं हुई थी। उससे मुलाकात या तो राजहंस के घर होती थी या सहगल साहब के घर होती थी या एकाध बार वो शाम को खन्ना को मेरे घर ले आए थे।

अपना मेहमान दूसरे पर थोप कर अपना खर्चा बचाना सहगल साहब की फेवरेट

मूव थी। इस सिलसिले में मैं भी उनका खुल्ला निशाना था। मेरे पास इसलिए लाते थे क्योंकि गजेट में छपा था कि भ्राजी बड़ा मान देते थे।

एक बार तो एक छुट्टी के दिन एक मेहमान को तीन बजे ही लेकर आ गए जबकि मैं पूरी लग्न से नावल लिखने में मशगूल था।

"लौ! भ्राजी ते लिख रहे ने!"—वो यूँ बोला जैसे उनकी आमद से ऐन पहले एक षड्यंत्र के तौर पर भ्राजी ने लिखना शुरू कर दिया था।

"कोई बात नहीं।"—मैं धीरज से बोला—"बैठो, चाय पियो।"

मैंने लेखन को दरकिनार करके उनके लिए चाय का इंतजाम किया।

उस घड़ी मुझे ओम प्रकाश शर्मा की बहुत याद आई, जिसने जब तक लेखन की अपनी शिफ्ट मुकम्मल नहीं कर ली थी, मेहमान को—मुझे—करीब नहीं फटकने दिया था—करीब क्या, मुझे शक्ल भी नहीं दिखाई थी।

जो शख्स उनके साथ आया था, वो ए.एच. व्हीलर का इंस्पेक्टर था जिसका काम स्टेशन-दर-स्टेशन घूमकर व्हीलर के रेलवे बुक स्टॉल्स को इंस्पेक्ट करना होता था कि कहीं वो ऑफिशियल सप्लाई के अलावा अपना प्राइवेट माल तो व्हीलर के स्टॉल पर नहीं बेच रहे थे। गौरतलब है कि व्हीलर का जनरल मैनेजर उनका दोस्त था, उनका हमप्याला, हमनिवाला था। ऐसे शख्स की व्हीलर के मामूली इंस्पेक्टर से दोस्ती मिस्ट्रेस का करीबी होते हुए मेड से दोस्ती करने के समान था।

हालचाल हो गया, जलपान हो गया, बतियाना हो गया, सहगल साहब विराजमान।

विराजमान ही रहे।

कई बार बीच-बीच में पंचुयेशन मार्क की तरह जोड़ते रहे—'भ्राजी, तुसी लिखना होना ए' लेकिन उठकर न दिए।

राजहंस वाली आदत जो पड़ी हुई थी जो कि उनको सदा उपलब्ध था!

उनकी मंशा यही थी कि शाम हो जाती और भ्राजी बोतल खोलते।

आखिर उन्हें अहसास हुआ कि भ्राजी काम छोड़कर बोतलबाज बनने वाले नहीं थे तो साढ़े छः बजे, यानी साढ़े तीन घंटे बाद, दस बार बाजरिया 'भ्राजी, तुसी लिखना होना ए' रुखसत होने का हिंट दे चुकने के बाद आखिर उठे और दोस्त के साथ रुखसत हुए।

गनीमत हुई कि दोस्त को पीछे न छोड़ गए क्योंकि वो मेरा भी वाकिफ था।

मैंने सूट का कपड़ा खरीदना था। सहगल साहब खुद मेरे से बोले कि खन्ना चाँदनी चौक से कपड़ा अच्छी रियायत से दिला देगा क्योंकि उसके एक करीबी रिश्तेदार की वहाँ रिटेल शॉप थी, खुद खन्ना होलसेल का व्यापारी था जो अपनी शॉप पर करनाल में स्थित अपनी शनील मिल का माल होलसेल में बेचता था।

हम उसके रिश्तेदार की दुकान पर पहुँचे तो ये देखकर मुझे बड़ी हैरानी हुई कि रिश्तेदार दुकानदार की प्रत्यक्षत: इसी बात पर त्योरी चढ़ गई कि ग्राहक खन्ना और सहगल के साथ आया था।

बेमन से उसने मुझे गर्म सूट के लिए कपड़ा दिखाना शुरू किया।

मैंने एक कपड़ा पसन्द किया।

उसने तीन मीटर कपड़ा थान से काटकर अलग किया।

पेमेंट के लिए मैंने जेब से बटुवा निकाला।

"नईं, भ्राजी।"—सहगल उछलने लगा—"पैसे आ जान गे।"

गौरतलब है कि वो बात खन्ना ने न कही, दुकानदार ने न कही, सहगल ने कही।

"कहाँ से आ जाएँगे?"—मैं बोला—"बाद में भी तो मेरे से ही आएँगे! अब जब मेरे पास हैं तो..."

मैंने पेमेंट की।

मेरे पेमेंट करते ही दुकानदार का मिजाज तो यूँ बदला जैसे एकाएक धुंध छँट गई हो और जगमग रौशनी हो गई हो।

जो पहले कपड़ा त्योरी चढ़ाए, अटक-अटक के दिखा रहा था, अब लपक-लपक के दिखाने लगा—"ये पैंट के लिए कपड़ा देखो, मेरे पास पीसिज में है, इसलिए हैवी डिसकाउंट है...ये ट्वीड देखो...ये कमीज के लिए कपड़ा देखो..."

उसके जोशो-खरोश के हवाले मैंने एक पैंट और एक कमीज का कपड़ा और लिया और पेमेंट की।

रुखसत होने लगा तो दुकानदार ने मेरे से गले लग के मिलने से कसर न छोड़ी और इसरार किया मैं फिर आऊँ, भले ही खन्ना साहब के बिना आऊँ।

बाद में दुकानदार के दोहरे व्यवहार का भेद बाजरिया सहगल ही खुला।

तीन महीने पहले मेरी तरह ही खन्ना और सहगल के साथ राजहंस वहाँ आया था जो दो सूट के लिए कपड़ा ले गया था और पेमेंट आज तक नहीं पहुँची थी। दुकानदार ने मेरे बारे में यही समझा था कि अब एक दूसरा मुफ्तखोरा आ गया था।

राजहंस ने दोनों सूट सिलाए थे, लेकिन एक सूट सिर्फ एक बार पहना था जबकि उसने 'अभिनव' में अपने उपन्यास पर छपने के लिए घर आए फोटोग्राफर से फोटुएँ खिंचाई थीं।

शाम को 'भ्राजी, की प्रोग्राम' पूछते सहगल साहब एक बार मेरे ऑफिस तब पहुँचे जब कि मैं उठने ही लगा था।

'गुड ईवनिंग' की तरह वो 'की प्रोग्राम' बोले।

"सहगल साहब"—मैं बोला—"आज मैं बहुत थक गया हूँ इसलिए घर जाना चाहता हूँ। आप ऐसा कीजिए अपने स्कूटर पर मेरे पीछे-पीछे घर पर आइए, फिर घर में 'की प्रोग्राम' करते हैं।"

"ठीक है, भ्राजी।"

"लेकिन एक बात का ध्यान रखना, खाने का नाम न लेना।"

वो हड़बड़ाए।

"मेरी बीवी की तबीयत ठीक नहीं है, वो मेहमान के लिए खाना नहीं बना सकती। ताकीद है, खाना अपने घर जा के खाना।"

"ठीक है, भ्राजी। दो-दो पैग पियेंगे, छुट्टी करेंगे।"

साढ़े छ: बजे हम घर पहुँचे।

उन्होंने बड़े इत्मीनान से नौ बजे तक छक के विस्की पी।

नौ बजे उछलते-कूदते बीवी को आवाजें लगाने लगा—"बहन जी, जो कुछ है, दे दयो। जो कुछ है, दे दयो।"

मैंने माथा पीट लिया। इतना समझा के लाया, फिर खाने के गीत गाने लगे।

बीवी जो कुछ था, कैसे दे देती! वो मेहमान को परोसने के काबिल नहीं था। फाँसी लगकर डेढ़ घंटे में उसने मेहमान के लिए खाना बनाया।

वो काम उसे आते ही बोला होता तो वो उसे उतना भारी न पड़ता।

लेकिन क्योंकर बोला होता! मैं तो मेहमान को ताकीद करके लाया था कि वो खाने का नाम न ले, खाना घर जा के खाये और नौ बजे रुखसत हो जाए!

मेहमान बारह बजा कर गया।

हमेशा की तरह।

एक बार शाम को सहगल साहब मेरे साथ कार में बैठे हुए थे, जबकि अपना बैग उठाने के लिए मैंने ऑफिस वापिस लौटना था।

हमारे दफ्तर में ही 'क्विकीज़' का फैसला हुआ।

दफ्तर से एक फरलांग पहले चाट की एक मशहूर दुकान थी। मैंने उसके सामने कार रोकी और सहगल साहब को कहा—"ये तले हुए आलुओं की चाट बहुत बढ़िया बनाता है। दो पत्ते ले आओ।"

"नहीं, भ्राजी"—तत्काल उन्होंने मुलाहजे वाला विरोध किया—"कोई जरूरत ही नहीं है।"

"फिर भी ले आओ।"

"भ्राजी, कोई जरूरत नहीं है।"

"मेरे को जरूरत है।"

"छड्डो न! की खाने तले होये आलू! पता नहीं तेल कैसा हो..."

"सहगल साहब, मुझे भूख लगी है। मैंने कुछ खाना है। यहाँ पार्किंग की जगह नहीं है वर्ना मैं खुद उतरकर जाता और लाता। समझे आप?"

तब कहीं जाकर वो हिले।

फिर दुकानदार से झगड़ा करने लगे।

"अरे! तीन रुपये में इतने से आलू! लूट मची है!"

गौरतलब है कि तीन रुपये के पत्ते में उसने कितने आलू कम दे दिए होंगे!

असल कलपना इस बात का था कि उन्हें पैसे खर्चने पड़ रहे थे। उम्मीद कर रहे थे कि दुकानदार कहेगा—"बाबूजी, कहीं और से ले लो।"

एक दुकानदार ने एक बार ऐसा कहा भी था।

एक शाम ड्रिंक्स के लिए हमारे यहाँ मौजूद थे तो सैशन के बीच में मैंने उन्हें बताया कि करीब ही एक नया रेस्टोरेंट खुला था, जिसका तन्दूरी चिकन जल्दी ही बहुत पॉपुलर हो गया था।

हम दोनों वहाँ पहुँचे।

ऐसी चीजों के ज्ञाता क्योंकि सहगल साहब थे इसलिए दुकानदार के मत्थे वो ही लगे। भाव वगैरह पूछा, फिर मुर्गों की आठ सीख टँगी हुई थी—एक-एक में छ:-छ:-सात-सात मसाला लगे भूने जाने को तैयार मुर्गे पिरोए हुए थे—जिनमें से अपने लिए मुर्गा छाँटने के लिए सबका बारीक मुआयना करने लगे।

"बाउजी, सब एक जैसे हैं।"—भूनने वाला कारीगर बोला।

"ओये, हमारा भी लुधियाने में रेस्टोरेंट है।"—सहगल साहब बोले—"हमें सब पता है।"

लेखक पुत्र के साथ

कारीगर ये सुन के प्रभावित हुआ कि ग्राहक भी रेस्टोरेंट वाला था।

आखिर सहगल साहब ने एक मुर्गा चुना।

वो मुर्गा सीख पर ऐसी पोजीशन में था कि उस तक पहुँचने के लिए कारीगर को पहले चार मुर्गे उतारने पड़े।

फिर उसको तन्दूर में भूनने की बारी आई तो भूनने की बाबत सहगल साहब की रनिंग कमेंट्री शुरू हो गई।

"रोटेट करके भून।"

"मसाला और लगा।"

"ऊपर वाला हिस्सा नीचे और नीचे वाला हिस्सा ऊपर करके भून।"

"ये कर।"

"वो कर।"

"ओये, हमने नहीं लेना।"

"अब क्या हुआ?"—कारीगर कलपकर बोला।

"ये तो मुर्गी है!"

मुझे लगा कि फौजदारी हुई कि हुई, भुनवा के कह रहे थे 'हमने नहीं लेना, मुर्गी है'।

"अरे, जो है, ले लो।"—मैं दखलअन्दाज हुआ।

"नईं भ्राजी, मुर्गी थोड़े ही ले लेनी है।"

"क्या फर्क है?"

"है न! आप नहीं समझोगे।"

"फिर भी ले लो।"

"नहीं भ्राजी, मुर्गी नहीं लेनी।"

"अरे, मैं खाऊँगा। आप न खाना।"

"नहीं, भ्राजी, आप भी मुर्गी क्यों खाओगे?"

"अरे...।"

"नहीं।"

"बाउजी, आप कहीं और से ले लो।"—आजिज आया कारीगर बोला—"आप के मतलब का सामान हमारे पास नहीं है।"

वापिसी के सारे रास्ते कल्याण करते आए—"मुर्गी थोड़े ही ले लेनी थी! मुर्गी में फैट ज्यादा होता है। मुर्गी कैसे ले लेते..."

न लेने की वजह ये थी कि खरीद के लिए उन्हें आगे किया गया था इसलिए जाहिर था कि पेमेंट उन्हें करनी थी।

इसलिए वो मुर्गी थी। इसलिए वो नामंजूर।

न खाई, न खाने दी।

एक बार दरियागंज में हमें मेरा एक दोस्त मिल गया जो थडानी नाम का सिन्धी था और किनारी बाजार में जिसका ज्वेलरी की गोल्ड प्लेटिंग का कारोबार था।

मेरी मार्फत सहगल से वो पहले से परिचित था।

शाम के छ: बज चुके थे इसलिए स्वाभाविक तौर पर घूँट का जिक्र छिड़ा।

"मेरे घर चलो।"—मैं बोला—"मैं चलता हूँ, सहगल साहब आप थडानी की कार में पीछे-पीछे आ जाओ।"

"ठीक है।"—सहगल साहब उत्साह से बोले—"मैं 'सोल' ले आऊँगा, बढ़िया बैठक हो जाएगी।

करीब ही जामा मस्जिद थी जिसकी फिश मार्केट से सहगल साहब एक ही दुकान से हमेशा फिश खरीदा करते थे। थडानी की कार पर फिश लेने जाते तो फिर भी सात बजे तक मेरे घर पहुँच जाते।

नौ बजे तक न पहुँचे।

तब मोबाइल का जमाना नहीं था इसलिए पता भी नहीं कर सकता था कि कहाँ अटक गए थे।

साढ़े नौ बजे मैंने शक्तिनगर फोन किया तो उनके घर से पता लगा कि घर पर नहीं थे।

मुझे बहुत गुस्सा आया।

कैसा दोस्त था!

फिश की हूल दे के मुझे टाँग दिया था और खुद गायब हो गया था।

दस बजे तक उनके आने की रही-सही उम्मीद भी खत्म हो गई। मैंने दो घूँट लगाए, खाना खाया और सो गया।

अगली सुबह दस बजे ऑफिस से मैंने उनके यहाँ फोन किया तो फोन खुद उन्होंने ही उठाया।

"क्या हुआ कल?"—मैं शुष्क स्वर में पूछा।

"ओ, भ्राजी, कुछ न पुच्छो..."

"अब पूछ लिया है तो बता दो।"

"भ्राजी, ओदी कार चों बोतल निकल आई।"

"तो?"

"हमने कार में ही बैठ के पी ली। फिर वो मुझे 'एम्बैसी' ले गया। वहाँ हमने डिनर किया। फिर वो मुझे घर छोड़ गया। भ्राजी, बड़ा ही मजा आया। बड़ा मान दित्ता कल थडानी ने।"

"फिश?"

"कार में फिश का क्या करते?"

"और जो मेरे घर पहुँचना था?"

"भ्राजी, आपने सुना नहीं। बोतल थडानी की कार में ही निकल आई न!"

इसलिए मुझे ताक पर रख दिया। 'बड़ा मान' पहले ही जो मिल गया था। ड्रिंक-डिनर से नवाजने वाला, घर छोड़ के जाने वाला यार जो मिल गया था।

यार!

जो अभी ठीक से वाकिफकार भी नहीं था।

"खबर न की।"—प्रत्यक्षत: मैं बोला।

"भ्राजी, रात के बारह तो बज गए थे घर आते!"

"सुबह करते!"

"रात को ज्यादा हो गई थी न! अभी तो उठा हूँ! अभी सोच ही रहा था कि 'भ्राजी नू फोन करां' कि तुहाडा फोन आ गया।"

जहाँ देखी तवा परात, वहाँ बिताई सारी रात।

मैं दस बजे तक हर हाल में सो जाता था, कभी सहगल साहब आते थे तो एक बजे से पहले सोना नसीब नहीं होता था। बारह बजे पीने-खाने से निपटकर घर को रवाना होने की जगह मुझे सलाह देते थे—"आओ, भ्राजी, वाक करिए।"

सर्दियों की आधी रात को जब गली में कुत्ता तक दिखाई नहीं देता था, वाक करिए।

खाना खा चुकने के बाद मेज की साइड पकड़कर वो तीन बार ऊपर-नीचे होते थे, दो-तीन बार दाएँ-बाएँ हिलते थे और वापिस कुर्सी पर पसर जाते थे।

"ये क्या किया?"—मैं अचरज से पूछता था।

"भ्राजी, योगा कीत्ता ए।"

एक बार नौ बजे घर में आए तो बीवी ने कहा, सो गए हैं। उन्होंने यूँ जाहिर किया जैसे उन्हें मातमी खबर मिली हो।

"नहीं, बहन जी, हाले कित्थे! हाले ते नौ वजे ने!"

"सो गए हैं। सुबह सात बजे घर से निकले थे।"

"फेर वी, बहन जी, हाले ते नौ..."

बीवी ने सबूत पेश किया। उन्हें मेरे बैडरूम में लाई और दिखाया कि मैं दीन-दुनिया से बेखबर सोया पड़ा था।

फिर भी सब्र न हुआ—वो आए थे, उनकी आमद की मुझे खबर लगनी तो जरूरी थी न! उन्होंने मुझे कन्धा पकड़कर झिंझोड़ा।

मैंने आँख खोली तो मुझे अपने से एक फुट दूर उनका दाँत निकालता चेहरा दिखाई दिया।

मैंने करवट बदली और फिर सो गया।

अगले दिन ऑफिस आए तो शिकायत करने लगे—"भ्राजी, मैं आपके घर गया था।"

"हाँ"—मैं सहज भाव से बोला—"सुबह बीवी ने बताया था।"

"सुबह बताया था? मैंने जगाया तो था!"

"हाँ। पर तब मुझे लगा था मैं सपना देख रहा था।"

"हा हा। भ्राजी ने जोक मारया!"

एक बार आए तो बीवी-बच्चों की मौजूदगी में मैंने अपने बैडरूम में ही उनकी खातिर-तवज्जो की।

बादाखोरी में एक और आदत भी उनकी स्थापित थी। जब पहला पैग हाथ में आता था तो उसे जबरन जल्दी हलक में उतारते थे और होंठ चटकाते कहते थे—"भ्राजी, आई नीडिड इट।"

खातिर-तवज्जो मुकम्मल हो गई, वो विराजे रहे।

बहाना बना के लड़का उठ के चला गया।

फिर लड़की उठकर चली गई।

फिर मैं उनके सामने लेट गया और आँखें बन्द कर लीं।

"भ्राजी, तुसी सोने की कोशिश करो"—वो दयालुता से बोले—"मैं बहन जी से बातें करता हूँ।"

'सोने की कोशिश करूँ!' मेरे से आँखें खुली नहीं रखी जा रही थीं और सलाह मिली थी कि सोने की कोशिश...कोशिश करूँ।

यूँ उन्होंने तो ये जाहिर किया था कि उन्होंने इजाजत दी थी तो मेरी सोने की मजाल हुई थी।

मुसीबत की मारी बहन जी फँस गई।

आखिर बोली—"आओ सहगल साहब, हम बैठक में चल के बैठते हैं।

वो बैठक में शिफ्ट हुए, टीवी के आगे बैठे।

"बहन जी, ये फिल्म मैंने नहीं देखी।"

यानी पहले ही हिंट सरका दिया कि फिल्म खत्म होने से पहले उठने वाले नहीं थे।

फिर उन्हें ड्राईंगरूम में फिल्म देखता छोड़कर बीवी भी उठ के चली गई।

पीछे उन्होंने बोतल खुद बरामद कर ली और फिर से ड्रिंक करने लगे।

सब सो गए हुए थे, बीवी को जागना पड़ रहा था, क्योंकि मेहमान को विदा करना था, पीछे ताले लगाने थे।

आखिर मेहमान विदा हुआ।

अगले दिन उन्होंने मुझे खासतौर से फोन करके बताया कि वो सीधे शक्तिनगर नहीं गए थे, पहले चाँदनी चौक गए थे जहाँ उन्होंने ये खाया, वो खाया...

मुझे साफ जता रहे थे कि पिछली रात मैंने उनके लिए डिनर का इंतजाम नहीं किया था, जो कि 'मैनर्स नहीं हैं' की कैटेगरी में आता था।

रूबरू मिले तो मैंने भी साफ बोला—"सहगल साहब, हमारे घर में खाने की कोई महिमा नहीं है। बीवी की तबीयत खराब रहती है, कई बार तो वो हमारे लिए ही ठीक से कुछ नहीं बना पाती, मेहमान के लिए कैसे बनाए!"

उस बात पर उन्होंने हमदर्दी जताई।

और फिर हल भी पेश कर दिया।

अगली बार जब आए तो कच्चा चिकन साथ ले आए।

घोषणा की कि वो बनाएँगे।

उनकी कुकिंग की जरूरतें पूरी करने के लिए बीवी फिर ऑन टोज़।

बाद में तीन-चौथाई चिकन उन्होंने ही खाया, एक-चौथाई मैंने और सुनील ने खाया। पीछे बची ग्रेवी के बारे में हिदायत दे के गए—"बहन जी, सुबह इसमें आलू तल के डाल देना।"

आइंदा कई बार ऐसा हुआ।

उन दिनों सत्तर रुपये का चिकन होता था और उससे दुगना खर्चा उसको बनाने में आता था। फिर बनाने की वजह से उनकी घर में लम्बी हाजिरी सुनिश्चित हो जाती थी।

अपनी इस मूव की कामयाबी पर वो इतने मुग्ध हुए कि उन्होंने उसे एक-दूसरे वाकिफ पर भी आजमाया।

हमारे घर से कोई दो किलोमीटर और आगे हरगोविंद एंक्लेव में डायमंड वालों का एक सैलरीड ट्रैवल एजेंट रहता था, जो सहगल साहब को भी उनके प्रकाशनों के ऑर्डर ला देता था। 'हुई शाम और हाथ में लेकर चिकन निकले' वाला अपना नायाब फार्मूला कुछ मर्तबा उन्होंने उस एजेंट पर भी आजमाया। फिर एक शाम वहाँ से एजेंट की बीवी का जो जवाब मिला, वो मुझे खुद सहगल साहब की बीवी के बताए मालूम हुआ।

"भाई साहब, आप शाम को न आया करो, दिन में आया करो।"

दिन में क्या करते जा के! बोतल तो शाम को खुलती थी!

फिर कभी गए ही नहीं।

एक बार शाम को सहगल साहब हमारे घर तब पहुँचे जबकि हम आउटर गेट को ताला लगाकर घर से रवाना होने ही वाले थे।

लेखक प्रवासी मिस्ट्री राइटर विश धमीजा के साथ

पोलीथीन के बैग में हाथ में कच्चा चिकन सँभाले।

"हम क्लब जा रहे हैं"—मैं बोला—"आप हमारे पीछे-पीछे आ जाओ।"

पहले तो लगा कि मिजाज दिखाने लगे थे कि घर आए मेहमान को छोड़कर हम क्यों जा रहे थे, फिर अपने स्कूटर को हमारी कार के पीछे चलाते प्रैस क्लब पहुँच गए।

वहाँ मैंने ड्रिंक्स मँगाए और सहगल साहब के साथ चियर्स बोला।

थोड़ी देर बाद मेरे लड़के ने मेरे से कार की चाबी ली और बहन के साथ उठकर चला गया।

काफी देर तक तो सहगल साहब की इस तरफ तवज्जो ही न गई कि वो दोनों वहाँ नहीं थे, आखिर गई तो बोले—"सोनू, रीमा कहाँ गए?"

"वो"—मेरी बीवी ने बताया—"गोल मार्केट अपनी बुआ के घर गए हैं।"

"खाना?"

"वहाँ से खा के आएँगे।"

"तुसी?"

"नहीं खाएँगे। सनैक्स ही काफी हो गए हैं। फिर भी जरूरत महसूस करेंगे तो घर जा के खाएँगे।"

"अच्छा!"

प्रैस क्लब वो मेरे साथ कई बार आ चुके थे, इसलिए उन्हें पता था कि वहाँ रात को खाना नहीं बनता था।

हमने खाना नहीं था। बच्चे खा के आएँगे।

उन्होंने गिलास खाली किया, एकाएक उठे और बिना कुछ बोले, बिना राम-सलाम किए ये जा वो जा।

हमने यही समझा कि टॉयलेट गए थे, लौट आएँगे। न लौटे तो समझ में आया वो तो पक्के ही रुखसत हो गए थे—कच्चा चिकन भी साथ ले गए थे।

पीना हो गया था, खाना होना नहीं था, फिर रुकने का क्या मतलब।

एक बार शाम को मैं और बीवी बाराटूटी से लौट रहे थे तो खयाल आया कि 'एम्बैसी' चलते हैं जहाँ हम खाना खा लेंगे और बच्चों के लिए पैक करा लेंगे।

हम वहाँ जाकर बैठे ही थे कि सहगल और खन्ना वहाँ पहुँच गए।

वो संयोग था जिसने तभी होना था जबकि बीवी मेरे साथ थी। बीवी नानवैज नहीं खाती थी, वो साथ हो तो मेरी भी कोशिश होती थी कि मैं नानवैज न खाऊँ।

हमें देखकर वो हमारी टेबल पर ही आकर बैठ गए।

"भ्राजी, आप यहाँ!"—जैसी कि उसकी आदत थी, सहगल साहब चहकते से बोले।

"हाँ"—मैंने सहज भाव से जवाब दिया—"मैं यहाँ।"

"बहन जी भी?"

"भई, जब साथ थी तो साथ ही तो होती!"

"हा हा हा। ऑर्डर कर दिया?"

"अभी नहीं। अभी आए हैं।"

"भ्राजी, फ्राइड फिश मँगाओ। यहाँ 'सोल' इस्तेमाल होती है और बहुत बढ़िया बनती है।"

मेरी समझ में न आया कि वो मेरे लिए राय जारी कर रहे थे या अपने लिए मँगाने को कह रहे थे।

वेटर आया तो मैंने बीवी के लिए वैज सूप और तीन प्लेट फिश का ऑर्डर दिया।

ऑर्डर सर्व हुआ।

फ्राइड फिश की एक प्लेट में दो बड़े-बड़े पीस होते थे, जिनमें से एक सहगल साहब ने खाया, दूसरा आधा खाया और स्टीवॉर्ड को बुलाकर हल्ला करने लगे—"स्टेल है, स्टेल है। ले जाओ। ले जाओ।"

वो वहाँ के वाकिफ कस्टमर थे, स्टीवार्ड ने वेटर को बुलाकर उनकी प्लेट उठवा दी।

"कहाँ स्टेल है!"—मैं बोला—"वही फिश तो खन्ना साहब खा रहे हैं! मैं खा रहा हूँ!"

सहगल साहब ने एक काँटा थामा और मेरी प्लेट की फिश के प्लेट के आकार में ही लम्बे टुकड़े में से काँटे से एक छोटा टुकड़ा अलग किया और सावधानी से उसे चखा।

"इधर से तो ठीक है!"—वो संदिग्ध भाव से बोले।

गौरतलब है कि उन्होंने ये नहीं कहा कि 'ये तो ठीक है!' कहा "इधर से तो ठीक है!"

यानी फिश का एक ही पीस उनकी तरफ से ठीक था, मेरी तरफ के हिस्से की कोई गारंटी नहीं थी—स्टेल हो सकता था।

"मैंने कभी पूछा नहीं, सहगल साहब"—मैं बोला—"ओरिजिनली आप अमृतसर के हो?"

"नहीं, लाहौर के।"—जवाब मिला—"वैसे कोलगेट की नौकरी में मैं कई साल अमृतसर रहा था।"

"तभी।"

"क्या तभी?"

"कुछ नहीं।"

जब मैं छोटा था और मामा के घर होता था तो मुझे पता चला था कि उन

दिनों में गर्मियों में शाम को माल रोड पर कुल्फी बहुत कमाल की मिलती थी जिसका आनन्द उठाने अच्छे घरों की औरतें सज-धज कर माल रोड जाती थीं। वहाँ ऐसा आम होता था कि कोई महिला आधी से ज्यादा कुल्फी खाकर कहने लगती थी—"भाई, ऐ तो लूनी ए (भैय्या, ये तो नमकीन है!)"

कुल्फी बनाने की कॉटेज इंडस्ट्री प्रक्रिया ऐसी थी कि किसी-किसी कुल्फी में नमक—जो कि बर्फ के साथ फ्रीजिंग एजेंट के तौर पर इस्तेमाल किया जाता था—घुस जाता था। ऐसा किसी कुल्फी के साथ हुआ होता था तो ग्राहक दुकानदार को खबर करता था, दुकानदार सहर्ष उसे नयी कुल्फी दे देता था।

"बहन जी"—कुल्फी वाला कहता था—"आपने आधी से ज्यादा कुल्फी खा ली है, आपको अब पता लगा है कि नमकीन है?"

"लो! तो हम बातें कर रहे थे, नहीं ध्यान गया पहले!"

दुकानदार महिला को नयी कुल्फी देता था।

वही हरकत सहगल साहब ने की थी। साठ फीसदी फिश खा चुकने के बाद कह रहे थे कि वो बासी थी।

जब मैंने उनसे सवाल पूछा था कि क्या वो अमृतसर के थे तो सवाल का मर्म उनकी समझ में नहीं आया था, खन्ना फौरन समझ गया था लेकिन खामोश रहा था।

फिर डिनर का ऑर्डर हुआ। उन्होंने काफी सारी नानवैज डिशिज का ऑर्डर किया, जिनमें मैं भी शरीक था, बीवी ने अपने लिए सिर्फ चना भटूरा मँगवाया।

सहगल साहब ने खूब मजे ले-ले कर खाना खाया फिर लैफ्टोवर्स के लिए वेटर को हुक्म दिया—"इसे पैक कर दो।"

तब मेरे से न रहा गया।

"सहगल साहब"—मैं तिक्त भाव से बोला—"कुछ बचा भी है जिसे पैक कर दे?"

सहगल साहब को कोई फर्क न पड़ा, इत्मीनान से बोले—"भ्राजी, रेसैपी ट्राई करांगे न!"

घर में लैब थी, जहाँ लैफ्टोवर्स के अनैलेसिस से पता लगाते कि जो खाया था, वो कैसे बना था; किन मसालों वगैरह से बना था।

मेरे पैकिंग के सामान के साथ वेटर बिल लाया, जिसकी तरफ उन दोनों ने झाँका भी नहीं। बिल मैंने अदा किया।

मैं कुछ सामान घर भी तो ले जा रहा था—जरूर वो दोनों खुद को समझा रहे थे—वो बात न होती तो अदा कर देते।

मनोज पॉकेट बुक्स बहुत चली हुई फर्म थी जिसमें तीन भाई पार्टनर थे। फर्म में दो बार बँटवारा हुआ। पहले राजकुमार गुप्ता अलग हुआ, लेकिन उसने मनोज

के ब्रांड नेम पर अपना कोई दावा पेश न किया जबकि मनोज उसके बड़े बेटे का नाम था। क्यों न किया, वो उन दोनों की अन्दरूनी बात थी। लेकिन जब कई साल बाद दूसरी बार दो भाइयों के अलग होने की नौबत आई तो फर्म के नाम के पोजेशन को लेकर काफी झैं-झैं हुई जो कि कोई सुलह होने से पहले काफी अरसा चली।

उस सिलसिले में सहगल साहब दोनों भाइयों के सलाहकार थे।

रोज सुबह एक भाई गौरीशंकर इस बाबत उन्हें फोन करता था, कोई प्रोग्रेस हो तो उसकी खबर करता था, घंटा भर फोन पर सहगल साहब के साथ डिसकशन करता था, शाम को दूसरा भाई विनय उसी मुद्दे पर सहगल साहब से घंटा भर बात करता था।

ऐसा दो महीने से ज्यादा चला।

सुबह सहगल साहब विनय के इंटरेस्ट्स के खिलाफ गौरीशंकर को सलाहें देते थे, शाम गौरीशंकर के इंटरेस्ट्स के खिलाफ विनय को सलाहें देते थे।

उनकी वयोवृद्ध माँ गर्व से कहती थी—"सारे बसन्त से सलाह माँगते हैं।"

बसन्त की सलाहें सबके काम आईं, खुद उसके काम कोई न आई।

जैसे रेसकोर्स पर घोड़ों की हार-जीत पर जो एक्सपर्ट राय देने वाला होता है, वो खुद फटेहाल होता है।

सब का तो मदावा कर डाला, अपना ही मदावा कर न सके;
सब के तो गरेबाँ सी डाले, अपना ही गरेबाँ भूल गए।

एक बार हमारे घर में पुत्री के जन्मदिन की पार्टी थी, जिसमें हमने ढेर रिश्तेदार बुलाए हुए थे। सहगल साहब को भी सपरिवार बुलाया था।

मेरा एक जीजा—मँझली बहन का पति—चिकन का बहुत शौकीन था। उसकी खातिर बीवी ने खासतौर से सहगल साहब को बोला कि वो जरा जल्दी आएँ और कच्चा चिकन ले के आएँ जो कि वो हमारे यहाँ आकर बनाएँ; हमें उनके आने से पहले चिकन का मसाला—प्याज, टमाटर, हरी मिर्च, अदरक, लहसुन वगैरह—भूनकर तैयार रखेंगे।

सहगल साहब ने आश्वासन दिया कि वो जल्दी पहुँचेंगे।

शाम को बीवी और बेटी आ गईं, सहगल साहब न आए।

सवाल किया तो जवाब मिला—"वो बाद में आएँगे।"

जिसने पहले आना था, वो बाद में आएगा।

पर बाद में भी न आया।

मैंने फोन किया तो सहगल साहब अभी घर बैठे थे।

"अरे, आप तो अभी घर में ही हो!"—मैं झल्लाया—"आप तो पहले आने वाले थे!"

"बस, चलता हूँ।"

"यहाँ तो मसाला भी कब का तैयार हुआ पड़ा है!"

"चलता हूँ।"

आधा घंटा और गुजर गया।

सहगल साहब न आए।

फिर फोन किया तो मालूम पड़ा अभी भी घर पर थे।

"टीवी पर पुराने गाने आ रहे हैं, दो-तीन और सुन लूँ फिर आता हूँ।"

कितना जिम्मेदार आदमी था, कितना सिंसियर फ्रेंड था, एक टाइमबाउंड जिम्मेदारी से मुँह मोड़कर घर बैठा टीवी देखने जैसा अहम काम कर रहा था।

वो तभी चल देता तो भी हमारे यहाँ पहुँचने में उसे पौना घंटा लगता।

रास्ते में कहीं ट्रैफिक जाम में फँस जाता तो डिले का कोई ओर-छोर ही न होता।

फिर बनाने में भी, मसाला तैयार होने के बावजूद, घंटा लग जाता।

मैंने बीवी को कहा कि चिकन भूल जाए और खाना परोसे।

आखिर सहगल साहब की आमद हुई।

कच्चे चिकन की पोटली के साथ।

"आओ जी"—सरगर्मी का इजहार करते वो बोले—"बनाइए।"

"अब क्या बनाइए!"—बीवी कुढ़कर बोली—"जिसके लिए चिकन बनाना था, वो तो घर भी पहुँच गया! अब क्या बनाइए?"

उन्होंने फिर भी जिद की—आखिर खुद भी तो खाना था—लेकिन बीवी ने न बनाने दिया। एक ही जिद पकड़े रही—"घर जा के बनाना।"

और मसाला भी एक डिब्बे में बन्द करके उनके हवाले कर दिया।

सहगल साहब उस रात इतने खराब मूड में हमारे घर से रुखसत हुए कि—बाद में उनकी बीवी ने बताया—वापिसी के सारे रास्ते बीवी पर, बेटी पर भड़कते रहे, कलपते रहे, मन की भड़ास निकालते रहे।

यूँ कच्चे चिकन की इनवेस्टमेंट से ड्रिंक डिनर की खातिर हासिल होने के उनके प्रोजेक्ट का समापन हुआ।

लेकिन मदारी के पास कोई एक ही मैजिक ट्रिक तो नहीं होती!

एक बार डायमंड वालों ने अपने यहाँ ड्रिंक्स डिनर की पार्टी रखी और मुझे, राजहंस और सहगल को बुलाया। उम्दा स्काच पिलाई, करीबी विक्रम होटल में डिनर कराया। सब तृप्त हो के घर लौटे।

"भ्राजी, बड़ा मान देते हैं डायमंड वाले।"—सहगल साहब मेजबान का गुणगान करने लगे।

बड़ा मान वो कोई मुँहजुबानी थोड़े ही देते थे? बाजरिया उम्दा स्काच विस्की देते थे। लिहाजा अगले दिन शाम को राजहंस और सहगल बिन बुलाए वहाँ पहुँच गए।

डायमंड वालों ने चाय पिला के रुखसत कर दिया।

मेहमान नाउम्मीद! उन्हें क्या पता था कि 'मान' ओवरनाइट इतना डाइल्यूट हो जाएगा।

सहगल के बुढ़ापे में कदम थे, पीने-खाने पर उसका कोई कंट्रोल नहीं था, लेकिन शेर था, दिलेर था। एक सौ दस किलो उसका वजन था। एक दिन मेरे से मिले तो बधाइयाँ लेने लगे—"भ्राजी, देखो, मैंने कितना रिड्यूस कर लिया है!"

मैंने उनके शरीर की तरफ तवज्जो दी तो कुछ छँटे हुए लगे तो सही वो मुझे!

हफ्ते बाद फिर मिले तो फिर पहले की तरह फख्र से बोले—"भ्राजी, मैंने और रिड्यूस कर लिया है।"

खुशी की बात थी।

उनके एफर्ट को सलाम था।

उनका जीजा ही नहीं, उनकी बहन भी डॉक्टर थी—पैथोलोजिस्ट थी। एक बार बहन दिल्ली आई तो सहगल साहब ने उसके सामने भी बड़ की हाँकी—"देख, मैं किन्ना रिड्यूस कर लीत्ता ए।"

तजुर्बेकार, सहगल साहब की नस-नस से वाकिफ, बहन बहुत खफा हुई, बोली—"तू कोई एक्सरसाइज नहीं करता, तू कोई डायट्री कंट्रोल नहीं करता, तेरा रिड्यूस करने का कोई रेजीमन नहीं, फिर कैसे रिड्यूस कर लिया है? लूट मची है? जादू हुआ है कोई! जा के डायबटीज का टैस्ट करा के आ। और भी कुछ टैस्ट करा के आ, मैं लिखकर देती हूँ।"

"कोई जरूरत नहीं।" —वो लापरवाही से बोले।

"है जरूरत!" —बहन बड़ी थी, खुद डॉक्टर

पाठक से परममित्र बने कुलभूषण चौहान और विशी सिन्हा के साथ लेखक

थी, डपटकर बोली—"कल ये सारे टैस्ट करा के आ।"

फाँसी लगे अन्दाज से उन्होंने टैस्ट कराए।

रिजल्ट दहलाने वाले निकले।

उनकी फास्टिंग शूगर जो सौ से नीचे होनी चाहिए थी, तीन सौ से ऊपर थी।

कोलेस्ट्रोल साढ़े तीन सौ से ऊपर था।

अलबत्ता लिवर, किडनी ठीक थे; ब्लड के और टैस्ट ठीक थे।

डॉक्टर के पास गए, उसने प्रेस्क्रिप्शन दी और कई पाबन्दियाँ जारी कीं, जिनमें सबसे बड़ी ड्रिंक करने पर पाबन्दी थी।

सहगल साहब ने खुद ये किस्सा मुझे सुनाया और दरख्वास्त की—"भ्राजी, किसी को बताना नहीं।"

बाद में मुझे पता लगा कि शहर में शायद ही उनका कोई ऐसा वाकिफकार था, जिसको वो बात खुद उन्होंने न बताई हो और सबको हिदायत दी थी—"भ्राजी, किसी को बताना नहीं।"

कुछ अरसा बाद मैं सहगल साहब के घर गया तो बीवी उनकी तारीफ करती बोली—"सहगल साहब ने बहुत कंट्रोल किया है। अब तो सिर्फ डिनर से पहले एक ड्रिंक लेते हैं।"

"अच्छा!"

"हाँ, भाई साहब, कई दिन हो गए हैं, बस एक, सिर्फ एक ड्रिंक लेते हैं डिनर से पहले।"

"डिनर से पहले अब क्या करते हैं?"

"आजकल काम करते हैं नीचे ऑफिस में।"

"शाम को?"

"हाँ।"

"दिन भर क्या करते हैं?"

बीवी जवाब न दे सकी।

"ये आपको ही नहीं, खुद को भी धोखा दे रहे हैं..."

"नहीं, भ्राजी।"—सहगल साहब ने विरोध किया।

"क्या, नहीं भ्राजी।" अद्धा पीने वाला सारी उम्र का रियाजी कैसे एक पैग से सब्र कर पाता है? क्या बनता है एक पैग से? जब पाबन्दी मान ली, ड्रिंक करना छोड़ दिया तो एक पैग भी किसलिए? बहन जी को मैं बता दूँ या खुद बताओगे?"

वो निगाहें चुराने लगा।

"किसलिए?"—बीवी ने सवाल किया।

"ताकि मुँह से आती मुश्क छुप जाए। आपको आ जाए तो आप यही समझें कि उस एक पैग की वजह से आई, जो इन्होंने डिनर से पहले पिया।"

बीवी मुँह बाए मेरा मुँह देखने लगी।
"छुप के पीते हैं ये। बोतल ढूँढ़ो इनकी।"
बेसमेंट से बोतल बरामद हुई।
लेकिन उनका पाखंड न छूटा।
कैसे छूटता?

रहै न रिंद, ये वाइज़ के बस की बात नहीं,
तमाम शहर है, दो-चार या दस की बात नहीं।

गली में एक शादी थी, जिसमें लड़के की बारात गुड़गाँव जानी थी।

मैं कभी गुड़गाँव नहीं गया था और मैंने कभी शहर से बाहर कार नहीं चलाई थी। रीडर से दोस्त बना मेरा सिन्धी दोस्त थडानी कर्मपुरे रहता था और रोज कार पर चाँदनी चौक आता था, जहाँ कि किनारी बाजार में ज्वेलरी की गोल्ड प्लेटिंग का उसका कारोबार था। मैंने उसको कहा कि वो अपनी कार पर मुझे गुड़गाँव ले चले, वापिसी में वो अपने घर के रास्ते में जहाँ भी मुझे उतारेगा, मैं वहाँ से ऑटो पकड़कर अंसारी रोड वहाँ आ जाऊँगा, जहाँ मैं अपनी कार छोड़ूँगा।

खुशमिजाज, मिलनसार दोस्त था, मेरी दरख्वास्त उसने झट कुबूल कर ली, लेकिन साथ में शर्त लगाई कि पहले वो कर्मपुरा अपने घर जाएगा, नहा-धोकर कपड़े बदलेगा और फिर गुड़गाँव का रुख करेगा।

मैंने वो शर्त मंजूर कर ली।

शाम को उसके मेरे ऑफिस में पहुँचने से पहले सहगल साहब पहुँच गए।

मैंने उनको अपने गुड़गाँव प्रोग्राम से वाकिफ कराया और ऑफर किया कि पिकनिक समझकर वो भी साथ चलें।

वो झट तैयार हो गए।

सहगल साहब थडानी से पहले से वाकिफ थे इसलिए किसी को कोई प्रॉब्लम नहीं थी।

थडानी अपनी कार पर पहले हमें कर्मपुरे अपने घर लेकर गया।

अपनी उस शर्त से फारिग होकर उसने कबर्ड में से विस्की की बोतल और तीन गिलास निकाले। जब वे तीसरे गिलास में विस्की डालने लगा तो सहगल साहब यूँ दोनों हाथ फैलाकर उसे रोकने लगे जैसे बन्दूक दिखाई जा रही हो और हल्ला करने लगे—"नहीं-नहीं, भ्राजी, मेरे लिए नहीं! मेरे लिए नहीं! मुझे मना है। मुझे मना है!"

थडानी ने तीसरा पैग न बनाया।

हम दोनों ने चियर्स बोला।

अभी हमने एक-एक घूँट हलक में उँड़ेला था कि क्या देखते हैं कि सहगल साहब ने बोतल उठा ली थी, तीसरा—खाली—गिलास काबू में कर लिया था और बड़े इत्मीनान से अपने लिए डबल लॉर्ज पैग बना रहे थे।

सहसा मुझे इकबाल का शेर याद आया :

समन्दर से मिले प्यासे को शबनम,
बुखीला है ये, रज्जाकी नहीं है।

प्यासे को समन्दर से बस, बूँद मिले; ये कंजूसी है, दानशीलता नहीं है।

सहगल साहब ने हम दोनों को हैरानी से अपनी तरफ देखता पाया तो वो बड़ी मासूमियत से बोले—"भ्राजी, आई कुड नाट रिज़िस्ट इट।"

हम गुड़गाँव पहुँचे।

शादी वाली जगह पर मैंने सिर्फ दुल्हे को शगुन पकड़ाना था और उसके माता-पिता को बधाई देकर हाजिरी लगानी थी कि मैंने शादी अटेंड की थी।

वहाँ से रुखसत पाकर मैंने विस्की की बोतल खरीदी जिसे कार में बैठे-बैठे हम तीनों ने—सहगल साहब ने जिन्हें 'मना थी', सबसे ज्यादा—पिया और फिर वापिस लौटे।

वापिसी पर थडानी ने मुझे बताया कि उसने भी वैस्ट पटेल नगर में एक शादी में जाना था जिसमें मेरी तरह बस हाजिरी ही लगानी थी।

हम वैस्ट पटेल नगर पहुँचे।

वहाँ तब तक शादी का सारा आडम्बर निपट चुका था। मेहमान जा चुके थे, फूड सर्विस भी बन्द हो चुकी थी, खाने को कुछ उपलब्ध था तो सिर्फ आइसक्रीम।

थडानी बधाई की औपचारिकता से निपटकर लौटा तो साथ में आइसक्रीम की एक बड़ी ब्रिक और तीन चम्मच एक प्लेट में रखकर ले आया। प्लेट उसने कार के बोनट पर रखी और तीनों ने एक-एक चम्मच थामा। मैंने आइसक्रीम बस चखी—सिर्फ एक चम्मच—सिन्धी दोस्त ने एक-चौथाई और सहगल साहब ने आधी...आधी ब्रिक खाई और इस बार ये भी न कहा—'भ्राजी, आई कुड नाट रिजिस्ट इट'। बाकी प्लेट में रखी-रखी पिघल गई और खाने लायक न रही वर्ना सहगल साहब ने वो भी खा ली होती।

थडानी का धन्यवाद करके मैं और सहगल साहब अंसारी रोड वापिस लौटे। मैंने जिद की कि ऑटो पर वो आगे शक्तिनगर चले जाएँ वर्ना फिर मुझे उन्हें कहाँ ड्रॉप कर के आना पड़ता।

आईटीआई में मेरा कर्मचारी से अधिकारी बनने का किस्सा भी दिलचस्पी से खाली नहीं।

रिजनल ऑफिस के लिए ऑफिसर ग्रेड वन की—जो कि अधिकारियों की बुलंदी की तरफ जाती सीढ़ी की पहली सीढ़ी होता था—पाँच इंटरनल वैकेंसी निकलीं। इंटरनल वैकेंसीज यानी वो मेरे रिजनल ऑफिस के लिए ही थीं, कोई बाहरी कैंडीडेट या कोई दूसरे रिजन का कैंडीडेट उनके लिए नहीं अप्लाई कर सकता था। संयोगवश दिल्ली रिजनल ऑफिस में तब पाँच ही एलिजिबल कैंडीडेट थे—जिनमें से एक मैं था—इसलिए सबकी प्रोमोशन हो जाना लाजमी था।

लेकिन उस प्रोमोशन में एक फच्चर था।

प्रोमोशन के बाद हर प्रोमोटिड कैंडीडेट की किसी-न-किसी सब-ऑफिस में ट्रांसफर होगी, ये स्पष्ट रूप से सर्कुलर से दर्ज था। दिल्ली रिजनल ऑफिस के सब ऑफिस कोटा, कानपुर, लखनऊ, देहरादून, गाजियाबाद, सहारनपुर, फरीदाबाद और पानीपत में थे, लेकिन ट्रांसफर मुझे कुबूल ही नहीं थी इसलिए मैंने अर्जी न भरी।

मेरे इमीजिएट बॉस ने मुझे समझाया—"तू कंडीशनल अर्जी भर दे।"

"क्या मतलब?"

"अपनी अर्जी पर नोट लिख देना कि तुझे ट्रांसफर कुबूल न होगी। अर्जी न भरने का मौका बिलकुल हाथ से निकल जाने देने का क्या फायदा! मेरी सलाह के मुताबिक तू अर्जी भर, तेरे हक में कुछ होगा तो बढ़िया, नहीं होगा तो न सही।"

"अच्छा!"—मैं अनिश्चित भाव से बोला।

"हाँ।"—अफसर पुरइसरार बोला—"और नहीं तो तेरे रिकॉर्ड में ये तो दर्ज होगा कि तू ग्रेड वन ऑफिसर प्रोमोट हुआ था, लेकिन किसी टैक्नीकलिटी के तहत तुझे प्रोमोशन नहीं मिली थी। फिर ये बात आइंदा तेरे हक में तेरे काम आएगी।"

वो बात मुझे जँची। मैंने सुझाए गए विशेष नोट के साथ अर्जी भर दी और दाखिलदफ्तर कर दी।

इंटरव्यूज़ का दिन आया।

सुन्दर नगर में तब आईटीआई का गैस्ट हाउस था जहाँ कि इंटरव्यू होने थे और इस काम के लिए कम्पनी का एक डायरेक्टर विशेष रूप से बैंगलौर से आया था। वो डायरेक्टर साउथ इंडियन न होकर यूपी का था और बड़ा सख्त हाकिम बताया जाता था।

पहला इंटरव्यू हुआ।

कैंडीडेट बाहर आया तो मैंने उत्सुक भाव से पूछा—"क्या पूछा?"

"खास कुछ नहीं।"—जवाब मिला—"मेरे मौजूदा काम-धाम के बारे में पूछा और पूछा ट्रांसफर पर कहाँ जाना पसन्द करोगे?"

"तूने क्या जवाब दिया?"

"मैं कहा, जहाँ सीआरएम साहब भेजेंगे।"

मैं खामोश हो गया।

दो और इंटरव्यू हुए। उन दोनों कैंडीडेट्स ने भी यही बताया कि अहमतरीन सवाल ट्रांसफर की बाबत ही था।

मैं और टैंस हो गया।

फिर मेरी बारी आई।

मैं भीतर गया जहाँ डायरेक्टर सीआरएम के साथ बैठा हुआ था।

डायरेक्टर ने मेरे से नाम, काम के बारे में मामूली सवाल पूछे, फिर बोला—"ट्रांसफर पर कहाँ जाना पसन्द करोगे?"

"कहीं नहीं।"—मैंने डरते-डरते जवाब दिया।

"क्या बोला?"

"सर, मैं दिल्ली से बाहर नहीं जा सकता।"

तत्काल उसके तेवर बदले, आग्नेय नेत्रों से उसने मेरी तरफ देखा और घुड़क कर बोला—"क्या बात है? तुम इंटरव्यू को मजाक समझते हो? जब ऐड की प्राइम कंडीशन है कि प्रोमोशन होगी तो ट्रांसफर पर जाना पड़ेगा तो क्या मतलब है कहने का कि दिल्ली से बाहर नहीं जाओगे? ट्रांसफर मंजूर नहीं थी तो अप्लाई ही क्यों किया?"

"सर, मैंने कंडीशनल अप्लाई किया था।"

"वॉट कंडीशन?"

"ये कि मेरी एप्लीकेशन को तभी कनसिडर किया जाए जबकि प्रोमोशन के बाद मेरी लोकल पोस्टिंग मुमकिन हो।"

"ऐसा तुमने एप्लीकेशन में लिखा है?"

"फर्स्ट पेज के टॉप पर कैपीटल लैटर्स में। एप्लीकेशन नाट टु वी कनसिडर्ड इन केस ऑफ ट्रांसफर।"

"लिखा है ऐसा एप्लीकेशन पर?"

"जी हाँ।"

डायरेक्टर ने सप्रयास मेरे पर से निगाह हटाई और सीआरएम की तरफ देखा।

सीआरएम ने अनभिज्ञता से कन्धे उचकाए।

डायरेक्टर की फिर त्योरी चढ़ी।

"एप्लीकेशन कहाँ है?"—उसने पूछा।

"कनॉट प्लेस ऑफिस में।"—सीआरएम बोला।

"मँगाओ। अभी मँगाओ।"

सीआरएम तत्काल टेलीफोन में उलझ गया।

"और तुम"—डायरेक्टर मेरी तरफ वापिस घूमा—"बाहर जा के बैठो। फिर बुलाएँगे।"

मैं अभिवादन करके वहाँ से निकल गया।

पच्चीस-तीस मिनट में रिजनल ऑफिस से मेरी एप्लीकेशन डायरेक्टर के पास पहुँची।

मुझे फिर भीतर तलब किया गया।

"देखो, भई।"—इस बार डायरेक्टर नम्र स्वर में मुझे समझाता-सा बोला—"ट्रांसफर बिना ये प्रोमोशन तुम्हें नहीं मिल सकती। दूर न जाओ, फरीदाबाद चले जाओ। गाजियाबाद चले जाओ।"

"सर, वहाँ से भी तो डेढ़-डेढ़ सौ, दो-दो सौ किलोमीटर आगे जाना पड़ता है!"

"देखो, ये अफसर बनने का सुनहरा मौका है। अभी तुम्हारी बहुत नौकरी बाकी है। ऑफिसर ग्रेड वन की ये पोस्ट पा लोगे तो आगे बहुत आगे तक जा पाओगे। ग्रेड फोर तक तो जरूर ही पहुँच जाओगे। क्या कहते हो!"

"आई एम सॉरी, सर।"

"सोच लो। जूनियर प्रोमोट हो जाएगा।"

"आई डोंट माइंड, सर।"

"वाई डोंट यू माइंड! यू मस्ट। घर में कोई कारखाना चलता है जिससे ढेर कमाई है?"

"ऐसी कोई बात नहीं, सर।"

"फिर तो मैं यही कहूँगा कि मूर्ख हो।"

मैं खामोश रहा।

"जा सकते हो।"

बाद में मेरी जगह मेरा जूनियर तो प्रोमोट हुआ ही, इतना जूनियर प्रोमोट हुआ जिससे मैं वायरिंग कराया करता था, वायरिंग का रूट बनाने के लिए दीवारों पर बैटन ठुकवाया करता था, वो मेरा अफसर बन गया।

और भी कई तरह से मेरी खिल्ली उड़ी।

एक जैन नाम के कैंडीडेट ने तो कनॉट प्लेस ऑफिस जाकर जौहर को खबर की—"जब डायरेक्टर ने पाठक को प्रोमोशन के लिए रिजेक्ट किया तो उसकी शक्ल देखने वाली थी। उसके बराबर के चार जने प्रोमोट हो गए, एक जूनियर प्रोमोट हो गया, वो ही रह गया।"

बाकी सारे कर्मचारी मेरे साथ यूँ हमदर्दी दिखाने लगे जैसे मेरे साथ कोई बहुत ही बड़ा हादसा गुजरा था।

लेकिन वो नादान थे, नहीं जानते थे कि वो ही प्रोमोशन पाँच महीने बाद बिना कोई अर्जी भरे, बिना कोई इंटरव्यू दिए मुझे मिल जाने वाली थी।

तब कम्पनी की टाइम बाउंड प्रोमोशन की पॉलिसी थी कि इंजीनियरिंग ग्रेजुएट की तीन साल में नानइंजीनियरिंग ग्रेजुएट की, जो कि मैं था, चार साल में, इंटर पास की पाँच साल में, मैट्रिक की छ: साल में और नानमैट्रिक की सात साल में विद रिटन टैस्ट एंड इंटरव्यू प्रोमोशन आटोमैटिक की बशर्ते कि उसकी कंफीडेंशल रिपोर्ट खराब न हो और उसके खिलाफ किसी केस की इंक्वायरी पेंडिंग न हो।

पाँच महीने बाद अपने आप ही मेरा प्रोमोशन लैटर आ गया और मैं ऑफिसर ग्रेड वन बन गया जो कि इंजीनियरिंग में हो तो असिस्टेंट इंजीनियर कहलाता था।

डैजिग्नेटरी इंजीनियर, जो कि मैं बन गया।

सन् 1985 में 'मनोज' में मेरे दो रीप्रिंट—झूठी गवाही, गर्म लाश—छपे।

बड़े ही अलसाए तरीके से।

शायद इसीलिए वो सिलसिला आगे न बढ़ सका—जबकि मेरी दिली तमन्ना थी कि आगे बढ़ता। वेद प्रकाश शर्मा की उनके यहाँ छपे उपन्यासों ने जिन्दगी बना दी थी, वो सिलसिला आगे चलता तो मुमकिन था कि वैसी रहमत खाकसार के हिस्से भी आती।

सिलसिला न चला, पहले ही यूँ बन्द हो गया, जैसे कभी शुरू ही नहीं हुआ था।

□

सन् 1986 में प्रकाशन की दुनिया में मेरे साथ एक बड़ा वाकया गुजरा।

मेरा 'डायमंड' से वास्ता पड़ा।

एक शाम नरेन्द्र और गुलशन दोनों भाई मेरे घर तशरीफ लाए और पहली ही बैठक में एक लम्बी एसोसिएशन की भूमिका बनाकर गए।

नया उपन्यास। जब भी मैं लिखूँ। फीस पैंतीस हजार रुपये।

रीप्रिंट, हर महीने, सिवाय उस महीने के जिसमें नया उपन्यास छपे। फीस दस हजार।

यहाँ मैं इस बात का जिक्र करना चाहता हूँ कि कुछ साल पहले, जब मैं 'पवन' के लिए लिखता था, मैं गुलशन राय के बुलावे पर उनकी दरीबे में स्थित दुकान पर गुलशन राय से मिलने गया था, उसने मुझे तब भी 'डायमंड' में लिखने की पेशकश की थी लेकिन जो उजरत ऑफर की थी, वो उतनी ही थी जितनी नये नावल की मुझे 'पवन' से मिलती थी। मैंने ये बात उसे बताई और पूछा कि फिर

लेखक फिक्की में गैस्ट स्पीकर

पाला बदले का मुझे क्या फायदा हुआ। उसका जवाब था कि 'हम राइटर की फीस धीरे-धीरे बढ़ाते हैं, आपका नावल हमारे यहाँ चल जाएगा तो आपकी भी धीरे-धीरे बढ़ाते चलेंगे'।

मैं उस आश्वासन से प्रभावित न हुआ। लिहाजा वो बेल मुंडेर न चढ़ी।

इस बार कोई हुज्जत न हुई, कोई फच्चर न पड़ा।

'डायमंड' से मैंने बहुत अच्छे पैसे कमाए। हर महीने तनखाह की तरह मुझे पेमेंट मिली और उनसे समाजी ताल्लुकात भी मजबूत हुए। डेली ड्रिंकर दोनों भाइयों में से कोई नहीं था, लेकिन घूँट लगाने में रुचि बराबर लगते थे। कई बार दोनों भाई सपरिवार मेरे घर आए और आधी रात तक रुक के गए।

फिर गुलशन को कोई ऐसी हैल्थ प्रॉब्लम हुई कि उसे घूँट लगाना छोड़ देना पड़ा। नरेन्द्र से मेरी वो सोहबत बरकरार रही थी।

आज तक भी—जबकि मेरा उनसे व्यापारिक वास्ता कोई नहीं।

'डायमंड' में मेरा पहला नया उपन्यास 'मौत का आतंक' अप्रैल में छपा।

फिर दिसम्बर में 'दस मिनट' छपा।

बीच में नियमित रूप से हर महीने सात रीप्रिंट छपे।

फिर उन्होंने खुद ही रीप्रिंट की मेरी फीस दस से बारह हजार कर दी।

उस बात से प्रोत्साहन पाकर एक बार मैंने दरीबे जाकर नये उपन्यास की फीस की बढ़ोत्तरी के बारे में गुलशन राय से बात की।

तब तक मेरे चार और नये नावल 'डायमंड' में छप चुके थे जिसमें विमल सीरीज का 'चेहरे पर चेहरा' और 'किस्मत का खेल' भी शामिल था।

यहाँ ये बात काबिलेजिक्र है कि विमल के उपन्यास का पहला भाग 'नया चेहरा' के नाम से 'राज' में छपना था, वहाँ इस बाबत घोषणा भी हो चुकी थी जबकि उसने चोरी से रीप्रिंट फिर छाप लेने का अनाचार फैलाया था और मुझे हमेशा के लिए उससे नाता तोड़ना पड़ा था।

जब उसे मालूम हुआ कि 'नया चेहरा' अब 'डायमंड' में छप रहा था तो राज बाबू ने मुझे फोन किया और चेताया कि वो राज द्वारा राज की पुस्तकों में प्रचारित नाम था, मैं उस नाम का इस्तेमाल नहीं कर सकता था।

अजीब लॉजिक थी!

लेकिन लाला जी का तब का मिजाज ही ऐसा था, उन्हें ऐसी ही फसादी बातें सूझती थीं।

मैं उनसे उनके ऑफिस में जाकर मिला और बोला कि जब स्क्रिप्ट नहीं है तो नाम का अचार डालोगे। बोले वो स्क्रिप्ट लेने को तैयार थे।

वो तैयार थे न! मैं तो देने को तैयार नहीं था न! होता तो पहले ही जुगलबन्दी क्यों टूटती!

बहुत हुज्जत के बाद, बहुत चिख-चिख के बाद ये फैसला हुआ कि उस नाम का इस्तेमाल न वो करेंगे, न मैं करूँगा। इस सन्दर्भ में उसने मुझे निम्नांकित सर्टिफिकेट साइन कर के दिया :

हम, मैसर्स राज पाकेट बुक्स, दिल्ली, प्रमाणित करते हैं कि हमारे एवं लेखक सुरेन्द्र मोहन पाठक के बीच यह पारस्परिक, सद्भावनापूर्ण समझौता हुआ है कि "नया चेहरा" नाम लेखक के ~~नाम्बील~~ जिस उपन्यास का प्रकाशन राज पाकेट बुक्स में अपेक्षित था, वह अब नहीं होगा। न प्रकाशक इस नाम का किसी भी पुस्तक का, सुरेन्द्र मोहन पाठक या किसी अन्य लेखक के नाम से, प्रकाशन करेगा और न ही लेखक इस नाम की अपनी कोई पुस्तक अन्यत्र प्रकाशित करवायेगा।

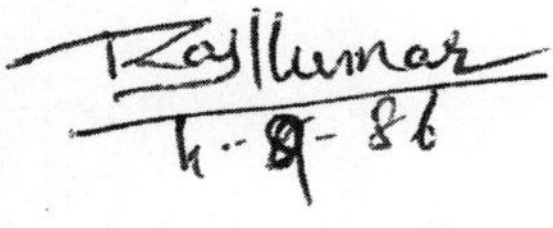

राज पॉकेट बुक्स की ओर से लिखे लेटर की कॉपी

हम मैसर्स राज पॉकेट बुक्स, दिल्ली सत्यापित करते हैं कि हमारे एवं लेखक सुरेन्द्र मोहन पाठक के बीच, यह पारस्परिक, सद्भावनापूर्ण समझौता हुआ है कि 'नया चेहरा' नामक लेखक के जिस उपन्यास का प्रकाशन राज पॉकेट बुक्स से अपेक्षित था, वह अब नहीं होगा। न प्रकाशक इस नाम की किसी पुस्तक का सुरेन्द्र

मोहन पाठक या किसी अन्य लेखक के नाम से प्रकाशन करेगा और न ही लेखक इस नाम की अपनी कोई पुस्तक अन्यत्र प्रकाशित करवाएगा।

मेरा क्या गया? मैंने उपन्यास का नाम 'चेहरे पर चेहरा' रख लिया। राज पॉकेट बुक्स को क्या मिला? कुछ भी नहीं।

कुछ मिला तो ये कि राज बाबू ने अपनी फच्चर डालने के शौक को हवा दी।

इसी साल फिर मुझे कोर्ट कचहरी के पचड़े में पड़ना पड़ा।

आदत से मजबूर 'साधना' वालों ने फिर अपने यहाँ छपे मेरे उपन्यास रीप्रिंट करने की तैयारी कर ली। किसी तरह से फिर मुझे वक्त रहते खबर लग गई।

मैं जा के दोनों पार्टनरों से मिला।

"हाँ, भई।"—एक पार्टनर लापरवाही से बोला—"एक नावल फिर छापने जा रहे हैं हम।"

"क्यों कर रहे हैं ऐसा?"—मैं बोला—"पिछली बार इतनी हुज्जत हुई तो आप कहते थे कि एक ही नावल की तो बात है जो आपने मुफ्त में छापा। अब फिर क्यों तैयारी कर ली?"

"ओये, पब्लिकेशन के कायदे-कानून हमें भी मालूम हैं। कॉपीराइट एक्ट-1957 के मुताबिक कोई लेखक अपने प्रकाशक को उसका मूलरूप से छापा नावल छापने से नहीं रोक सकता।"

"मेरे पास आपकी रिटन एनडोर्समेंट है कि कॉपीराइट होल्डर मैं हूँ।"

"तो भी नहीं रोक सकता।"

"लिहाजा आप फिर मुफ्त में रीप्रिंट करेंगे?"

"ओये, मुफ्त तो न सही। दे देंगे कुछ।"

"क्या कुछ। 'कुछ' को डिफाइन करो न! आप एक हजार रुपये दोगे तो मैं लूँगा?"

"तुम एक लाख माँगो तो हम दे देंगे?"

"ये बहसबाजी नाजायज है, गैरजरूरी है। आप यूँ धाँधली में मेरा रीप्रिंट नहीं छाप सकते।"

"ओये!"—दूसरा पार्टनर भड़का—"तू हमें धमकी दे रहा है?"

"वार्निंग दे रहा हूँ।"

"वार्निंग भी क्यों दे रहा है?"

"वजह आपको मालूम है। एक नाजायज काम करने से आपको चेताना मेरा फर्ज है।"

"अपना फर्ज अपने पास रख। हम कल नावल प्रैस में दे रहे हैं। तेरे से जो होता हो, कर लेना।"

आखिरी फिकरा उसने मुझे मसल्ज़ दिखाते, आँखें निकालते बोला।

बड़े बेआबरू होकर तेरे कूचे से हम निकले।

मैं जैसे पिछली बार राजकुमार गुप्ता की शरण में गया था, वैसे इस बार 'डायमंड' के गुलशन राय की शरण में गया। वो पढ़ा-लिखा, समझदार नौजवान था इसलिए उसने एक्ट भी राज बाबू से ज्यादा फुर्ती से किया।

उसी शाम वो मुझे निजामुद्दीन आनन्द एंड आनन्द के ऑफिस में लेकर गया और एडवोकेट प्रवीण आनन्द से मेरी मीटिंग कराई।

प्रवीण आनन्द वही थे, जो 'सुनील मोहन पाठक' वाले केस में डिफेंस के लिए प्रतिवादी के वकील थे।

उन्होंने केस को समझा, कॉपीराइट वाले मेरे प्रकाशक के एनडोर्स्ड डाक्यूमेंट का मुआयना किया और निर्णायक भाव से बोले—"नहीं छाप सकता। केस दायर करते हैं। कल दोपहरबाद मुझे हाईकोर्ट में मिलना, कुछ पेपर्स साइन करने होंगे, वहीं करके जाना। हम कल ही मिसल दाखिल कर देंगे।"

"फीस?"—मैंने डरते-झिझकते पूछा।

"वो मैं देख लूँगा।"—गुलशन राय जल्दी से बोला।

आनन्द साहब ने सहमति में सिर हिलाया।

बाद में मुझे मालूम हुआ कि आनन्द एंड आनन्द के डायमंड वाले रेगुलर क्लायंट थे और सर्विसिज रेंडर्ड का उन्हें बिल आता था।

अगले दिन दोपहरबाद मैं अकेला हाईकोर्ट पहुँचा तो अनूप सिंह जी से आमना-सामना हो गया। वो यूँ एकाएक सामने आ खड़े हुए कि मैं इधर-उधर कहीं खिसक भी न सका।

मैंने सादर प्रणाम किया।

उन्होंने मुस्कराकर प्रणाम स्वीकार किया और पूछा—"कैसे आया?"

"एक दोस्त से मिलने आया।"—मैंने झूठ बोला।

"यहाँ?"

"जी हाँ।"

"कौन?"

महेन्द्र शर्मा से मैं तब भी वाकिफ था और उसके बताए मुझे मालूम था कि उसका छोटा भाई हाईकोर्ट में नौकरी करता था।

"सुरेन्द्र दत्त शर्मा से।"—मैंने उसी का नाम ले दिया।

"अच्छा, वो वाकिफ है तेरा?"

"हाँ, जी।"

"हूँ। और सब ठीक-ठाक है?"

"हाँ, जी। मेहरबानी है आपकी।"

वो वहाँ से हटे और एक कोर्ट में दाखिल हो गए।

मैंने आनन्द साहब को तलाश किया, मिसल पढ़ी, कागजात साइन किए और वापिस चला आया।

एक दिन छोड़ के मेरा केस लगा।

तब कोर्ट में गुलशन राय भी मेरे साथ था।

जज ने केस को सुना, फिर पूछा—"एग्रीमेंट है?"

"पब्लिशर की एनडोर्स्ड रसीद है जिसमें क्लियरली मेंशंड है कि कॉपीराइट होल्डर लेखक है।"—आनन्द साहब बोले।

"हाँ, वो तो है! ओके, दूसरी पार्टी के नाम कल ही हाजिर होने का समन जारी होगा।"

आनन्द साहब के पिता भी बड़े वकील थे, लेकिन तब प्रैक्टिस से रिटायर हो चुके थे। निजामुद्दीन की जिस विशाल कोठी के फर्स्ट फ्लोर पर आनन्द एंड आनन्द का ऑफिस था, उसी के ग्राउंड फ्लोर पर आनन्द्ज़ का आवास था, इसलिए पिता टहलते-टहलते अक्सर ऊपर ऑफिस में पहुँच जाया करते थे।

बाद में पुत्र ने रूटीन के तौर पर मेरे केस के बारे में उन्हें बताया कि जज ने स्टे नहीं दिया था। दूसरी पार्टी के नाम इमीजिएट अपीयरेंस के लिए समन जारी किए थे।

"क्योंकि"—पिता ने मीठी झिड़की दी—"तुम ने कहा कि एग्रीमेंट नहीं है?"

"हाँ।"

"गलत कहा। जब इस रसीद पर कॉपीराइट के बारे में साफ दर्ज है और जो दर्ज है उसको पब्लिशर ने एनडोर्स किया है तो ये एग्रीमेंट ही तो हुआ! एग्रीमेंट का आठ-दस पेज का होना क्या जरूरी होता है? एग्रीमेंट दो लाइन का हो सकता है।"

पुत्र ने सहमति में सिर हिलाया।

वो बात मैंने गाँठ बाँध ली और आइंदा 'रिसैप्ट' की जगह 'एग्रीमेंट-कम-रिसेप्ट' लिखना शुरू कर दिया।

लंच के बाद हमें प्रतिवादी के नाम समन मिल गया और उसकी सर्विस के लिए कोर्ट से बेलिफ (BAILIFF) भी मिल गया।

लेखक पत्नी और पुत्री के साथ

गुलशन राय मुझे और उसको कार में बिठाकर बंग्लो रोड लेकर गया। उसने कार साधना के ऑफिस से परे ही रोक दी और मुझे और बेलिफ को आगे भेजा।

दोनों पार्टनर ऑफिस में नहीं थे।

बेलिफ ने समन उनके ऑफिस के ग्लास डोर पर चिपका दिया और ऑफिस के कर्मचारियों को सख्ती से समझा दिया कि वो क्या था।

अगली सुबह मैं कोर्ट में पहुँचा।

तब मेरे साथ मेरे सपोर्टर्स के तौर पर गुलशन राय के अलावा नरेन्द्र वर्मा और शेखर मल्होत्रा भी थे।

लॉबी में मेरा 'साधना' के निहायत संजीदासूरत दोनों पार्टनरों से आमना-सामना हुआ।

और आमना-सामना हुआ :

अनूप सिंह जी से।

मुझे देखकर क्षण भर को वो व्यंग्यपूर्ण भाव से मुस्कराए और इतने धीरे से बोले कि मैं ही सुन पाता—"दोस्त से मिलने आया!"

मैं खिसियाया, कुछ कहने लगा तो उन्होंने मेरी तरफ से मुँह फेर लिया।

कैसा संयोग था!

साधना वालों को वकील भी मिला तो कौन!

अनूप सिंह जी।

अदालत में केस लगा तो डिफेंस में अनूप सिंह ने कोर्ट से अपील लगाई कि कम्प्रोमाइज वर्क आउट करने के लिए टाइम दिया जाए।

जज ने दो दिन का टाइम दिया।

बाहर निकलकर मैं आनन्द साहब से गुलशन राय की मौजूदगी में मिला।

"कम्प्रोमाइज?"—मैं बोला।

"कोई हर्ज नहीं।"—आनन्द साहब बोले—"मेरी अनूप सिंह जी से इस बाबत कल रात बात हो गई थी। तुम्हारा मेन मकसद था कि किताब न छपे। नहीं छपेगी। शाम को अनूप सिंह जी के ऑफिस में कम्प्रोमाइज के लिए मीटिंग होगी। वहाँ कम्प्रोमाइज उन्हीं शर्तों पर करना जो तुम्हें मंजूर हों।"

"न मंजूर हों तो!"

"तो न करना। केस लड़ेंगे।"

"कोर्ट में कम्प्रोमाइज की बात कही गई थी। जज एतराज नहीं करेगा?"

"नहीं करेगा। सारे ही कम्प्रोमाइज वर्क आउट नहीं हो जाते। बहुत बार ऐसी बातचीत असहमति पर खत्म होती है।"

"कम्प्रोमाइज की बातचीत में उनके वकील साहब—अनूप सिंह जी—मौजूद होंगे, आप नहीं होंगे?"

"मेरी वहाँ कोई जरूरत नहीं। अनूप सिंह जी सब सँभाल लेंगे।"

मैं खामोश हो गया।

शाम को ग्रीन पार्क में अनूप सिंह जी के ऑफिस में जब 'साधना' के दोनों पार्टनर पहुँचे तो मैंने जाना कि वो भी अपने साथ अपनी सपोर्ट के लिए बंग्लो रोड के तीन-चार दुकानदार पकड़ लाए थे और साथ में एक पार्टनर का निहायत धृष्ट, ऐंठा हुआ नौजवान लड़का था।

साधना वालों ने फाँसी लगते हुए कुबूल किया कि मैं कॉपीराइट होल्डर था, मेरी इजाजत के बिना वो रीप्रिंट नहीं छाप सकते थे, साथ ही ये माँग खड़ी की कि कम्प्रोमाइज के तहत उन्हें आठों किताबें एक-एक बार—सिर्फ एक-एक बार—फिर छाप लेने की इजाजत हो और उनके लिए लेखक की फीस वहीं मुकर्रर कर ली जाए।

मैंने साफ इनकार कर दिया।

उस बात को लेकर काफी तकराई हुई, काफी बहस-मुबाहसा हुआ, जिसमें प्रकाशक का लड़का बहुत बढ़-बढ़ बोला। उसके बड़बोलेपन से मैं इतना आजिज आ गया कि मैंने उसके पिता को कहा—"आप या इसे चुप कराइए या मैं उठ के जा रहा हूँ।"

पिता से पहले लड़के को अनूप सिंह जी ने चुप कराया और फिर मुझे पीछे आने का इशारा करते ऑफिस से बाहर को चल दिए।

बाहर सबसे अलग मैं उनके रूबरू हुआ।

गिला करती निगाह से उन्होंने मेरी तरफ देखा।

"मैंने तेरा केस खराब हैंडल किया था?"—वो पंजाबी में बोले।

मेरा स्वयमेव इनकार में सिर हिला।

"तो फिर मेरे पास क्यों नहीं आया? टोकन फीस लेकर मैंने तेरा केस किया था, क्योंकि लेखक का केस था। फिर भी 'एक्मी' में पहुँच गया!"

एक्मी (ACME) आनन्द एंड आनन्द की सिस्टर लॉ फर्म का नाम था।

"मेरी मजबूरी थी।"—मैं दबे स्वर में बोला।

"क्या मजबूरी थी?"

"मेरा कभी किसी कोर्ट-कचहरी से वास्ता नहीं पड़ा था। बजातेखुद मैं किसी वकील को नहीं जानता था। पहली बार मेरा पब्लिशर राजकुमार गुप्ता था जो मुझे आपके पास लाया, इस बार मेरे पब्लिशर डायमंड पॉकेट बुक्स वाले थे, जो मुझे 'एक्मी' में लेकर गए। जैसे राजकुमार गुप्ता के आपसे ताल्लुकात थे, वैसे डायमंड

वालों के प्रवीण आनन्द साहब से ताल्लुकात थे। इस सिलसिले में मेरी कोई चॉयस थी ही नहीं। मेरे राजकुमार गुप्ता से ताल्लुकात नहीं रहे, मैं डायमंड वालों से कहता कि मैं अनूप सिंह जी के पास जाना चाहता था तो वो कहते, खुद चला जा। नतीजतन मैं एक एबल सपोर्ट खो बैठता जिसकी कि मुझे सख्त जरूरत थी। बस, ये बात थी, मालको। मेरा यकीन करो, प्लीज। मैं कैसा भी हूँ, नाशुक्रा नहीं हूँ।"

मेरा गला भर आया।

उन्होंने मेरी पीट थपथपाई, कुछ क्षण खामोश रहे, फिर बोले—"जानता है मैंने इनसे कितनी फीस ली है?"

"कितनी?"—मैंने उत्सुक भाव से पूछा।

उन्होंने जो रकम बताई, उसने मुझे हैरान कर दिया।

बतौर फीस जो रकम उन्होंने मेरे से चार्ज की थी, वो रकम उससे पाँच गुणा थी।

"मैंने भी तो क्लायंट को कोई रिजल्ट दिखाना है न! तू मेरी बात मान, जो वो चाहते हैं, मंजूर कर। बदले में अपनी उजरत के तौर पर बड़ी रकम की माँग खड़ी कर दे। मानेंगे तो वाह-वाह, नहीं मानेंगे तो...बुरा करेंगे अपना। उनके केस में कोई दम नहीं है, भले ही अनूप सिंह से बड़ा वकील खड़ा कर लें। कम्प्रोमाइज में ही उनकी गति है। अब बोल, क्या कहता है!"

"मैं आपकी राय पर अमल करूँगा।"

"शावाशे! चल वापिस।"

हम वापिस ऑफिस में पहुँचे।

मुझे उनसे छ: रुपये के नावल के चार हजार रुपये मिलते थे, मैंने डबल की—यानी आठ हजार की—माँग की और कहा कि अगर कीमत बढ़ाई तो उसी अनुपात से और पैसा देना पड़ेगा।

वो मान गए।

प्रथम संस्करण—चार हजार।

रीप्रिंट—आठ हजार।

जिन्दा हाथी लाख का, मरा सवा लाख का।

'असफल अभियान' उन्होंने दस रुपये कीमत में रीप्रिंट किया, इसलिए फीस तेरह हजार तीन सौ तीस रुपये, 'खाली बार' बारह रुपये में इसलिए फीस सोलह हजार।

उन्होंने आठों नावल रीप्रिंट किए, पेमेंट का हर बार एडवांस चैक भेजा, लेकिन प्रिंट आर्डर हर बार खपत से, जरूरत से दुगना, ढाई गुणा रखा। किताब ज्यादा छाप ली इसलिए उसे मार्केट में पचास पर्सेंट कमीशन पर धकेला, जबकि उन दिनों अधिकतम कमीशन रेट चालीस पर्सेंट था।

ऐसा करके आठ रीप्रिंट्स से उन्होंने क्या फायदा उठाया, वो ही जानें लेकिन बड़े बुक डिस्ट्रीब्यूटर्स ने ज्यादा फायदा उठाया। वो चालीस पर्सेंट पर आई किताब

को आगे छोटे दुकानदारों को तीस पर्सेंट कमीशन पर देते थे। अब पचास पर्सेंट पर आई किताब को आगे पचास पर्सेंट पर ही देने लगे, लेकिन पहले छः रुपये कीमत पर दस रुपये का टिकट लगा के।

यानी पहले फी कॉपी पर साठ पैसे कमाते थे, अब स्टिकर के सदके दो रुपये फी कॉपी कमाने लगे।

□

सन् 1987 की फरवरी में 'राज' से मेरा आखिरी नया नावल 'लेट न्यूज' छपा और 'अशोक' से दूसरा नया और आखिरी 'लाश गायब' छपा। 'अशोक' में उसके बाद भी पाँच रीप्रिंट्स छपे, लेकिन 'राज' से 'लेट न्यूज' मेरा आखिरी नावल था जिसे कि जब उससे बिगड़ी थी तो उसने जानबूझकर, खामखाह, दबा लिया था लेकिन आखिर तो छापना ही था, पूरा साल दबाए रखकर छापा।

'डायमंड' से मेरा सिलसिला संतोषजनक चल रहा था। वहाँ से सन् 1987 में मेरे आठ रीप्रिंट और चार नये उपन्यास आए, जिनमें यादगार थ्रिलर 'कागज की नाव' भी शामिल था।

इसी सन् में सुबोध पॉकेट बुक्स की सूरत में मुझे रीप्रिंट्स के लिए नया प्रकाशक मिला जिसने दिसम्बर 1987 में 'मेरी जान के दुश्मन' से शुरू करके मेरे तेरह उपन्यास रीप्रिंट किए, लेकिन नया उपन्यास छापने की कभी इच्छा व्यक्त न की।

अलबत्ता ऐसे मामलों में प्रकाशकों की जो स्टैंडर्ड इच्छा होती है, वो जरूर व्यक्त की—"आखिरी चार टाइटल्स को छोड़कर बाकी सारे टाइटल्स हमारे पास खत्म हैं। सोच रहे हैं, मेल बनाए रखने के लिए दो-दो हजार फिर छाप लें।"

"छापना।"—मैं सहज भाव से बोला—"पैसा देना, छापना।"

ऐसा उन्होंने कभी न किया।

पैसा जो माँग लिया!

सिर्फ 'छाप लो' कहता तो ताजिन्दगी उनके पास वो तेरह टाइटल्स खत्म न होते।

हर प्रकाशक की ये नीयत मेरे पल्ले कभी न पड़ी।

कोई टाइटल फिर छापने में कागजी को पैसा देना पड़ता है, प्रिंटर को पैसा देना पड़ता है, बाइंडर को पैसा देना पड़ता है, फिर एक लेखक ने ही क्या गुनाह किया होता है कि उसकी गिरह काटने का मंसूबा सबका होता है!

सन् 1987 के अन्त तक 'डायमंड' में मेरे नये नावलों का स्कोर छः हो गया था। तब एक बार मैंने दरीबे जा के गुलशन राय से बात की।

"आप मुझे नये नावल के पैंतीस देते हैं, राजहंस को पैंतालीस देते हैं, जबकि मेरा नया नावल उससे ज्यादा बिकता है।"

"आपको गलतफहमी है।"—उसने पूरे विश्वास के साथ कहा—"राजहंस का ज्यादा बिकता है।"

"लेकिन..."

"आप यकीन कीजिए हमारी बात पर। हम छापने वाले हैं, हम बेचने वाले हैं, हमें मालूम है हमारे पब्लिकेशन में कौन ज्यादा बिकता है!"

"राजहंस?"

"हाँ। बिलकुल।"

मेरा मुँह उसने बन्द करा दिया।

राजहंस का नया छपा नावल उसके घर में आता था तो वो उसे बड़े ड्रामाई अन्दाज से मेहमान के सामने उछालकर फेंकता था और कहता था—"ये डेढ़ लाख बिका है।"

"ये पौने दो लाख बिका है।"

"ये फिर पौने दो लाख बिका है।"

ऐसे दावे मेरे सामने भी उसने सगर्व कई बार उछाले।

वो दावे न सच थे, न हो सकते थे।

अगर उसका इतना बड़ा प्रिंट ऑर्डर हर बार सच में होता तो उसकी फीस उसकी मौजूदा फीस से तीन गुणा होती।

और हिन्द वाले 'अभिनव' में उसका एक ही नावल छापकर बैक आउट न कर गए होते।

"ये बात नहीं है कि वो हमें नावल नहीं देता—"शेखर मल्होत्रा ने खुद मुझे कहा था—"वो तो हर तीसरे-चौथे दिन इस बारे में हमें फोन करता है। हम ही उसका नावल छापने के इच्छुक नहीं हैं क्योंकि जो फीस हमने उसकी भरी थी, उसके बराबर की तो क्या, उससे आधे की भी हमारे यहाँ सेल नहीं हुई थी। सो वुई डिड नॉट चूज़ टु कन्टीन्यू विद हिम।"

फिर खुद ही सामने आ गया कि अपने प्रिंट ऑर्डर के मामले में लेखक कितनी खामखयाली में था।

डायमंड बन्धु एक शाम राजहंस के यहाँ पहुँचे। गुलशन ने उसे बताया कि जितनी फीस वो उसे देते थे, उसके लिहाज से उसकी सेल बहुत कम थी। इसलिए आइंदा वो उसे नये नावल के पैंतीस हजार ही दे पाएँगे।

राजहंस ने सोच के जवाब देने को बोला और अगले रोज अपने चीफ एडवाइजर सहगल को बुलाकर उससे मशवरा किया।

"भ्राजी, ब्लफ है।"—जगत-सलाहकार सहगल ने कहा—"मत मानो। आप

लेखक हांग कांग में

इतने...बड़े राइटर हो, बड़े राइटर का प्रिंट ऑर्डर बड़ा न हो, ये कहीं हो सकता है? आप मत मानो।"

"जैसे हिन्द वाले एक नावल छाप के घर बैठ गए, डायमंड वाले भी बैठ गए तो?"

"तो...तो...तो भ्राजी आप...आप सोचो।"

यहाँ ये बात गौरतलब है कि 'डायमंड' से पहले राजहंस 'मनोज' का स्टार राइटर होता था, वहाँ काफी फैनफेयर से नियमित रूप से उसका नावल छपता था और सामाजिक उपन्यास लेखन में वो राजहंस को गुलशन नन्दा के विकल्प के तौर पर प्रोजेक्ट करते थे। फिर एकाएक, खड़े पैर, ये कह के उन्होंने राजहंस से हाथ खींच लिया था कि वो अपने राइटर यानी भूत लेखक, अपने ट्रेडमार्क लेखक, प्रोमोट करना चाहते थे।

राजहंस उनका फार्म में पार्टनर था, मैगजीन छपती तो उसके निदेशकों में से एक होता, राजहंस के बड़े लड़के के ट्रक में मनोज वाले गारंटर थे, फिर हमप्याला थे, हमनिवाला थे, उसे जिद करनी चाहिए थी कि वो लोग बदस्तूर उसका नावल छापते रहते क्योंकि 'मनोज' के मार्के के सदके मार्केट में उसकी गुडविल बनी हुई थी। वो ऐसा कहता तो इतने मुलाहजों में यकीनी तौर पर 'मनोज' में उसका नावल छपता रहता। लेकिन ज्यादा लुभावनी ऑफर के साथ हिन्द वाले आ गए, डायमंड वाले आ गए और वो बौरा गया। घर से बाहर निकलना नहीं, जो जिसने कहा, मान लिया। सहगल जैसे ने कहा भ्राजी की सेल डेढ़ और दो लाख के बीच में थी, उसने वो बात गाँठ बाँध ली। कोई तीन लाख कहता तो वो वो भी मान जाता।

हफ्ते बाद गुलशन ने खुद मुझे बताया कि राजहंस ने अपनी फीस में दस हजार रुपये की कटौती कुबूल कर ली थी।

उसके दो नावल और छपे तो दोनों भाई फिर राजहंस के पास पहुँच गए और बोले मार्केट डाउन जा रही थी (ए ला राजकुमार गुप्ता), अब पैंतीस भी वसूल नहीं हो रहे थे इसलिए अब वो उसे पच्चीस से ज्यादा नहीं दे सकते थे।

गुलशन राय मुझे ये बातें क्यों सुनाता था, उसकी वजह अभी आगे आएगी।

दो नावल के बाद दोनों भाई फिर लेखक के पास हाजिर।

अब पेशकश हुई कि फीस पच्चीस हजार कायम रहेगी, लेकिन नावल अब छः रुपये कीमत में नहीं, दस रुपये कीमत से छपेगा, कीमत की बढ़ोत्तरी पर लेखक की फीस में जो बढ़ोत्तरी होती थी, वो नहीं होगी।

राजहंस के पास कोई चारा नहीं था। उस दौरान मेरठ में उसके एक-दो नावल छपे थे लेकिन वहाँ के प्रकाशक भी उससे सन्तुष्ट नहीं हो पाए थे इसलिए उन्होंने भी राजहंस से हाथ खींच लिया था।

दूसरे, उस पर खामोश इलजाम था कि नावल वो नहीं लिखता था, किसी

दूसरे का लिखा टाइप करा के उन्हें थमा देता था। उन्होंने तो राजहंस का चला हुआ नाम छापना होता था, इसलिए ऐसी स्क्रिप्ट से तो उन्हें कोई एतराज नहीं था लेकिन फीस उन्होंने बीस हजार ऑफर की।

जबकि डायमंड वाले पच्चीस तो दे रहे थे!

उसने 'डायमंड' की वो बात भी कुबूल कर ली।

Diamond Pocket Books (P) Ltd.

डायमंड पाकेट बुक्स प्रा. लि.

(Publishers of English, Hindi & Urdu Books)

28-4-89

प्रिय पाठक जी

नमस्कार ।

आपकी सेवा में "पाँच पापी" का पूरा भुगतान भेजा जा चुका है । आपसे कुछ निवेदन है । पिछली मुलाकात में आपसे बात करना चाहता था लेकिन इस लिए उचित नहीं समझा कि आप इस समस्या का जो भी उत्तर दें - ठण्डे वातावरण में सोचकर अगली मुलाकात में देवें ।

आज की स्थिति में उपन्यासों की बिक्री में, काफी ही नहीं बहुत अधिक सेल गिर गई है । उसके कई कारण हैं - जैसे- कीमतों का बढ़ना, टी.वी. के बढ़िया कार्यक्रम, विडियो की भरमार व लेखक की पुस्तकों का कई जगह से प्रकाशन व उनका मार्किट में रिलीज साथ-साथ होना- आदि-आदि । अतः इन सब मुद्दों का असर सेल पर है जो लेखक से छुपा नहीं है । असलियत को जानते हुए- समझते हुए । कागज की मंहगाई व अन्य खर्चों के बेशुमार बढ़ने से प्रकाशक की लागत में काफी अन्तर आया है ।

जो भी पैमेंट प्रकाशक लेखक को देता है उसका मापदण्ड निर्धारित करना बहुत जरूरी है । और वह हमने और आपने मिलकर करना है और सोचना है- अगर सेल बढ़ती है तो लेखक को अधिक लेना और प्रकाशक को अधिक देना बनता है । अगर सेल गिरती है तो लेखक का कम लेना स्वाभाविक है । अतः सभी हालात को सामने रखकर अगर हम इस रिश्ते को अटूट बनाए रखना चाहते हैं तो आपसे अनुरोध है कि हमारे सुझाव को ठण्डे मन से विचार करें । जो हमारे आपके रिश्ते के लिए उचित होगा ।

आज की परिस्थिति में आपके 10/- वाले नये उपन्यास के लिए 40,000/- से अधिक संभव नहीं है और रिप्रिंट की 10/- वाले उपन्यास पर 18,000/-

2715, Darya Ganj, New Delhi-110002 (India) Phones : 273495 : 273493

.......2

Diamond Pocket Books (P) Ltd.
डायमंड पाकेट बुक्स प्रा. लि.
(Publishers of English, Hindi & Urdu Books)

......2......

से अधिक देना संभव नहीं है । 8/- वाले उपन्यास का 15,000/- ही उचित होगा । कृपया हमारी मजबूरी को समझते हुए उचित विचार करें एवम् सूचित करने की कृपा करें ।

आपसे अनुरोध है कि व्यापारिक व्यवहार बनाए रखने वाला निर्णय लें । ऐसा निर्णय जिससे हमारा अटूट प्यार सदा बना रहे । मुझे उम्मीद है कि आप जो निर्णय भी लेंगे वह सही होगा और हम दोनों को मान्य होगा ।

उम्मीद है आप सपरिवार कुशल एवम् आनन्दित होंगे ।

शुभकामनाओं सहित

आपका ही

गुलशन राय

(गुलशन राय)

लेटर की कॉपी

अपनी उस कामयाबी से डायमंड वालों को लगा कि अगर ऐसे दबाव के नीचे एक लेखक आ सकता था तो दूसरा भी आ सकता था।

उन्होंने अपनी कामयाब सैड स्टोरी मेरे पर आजमाई।

अप्रैल, 1989 के अन्त में गुलशन राय ने मुझे एक चिट्ठी लिखी जिसका लुब्बोलुआब ये था।

- सेल काफी गिर गई है, और गिर रही है।
- एक लेखक के उपन्यास कई जगह से प्रकाशित होते हैं, इस वजह से भी सेल पर बुरा असर पड़ रहा है।
- कागज की महँगाई बेतहाशा बढ़ने की वजह से उसी अनुपात में प्रकाशक की लागत बढ़ रही है।
- तिलों से ही तेल निकलना होता है, सेल गिरती है तो लेखक को कम फीस मिलना स्वाभाविक है।

वगैरह।

लिहाजा व्यापारिक सद्व्यवहार बनाए रखने के वास्ते, लेखक-प्रकाशक में 'अटूट प्यार' बनाए रखने के वास्ते मैं फीस में कटौती कुबूल करूँ।

मैंने न की। दो टूक जवाब दिया कि कटौती मुझे मंजूर नहीं थी।

फीस कटौती का जब ये मुद्दा उठा, तब वहाँ मेरा नया उपन्यास 'पाँच पापी' प्रकाशन की राह पर था।

वो लोग मुझे छ: रुपये कीमत के नावल के पैंतीस हजार रुपये देते थे, जिससे मैं पहले ही असन्तुष्ट था लेकिन खामोश था, अब वो मुझे दस रुपये कीमत में चालीस हजार देना चाहते थे, जो कि लगभग बीस हजार रुपये की कटौती थी। सवाल ये था कि जब प्रकाशक नावल की कीमत बढ़ाकर अपना प्रॉफिट मार्जन बढ़ा रहा था तो उसमें शिरकत से लेखक को क्यों बाहर रखना चाहता था!

फिर एक शाम दोनों भाई मेरे घर पधारे और मेरी फीस में कटौती ही फिर वार्तालाप का प्रमुख मुद्दा बन गया। गौरतलब है कि उस बहसबाजी में डायमंड की तरफ से अहम रोल गुलशन राय का ही होता था, बड़ा भाई नरेन्द्र वर्मा अमूमन खामोश रहता था। मेरी फीस को लेकर वो बातचीत बातचीत ही न बनी रह सकी, पहले वो तकरार में तब्दील हुई फिर पता नहीं कैसे बद्‌मजा तू-तू मैं-मैं में बदल गई, गुलशन राय आपे से बाहर हो गया और जो कहना होता था, जोर-जोर से चिल्ला के कहने लगा, यूँ कि उसका चिल्लाकर बोलना पड़ोसियों के कानों तक भी पहुँचा।

और वो सब किसलिए?

इसलिए कि लेखक को उनकी मुकर्रर की गई रिड्यूस्ड फीस पर नावल लिखना कुबूल न हुआ।

जबकि जो फीस चली आ रही थी, वो भी उन्हीं की मुकर्रर की हुई थी। उनके यहाँ लिखना शुरू करते वक्त भी मैंने अपनी तरफ से कोई माँग खड़ी नहीं की थी, जो रकम मुझे हासिल हो रही थी, वो उन्होंने ही मुझे ऑफर की थी, उन्होंने ही मुकर्रर की थी। फिर कम लेने की मनुहार करने का क्या मतलब?

क्योंकि सेल डाउन जा रही थी।

मैंने उनके लिए विमल की दुकड़ी 'चेहरे पर चेहरा' और 'किस्मत का खेल' लिखी जिसकी सेल—वो खुद मानते थे—नॉर्मल से दुगनी हुई थी, तो तब क्या उन्होंने लेखक के लिए कोई बोनस अनाउंस कर दिया था?

अब मुझे उनका मीठा-मीठा घप्प और कड़वा-कड़वा थू वाला रवैया नहीं मंजूर था तो सद्व्यवहार की जगह मुझे उनके कोप का भाजन बनना पड़ रहा था।

और कोप भी कैसा? कहरबरपा। जैसे कह रहे हों कि लेखक की मजाल कैसे हुई उनकी बात न मानने की!

कुछ दिन खामोशी में गुजरे।

फिर मुझे गुलशन की एक और चिट्ठी मिली।

चिट्ठी का मिजाज ऐसा था जैसे पिछली रूबरू मुलाकात बहुत कॉर्डियल एटमास्फियर में हुई थी और सब कुछ शान्ति से, सभ्यता से डिसकस किया गया था। चिट्ठी में फिर मेरे से अनुरोध किया गया था कि मैं उन्हें अपने निर्णय से अवगत कराऊँ जबकि ये काम मैं पहले ही कर चुका था और और कुछ कहने को बाकी नहीं था।

जवाब में मैंने संक्षिप्त चिट्ठी लिख दी कि मुझे आइंदा के लिए उनकी प्रस्तावित फीस मंजूर नहीं थी।

Diamond Pocket Books (P) Ltd.

डायमंड पाकेट बुक्स प्रा. लि.

(Publishers of English, Hindi & Urdu Books)

1.7.89

प्रिय पाठक जी
प्रणाम

आपको पिछले पत्र में एक प्रकाशक के नाते, अपनी मजबूरी व चालू हालात की पूरी जानकारी- सहित पूरा विवरण भेजा था। इस संदर्भ में आप से खुल कर बात-चीत भी हुई थी; आशा है आपने सभी मुद्दों को देखा व समझा होगा। हम अपना निर्णय, विस्तार पूर्वक आपकी जानकारी में ला ही चुके हैं और अब आपने निर्णय लेना है — जो शायद आप ले ही चुके होंगे। आपसे अनुरोध है कि अगली मुलाकात में हमें अपने निर्णय से अवगत करवाएं, ताकि हम भी उसी अनुसार, भविष्य की, कार्य प्रणाली, विज्ञापन आदि की रूप रेखा निर्धारित कर सकें। "दिन दहाड़े डकैती" का भुगतान आपकी सेवा में भेजा जा चुका है- "खून से रंगा चाकू" का भुगतान समय से पूर्व आपको भेज दिया जाएगा।

उम्मीद है, आप जो भी निर्णय लेंगे वह एक प्रकाशक और लेखक के रिश्ते को आगे बनाए रखेगा।

शेष अगली मुलाकात में

आपका ही

गुलशन राय

2715, Darya Ganj, New Delhi-110002 (India) Phones : 273495 : 273493

लेटर की कॉपी

एक शाम वो दोनों फिर घर आ गए।

मेहमाननवाजी का संक्षिप्त दौर खत्म हुआ तो फिर वही मुद्दा उठा।

पिछली बार के हाई थियेट्रिकल्स को याद करके मैं सविनय गुलशन राय से कहा—"जनाब, घर में हल्ला हो तो पड़ोसी डिस्टर्ब होते हैं, एतराज करते हैं। अगर आज भी जो कहना है, शाउट करके कहना है तो बातचीत के लिए हम बाहर गली के मोड़ पर चलते हैं।"

उसने मुस्कराते हुए आश्वासन दिया कि ऐसा कुछ नहीं होगा।

ऐसा ही हुआ।

थोड़ी शान्ति से बात करने के बाद गुलशन राय फिर आपे से बाहर हो गया और शाउट करने लगा।

तब एक ये बात भी सरकाई गई कि उजरत की जिस रकम से मैं हिल नहीं रहा था, वो कोई दूसरा प्रकाशक भी मुझे नहीं देगा। मेरा जवाब था कि दूसरे से कम ले लूँगा, उनसे नहीं लूँगा।

वजह?

दूसरे के यहाँ मेरे नावल ठीक-ठीक चले तो मैं इजाफे के लिए कहने वाला तो बनूँगा! जो प्रकाशक पहले ही कटौती पर तुला है, वो कब को, बल्कि काहे को, इजाफे पर विचार करेगा!

नतीजा फिर वही ढाक के तीन पात।

इस बार मेहमानों की रुखसती भी टेंशन के माहौल में हुई।

और फाइनल कर्टेन के तौर पर हुई।

दो दिन बाद मुझे नरेन्द्र वर्मा का विस्तृत पत्र मिला, जो पत्र कम था, धृष्ट लेखक के लिए प्रवचन ज्यादा था। मुलाहजा फरमाइए :

> आवेश और आक्रोश क्रोध की परिधि के शब्द हैं जो कि विवेक को नष्ट कर देते हैं। हमें अपनी समस्याओं को समझना और परखना चाहिए। जो प्रोपोजल्स हमने रखे हैं, उसके लिए हम अपने आपको तीन वर्ष तक के लिए बाध्य करते हैं, ताकि आपको विश्वास हो कि हम काम करने के इच्छुक हैं। इस अवधि में हम चार नये और आठ रीप्रिंट हर वर्ष प्रकाशित करेंगे। पेजिज़ कागज के मूल्य पर निर्भर करेंगे, (पुस्तक का) मूल्य भी कागज की दर और परिस्थितियों पर निर्भर करेगा।
>
> मेरे विचार में थर्मामीटर तय होना जरूरी है, बिना मापदंड के उचित-अनुचित का निर्णय नहीं हो सकता है और थर्मामीटर सेल की घट-बढ़ पर ही घटना-बढ़ना चाहिए। लेखक भावुक होता है, यह

ठीक है, पर क्या प्रकाशक भावनाशून्य होता है? लेखक प्रकाशन सम्बन्ध भावना के आधार पर भी टिके हैं, लेकिन उनमें व्यावसायिक दृष्टिकोण से आधार तय करने की जरूरत होती है, कमी और बढ़ोत्तरी समय की माँग है। आप मार्केट के पारखी हैं, दाई से पेट नहीं छुपता, लेकिन सच्चाई का सामना तो करना पड़ेगा! सच्चाई यह है कि वीडियो और महँगे कागज ने पॉकेट बुक्स की बिक्री में व्यवधान खड़ा किया है, जिसका हमें डटकर सामना करने की जरूरत है। यह परीक्षा की घड़ी है, जो इस घड़ी सफल हो जाएगा, वह लम्बे समय तक काम कर सकेगा और जो अब परेशान हो जाएगा, वह लड़खड़ा भी सकता है। परेशानी किसी भी व्यक्ति को संघर्ष सिखाती है, परेशान होकर पीठ दिखाना बुजदिली है। हमें अपने अहम की रक्षा करते हुए बिना विवाद में पड़े यह विचारना चाहिए कि हमारा भविष्य हमारे वर्तमान को क्या निर्देश दे रहा है। वक्त की आवाज को पहचानना ही विवेक की परीक्षा है। ऐसा न हो, आक्रोश से हम वह खो बैठें जो हमने इतने वर्षों में पाया है। गुलशन-पाठक जी संवाद एक व्यावसायिक सम्भाव नहीं था। हमें जरूरत है मार्केट की व्यवस्था को समझने की, हमें जरूरत है फैक्ट्स को समझने की। एक-दूसरे पर तोहमत लगाने पर समस्या का हल नहीं होता। हल होता है हल ढूँढ़ने से, बातचीत करने से। आर्थिक पहलू मूल सच्चाई है, जिसे सामने रखकर हमें हर पहलू पर नजर डालनी है। एडामेंट होकर आप जो भी हल सोचेंगे, निरन्तर आपको अटपटा लगेगा लेकिन आप हमारे स्थान पर बैठकर विचारपूर्वक सोचें तो ऐसा लगेगा कि वास्तविकता हमें ऐसा करने पर मजबूर कर रही है। समय की माँग है यह। मुझे विश्वास है आने वाला कल हमारा होगा और उन सभी को मुँह की खानी पड़ेगी जो हमारे सम्बन्धों में मैल भरना चाहते हैं, जो हमारी एकजुटता पर कीचड़ उछालकर हमें अलग करना चाहते हैं। हमारे प्रतिद्वन्द्वी हमारे इस गठजोड़ से खुश नहीं हैं, हमें उन्हें मुँहतोड़ जवाब देना है। हमें एक सूत्र में बँधे रहकर इस वक्त को निकालना चाहिए। फिर कल हमारा होगा, बुरे वक्त का साथी ही अच्छा मित्र होता है।

कहीं मैंने उपदेश तो नहीं दे डाला! गुलशन मेरा छोटा भाई है तो पाठक जी मेरे बड़े भाई हैं। दोनों मुझे प्रिय हैं, दोनों ही मेरे अपने हैं, मुझे दोनों का स्नेह चाहिए, दोनों को समझाना जरूरी है। गलत है अहम् भाव जो बिना वजह दीवार बनकर कर्मशील लोगों की कर्मसाधना में बाधक है।

> मुझे विश्वास है आप मुझे निराश नहीं करेंगे और उत्तर देने में विलम्ब भी नहीं करेंगे। सोचें, समझें और वह करें जो आपकी आत्मा को उचित लगे, लेकिन समय की धारा को न भूलें। सहयोग का रुख अपनाएँ। कठिन समय गुजर जाने पर परिस्थितियाँ ठीक भी हो सकती हैं। फिर कल हमारा होगा।
>
> जवाब तो देना ही था। संक्षेप में दिया, हुक्म के मुताबिक अविलम्ब दिया : कभी-कभी कोई फैसला न करना ही बेहतरीन फैसला होता है। आपके भाई साहब की गलतबयानी और बद्‌जुबानी से उबरने के लिए मुझे तीन महीने का वक्त चाहिए। उम्मीद है इनायत होगी।

सवा तीन साल में 'डायमंड' से मेरे 11 नये और 29 रीप्रिंट्स प्रकाशित हुए और यूँ मेरे लेखक जीवन की एक संतोषजनक इनिंग का समापन हुआ।

डायमंड से बिगड़ने का मुझे भी उतना ही अफसोस हुआ था जितना कि 'डायमंड' को, लेकिन और कोई चारा बाकी नहीं बचा था। वो मेरी गत राजहंस वाली बनाने पर तुले थे और मैं उस बाबत पहले से खबरदार था।

बाद में दरीबे में गुलशन राय अक्सर कहता सुना गया कि लेखक ने हमारी 'इतनी सी बात' नहीं मानी।

कोई उससे सवाल करने वाला नहीं था कि जब बात इतनी सी थी तो वो मनवाना क्यों चाहता था!

मेरे विकल्प के तौर पर उन्होंने प्रकाश भारती को चुना। उसे भरमाया कि वो उसे पाठक से कहीं आगे ले के जाएँगे।

प्रकाश भारती फूल के कुप्पा हो गया। खड़े पैर मेरठ गया, सारे प्रकाशकों को 'डायमंड' से मेरे एग्जिट की और खुद को मिले एक बड़े ब्रेक की खबर पहुँचाने।

बाद में कई वाकिफ प्रकाशकों ने मुझे बताया कि खुशी से दमकते, चुटकी बजाते कहता था—"अरे, सुना! 'डायमंड' से पाठक की छुट्टी हो गई।"

कहने का ढंग ऐसा होता था जैसे मैंने 'डायमंड' में लिखने से इनकार नहीं किया था, 'डायमंड' ने मुझे निकाल बाहर किया था।

क्योंकि उन्हें मेरे से बेहतर लेखक मिल गया था।

प्रकाश भारती!

जिसके शायद आठ नावल मेरे नावलों वाले गैट अप में एक के बाद एक 'डायमंड' में छपे थे और फिर उसे जवाब मिला था—"उनके यहाँ वो नहीं चल पा रहा था, वो कहीं और ट्राई कर ले।"

यूँ थोड़े अरसे के लिए हवा में उड़े लेखक के पाँव यथार्थ के कठोर धरातल पर आकर टिके।

उन दिनों मैं विमल का उपन्यास लिख रहा था, जो कि फच्चर न पड़ा होता तो दो भागों में 'डायमंड' से ही छपता। उन लोगों को इस बात की खबर थी, वो विमल की डबल सेल पोटेंशल से भी वाकिफ हो चुके थे, इसलिए भले ही उन्होंने कभी जुबानी ये बात नहीं कहीं लेकिन अहसास उन्हें बराबर था कि एक अत्यंत सेलेबल नावल, जो लेखक, प्रकाशक दोनों की हैसियत बनाता, उनके हाथ से निकल गया था।

जब मैंने विमल का वो नावल मुकम्मल कर लिया, 'पाप की नगरी' और 'लेख की रेखा' दुकड़ी के नाम भी निर्धारित कर लिये तो मैं नरेन्द्र वर्मा से उसके ऑफिस में जाकर मिला।

मैंने उसे कहा कि क्योंकि वो नावल मैंने 'डायमंड' के लिए ही लिखा था इसलिए बावजूद इसके कि आपसी ताल्लुकात स्थायी रूप से खंडित हो चुके थे, मैं वो दुकड़ी पूर्वस्थापित रेट पर प्रकाशन के लिए उन्हें देने को तैयार था।

"हमारा अगले सैट का शिड्यूल तैयार है।"—जवाब मिला—"तब्दील करना पड़ेगा।"

"वो आपकी सोच है।"

"करेंगे। नया सर्कुलर छपवाते हैं।"

"तो चैक?"

"पहुँच जाएगा।"

चैक कभी न पहुँचा।

मैं भी उस बाबत उनसे सवाल करने न गया।

मैंने सहगल को बोला था कि वो दो नावल आखिर मैं 'डायमंड' में ही दे रहा था। जैसी उसकी उतावली आदत थी, वो नरेन्द्र वर्मा को फोन करके उसे इस बात की बधाई देने लगा तो नरेन्द्र का शुष्क जवाब मिला—"काहे की बधाई! स्क्रिप्ट तो हमारे पास पहुँची नहीं!"

जैसे लेखक ने पेमेंट ले ली हो और स्क्रिप्ट सौंपने के मामले में नालायकी दिखा रहा हो।

बाद में उड़ती-उड़ती खबर मेरे तक पहुँची कि वो इस खामखयाली से मुब्तला थे कि मुझे कोई वैकल्पिक प्रकाशक ढूँढ़े नहीं मिला था इसलिए वो दो नावल मैं यूँ उनको चेपना चाहता था जैसे मैं उन पर कोई अहसान कर रहा था।

असल में ये बात बिलकुल नहीं थी। 'डायमंड' का टालू रवैया देखकर जिस पहले प्रकाशक से मैंने उसके बारे में बात की, उसने हामी भरने में एक सैकंड भी न लगाया।

सन् 1990 में राधा पॉकेट बुक्स, मेरठ से 'पाप की नगरी' और 'लेख की रेखा' क्रमशः मई और जुलाई में छपे।

लेखक मकाओ में

'डायमंड' से उन दिनों की रंजिश की एक वजह तुलसी पॉकेट बुक्स, मेरठ भी बना था, जो कि लेखकद्वय वेद प्रकाश शर्मा और सुरेश जैन 'रितुराज' का सांझा प्रकाशन था और जिसका पॉकेट बुक्स ट्रेड में पदार्पण तब हालिया था।

किसी वजह से मनोज पॉकेट बुक्स ने अपने स्टार लेखक वेद प्रकाश शर्मा को छापना बन्द कर दिया था तो तब के सारे बड़े प्रकाशक शर्मा की तरफ लपके थे, लेकिन बतौर फीस उसकी माँग इतनी बड़ी थी कि कोई भी उसे पूरी करने को तैयार नहीं हुआ था। लेखक का तब का कद उसे अपनी फीस नहीं घटाने देता था और प्रकाशक उसकी फीस के खयाल से थर्राते थे।

आखिर हिन्द पॉकेट बुक्स में उसके दो तीन नावल छपे थे, लेकिन वहाँ भी वो सिलसिला आगे नहीं बढ़ सका था और शेखर मल्होत्रा की मानें तो ऐसा न हो पाने के लिए सरासर लेखक जिम्मेदार था।

उस सिनेरियो में खुद प्रकाशक बनने के अलावा दूसरा कोई चारा उसके पास नहीं था। रितुराज उसका पुराना दोस्त था और एक अरसे से प्रकाशक होने की वजह से प्रकाशन का पूरा-पूरा तजुर्बा रखता था। एक प्रकाशन में तजुर्बेकार, दूसरा लेखन में माहिर और नामचीन, नतीजतन दोनों की पार्टनरशिप में तुलसी पॉकेट बुक्स का जन्म हुआ और मेरठ के मिजाज के विपरीत एक बड़े स्केल पर उन्होंने प्रकाशन को चलाने का मंसूबा जाहिर किया।

तब दिल्ली के बड़े प्रकाशक उनका मजाक उड़ाते थे और कहते थे कि बड़े स्केल पर प्रकाशन मेरठ जैसी छोटी जगह से चलाया जा ही नहीं सकता था। वहाँ से तो बड़े रेल डिस्पैच तक को अंजाम देना मुमकिन नहीं था क्योंकि बुक किया माल पहले दिल्ली आता और वहाँ से पता नहीं कब आगे की मंजिल की ट्रेनों पर चढ़ाया जाता।

लेकिन 'तुलसी' से छपा शर्मा का जब पहला नावल 'किसान अपना माल खुद बेचने आया है' के सलोगन के साथ रिलीज हुआ तो धन्धे के दिल्ली के तमाम बड़े महंतों के कयास फेल हो गए।

उपन्यास की ऐसी धुआँधार सेल हुई, पहली ही कोशिश में 'तुलसी' का ऐसा सिक्का मार्केट में बैठा कि दिल्ली के प्रकाशक ईर्ष्या करने लगे और मेरठ के चमत्कृत हो गए कि वहाँ से भी ऐसा करिश्माई प्रकाशन उठ खड़ा हो सकता था।

बहरहाल वो वेद प्रकाश शर्मा की बतौर लेखक बड़ी हैसियत का जहूरा था जिसका कि तब—कर्टसी निःसन्देह मनोज पॉकेट बुक्स—ट्रेड में डंका बोलता था।

इस सन्दर्भ में मैं यहाँ फ्लैशबैक में जाने का अभिलाषी हूँ।

सन् 1975 के आखिर के करीब मेरा वास्ता पवन पॉकेट बुक्स से पड़ा था, जो कि पॉकेट बुक्स ट्रेड में एक नया प्रकाशन था। उससे पहले प्रकाशक मेनका नाम

की एक फिल्म मैगजीन छापता था और गाहे-बगाहे कुछ जनरल पुस्तकें छापता था। पॉकेट बुक्स ट्रेड का वो बड़ा जगमग दौर था, स्पष्टतया उस जगमग ने ही उसे पॉकेट बुक्स छापने के लिए प्रोत्साहित किया था। उन दिनों पॉकेट बुक्स ट्रेड के बड़े सितारे हिन्द, मनोज, स्टार, डायमंड थे और 'आलसो रैन' प्रकाशक दर्जनों में थे। नये प्रकाशन पवन पॉकेट बुक्स ने ट्रेड में कदम रखते ही जाहिर कर दिया था कि बड़े सितारों के मुकाबिल होने की न उसका हैसियत थी, न मंशा थी, वो वैसा प्रकाशक बन के ही राजी था जैसे दर्जनों में थे। इसी वजह से छापने के लिए उसने तब के धन्धे में मामूली हैसियत के ही लेखक चुने, जिनमें से एक मैं था, और 'पवन' जैसा भूत लेखक खड़ा किया। छः साल के वक्फे में मैंने वहाँ अट्ठारह नये उपन्यास लिखे जिनमें 'मीना मर्डर केस', 'मेरी जान के दुश्मन', 'धोखाधड़ी' जैसे आगे चलकर बेहद मकबूल हुए उपन्यास भी थे, लेकिन न पवन पॉकेट बुक्स ने कोई तरक्की की और न वहाँ छपने से मेरा कोई भला हुआ। वजह प्रकाशक की मेरठी प्रवृत्ति थी कि तरक्की से खौफ खाता था। बड़ा बिजनेस यानी बड़ी इनवैस्टमेंट, जो कि उसे कुबूल नहीं थी इसलिए छोटा खेल खेल के ही राजी था। मेरे लिखे उपन्यास उसके यहाँ खूब चले, इतने कि नया उपन्यास आते ही सारे का सारा डिस्पैच हो जाता था, लोकल सेल के लिए और लेखक को देने के लिए भी नहीं बचता था। फिर भी न वो प्रिंट ऑर्डर बढ़ाता था, न नावल को रीप्रिंट करता था।

वजह?

लेखक और पैसे माँग लेगा।

यानी लेखक का कोई भला न हो जाए, इसलिए उसे अपना, अपने धन्धे का नुकसान कुबूल था।

वो मेरा हमउम्र था, घूँट का रसिया था इसलिए मेरी उससे अक्सर मुलाकात होती थी। मेरा ऑफिस दरियागंज में था, उसका नयी सड़क पर दाइवाड़े में था, जहाँ रिक्शा पर बैठकर दस-बारह मिनट में आराम से पहुँचा जा सकता था। लिहाजा दोपहरबाद ऑफिस के लंच ब्रेक में मैं अक्सर वहाँ पहुँच जाता था और थोड़ा अरसा उसकी, प्रकाशक की, सोहबत में गुजारकर लौटता था। वापिसी में मैं रिक्शा नहीं करता था, पैदल लौटता था ताकि दरीबे में एक पड़ाव डाल पाता। तब दरीबा पॉकेट बुक्स की होलसेल मार्केट बना हुआ था और दिल्ली-मेरठ के सारे प्रकाशकों की नयी-पुरानी पॉकेट बुक्स वहाँ हमेशा उपलब्ध होती थीं, जिसकी वजह से प्रकाशकों और पाठकों की आवाजाही वहाँ हमेशा रहती थी। वहाँ एक नारंग पुस्तक भंडार था जिसके पास हर प्रकाशक की पुस्तकें होलसेल पर उपलब्ध होती थीं। मालिक मेरा दोस्त था इसलिए मैं अक्सर ये जानने के लिए चक्कर लगाता था कि नयी आई कौन-सी किताब कैसी बिक रही थी। धन्धे में तब तक बनी अपनी औकात का भी बड़ा सटीक अन्दाजा मुझे वहाँ से हासिल होता था।

नारंग की ऐन बगल में मनोज पॉकेट बुक्स का बड़ा शोरूम था, लेकिन न मैं मालिक से परिचित था और न मैंने कभी वहाँ कदम डाला था। एक रोज दाइवाडे से लौटता मैं नारंग पुस्तक भंडार पर मौजूद था तो एक आदमी वहाँ आया और मेरी तवज्जो अपनी तरफ करने के बाद बोला—"आपको विनय भाई साहब बुला रहे हैं।"

मैं सकपकाया, सवालिया निगाह से मैंने नारंग की तरफ देखा।

"बगल का मुलाजिम है।"—नारंग बोला—"आज विनय दुकान पर है। जा, मिल आ।"

विनय गुप्ता, मुझे मालूम था कि, मनोज पॉकेट बुक्स के प्रोप्राइटर का नाम था।

हिचकिचाता हुआ मैं बगल की दुकान पर गया।

वहाँ फ्रंट में काउंटर था जिसके पीछे विनय गुप्ता मौजूद था। मैं दुकान में दाखिल हुआ और काउंटर पर पहुँचकर उसका अभिवादन किया।

उसने मुस्कराकर अभिवादन स्वीकार किया और पूछा—"आजकल कहाँ लिख रहे हो?"

मैंने बताया।

"हमारे लिए लिखो।"

"अच्छा!"

"हाँ। देख लो, वेद को हमने कहाँ से कहाँ पहुँचा दिया है!"

झिझकता, हिचकता मैं कोई जवाब देने की तैयारी कर रहा था तो मैंने महसूस किया कि उसकी तवज्जो मेरे तरफ नहीं थी। मैंने घूमकर पीछे देखा तो मेरी तरफ से एकाएक भटकी उसकी तवज्जो की वजह मेरी समझ में आई।

पीछे वेद—वेद प्रकाश शर्मा—खड़ा था।

उसके एक हाथ में सिग्रेट का पैकेट और लाइटर था और दूसरे में ताजा सुलगाया सिग्रेट था; गर्दन ऐंठी हुई थी और दाएँ-बाएँ वैसे ही कलफ लगे दो चमचे थे।

विनय गुप्ता तत्काल चाबी लगे खिलौने की तरह उछलकर खड़ा हुआ और लपककर खास मेहमान की अगवानी के लिए काउंटर के पीछे से निकला।

मेरा वजूद खत्म हो चुका था, मैं जैसे वहाँ था ही नहीं।

शर्मा ने एक उड़ती निगाह मेरे पर डाली, मेरे करीब से गुजरा और जाकर प्रकाशक द्वारा खाली की गई कुर्सी पर बैठ गया।

प्रकाशक मुसाहिबी मुस्कराहट के साथ जी-हुजूरी पोज़ में दरबारी की तरह लेखक के सामने खड़ा था।

ट्रेड की तोप—जो अपने सामने गुलशन नन्दा को भी कुछ नहीं समझता था—ऐन उस वक्त आया जबकि शायद 'हमारे लिए लिखो' से आगे की कोई मनभावन बात होने ही वाली थी।

उसको अपने स्टार लेखक का हालचाल दरयाफ्त करता छोड़कर खिसियाया-सा मैं दुकान से नीचे उतरा और वापिस नारंग की दुकान पर पहुँचा।

वो पहला मौका था जबकि मैंने वेद प्रकाश शर्मा नाम के मशहूर लेखक को साक्षात देखा था, जो बकलमखुद अपने आपको पैंतीस साल से (!) भारत का—या शायद एशिया का—सबसे अधिक बिकने वाला लेखक बताता था और ये गर्वोक्ति हमेशा उसकी हर नयी किताब के टाइटल पर छपती थी।

मैं उसका क्या मुकाबला कर पाता! मैं तो अभी गली-मौहल्ले का लेखक था।

बहरहाल, बाद में उन्हीं लाला लोगों के परिवार के शादी-ब्याहों में वो कभी फासले से दिखा तो दिखा वर्ना मेरा उससे रूबरू वास्ता कभी न पड़ा।

आगे वो वास्ता तब पड़ा जब शर्मा की मनोज पॉकेट बुक्स से हमेशा के लिए बिगड़ गई और उसने अपने पुराने साथी रितुराज के साथ मिलकर तुलसी पॉकेट बुक्स के नाम से अपना प्रकाशन शुरू कर लिया, जब बड़े लेखक को एकाएक अहसास हुआ कि वो तो 'किसान' था, जिसे अपना 'माल' बिक्री हेतु मंडी में खुद पहुँचाना चाहिए था। अब वो लेखक से प्रकाशक से व्यापारी के मंडी वाले किसान के रोल में आ गया था तो दोनों पार्टनरों को अहसास हुआ कि घर के दो लेखकों के दम पर ही प्रकाशन नहीं चलने वाला था, बड़े प्रकाशकों के कम्पीटीशन में खड़ा

लेखक पुत्री और पुत्रवधु के साथ विंडरमेयर इंगलैंड में

होना था तो ढेर पॉकेट बुक्स प्रकाशित करना जरूरी था। लिहाजा बाहरी लेखकों का शुमार 'तुलसी' में होना जरूरी था।

जिस काबिल (!) बाहरी लेखक पर उनकी निगाह पड़ी वो सुरेन्द्र मोहन पाठक था क्योंकि उस सिलसिले में आपका खादिम उन्हें ईजी टार्गेट लगा था।

सन् 1988 की एक सुबह जब मैं ऑफिस जाने की तैयारी कर रहा था तो दोनों पार्टनर मेरे घर पधारे। तब ताजमहल को करीब से देखने का पहला इत्तफाक मेरे साथ हुआ, मैं 'दी वेद प्रकाश शर्मा' के रूबरू हुआ, उसके दुर्लभ दीदार का सुख मैंने पाया और उसका बाकायदा, बातरतीब परिचय मुझे हासिल हुआ।

माउंटेन केम टु मुहम्मद।

कुआँ प्यासे के पास आया।

यहाँ ये बात गौरतलब है कि तुलसी पॉकेट बुक्स का सारा मेला, सारा जहूरा वेद प्रकाश शर्मा के दम पर था लेकिन 'तुलसी' की ऐडमिनिस्ट्रेटिव आर्म रितुराज था। आपस में वो दोनों पता नहीं एक-दूसरे से कैसे पेश आते थे, लेकिन पब्लिक में एग्जीक्यूटिव एंड मुकम्मल तौर पर रितुराज हैंडल करता था और शर्मा उस दौरान महज हाजिर होता है। रितुराज स्वतंत्र रूप से खुद भी सालों से पॉकेट बुक्स का प्रकाशक था, लेकिन उसका प्रकाशन न कभी तीन में था, न तेरह में था। शर्मा की बैसाखी हासिल होते ही बाजरिया 'तुलसी' वो बाहैसियत, आल इम्पॉर्टेंट प्रकाशक बन गया, यहाँ तक कि अपना खुद का प्रकाशन उसने बन्द ही कर दिया।

बहरहाल सन् 1988 में मेरे से हुई उस पहली मुलाकात में भी यही हुआ कि 'तुलसी' के लिए लिखने की पेशकश रितुराज ने की, जो कारोबारी बातचीत हुई वो रितुराज ने की, जो कि दो घंटे चली और उस मुकम्मल वक्फे के दौरान दूसरे पार्टनर वेद प्रकाश शर्मा ने हाँ हूँ की या सिग्रेटें फूँकीं।

आइंदा हुई कई मुलाकातों में भी ये सिनेरियो बरकरार रहा।

'तुलसी' में शुरुआत मैंने रीप्रिंट से की। अप्रैल 1988 में तुलसी में मेरा पहला रीप्रिंट 'खून का खेल' था। फिर उसी समय जुलाई में नया उपन्यास 'जीने की सज़ा' छपा। उस साल में तुलसी से मेरे दो रीप्रिंट और छपे।

ये वो दौर था जबकि मैं 'डायमंड' का स्थायी लेखक था और उनके साथ मेरा सब अच्छा-अच्छा चल रहा था, कहीं कोई प्रॉब्लम एरिया था तो ये था कि गुलशन राय 'तुलसी' से मेरी जुगलबन्दी से खुश नहीं था। उसके नाखुश होने की जो वजह थी वो बतौर प्रकाशक स्ट्रेटेजिक थी लेकिन मेरा उससे कोई लेना-देना नहीं था। वो वजह ये थी कि उन दिनों प्रकाशकों का ए.एच. व्हीलर से गम्भीर व्यापारिक मतभेद चल रहा था। मुख्यत: सभी प्रकाशकों को जो व्हीलर से परेशानी थीं, वो थीं :

- पेमेंट बहुत लेट—आठ-नौ महीने तक—आती थी।
- वापिसी का कोई सिस्टम नहीं था, महीनों बाद जब वापिसी आती थी तो पुस्तकों का हुलिया इतना बिगड़ा होता था कि वो रीसेल के काबिल नहीं होती थीं।
- हर किताब पर व्हीलर की एक टिकट और रबड़ स्टैंप लगाई जानी होती थी जिसकी वजह से किताब व्हीलर के स्टॉलों पर ही बिक्री के काबिल बन जाती थी। ऐसी किताबों की भी पब्लिशर को वापिसी लेनी पड़ती थी।
- इंडेंट इलाहाबाद हैडक्वार्टर से जारी होता था और कई बार वो बहुत अदूरदर्शितापूर्ण होता था, मसलन सेलेबल टाइटल का ऑर्डर कम होता था और चालू टाइटल का ज्यादा होता था।

और भी कई मुद्दे थे, जिनकी मुझे खबर नहीं। तब प्रकाशकों ने एकजुटता दिखाई, व्हीलर की मुखालफत में एक मोर्चा खड़ा किया और फैसला किया जब तक कोई सम्मानजनक हल न निकले, सारे प्रकाशक व्हीलर की सप्लाई बन्द कर दें।

इस सिलसिले में प्रकाशकों का एक डेलीगेशन रेलमंत्री से भी मिला और माँग की गई कि अंग्रेज के राज से चले आ रहे रेलवे बुक स्टॉल्स कांट्रैक्टर व्हीलर को डिसबैंड कर दिया जाए और सारे—पौने तीन सौ के करीब—रेलवे बुक स्टॉलों के व्हीलर के कर्मचारी संचालकों को ही उनका मालिक बना दिया जाए। वो माँग तो तुरन्त नामंजूर कर दी गई, लेकिन तत्कालीन रेल मंत्री से प्रकाशकों को कुछ और आश्वासन मिले जो कि किसी खास गिनती में नहीं आते थे।

गुलशन राय की 'तुलसी' से रंजिश ये थी कि वो लोग व्हीलर के खिलाफ खड़े प्रकाशक संघ के साथ नहीं थे और बदस्तूर व्हीलर को अपना माल भेज रहे थे। मेरठ में ऐसे और भी प्रकाशक थे, लेकिन वो स्माल फिश का दर्जा रखते थे। 'डायमंड' वाले क्योंकि प्रकाशकों के उस संगठन के सरगना बने हुए थे, इसलिए ये जिम्मेदारी उन पर आयद होती थी कि वो 'तुलसी' को मनाएँ और अपनी तरफ करें।

इस सिलसिले में मैं नरेन्द्र वर्मा को खड़े पैर मेरठ लेकर गया और वहाँ तुलसी के ऑफिस में उसकी वेद प्रकाश शर्मा की मौजूदगी में रितुराज से बात कराई—ऐसे मामलों में अगर पार्टनर साथ हो तो शर्मा अमूमन खामोश ही रहता था—नरेन्द्र वर्मा ने विस्तार से प्रकाशकों का स्टैंड रितुराज को समझाया। रितुराज ने हर बात से सहमति जाहिर की और प्रकाशकों को संगठित करने के नरेन्द्र वर्मा के प्रयास की बाकायदा प्रशंसा की। फिर मेहमान को इस आश्वासन के साथ रुखसत किया कि वो लोग जल्दी ही कोई सकारात्मक कदम उठाएँगे और आइंदा प्रकाशकों के संगठन की मीटिंगों में भी आया करेंगे।

ऐसा कुछ न हुआ।

उन्होंने कोई मीटिंग अटेंड न की और व्हीलर को अपनी सप्लाई जारी रखी।

इस बात से भड़ककर गुलशन राय ने बड़ी घोषणा की कि वो दिल्ली में 'तुलसी' का माल नहीं बिकने देगा। मुख्यत: दरीबे में ही पॉकेट बुक्स के डिस्ट्रीब्यूटर थे जिन्होंने अपने पड़ोसी 'डायमंड' वालों के लिहाज में 'तुलसी' को उनके नये सैट का ऑर्डर न दिया जिसमें वेद प्रकाश शर्मा का नया नावल भी शामिल था।

लेकिन दिल्ली दरीबे में ही तो सीमित नहीं थी! 'तुलसी' का सैट दरीबे की होलसेल मार्केट में उपलब्ध न होने की वजह से और ठिकानों पर ज्यादा बिकने लगा।

इस बात ने गुलशन राय को और भड़काया और जोशोखरोश के हवाले उसने नाजायज हरकतें भी कीं। उसी मूड में उसने मेरे को भी बोला कि मैं 'तुलसी' के लिए न लिखूँ। 'डायमंड' मेरा प्रमुख प्रकाशक था, वहाँ मेरी हर महीने किताब छपती थी, इसलिए मैं उनको नाराज नहीं कर सकता था, लेकिन मैं 'तुलसी' के भी इस मुलाहजे से बँधा था कि वो लेखकों की फर्म थी और लेखकों को लेखक का सहयोग प्राप्त होना चाहिए था। फिर भी गुलशन राय की बात रखते हुए मैंने 'तुलसी' को चिट्ठी लिखी :

> आदरणीय सुरेश जी,
> मैं अत्यंत संकोच के साथ लिख रहा हूँ कि हाल में पैदा हो गई कुछ व्यक्तिगत दुश्वारियों की वजह से 'फिलहाल' मेरे लिए आपके प्रकाशन की और खिदमत कर पाना सम्भव नहीं। आपकी पारस्परिक सहयोग में बड़ी आस्था है, आशा है इस बाबत मुझे सहयोग देंगे।

जिस दिन उन्हें चिट्ठी मिली उससे अगले ही रोज सुबह सात बजे दोनों पार्टनर मेरे घर पर मौजूद थे। दिसम्बर का महीना था, अभी पौ भी नहीं फटी थी, जबकि उन्होंने आकर मुझे सोते से जगाया।

सात बजे मेरे घर पहुँचे होने का मतलब था कि वो कम-से-कम सुबह पाँच बजे मेरठ से चले होंगे और चार बजे सोकर उठे होंगे। इतनी जल्दी पहुँचने का कारण उन्होंने ये बताया कि वो मेरे ऑफिस के लिए निकल लेने से पहले घर में ही मेरे से बात करना चाहते थे और अविलम्ब बात करना चाहते थे।

क्या बात करना चाहते थे?

ये कि मैं उनके लिए लिखना जारी रखूँ वर्ना वो 'तुलसी' का प्रकाशन बन्द कर देंगे।

ये बात पूरी संजीदगी से रितुराज ने कहीं, शर्मा हमेशा की तरह खामोश श्रोता के रोल में था।

वो बड़ा बोल था। न ऐसा होना था, न हो सकता था।

लेकिन मन की ये बात मेरे से जुबान पर न लाई गई।

उनका इसरार ही ऐसा था, सेल्स पिच ही ऐसी थी कि न चाहते हुए भी मैंने आगे लिखते रहने की हामी भरकर उन्हें रुखसत किया।

गुलशन राय बहुत नाराज हुआ।

खेदप्रकाश करते हुए मैंने उसे आश्वासन दिया कि कुछ अरसे के बाद वही कोशिश मैं फिर करूँगा।

दो बार की भी।

दोनों बार 'तुलसी' वालों ने वही कदम उठाया जो मेरी पहली कोशिश की प्रतिक्रियास्वरूप उठाया था। आँधी हो या तूफान, सर्दी हो या बरसात, सुबह सात बजे से पहले वो मेरे घर में मेरे रूबरू।

तब तक मेरी 'डायमंड' से ही बिगड़ गई इसलिए आइंदा वो कोशिश बेमानी हो गई।

बजातेखुद 'तुलसी' से मैं राजी नहीं था। जब स्थापित लेखक ही प्रकाशक था तो कैसे वो किसी दूसरे लेखक को अपने पर तरजीह दे सकता था! कैसे शर्मा प्रोफेशनल राईवलरी को भूल सकता था और पाठक को प्रोमोट करने लग सकता था!

मैं जानता था मेरा कोई उज्ज्वल भविष्य वहाँ नहीं था, लेकिन एक मुलाहजे ने मुझे बाँधा हुआ था, मैं तो कम्बल को छोड़ता था, कम्बल मुझे नहीं छोड़ता था।

सन् 1966 का एक दुर्लभ चित्र
बाएँ से : लेखक, वेद प्रकाश काम्बोज, सुरेश, ओमप्रकाश शर्मा

'डायमंड' से खड़े पैर बिगड़ी तो मेरे लिए 'तुलसी' में ही लिखते रहना मजबूरी बन गया। तब प्रकाशक तो मुझे मुतवातर मिले लेकिन सब मेरठ के थे, छोटी औकात के थे और मेरे रीप्रिंट छाप के ही राजी थे।

सन् 1988 से 1993 तक कोई साढ़े पाँच साल जैसे-तैसे मेरा 'तुलसी' से वास्ता बना रहा। वहाँ छपा मेरा आखिरी नया उपन्यास 'एक ही अंजाम' (अप्रैल 1992) था और आखिरी रीप्रिंट 'समुद्र में खून' (अप्रैल 1988) था। साढ़े पाँच साल में वहाँ मेरे कुल जमा 23 उपन्यास छपे, जिनमें छः नये और सत्तरह रीप्रिंट थे।

फिर वो सिलसिला अपने आप ही खत्म हुआ क्योंकि तब तक 'तुलसी' की ही चमक फीकी पड़ गई और खुद उन्हीं की मेरे में रुचि न रही।

साढ़े पाँच साल के उस वक्फे में 'तुलसी' के दोनों पार्टनरों से दिल्ली और मेरठ में मेरी कम से कम तीस मुलाकात हुई लेकिन उनके दौरान शर्मा मेरा दोस्त तो क्या, वाकिफकार भी न बन सका। तब भी न बन सका, जबकि तुलसी पॉकेट बुक्स बन्द हो गई, शर्मा स्वतंत्र रूप से प्रकाशक बन गया और अपने खुद के प्रकाशन के लिए रीप्रिंट्स हासिल करने के लिए तीन-चार बार अकेला या अपने बेटे के साथ मेरे घर आया, फिर भी सिलसिला गैरदोस्ती और नावाकफियत का ही रहा—17 फरवरी, 2017 को उसकी असामयिक मृत्यु तक भी कोई फर्क न आया।

जरूर मेरे में ही कोई रिपल्सिव बात थी, खामी थी जिसकी कभी मुझे खबर न लगी—लगती तो जरूर दुरुस्त करता।

यहाँ एक खास बात मैं अभी दर्ज करना चाहता हूँ।

अपने लगभग साठ साल के लेखन काल में मेरा 55 प्रकाशकों से वास्ता पड़ा है लेकिन कभी किसी से सम्बन्ध स्थायी न बने रह सके—वजह कोई रही हो, लेखक हो या प्रकाशक हो या हालात हों या कोई खुदाई मार हो, मेरे साथ ये एक स्थापित तथ्य है कि तीन-चार साल सिलसिला सुचारु रूप से चलता रहता है फिर अपने आप की कुछ होता है कि मैं हतप्रभ-सा सोचता ही रह जाता हूँ कि आखिर क्या हुआ! साठ साल में इस धन्धे से शोहरत कमाई, दौलत कमाई लेकिन कभी भी अपने पाँव मजबूती से जमीन पर टिके न पाए। जहाँ सिलसिला जमता था, मुझे अन्देशा सताने लगता था कि अभी कुछ हुआ, अभी कुछ हुआ।

और अन्देशा कभी गलत भी न निकला।

वजह शायद ये भी थी कि आधे से ज्यादा प्रकाशक अल्पशिक्षाप्राप्त थे, हर किसी को कागज रंगकर, टाइटल चढ़ाकर किताब मार्केट में धकेलने की जल्दी होती थी। किसी का कोई एजेंडा नहीं होता था, किसी की कोई प्लानिंग नहीं होती थी, किसी की अपनी कोई सूझ-बूझ नहीं थी, जो राह एक जना पकड़ता था, बाकी

उसके पीछे चल देते थे। जो लेखक मार्केट में चलता दिखाई देता था, सब उसके द्वारे पहुँच जाते थे, जिससे उम्मीदें पूरी नहीं होती थीं, उसको यूँ ड्रॉप करते थे जैसे थोड़ी देर और टिक गया तो बर्बाद कर देगा। लेखक ने क्या लिखा है, कोई जानना नहीं चाहता। लेखक ने स्क्रिप्ट दी, सीधी कम्पोजिंग के लिए प्रैस में, कितने ही मेरठ के प्रकाशक तो प्रैस वाले को ही बोल देते थे कि वो प्रूफरीडिंग का भी कोई इंतजाम खुद ही कर ले। सौ-सौ किताबें छाप चुकने के बाद भी कागज खरीदने, प्रिंटर, बाइंडर सैट करने के अलावा उन्हें कुछ नहीं आता। न वो कुछ सीखना चाहते हैं। नये लेखक को पास नहीं फटकने देते।

वजह?

कौन स्क्रिप्ट पढ़ने में—या पढ़ाने में—सिर खपाई करे!

फिर भी नये लेखक को छापने को तैयार होते हैं तो उससे पैसा माँगते हैं और एक तरह से उसी के खर्चे पर किताब छापकर ढाई-तीन सौ कॉपी उसे थमा देते हैं, जो लेखक के फ्री बाँटने के ही काम आती हैं, और बाकी को जैसे-तैसे खुद बेच खाते हैं।

मेरे अपने साथ ऐसा होता रहा है कि मेरे पढ़े-लिखे प्रकाशक को भी नहीं मालूम मेरे नावल में क्या छपा है! कोई स्क्रिप्ट को पढ़ता नहीं, कोई एडिट नहीं करता, स्क्रिप्ट हाथ आते ही प्रिंटिंग प्रॉसेस के हवाले हो जाती है, प्रूफ लेखक के मत्थे मढ़ दिए जाते हैं कि वो खुद पढ़े। लेखक की किताब छपती है, डिस्पैच हो जाती है और अगली किताब की जुस्तजू शुरू हो जाती है।

दरअसल ऐसे प्रकाशक ने लेखक का चला हुआ नाम छापना होता है, लेखक का नाम ही है जिसने किताब को चलाना है, भीतर क्या है, क्या लेना है उन्होंने जान के! प्रकाशक स्क्रिप्ट पढ़े, किसी नये लेखक में पोटेंशल देखे और उसको प्रोमोट करे ये एक डिस्टेंट ड्रीम है, हिन्दी पॉकेट बुक्स के प्रकाशन में जो कभी वजूद में नहीं आने वाला। किताब प्रकाशक ने लेखक से पैसा लेकर छापी है तो उसकी बला से भीतर कुछ लिखा हो, स्थापित लेखक की छापी है तो जाहिर ही है कि जो उसने लिखा होगा, उसकी प्रतिष्ठा के अनुरूप होगा। फिर खामखाह स्क्रिप्ट को पढ़ने या पढ़वाने में सिर खपाने से क्या फायदा!

एक स्थापित लेखक ने अपने एक उपन्यास में पुराने राजस्थानी रीति-रिवाजों के बारे में ऐसा कुछ लिखा कि राजपूत उससे खफा हो गए और उस उपन्यास के विरोध में राजस्थान के कई शहरों में लेखक, प्रकाशक, मुद्रक पर मुकदमा दायर हो गया। बड़ी मुश्किल से सारे मुकदमों को राजधानी जयपुर में कनसॉलिडेट कराने में वो कामयाब हुए। वहाँ भी जब पेश होते थे तो आरोपी पक्ष के लोग मारने दौड़ते थे, पुलिस को आकर उनका बचाव करना पड़ता था। बेशुमार पेशियों के बाद कैसे लेखक, प्रकाशक, मुद्रक का पीछा छूटा, इस बात का मुझे ज्ञान नहीं लेकिन आखिर छूटा।

प्रकाशक तब भी उस लेखक के नियमित रूप से नावल छापता था। मैंने उससे सवाल किया—"एक बार का भुगता हुआ है, अब तो स्क्रिप्ट पढ़ के छापता है न!"

"नहीं!"—इत्मीनानभरा जवाब मिला।

"क्यों?"

"जो लिखा है, उसकी लेखक की जिम्मेदारी पहले है। अब तक लेखक को भी तो कोई अकल आई होगी कि पहले की तरह फिर कोई आपत्तिजनक, कोई फसादी बात न लिखे!"

"ठीक!"

मैं लेखक से जाती तौर पर वाकिफ था।

मैं जानता था कि वो खुद लिखता ही नहीं था, वो अपने एक पूर्वप्रकाशक से, जिसका धन्धा बन्द हो चुका था और जिसके पास कई अप्रकाशित सामाजिक स्क्रिप्ट थीं, एक स्क्रिप्ट इस बारगेन के तहत हासिल करता था कि एक के बदले में अपनी दो स्क्रिप्ट वो लेखक के, बमय फोटो, नाम से जहाँ चाहे छपवा सकता था और उसके पैसे खड़े कर सकता था। यूँ फोकट में हाथ आई स्क्रिप्ट को लेखक टाइप कराता था और अपनी स्क्रिप्ट के तौर पर प्रकाशक को सौंप देता था।

"पढ़ तो लिया करो।"—मैंने एक बार लेखक को कहा।

उसने लापरवाही से कन्धे उचका दिए।

"आप स्क्रिप्ट पढ़ते नहीं, उसमें पहले से ज्यादा आपत्तिजनक कोई बात हो सकती है, वो छप गई तो बतौर लेखक जिम्मेदार आप ही ठहराए जाएँगे। अभी कोर्ट-कचहरी का इतना लम्बा बखेड़ा भुगत के हटे हैं, आप की इस लापरवाही से फिर कोई वैसी बला गले पड़ गई तो बाकी जिन्दगी कोर्ट-कचहरी भुगतते ही गुजरेगी।"

"हूँ। ठीक है, मैं स्क्रिप्ट पढ़ के पब्लिशर को दिया करूँगा।"

ऐसा उन्होंने कभी न किया।

खुशकिस्मत थे कि कोई नयी जहमत भी गले न पड़ी।

एक बड़े लेखक ने बड़े प्रकाशक को अपना पहला नया नावल दिया तो लेखक और प्रकाशक की सामूहिक गुडविल की वजह से मार्केट में उसकी बड़ी अच्छी पूछ हुई। उससे प्रोत्साहित होकर प्रकाशक ने दूसरा नया नावल छापा जो कि पहले से सवाया बिका।

साथ ही एक चौंकाने वाला रहस्योद्घाटन हुआ।

वो नावल पहले, बहुत पहले तब दो पार्ट में छप चुका था जबकि महान लेखक घोस्ट राइटिंग किया करता था। उसने दोनों पार्ट्स को रीराइट करके एक बनाया था, सामूहिक संस्करण को नया नाम दिया था और नया उपन्यास बताकर

प्रकाशक को प्रकाशनार्थ सौंप दिया था।

नावल की पुश्त पर उसकी तसवीर के साथ उसके अपने हस्तलेख में विज्ञप्ति थी कि प्रस्तुत उपन्यास उसका नवीनतम उपन्यास था जो कि फलां प्रकाशक द्वारा पहली बार प्रकाशित किया जा रहा था और नीचे बमय तारीख उसके हस्ताक्षर थे।

बड़ा प्रकाशक था, उसने फौरन लेखक पर धोखाधड़ी और चार सौ बीसी का मुकदमा दायर करने की तैयारी कर ली। लेकिन खानदानी व्यक्ति था, इसलिए उसने लेखक को बाकायदा अपनी सफाई का मौका दिया और तमाम सबूतों के साथ इस सिलसिले में बात करने खुद उसके घर गया।

फैसला ये हुआ कि प्रकाशक उस बात को न उछाले, कम्पेंसेशन के तौर पर लेखक उसे अपना अगला नावल फ्री देगा।

फ्री वाला नावल छाप चुकने के बाद प्रकाशक ने लेखक से कोई वास्ता न रखा।

उससे पहले उसी महान लेखक ने अपने रेगुलर बड़े प्रकाशक को—जो कि उसकी बड़ी हैसियत बनाने में निमित्त था—छोड़ते वक्त उसे एक तरीका सुझाया जिससे उसके साथ ब्रेक अप के बाद भी प्रकाशक के पास लेखक का नया नावल छपता रह सकता था। वो तरीका ये था कि प्रकाशक उसके स्टाइल की स्क्रिप्ट खुद बतौर घोस्ट राइटर किसी दूसरे से लिखवाए लेकिन उसके नाम से छापे और नाम की गुडविल की, नाम इस्तेमाल करने की फीस भरे।

यूँ नौ नावलों का डील हुआ, लेखक ने अपने स्थापित स्टाइल के नौ नाम प्रकाशक को दिए और बदले में मोटी एडवांस फीस हासिल की।

चाहे बात गलत है लेकिन यहाँ तक व्यापार है। और व्यापार में सब जायज है।

फिर व्यापार में अनाचार कैसे आया?

उस डील के तहत प्रकाशक ने जब पहले उपन्यास की घोषणा की तो लेखक ने प्रकाशक पर इस बिना पर मुकद्दमा कर दिया कि प्रकाशक ने उसकी लिखी पांडुलिपि छुपा ली थी और उसका नाम बदनाम करने के लिए किसी दूसरे, नौसिखिए लेखक से नावल लिखवाकर उसके नाम से छाप दिया था।

लम्बी मुकद्दमेबाजी के बाद क्या हुआ?

कुछ भी नहीं।

पुराने ताल्लुकात का सदका सुर्खरू हुआ, दोनों ने सुलह कर ली।

प्रकाशक ने नये अरेंजमेंट के तहत एक भी नावल न छापा।

लेखक ने उसका पैसा लौटाया या नहीं, मुझे खबर नहीं।

वैसे भी वो लेखक इस मामले में बहुत खुशकिस्मत था, कुछ भी बेजा करता था, उसका कुछ नहीं बिगड़ता था।

बहरहाल कहना मैं ये चाहता था कि हिन्दी पॉकेट बुक्स में ऐसी कोई मिसाल नहीं कि किसी लेखक ने ताजिन्दगी एक ही प्रकाशक से वास्ता रखा हो, उसका लिखा तमाम का तमाम एक ही जगह छपा हो। लेखक चल निकलता है तो सारे प्रकाशक उसके पीछे भागने लगते हैं और उसे खूँटे से उखाड़ के ही मानते हैं। लेखक की जरा पूछ बनती है तो वो ही बुड़बुड़ करने लगता है कि उसका प्रकाशक उसके साथ इंसाफ नहीं कर रहा और दाएँ-बाएँ झाँकने लगता है। प्रकाशक के पास लेखक की किताब बढ़िया बिके, उम्मीद से ज्यादा बिके तो उसकी भरपूर कोशिश होती है कि लेखक को भनक न लगने पाए, कम बिके तो ठीकरा लेखक के सिर फोड़ता है और श्रिंक होती सेल के लिए उसे जिम्मेदार ठहराता है। ऐसे दोतरफा बेएतबारी के माहौल में कैसे लेखक, प्रकाशक में लम्बो इनिंग चले!

बाहरले मुल्कों में ऐसी बेशुमार मिसाल हैं जबकि लेखक प्रकाशक से जुड़ा तो जुड़ा ही रहा। अर्ल स्टेनले गार्डनर का पहला उपन्यास 'दि केस ऑफ दि वैल्वेट क्लाज़' सन् 1933 में विलियम मारो एंड कम्पनी ने छापा था और सन् 1970 में उसकी मृत्यु तक उसके हर नये उपन्यास का मूल संस्करण उसी प्रकाशन में छपा था। ड्यूरेबलिटी के लिहाज से ये 37 साल और 146 नावलों की यादगार जुगलबन्दी थी।

सर आर्थर कानन डायल की शरलॉक होम्ज की पहली कहानी 'स्कैंडल इन बोहेमिया' सन् 1891 में स्ट्रैंड मैगजीन के जुलाई अंक में छपी थी और तदुपरान्त

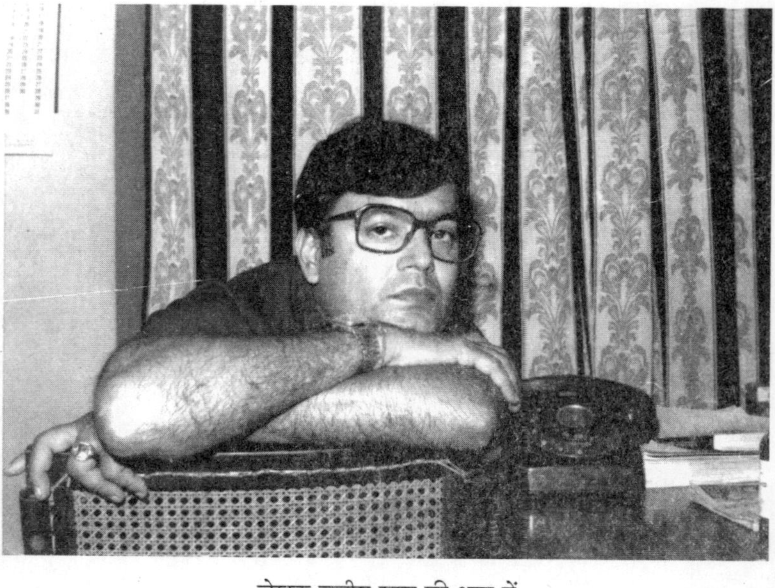

लेखक छत्तीस साल की आयु में

उनकी शरलॉक होम्ज की कुल जमा छप्पन कहानियाँ बीच में एक ब्रेक के साथ मूल रूप से उसी मैगजीन में प्रकाशित हुई थीं।

ब्रैट हैलीडे के माइक शेन सीरीज के सारे नावल मूल रूप से 'डेल' ने प्रकाशित किए थे।

ऐसी और भी बेशुमार मिसाल हैं।

हिन्दी में मेरी जानकारी में केवल दो ही लेखक हैं और अपने करियर के आदि से अन्त तक एक ही प्रकाशक के साथ रहे।

एक रानू जिसके आदि से अन्त तक सारे उपन्यास कुसुम प्रकाशन, इलाहाबाद से छपे।

दूसरा इब्ने सफी सन् 1952 से लेकर सन् 1980 में मृत्युपर्यन्त जिसके सारे नावल नकहत पब्लिकेशन, इलाहाबाद की मासिक पत्रिका 'जासूसी दुनिया' में छपे।

यहाँ मैं पिछले साठ साल से चले आ रहे पुरानी दिल्ली के अनोखे संडे बुक बाजार का जिक्र करना चाहता हूँ जो भारत में तो अनोखा, बाकमाल है ही, मुमकिन है एशिया में—या दुनिया में भी—ऐसे बुक बाजार की कोई मिसाल न हो। शुरुआत में ये बुक बाजार जामा मस्जिद के करीब के—अब बन्द हो चुके—जगत सिनेमा से लेकर एडवर्ड पार्क—अब सुभाष पार्क—की नुक्कड़ तक, यानी दरियागंज, नेताजी सुभाष मार्ग के उस ओर के क्रॉसिंग के सिग्नल तक, सड़क की दोनों ओर लगता था, फिर फैलता, पसरता दाएँ घूमकर दिल्ली गेट तक, फिर और दाएँ घूमकर आसफ अली रोड पर डिलाइट सिनेमा तक पहुँच गया था। जब ऐसा हुआ था तो जगत सिनेमा वाला शुरुआती सेगमेंट बन्द हो गया था और बाजार की हदूद डिलाइट सिनेमा से लेकर सुभाष पार्क के चौराहे तक सड़क की एक ही तरफ—गोलचा सिनेमा की तरफ—कायम हो गई थीं।

पुस्तक प्रेमियों में वो बाजार इतना पॉपुलर था—अब भी है—कि हर इतवार को, कोई भी मौसम हो, वहाँ मेले जैसा माहौल होता था। बरसात के मौसम में भी कितने ही ग्राहक और पटड़ी वाले बरसात बन्द होने का इन्तजार करते पाए जाते थे। केवल दो मर्तबा, छब्बीस जनवरी और पन्द्रह अगस्त को, वो बाजार बन्द होता था भले ही वो दोनों सरकारी त्योहार इतवार को न हों। छब्बीस जनवरी को उस रूट से परेड ने गुजरता होता था और पन्द्रह अगस्त को उधर से ही गुजरकर प्रधानमंत्री लाल किला पहुँचते थे, ध्वजारोहन की रस्म पूरी करते थे और किले की प्राचीर से कौम से मुखातिब होते थे। लिहाजा पहले ही बुक बाजार की हाकर्स यूनियन को खबर कर दी जाती थी कि उन दोनों सरकारी त्योहारों के पहले इतवार को बाजार नहीं लगेगा। चौदह अगस्त और पच्चीस जनवरी की शाम को तो सुभाष मार्ग की

दुकानें, शोरूम्स जबरन बन्द करा दिए जाते थे और दुकानों के तालों को सील लगा दी जाती थी जो त्योहार गुजर जाने के बाद भी अगर उस रोज टूटी पाई जाती थी तो दुकान के मालिक के लिए वो सिक्योरिटी ब्रीच का गम्भीर मसला बन जाता था।

उस बुक बाजार की मशहूरी से मुब्तला कई ऐसे हॉकर जिनका किताबों से कोई लेना-देना नहीं था, खासतौर से सर्दियों में गर्म कपड़ों की, जींस, टी-शर्ट्स वगैरह की रेहड़ियाँ लगाने लगे थे, लेकिन उनका वो हंगामा बावजूद पुलिस की शह के सुभाष पार्क के चौक और गोलचा सिनेमा तक भी सीमित रहता था। किताबों वाले उन रेहड़ियों से असुविधा तो महसूस करते थे लेकिन संडे बुक बाजार में रेहड़ी वालों की घुसपैठ पर उनकी पेश नहीं चलती थी। फिर ग्राहक भी ऐसे कमिटिड थे कि हर हाल में पहुँचते थे, दूर-दूर से आते थे, कारों पर आते थे पर पहुँचते थे।

कई बार उस बुक बाजार पर क्लोजर का संकट आया—दो-तीन बार बन्द भी हुआ—क्योंकि कभी लोकल लीडर को वो चुभने लगा, कभी दरियागंज थाने का थानाध्यक्ष नाराज हो गया तो कभी वैसे ही उस बाजार को इलाके की हफ्तावरी जनरल न्यूसेंस करार दिया गया। जब पहली बार वो नौबत आई तो हॉकरों ने उसका इतना तीव्र विरोध किया कि वो मीडिया की निगाह का भी मरकज बना और दिल्ली से प्रकाशित होने वाले तमाम अखबारों ने उस सिलसिले में लीड स्टोरीज़ छापीं। यहाँ तक कि खुशवन्त सिंह और अनिल धारकर जैसे नामचीन लेखकों और पत्रकारों ने उस बन्दी का प्रबल विरोध किया, बाकायदा उस बुक बाजार को आइकॉनिक बुक बाजार बताया जिसको बन्द किया जाना प्रशासन की नादानी थी और पुस्तक प्रेमियों का बड़ा नुकसान था।

नतीजतन बाजार फिर चालू हो गया।

लेकिन गौरतलब बात है कि वो संडे बाजार तब भी बन्द न हुआ जबकि ऐन सुभाष मार्ग पर प्रस्तावित मेट्रो रूट का महीनों टनल वर्क चालू रहा।

तीन बार यूँ बाजार बन्द हुआ, बन्दी की कोई साफ वजह किसी की समझ में न आई लेकिन खुसर-पुसर यही रही कि किसी को—क्या पता किसको, जबकि सबको पता था—खटक रहा था। एक बार तो खुद उस निर्वाचन क्षेत्र का संसद सदस्य दखलअन्दाज हुआ तो वो बाजार खुला।

आखिरी बार—हाल ही में सन् 2019 के उत्तरार्ध में ही सुप्रीम कोर्ट के हुक्म से बन्द हुआ तो किसी की पेश न चली। हॉकरों की यूनियन ने भी तीव्र विरोध किया तो उन्हें कोई वैकल्पिक जगह दी जाने का आश्वासन मिला।

वैकल्पिक जगह रामलीला मैदान था, जिसे हॉकरों की यूनियन ने रिजैक्ट कर दिया।

अब वो बाजार आसफ अली रोड पर डिलाइट सिनेमा के सामने के महिला

पार्क में लगता है और हॉकर्स उस नयी जगह से खुश हैं।

उस बुक बाजार का मैं नियमित पैट्रन था, हर इतवार को मैं वहाँ जाता था और ढेर पुरानी, दुर्लभ, अनुपलब्ध पुस्तकें खरीदकर लाता था।

एक बार को करतब हुआ।

बल्कि चमत्कार हुआ।

मुझे वहाँ पटड़ी पर से स्ट्रेंट मैगजीन के सौ साल—रिपीट, सौ साल—पुराने अंक मिले। और ये वो अंक थे जिनमें से हर एक में सर आर्थर कॉनन डायल के फिक्शन हीरो शरलॉक होम्ज की मूल कथा छपी थी। खुद बेचने वाले दुकानदार को उनके दुर्लभ होने की न कोई समझ थी न कद्र थी।

सीरियल वाइज छब्बीस इशू मुझे पाँच-पाँच रुपये में मिले।

यहाँ ये बात भी काबिलेजिक्र है कि उस बाजार के सारे ही हॉकर अल्पशिक्षा प्राप्त कबाड़िए नहीं हैं। पिछले दस-बारह सालों में मैंने देखा था कि कुछ हॉकर किताब की अहमियत को समझने लग गए थे और अपनी समझ को किसी खास किताब को रेयर बताकर बाकायदा कैश करते थे। मैंने एक बार खुद एडगर वॉलेस का एक नावल—ओरिजिनल कीमत 25 सैंट। तब के डॉलर रेट के मुताबिक दो रुपये—खरीदने की कोशिश की तो उसने अस्सी रुपये माँगे। वजह पूछी तो बोला, रेयर बुक थी। मैंने कहा, मेरे पास एडगर वालेस के ऐसे पन्द्रह नावल थे, वो चालीस-चालीस रुपये में ले ले।

जवाब में उसने नावल मेरे हाथ से लगभग छीना और वापिस पटड़ी पर लगी किताबों में रख दिया।

उसे यकीन जो था कि अस्सी रुपये देने वाला कोई ग्राहक देर-सवेर जरूर आएगा।

पटड़ी पर सबसे ज्यादा सेल या पायरेटिड नावलों की थी या फर्नीचर, फैशन डिजाइनिंग की बड़ी-बड़ी काफी टेबल बुक्स की थी या कम्प्यूटर सम्बन्धी पुस्तकों और डिक्शनरीज़ वगैरह की थी। एक बार एक स्पैनिश ग्राहक ने मेरे सामने मेरे एक हॉकर दोस्त से आयरन ग्रिल वर्क की एक किताब मुँह माँगे दामों पर खरीदी—इतने ज्यादा दामों पर कि कोई लोकल ग्राहक एक-चौथाई भी न देता—और फिर भी सन्तुष्ट था और कहता था—"आई गॉट ए गुड डील।"

फिर उसने पूछा कि ऐसी और किताबें थीं तो जवाब मिला कि थीं तो सही लेकिन मुख्तलिफ नहीं थीं, एक ही किताब की कई कॉपियाँ थीं।

उसने तमाम की तमाम—कोई दो दर्जन—खरीद लीं।

मैंने हैरानी जाहिर की तो बोला—"वुई डोंट गैट सच बुक्स इन स्पेन।"

कभी ऐसे नावल पटड़ी पर दिखाई देते थे जो साफ किसी पुस्तक प्रेमी का पर्सनल कलैक्शन जान पड़ते थे। एक बार जब ऐसे नावल पटड़ी पर मुझे दिखाई दिए थे तो मैंने पाया था कि वो 40-50 के दशक के वो नावल थे, जिनके तमाम

के तमाम लेखक मेरी खास पसन्द के थे, जैसे अर्ल स्टेनले गार्डनर, एडगर वालेस, जान डिक्सन कैर, विक्टर गन, पीटर चीनी, वर्कले ग्रे, ई.सी.आर. लोराक, एलरी-क्वीन वगैरह।

मैं जो किताब उठाता था मेरी पसन्द की निकलती थी यूँ चौवालीस किताबें मेरी निगाह कर मरकज बनी तो धड़कते दिल से मैंने कीमत पूछी—धड़कते दिल से इसलिए क्योंकि सब किताबें पसन्द करता देखकर वो मेरे से अन्धाधुंध पैसे माँग सकता था।

अप्रत्याशित जवाब मिला—"बाउजी सुबह पटड़ी लगाते वक्त एक जना डेढ़ सौ किताबें बेचकर गया था, जो मैंने पाँच-पाँच रुपये में उससे खरीदी थीं और दस-दस रुपये में बेच रहा हूँ।"

"सब ऐसी ही?"

"हाँ।"

मेरा दिल चाहा कि जो खरीद ले गया था—या ले गए थे—मैं दौड़कर उनके पीछे जाऊँ और जैसे-तैसे किताबें खुद कब्जाऊँ।

मैंने उसे चार सौ चालीस रुपये दिए और यूँ उन किताबों को समेटा जैसे कोई खजाना मिल गया था जो मेरे से छिन सकता था।

वैसी डेढ़ सौ!

एक सौ छ: वैसी किताबें मेरे हाथ से निकल गईं क्योंकि मैं वहाँ दोपहर को—दो घंटा लेट—पहुँचा।

उस बाजार का ये भी जहूरा था कि चंडीगढ़, शिमला, मसूरी तक से बुक सैलर्स उस संडे बुक बाजार से लॉट में किताबें खरीदने दिल्ली आते थे।

एक बार उसी बाजार के दिल्ली गेट वाले सिरे पर टैलीफोन एक्सचेंज के सामने आपके खादिम के 15-20 रुपये कीमत के पुराने नावल सौ-डेढ़ सौ रुपये तक में बिकते देखे।

मैं फैसला न कर सका मुझे खुश होना चाहिए था या ब्लैक के रेट्स पर रोष प्रकट करना चाहिए था।

उस हॉकर ने ही—जो कि मुझे पहचान गया था—मुझे बताया कि सन् 65 और 70 के बीच में छपे मेरे एक-एक, दो-दो रुपये के नावल हजार-हजार रुपये में बेच चुका था और मेरे प्रथम प्रकाशित उपन्यास 'पुराने गुनाह नये गुनहगार', जिसके मूल संस्करण की कीमत बारह आने थी, को बोली लगवा चुका था, जो आखिर सवा तीन हजार रुपये तक पहुँची थी।

ताकीद है कि विदेशों में एंटीक का दर्जा रखने वाले प्रसिद्ध लेखकों के रेयर एडीशन 70-80 हजार डॉलर (पाँच-साढ़े पाँच लाख रुपये) में बिक चुके थे। मूल संस्करण की कोई प्रति लेखक द्वारा हस्ताक्षरित भी हो तो कहना ही क्या!

फिर भी कहा जाता है कि भारत में, दुनिया में, किताब की—प्रिंट मीडिया की—कद्र घट रही है।

अब सवाल ये पैदा होता है कि संडे बुक बाजार में बेचने के लिए पटड़ी वालों के पास ऐसी किताबें, ऐसे रिसाले आते कहाँ से थे। जवाब में अर्ज है कि उस बाजार के शुरुआती दौर में, जबकि वो जगत सिनेमा और सुभाष चौक के बीच सिमटा हुआ था, कबाड़ियों के पास से आते थे। वो घर-घर जाकर कबाड़ खरीदते थे, जिसमें किताबें, पत्रिकाएँ, अखबार वगैरह भी शामिल होते थे, घर बैठकर उनमें से किताबें और पत्रिकाएँ अलग करते थे और उन्हें संडे बुक बाजार में पटड़ी पर बेचते थे। ये वो वक्त था जब अखबार की रद्दी बारह आने किलो बिकती थी और उसी रद्दी में से नावल और मैगजींस भी निकल आती थीं। कहने की जरूरत नहीं कि तब का पटड़ी वाला किसी खास किताब की किसी खास अहमियत से नावाकिफ होता था, यानी किताब में पेज ज्यादा थे, उसका टाइटल आकर्षक था, उसकी कंडीशन अच्छी थी तो किताब महँगी वर्ना बिक जाना ही अचीवमेंट था। खुद परखी किसी किताब के वो तीन रुपये माँगता था तो आदतन ग्राहक एक रुपया ऑफर करता था। पटड़ी वाला इनकार करता था तो ग्राहक नकली झुँझलाहट के साथ कहता था—"सवा रुपये ले ले वर्ना किताब सँभाल अपनी, जाता हूँ मैं।"

पटड़ी वाला सवा रुपया कुबूल कर लेता था। कोई बारगेन नहीं, कोई हुज्जत नहीं, कोई चिख-चिख नहीं।

"दे।"—वो बोलता था। साथ ही जोड़ देता था—"बाउजी, जो वट्टया, सो खट्टया।"

तब किलो में ऐसी किताबें पाँच आती थीं, छ: आती थीं। यानी दो-ढाई आने में खरीदी किताब सवा-डेढ़ रुपये में बिक ही जाती थी। इसीलिए तब का संतोषी पटड़ी वाला—वीक डेज में कबाड़िया—कहता था—'जो पाया, सो कमाया'।

लेकिन जब बुक बाजार फैला-पसरा—सुभाष चौक से बढ़ता-बढ़ता डिलाइट सिनेमा को छूने लग गया और जगत सिनेमा वाले मिनी बाजार की जगह एक किलोमीटर का विशाल संडे बुक बाजार बन गया तो पटड़ी वाले भी सयाने होते चले गए, एक वक्त ऐसा आया कि वो कबाड़िए नहीं, बुक सैलर थे, अधिकतर में से जिनका किताब का धन्धा संडे बुक बाजार तक ही सीमित नहीं था, उनके 365 दिन चलने वाले पक्के ठिकाने थे, शोरूम थे, गोदाम थे और अब वो बाजरिया रद्दी मिली किताबों के मोहताज भी नहीं रहे थे। अब उनकी पहुँच एम्बैसीज़ तक, फाइव स्टार होटलों तक थी, अब वो प्रकाशकों के रिमेंडर (REMAINDER) के ग्राहक थे, अब पटड़ी पर फरोख्त ही नहीं होती थी, खरीद भी होती थी—दिवंगत पुस्तक

प्रेमियों के पर्सनल कलैक्शन की किताबें पटड़ी पर पहुँचती थीं। फिर प्रकाशकों का बाई रेल बुक किया चोरी गया माल, या किसी और साधन से चोरी गया माल, या किसी बन्द होते प्रकाशन का अनसोल्ड था।

यानी संडे बाजार में बुक्स की सप्लाई लाइन अविकल थी, अटूट थी।

अब प्रसिद्ध लेखकों की नकली, पाइरेटिड बुक्स भी कबाड़ी बाजार का मुकाम है। वहाँ पाइरेटिड बुक्स धड़ल्ले से, बेखौफ बिकती है, न कभी कोई पकड़ा गया, न कभी वो सिलसिला बन्द होने की कगार पर पहुँचा। वहाँ पाइरेटिड बुक इतनी कम कीमत पर बिकती है कि हैरानी होती है कि इस धन्धे में लगा शख्स कमाता कैसे होगा!

कमाता तो है बराबर! वर्ना ये सिलसिला कब का बन्द हो चुका होता। ऊपर से पाइरेटिड बुक्स की प्रोडक्शन में दिन-ब-दिन सुधार होता चला गया। अब तो ये हाल है कि असली और नकली में फर्क करना मुहाल है, चौराहों की रैड लाइट्स पर किताबें बेचने वाले पूरी कीमत पर ऐसी किताब बेचते हैं और किसी कार चालक खरीदार को गुमान भी नहीं होता कि वो नकली किताब खरीद रहा है—किताब की कीमत 200 रुपये देते वक्त उसे नहीं मालूम होता कि वही किताब संडे बुक बाजार में 60-70 रुपये में आम मिलती थी।

अब पटड़ी का ये धन्धा इतना वसीह हो गया और पटड़ी वालों की सलाहियात इतनी वसीह हो गई हैं कि वो लाखों के माल का कैश सौदा करने की हैसियत रखते हैं।

किताबों की बल्क परचेज का—सैकंड हैंड नहीं, ब्रांड न्यू, मिंट कंडीशन किताबों की बल्क परचेज का—सिलसिला इतना वसीह हो गया है कि फॉरेन के पब्लिशर्स का रिमेंडर इंडिया पहुँचने लगा है लेकिन उससे कमाई करने वाले कबाड़िए की अंटी में मोटा पैसा होना तो जरूरी है ही, कोई ऐसी बड़ी जगह भी होना जरूरी है, जहाँ एक बड़ा लॉट स्टोर किया जा सके, जहाँ उसे फैलाकर छँटाई करना मुमकिन हो।

किताबों का ऐसा जखीरा अमेरिका या इंग्लैंड से शिप से आता है और मुम्बई या मद्रास उतरता है। फिर मुम्बई से उस माल का बड़ा कंटेनर दिल्ली खरीदार के पास आता है। माल की एडवांस पेमेंट इंडियन रुपी में करनी पड़ती है, जबकि इम्पोर्टर ने पेमेंट डॉलर में की होती है। एक कंटेनर में पच्चीस हजार किलो माल होता है और इस माल की एकमुश्त, एडवांस कीमत 5-6 लाख रुपये होती है। जमा 50-60 हजार रुपये मुम्बई-दिल्ली कंटेनर सर्विस का किराया होता है।

ये बात भी गौरतलब है कि कंटेनर लोड माल एडवांस पेमेंट पर साइट अनसीन मिलता है। दिल्ली जब कंटेनर पहुँचता है तो खरीदार को नहीं मालूम होता कि कंटेनर में से क्या निकलेगा—वो माल जासूसी नावल हो सकते हैं, सोशल नावल हो सकते हैं, साइंस फिक्शन हो सकते हैं—पेपरबैक भी हो सकते हैं और जिल्द वाले भी हो सकते हैं—ग्लॉसी काफी टेबल मैगजीन हो सकती है, यूरोप, अमेरिका की फिक्शन, नानफिक्शन मैगजीन हो सकती हैं। कंटेनर में से ऐसा माल भी निकल

सकता है जिसका—न रिटेल में, न होलसेल में—कोई ग्राहक नहीं होता है। कंटेनर का खरीदार सबसे पहले ऐसे, नानसेलेबल, माल को ही लॉट से अलग करता है और उसे रद्दी में बेचता है जो कि बारह से पन्द्रह रुपये किलो तक बिकती है। फिर वो उन नावलों को छाँटकर अलग करता है जो जाने-माने मशहूर लेखकों के होते हैं और जाहिर है कि उन्हें ऊँचे दामों पर बेचता है। बाकी लॉट को भी बेचता ही है, लेकिन वो जिस भाव भी बिके, उसे कुबूल होता है। यूँ वो अपनी 5-6 लाख की लागत के बदले होलसेल में 10-12 लाख में और रिटेल में 15-16 लाख रुपये में बेचता है। यानी इनवेस्टमेंट की कम से कम डबल हो के लौटना अनिवार्य है।

दिल्ली में दो ही ऐसे पटड़ी वाले हैं जो एक कंटेनर लोड माल, यानी पच्चीस हजार किलो माल उठाने में सक्षम हैं।

ऐसे माल की श्योर सेल के जो प्रमुख जरिये हैं, वो हैं दिल्ली का फेमस संडे बुक बाजार और पुस्तक मेले। दिल्ली बुक फेयर में तो आधे स्टॉल होल्डर दरियागंज के कबाड़िए होते हैं। और उनके द्वारा सप्लाई की गई किताबें अब तो बाई वेट भी बिकने लगी हैं, यानी लेखक की हैसियत के मुताबिक, किताब की औकात के मुताबिक 100 से 200 रुपये किलो तक।

दिल्ली की पटड़ी का वैसा माल देहरादून, चंडीगढ़, शिमला, मसूरी तक पहुँचता है।

निःसन्देह पुस्तकों का संसार अलौकिक है।

चल जाए तो सोना, न चले तो मिट्टी। न चले तो कोरे कागज की तो कीमत है वर्ना छपा हुआ पन्द्रह रुपये किलो।

किताब तो मुँह से नहीं बोलती न कि वो कबाड़ी बाजार से आई, या स्थापित प्रकाशक के गोदाम से चोरी हुई!

खुद मैंने जैक हिगिंस, रॉबर्ट बी. पार्कर, जॉन ली कैर, एरिक एम्बलर, एड मैक्बेन, रॉस थॉमस, जॉन ग्रिशम, कॉलिन डेक्सटर जैसे प्रसिद्ध लेखकों के मिंट कंडीशन में सजिल्द उपन्यास पटरी से खरीदे हैं।

कीमत?

तीस रुपये।

असली कीमत :

पन्द्रह डॉलर (1050/- रुपये)

□

मेरठ में तुलसी पॉकेट बुक्स के प्रादुर्भाव ने मेरठ के अन्य प्रकाशकों के लिए, जिनकी धन्धे में न कोई खास हैसियत थी और न वो बनाने के इच्छुक थे,

एक नया मैयार खड़ा कर दिया। उनमें से कुछ को बड़ी शिद्दत से अहसास हुआ कि अगर उन्होंने ढंग से धन्धे में बने रहना था तो उनके लिए 'तुलसी' वाला पैटर्न पिक करना जरूरी था, जो कि उनके मामूली चलताऊ धन्धे के मुकाबले में ज्यादा, कहीं ज्यादा इनवेस्टमेंट माँगता था।

ये बात भी गौरतलब है कि मेरठ के तकरीबन प्रकाशक ज्यादा महत्त्वाकांक्षी नहीं थे वो एक खास लैवल तक ही अपना धन्धा रखना चाहते थे, उससे ऊपर उठना ही नहीं चाहते थे। और स्पष्ट शब्दों में कहा जाए तो तरक्की से खौफ खाते थे। ज्यादा तरक्की मतलब ज्यादा इनवेस्टमेंट, ज्यादा इनवॉल्वमेंट, ज्यादा बखेड़े, ज्यादा सिरदर्द। लिहाजा वो प्रकाशन में लो प्रोफाइल से सन्तुष्ट थे। उनका धन्धा ऐसा था कि एक सैट की छः किताबें दो-दो हजार बिक जाएँ तो उनके लिहाज से उन्हें अच्छी कमाई हो जाती थी। ओवरहैड्स उनके न्यूनतम होते थे; एक पैकर एक डिस्पैच क्लर्क उनके सारे काम कर देता था, इसलिए उनका प्राफिट मार्जन उन्हें संतोषजनक लगता था।

ऐसे में 'तुलसी' ने आकर मेरठ के ट्रेड में खलबली पैदा कर दी। वेद प्रकाश शर्मा का 'तुलसी' में सत्तर-अस्सी हजार का प्रिंट ऑर्डर उन्हें चमत्कारी लगता था, लिहाजा दर्जनों प्रकाशकों में से किसी के मन में तो ये ख्वाहिश पैदा होनी ही थी कि 'तुलसी' का पैटर्न अडाप्ट करके वो भी बड़ा खिलाड़ी बने और चाँदी काटे।

लेकिन वो बड़ी इनवेस्टमेंट का कारोबार था इसलिए सबके बस का नहीं था। जैसा कि मैंने पहले अर्ज किया कि गली के सारे प्रकाशक एक ही जैन परिवार के थे—भाई, भतीजे, कजंस थे इसलिए आपसी विश्वास अपेक्षाकृत स्वाभाविक था। नतीजतन तीन-तीन प्रकाशकों ने—दो भाई, एक भतीजा—मिलकर 'राधा' नाम की एक नयी फर्म 'तुलसी' को कम्पीटीशन देने के लिए खड़ी की और बड़े जोर-शोर से मेरठ में 'तुलसी' से भी भव्य प्रकाशन शुरू करने की घोषणा की।

मेरठ का दूसरा प्रकाशक शिवा पॉकेट बुक्स था, जिसने वो हाई इनवेस्टमेंट का पैटर्न अख्तियार किया। लेकिन बड़ा सैट अप मामूली हैसियत वाले लेखकों के या घोस्ट लेखकों के दम पर तो चलता नहीं! ट्रेड में बड़ी हैसियत वाला लेखक वेद प्रकाश शर्मा था लेकिन वो अब खुद प्रकाशक था, इसलिए उसके किसी दूसरे—या तीसरे—के लिए लिखने का कोई मतलब ही नहीं था; उसके पुराने उपन्यासों के कॉपीराइट औरों के कब्जे में थे, लिहाजा वो नये पुराने, छोटे-बड़े कैसे भी प्रकाशकों के लिए आउट ऑफ बाउंड था।

तब 'राधा' और 'शिवा' ने मुझे निशाना बनाया।

'राधा' का एक पार्टनर अरुण जैन वही था, जो पहले नीलम पॉकेट बुक्स छापता था, मैं उससे पुराना वाकिफ था, इसलिए नये नावल के लिए मैंने उससे कमिटमेंट की और 'शिवा' को रीप्रिंट्स के लिए राजी किया। इसी वजह से 'पाप

की नगरी' और 'लेख की रेखा' 'राधा' में छपवाने में मुझे कोई दिक्कत नहीं हुई, वहाँ मेरा एक नया उपन्यास 'बारह सवाल' और कुछ रीप्रिंट्स पहले ही—जबकि अभी 'डायमंड' से मेरी बिगड़ी नहीं थी—छप चुके थे।

यूँ मैंने 'डायमंड' से होने वाली तनखाह जैसी माहाना आमदनी को तो मिस किया, उनके साथ स्थापित हो चुकी यारबाशी को तो मिस किया लेकिन अपना लेखन नियमित रूप से आगे चलाते रखने में मुझे कोई दिक्कत पेश न आई। बहरहाल :

ऐ दोस्त हमने तर्केमुहब्बत के बावजूद
महसूस की है तेरी जरूरत कभी कभी।

□

टाइम बाउंड प्रोमोशन के तहत सन् 1989 में आईटीआई में मेरी अगली प्रोमोशन ड्यू थी जिसके लिए मैं बहुत उत्साहित था।

वक्त आया तो मालूम पड़ा कि इंटरव्यू बैंगलौर में होना था क्योंकि मेरे जैसे प्रत्याशी अन्य क्षेत्रीय कार्यालयों में भी थे। छ: जुलाई को बैंगलौर में इंटरव्यू था, दो हफ्ते पहले मुझे तीन तारीख का मूवमेंट ऑर्डर मिल गया। ग्रेड वन अधिकारी की ट्रैवल एनटाइटलमेंट फर्स्ट क्लास ट्रेन फेयर होती थी और ट्रेन उन दिनों बैंगलौर ढाई दिन में पहुँचती थी। मैंने बीवी और दोनों बच्चों का तीन तारीख का प्लेन टिकट बुक कराया और हम सब तीन को ही दोपहरबाद बैंगलौर पहुँच गए।

ढाई दिन हमने बैंगलौर की खूब सैर की।

छ: की सुबह दस बजे मैं आईटीआई के उस ऑफिस में पहुँचा जहाँ कि इंटरव्यू होना था और जो ब्रिगेड रोड पर स्थित हमारे होटल से वॉकेबल डिस्टेंस पर था। वहाँ बारह-तेरह कैंडीडेट मौजूद थे, जिनमें से एक जैन नाम का मेरे ही दिल्ली ऑफिस का ग्रेड टू ऑफिसर था, जिसने प्रोमोट होकर ग्रेड थ्री में जाना था। मुझे ये देखकर बहुत संकोच हुआ कि सब खूब, ऐसे सजे-धजे थे कि प्रोमोशन से पहले ही जिम्मेदार सीनियर ऑफिसर लग रहे थे। सब झक सफेद कमीज के साथ टाई लगाए थे, जेब में दो-दो बॉल पैन थे, पतलून की क्रीज तलवार की धार जैसी थी, जूते यूँ चमक रहे थे कि उनमें मुँह देखकर कंघी की जा सकती थी, बाल सिर पर ऐसे करीने से सजे हुए थे कि मजाल है कि कोई एक भी लट अपनी जगह से हटी हुई हो और सबके हाथ में एग्जीक्यूटिव्ज की शोभा ब्रीफकेस थे।

और एक मैं था कि पतलून बुशर्ट पहने चप्पल खड़काता खाली हाथ वहाँ पहुँचा था। अब इतना टाइम भी नहीं था कि दौड़कर होटल जाता और कोई ढंग के, बाकी प्रत्याशियों जैसे स्मार्ट कपड़े पहनकर आता।

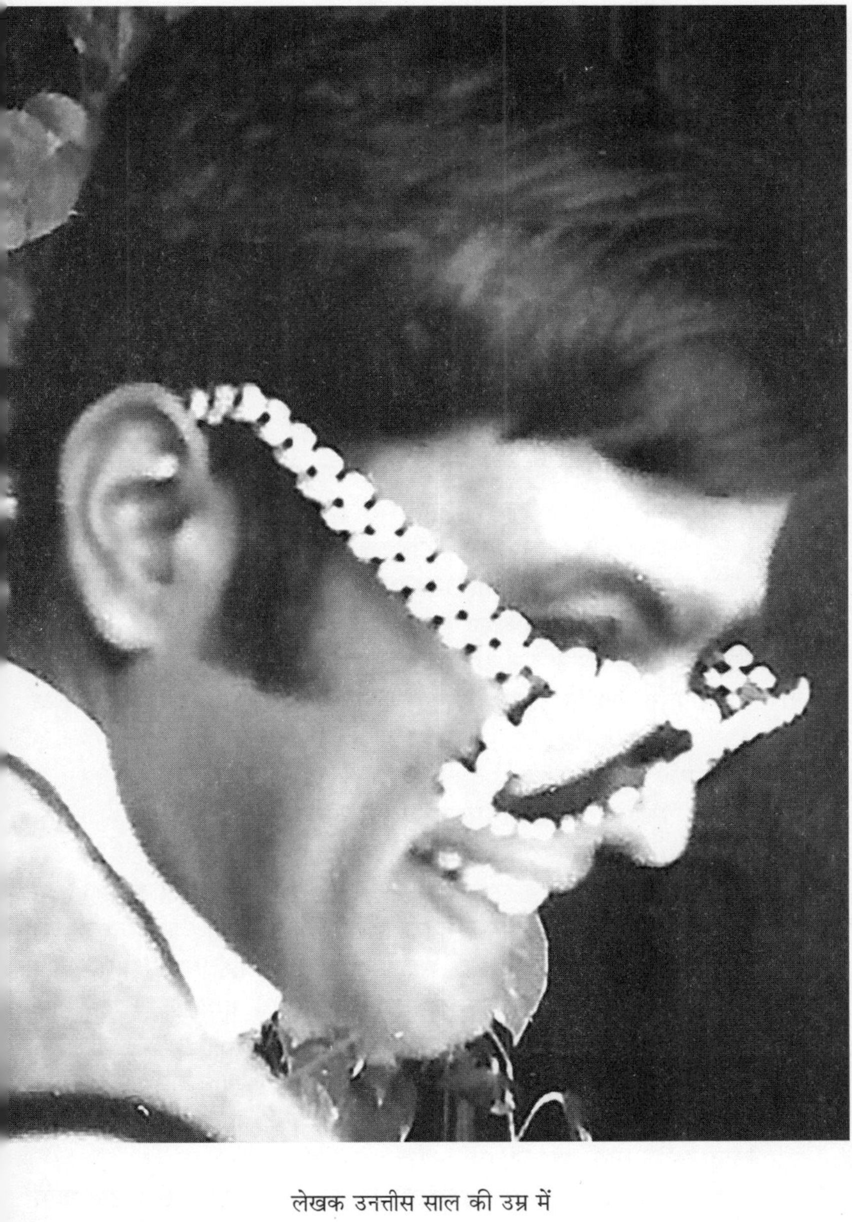

लेखक उनत्तीस साल की उम्र में

उन सबने भी मेरी तरफ यूँ देखा जैसे मैं तो अपने हुलिये की वजह से ही रिजेक्ट हो जाने वाला था।

जैन ने तो मेरे को बोल भी दिया कि मैं इंटरव्यू के लिए पेश होने के लिए कतई फिट नहीं था।

मैं मजबूर था। जो हो चुका था उसे खड़े पैर अनहुआ नहीं कर सकता था।

इंटरव्यूज के लिए कॉल शुरू हुईं।

पहला नम्बर चेन्नई ऑफिस से आए मेरे वाले ग्रेड के अधिकारी का था।

चालीस मिनट में वो बाहर आया और जैन भीतर गया।

मैंने चेन्नई वाले कैंडीडेट से पूछा कि इंटरव्यू में क्या सवाल किए गए थे।

जो औना-पौना उसने अपने डायलेक्ट में मुझे बताया, उसमें से आधा भी मेरी समझ में न आया।

जैन पैंतीस मिनट में बाहर निकला।

वो मेरे से सीनियर था, दिल्ली में उसकी जॉब रिक्वायरमेंट्स भी जुदा थीं इसलिए उससे मैंने जानने की कोशिश न की कि उससे क्या पूछा गया था।

फिर लोकल ऑफिस का एक कैंडीडेट भीतर गया।

"मैंने लिस्ट देखी थी।"—जैन ने बताया—"अगला नम्बर तेरा है।"

"ओह!"—मैं सस्पेंस में बोला।

"तेरे बाहर आने तक मैं रुकूँगा।"

"क्यों? मेरी खिल्ली उड़ाने के लिए या मेरी नाकामी पर अफसोस जताने के लिए।"

वो हँसा।

लोकल कैंडीडेट भी पैंतीस मिनट में बाहर आया।

फिर मुझे भीतर जाने का इशारा मिला।

झिझकता, सकुचाता—बल्कि सहमता—मैं उस दरवाजे से भीतर दाखिल हुआ जहाँ इंटरव्यू होना था। अपने पीछे दरवाजा भिड़काते ही मैं तीन जोड़ी निगाहों का शिकार बना। तीनों डायरेक्टर थे। दो साउथ इंडियन थे और एक यूपी का जान पड़ता था, जो मुझे पहचाना-सा लगा लेकिन कुछ याद न आया। शायद कभी दिल्ली ऑफिस आया हो और मेरी उस पर निगाह पड़ी हो।

डायरेक्टर्स की विशाल ऑफिस टेबल के सामने एक ही कुर्सी थी, जिस पर बैठने का मुझे इशारा हुआ।

बहुत टैंस मैं कुर्सी पर बैठा।

"सो"—एक साउथ इंडियन डायरेक्टर बोला—"यू आर मिस्टर पाठक फ्रॉम दिल्ली ऑफिस?"

"यस, सर।"

"प्रेजेंटली ग्रेड वन?"

"यस, सर।

"वाट्स युअर जॉब एज ग्रेड वन?"

"सर, आई हैंडल लोकल इंस्टालेशंस एंड शिफ्टिंग्स।"

"ऐवर डिड एनी इंस्टालेशन युअरसैल्फ?"—दूसरे साउथ इंडियन डायरेक्टर ने पूछा।

"नो सर। नॉट एज़ इंस्टालेशन इंचार्ज। बट बिफोर प्रोमोशन टु ऑफिसर्ज ग्रेड, आई हैंडल्ड मैनी!"

"मीनिंग प्रेजेंटली यू डोंट गो टु फील्ड?"

"आई डू वंस इन ए व्हाइल सर, बट फॉर इंस्पेक्शन ऑफ ए जॉब इन प्रॉग्रेस, नॉट फार एग्जीक्यूशन।"

"सो वाइडली स्पीकिंग, यू आर ए डैस्ब टॉप एग्जिक्यूटिव टु प्लान थिंग्स एंड गैट दैम डन!"

"यस, सर! दैट्स सो, सर।"

"नावल कैसे चल रहे हैं?"

मैं जैसे आसमान से गिरा। हकबकाया-सा मैं यूपियन डायरेक्टर की तरफ देखने लगा जिसने वो सवाल पूछा था।

जवाब तो देना था।

"अच्छे चल रहे हैं, सर।"—मैं विनयशील स्वर में बोला—"अब तो दूसरी प्रान्तीय भाषाओं में भी अनुवाद होने लगे हैं।"

"कौन-सी!"

"जी, गुजराती में कई हुए हैं। अभी हाल में एक कन्नड़ में भी हुआ है।"

कन्नड़ के नाम पर दूसरे दोनों डायरेक्टर्स के कान खड़े हुए।

"अच्छा!"—यूपियन डायरेक्टर बोला—"किस नाम से?"

"जी, नाम तो मुझे मालूम नहीं, क्योंकि मुझे कन्नड़ नहीं आती।"

"हिन्दी में क्या नाम था?"

"डायल-100।"

"अनुवादक का नाम?"

"एल. खिवराज।"

"मालूम कर लेंगे। यू आर एक्सक्यूज्ड, मिस्टर पाठक।"

मैंने उठकर सबका अभिवादन किया और बाहर आ गया।

पाँच मिनट में।

जैन ने नाउम्मीदी के सिर हिलाया।

बाकी प्रत्याशियों ने भी हमदर्दीभरी शक्ल बनाई।

मैंने असहाय भाव से कन्धे उचकाए।

मेरे को तो बतौर कैंडीडेट किसी काबिल ही नहीं समझा गया था, यूँ मुझे डिसमिस किया गया था जैसे बुलाए जाने पर ही अफसोस हो रहा हो।

होटल वापिस पहुँचा तो मेरी बेटी मेरी शक्ल देखते ही बोली—"पापा फेल हो गए। कोई तैयारी न की, कोई रट्टा न लगाया तो और क्या होता!"

"भाड़ में जाए प्रोमोशन।"—मैं झुँझलाया—"बैंगलौर की जी भर के सैर कर ली न! अब कल मैसूर और ऊटी के लिए निकलते हैं।"

अगली सुबह टैक्सी पर हम बैंगलौर से निकल पड़े, दोपहर तक मैसूर पहुँच गए और वहाँ के तमाम दर्शनीय स्थल देखे। ओवरनाइट मैसूर में रुक के ऊटी के लिए निकल पड़े, दो दिन ऊटी और कुन्नूर की सैर की और नौ को वापिस बैंगलौर लौट आए।

यहाँ मैं एक छोटा सा प्रसंग दर्ज करना चाहता हूँ, जो मेरे लिए आज तक यादगार है :

ऊटी से लौटते समय सुबह नौ बजे के करीब हमारी टैक्सी एक छोटे से गाँव के बीच से गुजरी जहाँ एक रेस्टोरेंट के बाहर—साउथ की ट्रेडीशन के मुताबिक—एक काला बोर्ड रखा था, जिस पर चॉक से मोटे-मोटे अक्षरों में लिखा था :

MEALS ARE READY

हम उस रेस्टोरेंट में, जो कि उस वक्त तीन-चौथाई फुल था, जाकर बैठे तो वहाँ के दस्तूर के मुताबिक हम सबको—ड्राइवर भी साथ था पर वो अलग मेज पर बैठा था—एक इडली, एक बड़ा और काफी सर्व कर दी गई।

लड़के ने एक मसाला डोसा भी खाया।

मैं पहले फारिग हो गया इसलिए मैं गेट के करीव बैठे मालिक की टेबल के सामने पहुँचा और उससे पेमेंट की बावत सवाल किया।

"इलैवन रुपीज।"—वो बोला।

मैंने समझा वो मेरा बिल बता रहा था।

"वो उधर वाइफ और बच्चा लोग भी है।"—मैं बोला।

"इलैवन रुपीज।"

"पीछे ड्राइवर भी है।"

"इलैवन रुपीज।"

कम्माल!

पाँच इडली, पाँच बड़ा, पाँच काफी, एक मसाला डोसा, सब ग्यारह रुपये में!

मैंने सधन्यवाद उसे ग्यारह रुपये सौंपे।

मुझे गारंटी है वो वाकया उत्तर भारत में कहीं हुआ होता तो मालिक ने मेरे अज्ञान का लाभ उठाया होता, मेरे से पचपन रुपये चार्ज किए होते।

दस तारीख की शाम को मैं वापिस दिल्ली में था।

बिना छुट्टी अप्लाई किए सपरिवार एक हफ्ता भरपूर सैर की और 49 साल की उम्र में पहली बार प्लेन पर सफर किया।

सब खुश।

प्रोमोशन नहीं तो न सही।

अगले रोज ऑफिस गया तो प्रोमोशन लैटर मेरा इन्तजार कर रहा था।

बल्ले!

अनायास मुझे असद बदाउनी का शेर याद आया :

खुदा मुझ को वहाँ भी सरबुलंद रखता है,
जहाँ सिरों को झुकाए जमाना होता है।

उस प्रोमोशन ने मुझे एक दूसरा बड़ा रिवार्ड भी दिया।

मेरा जौहर से पीछा छूट गया।

पहले वो एक लम्बी फॉरेन असाइनमेंट पर चला गया, लौटा तो मुम्बई ट्रांसफर हो गई, जहाँ वो बीवी-बच्चों को पीछे छोड़कर अकेला जाकर रहा। फिर वहीं उसे एक ऐसी डिफीकल्ट फॉरेन असाइनमेंट मिली जिस पर कोई दूसरा अधिकारी जाने को तैयार नहीं था। लौटा तो इसी वजह से आनन-फानन और प्रोमोशन हो गई कि एक डिफीकल्ट असाइनमेंट को कामयाबी से अंजाम देकर आया था और लोधी

लेखक पुत्री और पत्नी के साथ लेक डिस्ट्रिक्ट, इंगलैंड में

एस्टेट स्थित आईटीआई के फैंसी कॉर्पोरेट ऑफिस में बिठा दिया गया।

यानी रिजनल ऑफिस से—जहाँ कि उसका 'गुस्ताख, नामाकूल' मातहत एस.एम. पाठक पाया जाता था—उसका कोई वास्ता ही न रहा।

लाइनमैन भरती हुआ जौहर अपनी नौकरी में ग्रेड सिक्स ऑफिसर के पद पर पहुँचा और एकाएक वी.आर.एस. (वालेंट्री रिटायरमेंट स्कीम) लेने का फैसला न कर लेता तो यकीनन अभी और ऊपर जाता।

जौहर की तरक्की पर रश्क करने वाले आईटीआई में कई थे लेकिन ऐसा एक भी नहीं था, जिसने उसकी जांमारी से, मशक्कत से, बुलंद इरादों से सबक लिया हो और तरक्की की वो राह अख्तियार की हो जो उसने की थी।

जौहर पुराण का समापन करने से पहले उसकी एकाध बात और याद आती है :

जब जौहर नया-नया ग्रेड वन अधिकारी बना था, उन दिनों बड़ी कम्पनियों में नये साल पर बढ़िया डायरी, कैलेंडर छापने का बहुत रिवाज था इसलिए आईटीआई भी छापती थी। कस्टमर्स में बाँटने के लिए हर साल दिसम्बर एंड में हैड आफिस बैंगलौर से बड़ी तादाद में डायरी कैलेंडर हमारे रिजनल ऑफिस में पहुँचते थे, वितरण के लिए ज्यादातर वो सेल्स, एडमिनिस्ट्रेशन और इंजीनियरिंग को सौंपे जाते थे, इसलिए एक बड़ा लॉट तब जौहर को भी मिला जो कि नया-नया इंस्टालेशंस का इंचार्ज बना था।

जनवरी के शुरू में वो मुझे साथ लेकर नजफगढ़ रोड पर डीसीएम कैमिकल्स में पहुँचा जहाँ के बंगाली चीफ इंजीनियर को—जिसको वो तब से जानता-पहचानता था, जब वो टैक्नीकल असिस्टेंट था और वहाँ एक्सचेंज ठीक करने जाया करता था—बतौर अधिकारी वो अपना परिचय देने का और अपनी तरक्की पर गर्व महसूस करने का ख्वाहिशमन्द था।

इस मिशन के तहत पहला काम तो उसने ये किया कि मिल के गेट से दाखिल होते ही टाई ठीक करने के बहाने से अपना ब्रीफकेस मुझे थमा दिया लेकिन फर्जी तौर पर टाई ठीक कर चुकने के बाद ब्रीफकेस मेरे से वापिस न लिया।

आखिर साहब ऐसी कोई चीज अपने अहलकार को थमा कर ही चलता है! अंग्रेज ही तो गया था, अंग्रेजियत तो बाकायदा पीछे छोड़कर गया था।

मुझे उसके उस एक्शन से कोई एतराज नहीं था—इतनी-सी बात का सुख वो पाना चाहता था तो पा लेता—वर्ना मैं ब्रीफकेस जबरन उसे वापिस थमा सकता था। मैंने इसलिए भी ऐसा न किया कि बाज देखने वाले समझते कि मैं अफसर था, वो मेरा असिस्टेंट था।

बंगाली चीफ इंजीनियर साहब संयोग से हमें अपने ऑफिस वाली बिल्डिंग के

बाहर लॉन में खड़े मिल गए। जौहर को वो पहले से पहचानते थे इसलिए उन्होंने जौहर का अभिवादन स्वीकार किया और 'हल्लो, हाउ आर यू' बोला। जौहर ने पहले उन्हें ये बताया कि उसकी ऑफिसर ग्रेड में प्रोमोशन हो गई थी और फिर मेरे से ब्रीफकेस लेकर, उसमें से डायरी, कैलेंडर निकालकर, ब्रीफकेस वापिस मुझे थमा कर दोनों चीजें ये कहते हुए चीफ इंजीनियर साहब को सौंपीं कि वो खासतौर में उन्हें डायरी, कैलेंडर पेश करने के लिए खुद आया था।

जैसा बड़े साहब से अपेक्षित था, उन्होंने सधन्यवाद वो दोनों चीजें कुबूल कीं।

लेकिन जो आगे किया वो अपेक्षित नहीं था।

उन्होंने अदब से परे खड़े चपरासी को इशारे से करीब बुलाया और दोनों चीजें उन्हें सौंपते हुए बोले—"लो, तुम रखो। कैलेंडर घर में टाँगना और डायरी बीवी को देना, घर के खर्चे का हिसाब लिखा करेगी। धोबी को दिए कपड़े लिखा करेगी।"

जौहर की शक्ल देखने वाली थी।

वो तो—मैं भी—समझ रहा था कि बड़े साहब ने चपरासी को वो दोनों चीजें उनके ऑफिस में रखकर आने को बुलाया था।

फिर बड़े साहब ने डिसमिसल वाला 'थैंक्यू, मिस्टर जौहर' बोला।

हम दोनों उनका अभिवादन करके लौट पड़े।

वापिसी में अपना ब्रीफकेस भी उसने मेरे से ले लिया।

जिस पर रौब गालिब करने आया था, उसने मेरी अहलकारी का कोई नोटिस ही नहीं लिया था तो अब पाखंड जारी रखने का क्या फायदा था!

जब जौहर ग्रेड थ्री ऑफिसर था तब उसकी फूँ फाँ में इसलिए और भी इजाफा हो गया था कि तब वो अलग केबिन में बैठने लगा था।

तब मैं उसकी मातहती में ग्रेड वन ऑफिसर था।

तब के दो वाकये मैं यहाँ दर्ज कराना चाहता हूँ :

एक रोज सुबह चपरासी उसके द्वारा जारी किया गया एक सर्कुलर मुझे थमा कर गया जिसे मैंने पढ़ा और फाड़कर डस्टबिन में फेंक दिया।

मेरे बाजू में आदतन चुगलखोर हिन्दी अधिकारी की सीट थी, वो उठा और जाकर मेरी उस हरकत की खबर जौहर को कर आया।

तत्काल मुझे जौहर का बुलावा आ गया।

"तु-तुमने...तुमने मेरा सर्कुलर फाड़ के फेंक दिया?"—वो गुस्से से बोला।

"पढ़ने के बाद फेंका।"—मैं शान्ति से बोला।

"फाड़कर डस्टबिन में डाल दिया?"

"हाँ।"

"क्यों?"

"क्यों क्या मतलब? वक्ती हिदायत वाला टैम्परेरी सर्कुलर था, हिदायत पढ़ चुकने के बाद क्या करता मैं उसका? फ्रेम करा के अपनी सीट के पीछे दीवार पर लगाता?"

वो हकबकाया, फिर बोला—"हिदायत भूल सकती है!"

"इतनी जल्दी तो नहीं भूल सकती! ऐसा हो भी जाए तो सर्कुलर नोटिस बोर्ड पर भी लगा है।"

"मिस्टर पाठक, वाट यू डिड इट हाईली इररेगुलर। आपको ऐसे सरकुलर्स की फाइल बना के रखनी चाहिए।"

जब वो मुझे आप कह के बुलाता था तो इसका स्पष्ट मतलब होता था कि ज्यादा खफा था।

"बाकी सबने बनाई हुई है?"—मैं बोला।

उसने जवाब न दिया।

"यू कैन गो।"—फिर गुस्से से बोला।

एक सुबह वो ऑफिस पहुँचा, मेरे सामने से गुजर कर बिना मेरे से निगाह मिलाए जाकर अपने केबिन में बैठा।

दो मिनट बाद चपरासी मेरे पास आया और उसने मुझे बोला—"साहब बुलाता है।"

मैं जौहर के केबिन में पहुँचा।

"मिनिस्ट्री ऑफ फाइनेंस, नॉर्थ ब्लॉक चले जाओ।"—वो बोला—"जहाँ जायंट सैक्रेट्री से अप्वायंटमेंट है। जा के मिलो और वापिस आकर रिपोर्ट करो।"

"किस सिलसिले में मिलना है"—मैंने पूछा।

"क्यों पूछते हो?"—वो त्योरी चढ़ाकर बोला।

"ताकि मैं जान सकूँ कि मुझे किस किस्म की तैयारी करके जाना है।"

"तैयारी का टाइम नहीं है। और सिलसिला क्या है, वो ही लोग बताएँगे।"

"मैं मैनेज कर लूँगा..."

"क्यों नहीं कर लोगे?"

"जब मीटिंग का सब्जेक्ट तक नहीं मालूम तो..."

"ग्रेड वन ऑफिसर हो, क्यों नहीं कर लोगे? कम्पनी ने ऐसे ही तो तुम्हें ग्रेड वन अफसर नहीं बना दिया?"

वो उसका तकिया कलाम था, अक्सर मातहतों को यूँ कहता था जैसे वो ही कम्पनी था।

मैंने उससे रुखसत पाई और ऑटो पर सवार होकर नॉर्थ ब्लॉक पहुँचा। सुबह

के वक्त हर मिनिस्ट्री में पास बनवाने वालों की लम्बी लाइन होती थी, वहाँ भी थी। दस-बारह मिनट में मेरी बारी आई। फिर जायंट सैक्रेट्री साहब का ऑफिस तलाश करने में टाइम लगा। झिझकते हुए मैंने उनके ऑफिस का दरवाजा खोलकर भीतर झाँका तो पाया कि ऑफिस खाली था।

मैंने चपरासी को तलाश किया और जायंट सैक्रेट्री के हवाले से कहा कि वहाँ मीटिंग थी।

"नहीं हुई।"—चपरासी बोला।

"वजह?"

"वजह नहीं मालूम मेरे को। लेकिन साढ़े दस बजे मीटिंग थी, नहीं हुई।"

"अब क्या टाइम हुआ?"—मैं घड़ी नहीं लगाता था इसलिए उसी से पूछा।

उसने टाइम बताया।

ग्यारह से ऊपर का टाइम था।

"जायंट सैक्रेट्री साहब की गैरहाजिरी में किससे मिला जा सकता है?"—मैं पूछा।

"उनके ऑफिस में जाओ। सैक्शन ऑफिसर बोलेगा।"

"ऑफिस कहाँ है?"

उसने खुद मुझे वहाँ पहुँचाया और सैक्शन ऑफिसर के सामने ले जा के खड़ा किया।

"सर"—मैं अदब से बोला—"आई हैव कम फ्राम आईटीआई फॉर दि प्रीशिड्यूल्ड मीटिंग विद..."

"आर यू मिस्टर जौहर?"—उसने मुझे बीच में ही टोका और शुष्क स्वर में पूछा।

"नो, सर। आई एम एस.एम. पाठक, हिज सबार्डिनेट।"

"वुई डोंट वांट यू। वुई वांट मिस्टर जौहर।"

"सर, ही कुड नॉट कम, दैट्स वाई ही..."

"वुई विल सी दैट ही कम्स। यू कैन गो।"

पूरी रुखाई से मुझे डिसमिस किया गया।

नॉर्थ ब्लॉक से मुझे ऑटो न मिला इसलिए मैं बस पर सवार होकर दरियागंज पहुँचा और पैदल चलकर अंसारी रोड ऑफिस पहुँचा।

ऑफिस में तहलका मचा हुआ था।

मालूम पड़ा कि फाइनांस मिनिस्ट्री से सीधे बैंगलौर सी.एम.डी. (चेयरमैन एंड मैनेजिंग डायरेक्टर) को फैक्स पहुँचा था कि उनके रिजनल ऑफिस का डिप्टी मैनेजर जौहर जायंट सैक्रेट्री से पूर्वनिर्धारित मीटिंग में खुद नहीं पहुँचा था, उसने अपनी जगह अपने जूनियर को भेज दिया था, जो कि बिलकुल स्वीकार्य नहीं था। इसलिए सम्बन्धित अधिकारी जौहर को निर्देश दिया जाए कि वो अविलम्ब मिनिस्ट्री

ऑफ फाइनांस नॉर्थ ब्लॉक पहुँचे और खुद जायंट सैक्रेट्री को एक्सप्लेन करे कि 'वाई ही वाज स्टुड अप इन सच एन आउटरेजस मैनर'।

फौरन सीएमडी के ऑफिस से दिल्ली रिजनल ऑफिस के चीफ मैनेजर से सम्पर्क किया गया था और निर्देश दिया गया था कि सम्बन्धित अधिकारी की एक्सप्लेनेशन कॉल की जाए और जायंट सैक्रेट्री से व्यक्तिगत रूप से खेद प्रकाश के लिए उसे मिनिस्ट्री ऑफ फाइनांस भेजा जाए।

जब सारा मसला जौहर तक पहुँचा तो उसके होश उड़ गए। हकला-हकला कर सफाई देने लगा कि उसको लूज मोशंस होने लगे थे।

जो अहम सवाल रिजनल ऑफिस में ही उससे पूछा गया और जिसका वो जवाब न दे सका, वो था :

जब उससे सीधा नॉर्थ ब्लॉक जाना अपेक्षित था तो वो अंसारी रोड क्यों गया? वहाँ से वो खुद भी आगे जाता तो वो साढ़े दस बजे अप्वायंटमेंट पर नहीं पहुँच सकता था।

उस बात का उसके पास कोई जवाब नहीं था।

कैसे होता!

वो तो घर से ही सोच के निकला था कि ऑफिस पहुँचकर अपनी एग्जीक्यूटिव फूँ फाँ को हवा देता पाठक को अपनी जगह भेज देता। मिनिस्ट्री के जायंट सैक्रेट्री की हैसियत को खातिर में लाने की दानिशमन्दी उसने न दिखाई—जाहिर था कि ऐसा कोई खयाल भी उसके जेहन में न आया।

मिनिस्ट्री ऑफ फाइनांस उसे जाना पड़ा।

लेकिन वहाँ उसके साथ क्या बीती, इस बात की खबर मुझे—किसी को भी—न लग सकी।

ये भी न मालूम हो सका कि उसे अहसास हुआ या नहीं कि जब जायंट सैक्रेट्री जैसे सीनियर ब्यूरोक्रैट से बाई नेम अप्वायंटमेंट हो तो अपनी जगह किसी जूनियर को भेजना प्रोटोकोल के खिलाफ होता था।

मैं साढ़े दस भी पहुँचा होता तो मुझे बेरुखी से डिसमिस ही किया जाता।

सैक्शन ऑफिसर की शाही फरमान जैसी आवाज़ एक लम्बा अरसा मेरे कानों में गूँजती रही :

"वुई वांट मिस्टर जौहर। वुई विल सी दैट ही कम्स।"

ऐसा एक तब का वाकया भी दिलचस्पी से खाली नहीं, जबकि वो और सीनियर अफसर बन गया था। तब इंजीनियरिंग के अलावा उसे सेल्स का भी इंचार्ज बनाया गया था और सेल्स ऑफिस क्योंकि दरियागंज मेन रोड वाले ऑफिस में था इसलिए

वो वहाँ बैठने लगा था जहाँ से वो टेलीफोन पर हिदायत जारी करता था और कभी-कभार अंसारी रोड का चक्कर लगाता था।

शनिवार को हाफ डे होता था, पौने दो बजे छुट्टी हो जाती थी।

एक शनिवार को एक चालीस पर वो अंसारी रोड ऑफिस में आया, बिना मेरे से निगाह भी मिलाए मेरी सीट के आगे से गुजर गया और अपने बराबर के रुतबे वाले डिप्टी मैनेजर के केबिन में उसके पास जाकर बैठ गया।

पौने दो बजे मैंने ऑफिस से रुखसत पाई।

सोमवार मैं ऑफिस पहुँचा तो वो मेरे से पहले वहाँ मौजूद था।

तुरन्त उसने मुझे तलब किया।

मेरे अभिवादन भी कर पाने से पहले वो तमक कर बोला—"तु-तुम...तुम शनिवार कहाँ चले गए थे?"

"कब कहाँ चला गया था?"—मैं हैरानी से बोला।

"ज-जब मैं आया था!"

"छुट्टी होने पर ही गया था, पहले तो नहीं चला गया था!"

"मैं आया और तुम चल दिए?"

"तो और क्या करता?"

"तुम्हें रुकना चाहिए था। मुझे तुमसे कोई काम हो सकता था!"

"तो आपको बोलना चाहिए था ऐसा कि मैंने रुकना था।"

"बोलना चाहिए था! भई, मैं तुम्हारा सैक्शन इंचार्ज, जब आया था..."

"मुझे क्या पता आप किसलिए आए थे! आप तो सीधे जाकर गुप्ता जी के पास बैठ गए! मैंने सोचा उन्होंने आपको लंच के लिए इनवाइट किया होगा। या शनिवार था, आप साहब लोगों का तफरीह का कोई और प्रोग्राम होगा!"

उसने अवाक् मेरी तरफ देखा।

"यानी"—फिर बोला—"आप छुट्टी के बाद नहीं रुक सकते?"

"अरे, आप हुक्म करें, मैं आधी रात तक रुक सकता हूँ। लेकिन आपके मन की बात तो मैं नहीं भाँप सकता न! मुझे क्या पता आपके मन में कब क्या होता है..."

"प्लीज, गो।"

असल में जो वो कहना चाहता था, उसे वो जुबान पर न ला सका।

अफसर को आया देखकर मातहत को तब तक हाजिर रहना चाहिए था, तब तक उसके आगे-पीछे नाचना चाहिए था, जब तक कि अफसर रुखसत न हो जाए।

मेरे उस्ताद ने फौज जैसा वो अदब मुझे नहीं सिखाया था।

□

यहाँ मैं विमल सीरीज़ के जिक्र पर लौटना चाहता हूँ।

इस सीरीज की पहली विशेषता तो उसकी अत्यंत तेज रफ्तार ही बनी। वैसी बातें, वैसा कथानक, वैसा घटनाक्रम, वैसा घात-प्रतिघात का मुतवातर सिलसिला पाठकों ने पहले कभी नहीं पढ़ा था—खुद मेरे लिखे उपन्यासों में भी नहीं—वो घटनाक्रम तो जैसे उन्हें सांस ही नहीं लेने देता था। बखिया पुराण के चार उपन्यासों ने जो ऐतिहासिक सफलता प्राप्त की, वो अनोखी थी, अनन्य थी, मेरे पाठक कहते थे कि बखिया पुराण की बुलंदी तक ताजिन्दगी मैं खुद भी नहीं पहुँच सकता था, कोई दूसरा लेखक तो क्या पहुँचता! पाठकों की राय से मुतमुईन होकर मैं कहता हूँ कि बखिया पुराण सरीखा कुछ मैं दोबारा न भी लिख सकूँ तो भी मुझे फख्र है कि पहली बार तो उसे मैंने ही लिखा था।

विमल सीरीज की दूसरी विशेषता उसका असाधारण सैट अप था, वो अनोखी बातें थीं, जो बाजरिया विमल सीरीज पहली बार वाकया हुई थीं, जो पाठकों में एक नया, अनोखा अहसास जगाती थीं। उन बातों में अहमतरीन गुंडे, मवालियों की जमात 'कम्पनी' और उसके हैडक्वार्टर होटल सी-व्यू की परिकल्पना से सम्बन्धित थी। मैं 'कम्पनी' की जगह माफिया भी लिख सकता था, लेकिन 'कम्पनी' नाम में एक बानगी थी, एक शाइस्तगी थी जिससे लगता था कि जैसे वो किन्हीं बड़े और मकबूल व्यापारियों की जमात थी। थी भी, लेकिन मौत के व्यापारियों की थी। बहरहाल 'कम्पनी' एक नया नाम था जो कि अत्यंत लोकप्रिय हुआ, बहुत प्रचलित हुआ और पाठकों को यूँ लगने लगा जैसे 'कम्पनी' नाम का कोई संस्थान वाकई मुम्बई में था।

'कम्पनी' का हैडक्वार्टर मैंने एक फाइव स्टार डीलक्स होटल को बताया जो कि प्रत्यक्षत: तो एक नॉर्मल कमर्शियल होटल ही था लेकिन जिसकी दो से पाँच तक की चार मंजिलें होटल की अट्ठारह मंजिलों से आइसोलेट करके बाहरी लोगों के लिए सील कर दी गई थीं।

और जो 'कम्पनी' के निजाम के हवाले थीं, जो सीढ़ी-दर-सीढ़ी चलता था। यानी कि उसमें विभिन्न हैसियतों वाले ओहदेदार थे, जो कार्पोरेट एग्जिक्यूटिव्ज की तरह तरक्की करते ऊपर, और ऊपर उठते चले जाते थे और जिनका टॉप बॉस बखिया था। बखिया का नैक्स्ट-इन-कमांड जान रोडरीगुएज था, 'कम्पनी' में एक सिपहसालार था जो कि 'कम्पनी' की हमलावर बाँह था, एक जल्लाद था, जिसका काम दुश्मनों के लिए, हुक्मउदूली करने वालों के लिए या गद्दारी पर उतर आए लोगों के लिए सजाएँ आर्गेनाइज करना था।

और सैकड़ों की तादाद में बॉस लोगों के अंडर में चलने वाले प्यादे थे।

कम्पनी, सिपहसालार, ओहदेदार, जल्लाद, प्यादा जैसे तमाम शब्द ऐसे थे जो मैंने बखिया पुराण के लिए गढ़े थे लेकिन उनकी पॉकेट बुक्स ट्रेड में ऐसी

लेखक पत्नी, पुत्रवधु, पुत्री, पुत्र के साथ इंगलैंड में

व्यापक नकल हुई जैसे कि ये शब्द डिक्शनरी में आम पाए जाते थे। कितने ही तब के छोटे-बड़े लेखकों ने होटल सी-व्यू सरीखा 'कम्पनी' का हैडक्वार्टर अपने नावलों में हूबहू खड़ा कर लिया, कितनों ने ही काला पहाड़ बखिया की जगह वैसा ही किरदार खड़ा किया जिसका किसी ने बखिया ही नाम रख दिया तो किसी ने उसे 'दुखिया' बना दिया। 'कम्पनी' के मेरे गढ़े ओहदेदारों को अन्य लेखक बाई नेम अपने उपन्यासों में यूँ कोट करने लगे जैसे कि वो काल्पनिक पात्र नहीं थे, मेरे गढ़े हुए किरदार नहीं थे, उनका असल में कोई वजूद था और जैसे हाजी मस्तान, वर्धराजन मुदालियार, दाऊद इब्राहिम, छोटा राजन, अरुण गावली, छोटा शकील, टाइगर मेमन, अली बुदेश, करीम लाला, अबू सालेम वगैरह की तरह उनका भी नाम रोज अखबारों में छपता था। लिहाजा हर किसी की हरचन्द कोशिश ये जाहिर करने की थी कि जो सैट अप सिर्फ मेरी कल्पना की उपज था वो एक आम सिलसिला था, जिसके लिए मेरा कोई यश बटोरने की कोशिश करना जैसे वो नाकाम कर देना चाहते थे।

इसी पॉकेटमारी की दूसरी मिसाल ये थी कि मेरे द्वारा खड़े किए गए सिख हीरो के मकबूल होते ही हर प्रकाशक को, हर लेखक को सिख हीरो सूझने लगा। कितने ही करतार सिंह, जगतार सिंह, सुरेन्द्र सिंह और कितने ही सोहन मोहन सोहल की बराबरी में आन खड़े हुए। ऐसा करने वालों को मालूम ही नहीं था कि

सोहल सोहन मोहन जैसा नाम नहीं था, पंजाब के जिला गुरदासपुर में धारीवाल के करीब के एक गाँव का नाम था जहाँ की सुरेन्द्र सिंह को मैंने पैदायश बताया था और पंजाब की जन्मस्थली गाँव या कस्बे का नाम जात की तरह, उपनाम की तरह मुख्य नाम से जोड़ने की रवायत को कायम रखते हुए मैंने अपने सिख हीरो का नाम सुरेन्द्र सिंह सोहल रखा था।

मुझे पंजाबी होते हुए गुरुवाणी का ज्ञान नहीं लेकिन सैमीलिटरेट, क्वार्टर लिटरेट दूसरे लेखक गुरुवाणी के गूढ़ज्ञाता ही नहीं, गूढ़ज्ञानी भी बन बैठे। भूत लेखकों ने तो इस सिलसिले में हद ही कर दी क्योंकि उन्होंने तो प्रकाशक की—भ्रष्ट प्रकाशक की—फरमायश पर लिखना होता था और प्रकाशक की फरमायश होती थी कि वो सिख युवक को हीरो बनाकर उपन्यास लिखें, उसमें 'कम्पनी' डालें, प्यादे, ओहदेदार, सिपहसालार डालें और गुरुवाणी की चासनी डालकर चम्मच से हिलाकर सर्व करें ताकि आपके खादिम से बेहतर उपन्यास, सोहल से बेहतर किरदार पैदा हो सके।

ऐसे एक भूत लेखक ने तो ऐसी हद की कि अपने जैसे सबको पछाड़ दिया। वो भूत लेखक मुसलमान था और उसका गढ़ा हीरो सिख था, जो गुरुवाणी को कोट किए बिना कोई डायलॉग नहीं बोलता था। उसके हीरो के मुँह से निकले हर तीसरे डायलॉग की शुरुआत 'हमारे पंचम गुरू ये कहते हैं, हमारे सप्तम गुरु ये कहते हैं' से होती थी। कभी उस लेखक से सवाल हुआ कि उसने किसी मुसलमान युवक को हीरो क्यों नहीं बनाया था, वो कुरान के उद्धरण क्यों नहीं लिखता था, मुसलमान होने की वजह से जिसका कि उसे सहज ही ज्ञान था!

उसका ईमानदाराना जवाब था कि प्रकाशक का हुक्म था कि वो सोहल जैसा लिखे।

उन दिनों मुझे ऐसा लगता था जैसे मैं विमल सीरीज नहीं लिख रहा था, अन्य लेखकों के लिए कोई ट्रेनिंग स्कूल चला रहा था। उन दिनों विमल सीरीज की नयी तिकड़ी का उतना इन्तजार मेरे पाठकों को नहीं होता था, जितना कि अन्य लेखकों को होता था क्योंकि विमल का हर नया कारनामा उनके लिए नया प्रेरणास्रोत था।

लेकिन जो बात बरसों की मेहनत और जांमारी का नतीजा हो, उसकी चुटकियों में नकल क्योंकर खड़ी की जा सकती थी! जो हुनर, जो जौहर मैंने सालोंसाल मशक्कत करके सीखा था, वो कोई ओवरनाइट भला कैसे सीख सकता था! इतनी जल्दी तो रोटी पकानी नहीं आती, दाल उबालनी नहीं आती!

लेकिन किसी भी मकबूल चीज की नकल तैयार करा के उसे आनन-फानन कैश करने को उतावला हमारा प्रकाशक तो इंस्टेंट फूड की तरह इंस्टेंट विमल-लाइक नावल चाहता था जिसका नतीजा कितनी ही बार ये हुआ कि मेरे जैसा लिखने की फरमायश पूरी करने में स्वयं को असमर्थ पाने पर कई भूत लेखकों ने न सिर्फ मेरे

PHONE : 123456

WXYZZ POCKET BOOKS

PUBLISHERS & BOOKSELLERS

f$Z DARIBA KALAN, DELHI-110006

o.................. Dated 21-9-96 199

श्री लवेशस पाटिल
सी०बी० गुलवाली चाल नं०194,
रूम नं०-42, न०म० जोशी मार्ग,
बम्बई -400 013

553A

प्रिय महोदय,

नमस्कार ।

आपकी सेवा में "करवंगचह:" नामक उपन्यास के सम्पूर्ण कॉपी - राइट पारिश्रमिक पांच हजार पांच सौ रूपये (5500/-रूपये मात्र) का ड्राफ्ट (संख्या: 814442, जारीकर्ता-बैंक ऑफ बड़ौदा, शक्ति नगर, दिल्ली - 7, दिनांक: 20-9-96) तथा रसीद भेज रहे हैं । कृपया पावती की सूचना दें और रसीद साइन करके तुरंत लौटती डाक से वापस भेजें ।

साथ ही आपको सुरेन्द्रमोहन पाठक द्वारा लिखित विमल सीरीज के 23 उपन्यासों का पूरा सैट जिनके नाम निम्नलिखित हैं, भेज रहे हैं --

1. मौत के मुंह में
2. डार से बिछुड़ा
3. मौत का रास्ता
4. खबरदार शहरी
5. जहाज का पंछी
6. लेख की रेखा
7. पाप की नगरी
8. किस्मत का खेल
9. चेहरे पर चेहरा
10. मरना यहां
11. जीना यहां
12. खून के आंसू
13. मौत का नाच
14. विमल का इंसाफ
15. हार-जीत
16. खाली वार
17. असफल अभियान
18. दिन दहाड़े डकैती
19. बैंक वैन रॉबरी
20. आज कत्ल हो के रहेगा
21. पैंसठ लाख की डकैती
22. इश्तिहारी मुजरिम
23. दौलत और खून

कृप्या इनका ध्यानपूर्वक मनन करें और मेजर फलाना पाटेकर को विमल से भी

कथानकों की नकल मार ली, चैप्टर के चैप्टर मेरे पूर्वप्रकाशित उपन्यासों से अपनी स्क्रिप्ट में उतार लिये। तभी मुझे ये स्लोगन प्रचारित करना पड़ा :

नक्काल कई। पाठक सिर्फ एक।'

इस सन्दर्भ में एक प्रकाशक की दीदादिलेरी तो काबिलेगौर है।

वो अपने प्रकाशन के तहत मेजर फलाना पाटेकर नाम का एक ट्रेड नाम चलाता था। एक बार उसने अपने भूत लेखक को, जो कि मुम्बई में रहता था, विमल के 23 नावलों का पूरा सैट भेजा—तब तक सीरीज के 23 नावल ही छपे थे—और उसे हिदायत जारी की कि वो उन तेइस नावलों पर ध्यानपूर्वक मनन करे और मेजर फलाना पाटेकर को विमल से भी ज्यादा करारा किरदार बनाकर दिखाए।

उपरोक्त से बेहतर और मिसाल क्या हो सकती है कि बड़े प्रकाशक भी बाजरिया विमल सीरीज अपने भूत लेखकों को मेरे जैसा, बल्कि मेरे से बेहतर, लिखने की ट्रेनिंग देते थे।

कितना आसान था दूसरे की पकी खीर में चम्मच मारना!

चम्मच क्या मारना, हांडी ही हज़्म कर जाना।

परिपक्व अधेड़ावस्था

नेक ने नेक बद् ने बद् जाना मुझे
अपने अपने तौर पर सबने पहचाना मुझे

नब्बे के दशक की शुरुआत में मेरी मुम्बई की एक फिल्म स्टार से मुलाकात हुई। पत्राचार से मेरा उससे वास्ता पहले भी पड़ा था लेकिन फिर उसके व्यक्तिगत जीवन में कुछ ऐसी तब्दीलियाँ आई थीं कि उसने दिल्ली को भी अपना आवास बना लिया था और तब मुलाकात गहरी दोस्ती, पारिवारिक सम्बन्धों में तब्दील हो गई थी।

उसका नाम आरती मेहता था।

रूबरू मुलाकात की नौबत आने से दो-ढाई साल पहले मुझे रजिस्टर्ड डाक से एक कविता संग्रह प्राप्त हुआ था, जिसकी लेखिका का नाम सुगंधा था और लेखिका ही उस संग्रह की प्रकाशक थी। संलग्न पत्र में दर्ज था कि वो मेरी नियमित पाठिका थी, इसलिए अपने प्रिय लेखक को उसने अपनी प्रथम प्रकाशित रचना प्रेषित की थी।

मैंने कविताएँ पढ़ीं तो वो मुझे कविताएँ ही न जान पड़ीं, लगा कि नौजवानी के रेंडम थाट्स को कविता की तरह सजा कर लिखा गया था। बहरहाल मैंने उसे पावती का औपचारिक पत्र लिखा और किस्सा खत्म समझ लिया।

वीरेन्द्र शर्मा और आरती मेहता के साथ लेखक

कुछ महीनों बाद आईटीआई के मेरे ऑफिस में उसका फोन आया कि वो दिल्ली में थी और मेरे से मिलना चाहती थी।

मैंने उसे अपने अंसारी रोड ऑफिस में आने को वैलकम बोला तो उसने कहा कि वो एक ग्रुप के साथ थी जिसकी वजह से वो नहीं आ सकती थी लेकिन मिलना जरूर चाहती थी इसलिए मैं उससे मिलने आने की तकलीफ करूँ।

कहाँ?

होटल मौर्य की लॉबी में जहाँ कि वो ठहरी हुई थी।

मैंने अपने कलीग मोती को साथ चलने के लिए तैयार किया जो बड़े होटलों के तौर-तरीकों से मेरे से बेहतर वाकिफ था और जो अपनी मोटरसाइकल पर मुझे तुरत-फुरत वहाँ ले जा सकता था।

वो हमें लॉबी में मिली।

उसकी सदारत में हम एक रेस्टोरेंट में जाकर बैठे। हमने अपनी-अपनी पसन्दीदा नानअल्कोहलिक कोल्ड ड्रिंक्स का ऑर्डर दिया।

तब उसने बताया कि उसका नाम आरती मेहता था, सुगंधा उसका सिर्फ पोएट्री के लिए उपनाम था और जो कविता संग्रह उसने मुझे भेजा था, वो उसने खुद प्रकाशित किया था।

वो तो जाहिर ही था। जैसी कविताएँ थीं, कोई व्यावसायिक प्रकाशक तो उन्हें छापने को हरगिज तैयार न हुआ होता। उसने खुद भी इस बात की तसदीक की कि कोई नहीं छाप रहा था इसीलिए उसने संग्रह खुद छापा था।

फिर पता चला कि वो वहाँ बारात के साथ आई थी और सारी बारात मौर्य में ठहरी हुई थी; रात को शादी थी और अगले रोज ही मुम्बई के लिए वापिसी थी।

उसके फिल्मी कैरियर की बात हुई तो उसने सगर्व अपनी उपलब्धियाँ गिनाईं :

- 'नादानियाँ' नामक फिल्म प्रोड्यूस की जिसकी हीरोइन भी वो खुद थी। डायरेक्टर वेद राही था और अन्य कलाकार थे तनुजा, परीक्षित साहनी, अरुणा ईरानी, प्रेम किशन।
- टेलीफिल्म 'राहगुजर' प्रोड्यूस की जिसकी फीमेल लीड भी वो खुद थी। डायरेक्टर, ज्योतिस्वरूप था और अन्य कलाकार थे शेखर सुमन, डिम्पल कपाड़िया, अरुणा ईरानी, भारत भूषण।
- टेलीफिल्म 'भुलाए न बने' प्रोड्यूस की और मुख्य भूमिका निभाई। डायरेक्टर वीरेन्द्र शर्मा था, जो मुझे बहुत बाद में पता लगा, उसका पति था।
- दूरदर्शन के लिए तेरह एपीसोड का सीरियल 'लेना-देना' बनाया, जिसमें उसके अलावा अन्य कलाकार सुबीराज, ओम शिवपुरी और नाज थे और डायरेक्टर फिर वीरेन्द्र शर्मा था।

- टेलीविजन सीरियल 'पूर्णिमा' में लीड रोल किया। अन्य कलाकार ओम शिवपुरी, भारत भूषण, रेहाना सुलतान, राकेश पाण्डे, सुबीराज और सुधीर दलवी थे। डायरेक्टर वीरेन्द्र शर्मा था, जिसकी बतौर अभिनेता भी सीरियल में हाजिरी थी।

एक घंटा वार्तालाप का सिलसिला चला, फिर हमने ये कहकर इजाजत चाही कि ऑफिस जाना था।

बिल मैंने—मेहमान ने—अदा किया।

तदुपरान्त एक लम्बा अरसा अदाकारा साहिबा से कोई कम्यूनीकेशन न हुई।

फिर एक रोज उसकी कॉल आई।

लोकल।

मालूम हुआ कि वो स्थायी रूप से दिल्ली शिफ्ट नहीं कर रही थी लेकिन अब आइंदा उसका काफी वक्त दिल्ली में गुजरने वाला था।

यानी आइंदा वो 'ए टेल ऑफ टू सीरीज' थी।

फिर एक शाम मेरी मौजूदगी में प्रैस क्लब में उसका आगमन हुआ।

मालूम पड़ा कि वो मेरी ही तलाश में आई थी।

एक लम्बा अरसा क्लब में उसके साथ सत्संग चला जिसमें वो ड्रिंक्स में भी शेयरहोल्डर बनी। उसके पहला पैग हैंडल करने के अन्दाज से ही मैं समझ गया कि वो उसके लिए कोई नया काम नहीं था।

फिर दो-तीन बार दिन में भी क्लब में मुलाकात हुई और तब भी उसने वोदका का जनरस रसास्वादन किया।

फिर मालूम हुआ कि उसका पति वीरेन्द्र शर्मा क्लब का मेम्बर था इसलिए उसके वहाँ आने में कोई प्रॉब्लम नहीं थी। दिन में वो तब भी आती थी जब मैं वहाँ नहीं होता था और अकेले बैठकर वोदका एनजाय करती थी।

ऐसी एक बैठक में उसने मुझे वीरेन्द्र शर्मा से इन्ट्रोड्यूस कराया जो कि एक सुन्दर युवक था, लिहाजा डायरेक्टर के अलावा अभिनेता भी होना उसके लिए कोई नया वाकया नहीं था।

ऐसी कई मुलाकातों के बाद एक बार उन्होंने मुझे अपने घर ड्रिंक, डिनर के लिए इनवाइट किया।

मालूम पड़ा कि दिल्ली में उनकी रिहायश रोहिणी में थी।

तब—लगभग तीस साल पहले—रोहिणी आज जैसा बसा हुआ इलाका नहीं था और तब उसका दर्जा सैंट्रल दिल्ली से बहुत दूर-दराज की जगह का था।

"पाठक जी"—आरती ने मुझे खुद बताया—"किसी को ड्रिंक्स, डिनर के लिए

इनवाइट करते हैं और वो बहुत जोश से इनवीटेशन कुबूल करता है लेकिन ज्यों ही उसे पता चलता है कि ड्रिंक, डिनर का मुकाम रोहिणी था, तो वो बहानेबाजी करने लगता है।"

"कमाल है!"

"इस वजह से हमारे सोशल कान्टैक्ट्स नहीं बन पा रहे। इसी वजह से हम मयूर विहार फेज वन में फ्लैट तलाश कर रहे हैं।"

"आई सी!"

"लेकिन आप तो आ रहे हैं न! या आप भी ऐन मौके पर कोई बहाना बनाएँगे?"

"अरे, नहीं। आपका निमंत्रण, मेरा अहोभाग्य। जरूर आऊँगा।"

लेकिन रोहिणी का फासले का हौवा मुझे भी विचलित कर रहा था। जाना तो मैं चाहता था लेकिन ये नहीं चाहता था कि आधी रात को मैं वहाँ से फारिग होता। वो लोग तो मुम्बैया लाइफ के आदी थे, जो कि चौबीस घंटे का शहर था, दिल्ली में तो तब नाइट लाइफ नाम की किसी चिड़िया का वजूद ही नहीं था।

दूसरे, मुझे ये भी अन्देशा था कि पार्टी मुझे माफिक न आती तो मुलाहजे में मुझे वहाँ टिकना पड़ता।

तब जो हल मैंने निकाला, वो ये था कि मैं अपने साथ अपनी एक फ्रेंड को ले के गया। मैंने उसे एडवांस में समझा दिया कि मैं उसे इशारा करूँ या उसी का मन वहाँ न लगे तो वो बेचैन होकर दिखाने लगे और पहलू बदलते हिंट ड्रॉप करने लगे कि वो रुखसत पाना चाहती थी। तब मैं कह सकता था कि मैं तो रुकना चाहता था लेकिन उसकी वजह से मेरी रवानगी जरूरी थी जिसे मैंने अभी उसके घर भी ड्रॉप करना था।

निर्धारित दिन निर्धारित समय पर हम रोहिणी उसके आवास पर पहुँचे।

मेजबान बड़ी गर्मजोशी से हमारे साथ पेश आए।

ड्रिंक्स का दौर चला जिसके दौरान आरती उठकर किचन में चली जाती थी क्योंकि किचन में जो कुछ होना था, वो उसी ने करना था।

ड्रिंक्स में एक खास बात थी जो कि मुझे खटकी।

बोतल ड्राईंगरूम में—जहाँ कि मेहमानों को बिठाया गया था—मेहमानों के सामने नहीं रखी गई थी, पति बैडरूम में जाता था और वहाँ से ड्रिंक्स बनाकर लाता था, जो कि स्पष्ट शक उपजाता था कि वो मेहमान को विस्की के ब्रांड की खबर नहीं लगने देना चाहता था।

तब तक घूँट की शागिर्दी में मेरी सिल्वर जुबली हो चुकी थी लेकिन इतना तजुर्बा मेरा फिर भी नहीं हुआ था कि मैं चखकर या सूँघकर पहचान पाता कि मुझे कौन-सी विस्की सर्व की जा रही थी। फिर भी इतना तजुर्बा मुझे था कि मैं बता सकता था कि वो कौन-सी विस्की नहीं थी।

वो स्कॉच नहीं थी।

सजावार तरीके से दो पैग मैंने हलक से उतारे।

उस दौरान पति ने दस बार कहा—"पाठक साहब, हीरोइन खाना बना रही है, आज आप हीरोइन के हाथ का बना खाना खाओगे।"

"जहेनसीब!"—मैंने भी दस बार दोहराया।

पति पैग्स को डाइल्यूट भी बैडरूम से ही करके लाता था इसलिए मुझे ये भी अन्दाजा नहीं हो पा रहा था कि मैं स्माल पी रहा था, लॉर्ज पी रहा था या पटियाला पी रहा था। फिर लांग रिटर्न ड्राइव मेरे सामने थी।

लिहाजा मिकदार में नहीं तो पैग्स की गिनती में कम पीने में ही मेरी गति थी।

एक बार मैंने टॉयलेट जाने की इच्छा व्यक्त की।

मकसद ये था कि मैं बैडरूम के अटैच्ड बाथ में जाता तो मुझे विस्की की वो बोतल भी दिखाई दे जाती जिसमें से सर्विस जारी थी।

पहुँचाया तो मुझे अटैच्ड बाथरूम में ही गया, लेकिन किसी दूसरे बैडरूम के।

बड़ा फ्लैट था, तीन—या चार—बैडरूम थे।

मिशन नॉट अकम्पलिटड।

मैंने एक ड्रिंक और लिया, फिर अपनी फ्रेंड को खामोश, खुफिया इशारा किया।

उसने दक्षता से बेचैन होकर दिखाना शुरू कर दिया। बीच-बीच में एक-दो बार बुदबुदा कर 'चलो' भी कहा, लेकिन इतना भी बुदबुदा कर नहीं कि मेजबान न सुन पाता।

हीरोइन के लोटस हैंड्स का बनाया डिनर सर्व हुआ।

रसा वाले चावल—इतना घी था कि रसा वाले ही जान पड़ते थे।

तवे पर डालते ही तल दिए गए हुए कच्चे-पक्के परांठे। पहले से तैयार करके रखे हुए।

मैडिसनल मटर पनीर।

बाजार से मँगाई चिकन करी।

हमने डिनर किया और रुखसत पाई।

मैं सोच रहा था—वो खुशकिस्मत थे जो ड्रिंक्स, डिनर का दावतनामा कुबूल नहीं कर सके थे।

लेकिन वो सब इत्तफाकन था, मेजबान की भावनाओं में कोई खोट नहीं थी।

एक बार ऐसा इत्तफाक हुआ कि पति कहीं बाहर था और वो दिल्ली में अकेली थी। तब सर्दियों के दिन थे और वो छुट्टी के दिन सुबह ग्यारह से भी पहले हमारे घर आ जाती थी और मेरी बीवी से बतियाती, बैक यार्ड में धूप सेंकती शाम तक

ठहरती थी। बीवी रात के खाने के लिए रुकने को बोलती थी तो वो बड़ी विनम्रता से बोल देती थी—"नहीं, जाना है, लांग ड्राइव है।"

"कल चली जाना।"—बीवी कहती थी।

वो रुकना कुबूल नहीं करती थी।

वजह मुझे मालूम थी।

वापिस में उसने प्रैस क्लब से घूँट लगा के जाना था।

घर में मैं बीवी के सामने उसे ड्रिंक ऑफर नहीं कर सकता था, करता तो शायद वो खुद ही कुबूल न करती।

दिल्ली में वो जब भी अकेली होती थी, दोपहर से पहले कार ले के निकलती थी और कहीं भी चल देती थी। कोई जगह न सूझे तो जा के प्रैस क्लब में बैठ जाती थी, जहाँ दूरदर्शन सम्बद्ध कोई न कोई वाकिफकार उसे मिल ही जाता था।

और नहीं तो सुरेश कोहली मिल जाता था, जिससे वो मुम्बई से वाकिफ थी।

एक बार मैं ओडियन पर मैटिनी शो में फिल्म देख रहा था तो उसका फोन आ गया।

"कहाँ हो?"—उसने पूछा।

"ओडियन पर। हॉल में। फिल्म देख रहा हूँ।"

"छोड़ दो। मैं मंडी हाउस पर हूँ, यहाँ आ जाओ।"

"सॉरी! नहीं छोड़ सकता। साथ कोई है।"

उसने फोन बन्द कर दिया।

शो खत्म हुआ तो वो सिनेमा के बाहर खड़ी मेरा इन्तजार कर रही थी।

"आज क्या बात है?"—मैंने सवाल किया—"मेरे से कोई खास काम है?"

उसने जवाब न दिया, अपलक मेरे साथी की तरफ देखा।

"पाँच मिनट रुको।"

मैंने साथी को रुखसत किया और उसके पास वापिस लौटा।

"कार कहाँ है?"—मैंने पूछा।

"नहीं है। बिगड़ गई। गैराज में है। कल मिलेगी।"

"ओह!"

"तुम्हारी कहाँ है?"

"परले ब्लॉक की पार्किंग में। यहीं रुको, मैं ले के आता हूँ।"

मैं कार के साथ वापिस लौटा तो वो पैसेंजर सीट पर सवार हुई।

मैंने कार आगे बढ़ाई।

"कार में बोतल रखते हो?"

"नहीं, लेकिन वो क्या प्रॉब्लम है? आसपास दर्जन लिकर शॉप हैं, ले आता हूँ।"

"यस, प्लीज।"

एक लिकर शॉप पर मैंने कार रोकी और कार को उसके हवाले करके उसमें से उतरा।

विस्की की बोतल और कार्डबोर्ड के एक बॉक्स के साथ मैं वापिस लौटा।

"बॉक्स में क्या है?"—उसने पूछा।

"पेस्ट्रीज! बच्चों के लिए।"

"ओह!"—फिर वो स्टियरिंग के पीछे सरक गई—"तुम यहाँ बैठो, मैं चलाऊँगी।"

"ओके।"

मैंने बोतल और बॉक्स को पिछली सीट पर रखा और उसके साथ कार में सवार हुआ। उसने कार आगे बढ़ाई।

"कहाँ?"—मैंने पूछा।

"कहीं भी। जिधर कार मुड़ जाए।"

"हूँ। क्लब क्यों नहीं चलतीं?"

"नहीं, वहाँ नहीं।"

"क्यों?"

"वीरेन्द्र साथ नहीं होता तो शाम को चिपकू परेशान करते हैं।"

भटकती कार रफी मार्ग पर पहुँची।

उसने एक जगह कार रोकी।

"वो सामने कियॉस्क है, गिलास और पैप्सी लेकर आओ।"

मैं कार से उतरकर छोटे से स्टॉल पर पहुँचा, मैंने वहाँ से दो पैप्सी की बॉटल और कीमत अदा करके दो गिलास हासिल किए और वापिस लौटा।

"पाठक जी!"—तत्काल वो बोली—"दो गिलास क्यों ले आए?"

"क्यों? मैं भी तो..."

"एक वापिस करके आओ।"

"पेमेंट देकर खरीदा, वो वापिस नहीं लेगा।"

"ले लेगा। जाओ!"

मैंने पैप्सी की बोतलें और एक गिलास उसे सौंपा और कियॉस्क पर वापिस लौटा।

गिलास वापिस हो गया। मुझे दस रुपये वापिस मिल गए।

मैं वापिस कार पर पहुँचा और उसके पहलू में पैसेंजर सीट पर बैठा।

वो बैठी पेस्ट्री खा रही थी।

"एक ही।"—वो बोली—"आई एम वॉचिंग माई फिगर। एक भी इसलिए क्योंकि भूख लगी थी।"

"ओके।"

"आई टुक लिबर्टी। आई होप यू डोंट माइंड।"

London Victoria Station
TOURS

"वॉट! ओ नो। नैवर। यू आर मोस्ट वैलकम।"

पेस्ट्री से फारिग होकर उसने विस्की की बोतल खोली, गिलास में पटियाला पैग डाला और बाकी बची जगह को पैप्सी से भरा। उसने गिलास मुझे थमाया और यूँ पैप्सी की आधी खाली हुई बोतल में वहाँ तक विस्की डाल ली जहाँ तक पैप्सी था।

विस्की की बोतल को उसने नीचे डाला और पैप्सी की बोतल मेरे गिलास से टकराती बोली—"चियर्स!"

"चियर्स।"—मैं भी बोला।

उसने एक घूँट भरा, तृप्ति से होंठ चटकाए और बोतल को अपने साड़ी से ढके घुटनों में दबा लिया और कार आगे बढ़ाई।

"अब समझे दो गिलास क्यों नहीं?"—वो बोली।

"समझा तो सही कुछ!"

"घुटनों में गिलास दबा हो तो ड्राइव करते छलकता है। मेरी साड़ी बहुत कीमती है।"

"ओके।"

"मुम्बई में हम ऐसे ही ड्रिंक करते हैं। बार का खर्चा रोज-रोज कोई नहीं उठा सकता।"

"ठीक।"

रुकते चलते, अटकते बढ़ते, तीन घंटे कार उसने इंडिया गेट और उसके आसपास की सड़कों पर दौड़ाई। यूँ कई सड़कों पर से तो हम तीन-तीन, चार-चार बार गुजरे।

उस दौरान पौनी बोतल खाली हुई और बाकी बची पाँच पेस्ट्रीज भी उसने खा ली।

अपनी फिगर वॉच कर रही थी, वर्ना और खरीद कर लाने का हुक्म देती।

दस बजने को हुए तो वो बोली—"नाओ, टेक मी होम।"

मेरा साँस सूख गया।

रोहिणी! ओ, गॉड! नो!

"अरे, भई, रोहिणी नहीं।"—जैसे उसने मेरे मन की बात पढ़ी।

"रोहिणी नहीं?"—मैंने अपलक उसे देखा।

"ईस्ट एंड अपार्टमेंट्स। मयूर विहार से थोड़ा ही आगे। तुम्हें बस थोड़ा-सा डाइवर्शन करना पड़ेगा।"

"तुम्हारा...वहाँ भी फ्लैट है?"

"वीरेन्द्र का।"

"एक ही बात नहीं?"

"है। वो फ्लैट रोहिणी वाले फ्लैट से बहुत बड़ा है। लेकिन फरनिश्ड नहीं है। बिलकुल बेयर फ्लैट है।"

"तो तुम...वहाँ...कैसे...?"

"एक सिक्स बाई सिक्स की मैट्रेस है एक बैडरूम के फर्श पर पड़ी। उसी पर जा के पड़ जाती हूँ।"

"दिल्ली में कहीं और भी है फ्लैट?"—मैंने नाहक पूछा। मुम्बई रहते उन दोनों के दिल्ली में दो बड़े-बड़े फ्लैट होना ही करतब था, और कहाँ से होते।

"हाँ।"—वो बोली।

"क्या! हाँ बोला?"

"हाँ। दो और हैं।"

"और मुम्बई में?"

"वहाँ भी दो हैं लोखंडवाला कम्पलैक्स में..."

जो कि फिल्म स्टार्स का फेवरेट रिहायशी इलाका था अँधेरी में।

"...वो मेरे नाम हैं। दिल्ली की प्रॉपर्टी वीरेन्द्र के नाम है।"

बल्ले!

इतनी रईस औरत—ऊपर से फिल्म स्टार—बेयर फ्लैट में फर्श पर मैट्रेस डाल के सोती थी।

मैंने उसे उसकी मंजिल पर पहुँचाया।

उसने मुझे भीतर आने को न बोला।

अलबत्ता बोतल में बाकी बची विस्की साथ ले गई।

फीचर फिल्म, टेलीफिल्म्स, टीवी सीरियल्स जो कुछ उसने किया था, मेरे से मुलाकात से पहले किया था। मुलाकात के बाद एक दशक से ज्यादा उससे वाकाफियत रही, जिसके दौरान चर्चे तो कई प्रोजेक्ट्स के सुनने को मिले लेकिन अमली जामा कोई भी अख्तियार न कर सका।

मसलन :

दूरदर्शन ने एक वक्त बड़े लॉर्ज स्केल पर सीरियल्स के प्रोपोजल्स आमंत्रित किए। सीरियल की प्रोपोजल सबमिट करने के लिए प्रोजेक्ट का टाइटल और लेखक और निर्देशक का कन्सैंट लैटर निहायत जरूरी होता था। उन दिनों स्थापित लेखकों की ऐसी पूछ हुई कि बिना कुछ तहरीर में लाए सिर्फ कन्सैंट लैटर साइन करके देने के पाँच से दस हजार रुपये तक मिल जाते थे।

मेरे पास भी कन्सैंट लैटर्स के लिए निरन्तर कॉल आती थीं, लेकिन अब याद नहीं क्यों, मैंने उसमें कभी रुचि नहीं ली थी।

ऐसे में आरती ने भी मेरे से कन्सैंट लैटर की माँग की, जिसे कि मैं मना न कर सका।

उसके पति के निर्देश पर मैंने कन्सैंट लैटर तैयार किया और उसे दिखाया।

वो बोला कि दो प्रतियाँ दूरदर्शन में प्रोपोजल के साथ जमा करानी होती थीं, एक उसे अपने रिकॉर्ड के लिए चाहिए होती थी। दूसरे, मैं लैटर में प्रोजेक्ट के नाम की जगह खाली छोड़ दूँ क्योंकि प्रोपोजल जमा कराने का टाइम आने तक उनका नाम बदल देने का इरादा बन सकता था, बदला इरादा फिर बदल सकता था इसलिए मैं कन्सैंट लैटर की कुछ अतिरिक्त कॉपियाँ साइन कर दूँ।

मैंने नाम की खाली जगह छुटी छ: कॉपियाँ साइन करके उसे सौंप दीं।

कोई उजरत मुझे न हासिल हुई। उस बाबत कोई जिक्र तक न उठा।

बाद में मुझे पता लगा कि दूरदर्शन में कन्सैंट लैटर की एक ही कॉपी जमा करानी होती थी और अपने रिकॉर्ड के लिए वो उसकी फोटोकॉपी भी रख सकती थी।

तो मेरी साइन्ड छ: कॉपियों का पति-पत्नी ने क्या किया।

मेरी जानकारी के बिना हर कॉपी पर जुदा टाइटल दर्ज करके छ: कन्सैंट लैटर बना लिए और दूरदर्शन में छ: प्रोपोजल जमा कराईं।

मैं स्थापित लेखक था, मेरी जानकारी में कोई दूसरा ऐसा करता तो मुझे साठ हजार रुपये मिलते, जबकि उन्होंने झुनझुना भी न थमाया, मेरे को महज एक औपचारिक 'थैंक्यू' से बाग बाग कर दिया।

बहरहाल छ: प्रोपोजल्स का भी दूरदर्शन से उन्हें कोई रिस्पांस न मिला।

यूँ ही उनकी बातों में आकर मैंने उन्हें डायल-100 पर सीरियल बनाने की अनुमति दी और कथानक की समरी भी बनाकर दी।

फिर 'आखिरी मकसद' और 'अँधेरी रात' की भी सीरियल बनाने की अनुमति मैंने उन्हें लिखकर दी।

तीनों उपन्यासों पर सीरियल बनाने की दिशा में कभी कोई फर्स्ट स्टैप भी सामने न आया।

आरती जुगाड़ इतनी थी कि सीधे संचार मंत्री सुखराम से 'संचार' नामक 104 एपीसोड का सीरियल बनाने की अनुमति हासिल कर ली और फिर मेरे पीछे पड़ गई कि मैं उसे पायलेट एपीसोड लिख के दूँ। बेगार गले पड़ती जान कर मैंने ये कहकर खेद प्रकाश किया कि मुझे उस काम का कोई तजुर्बा नहीं था।

वो मेरे से मिली, मुझे उसने एडवरटाइजर्स के एडवांस चैक दिखाए और कहा कि वो बहुत हॉट प्रोपोजिशन थी जिसकी पीठ पर खुद संचार मंत्री था, इसलिए पहले की तरह वो प्रोजेक्ट किसी सूरत में फेल नहीं हो सकता था।

मैंने फिर भी ये कह के इनकार किया कि मुझे उस काम का कोई तजुर्बा नहीं था।

तब एकाएक उसे मुम्बई लौटना पड़ गया और मैंने समझ लिया कि उस बद्‌मजा मुद्‌दे से पीछा छूट गया था।

दो दिन चैन रहा।

फिर एक रोज सुबह सवेरे मुम्बई से उसका फोन आया और वही तकाजा उसने फिर किया।

मैंने फिर खेद प्रकाश किया।

"पाठक जी, लिख दीजिए। आपके तो बाएँ हाथ का काम है।"

ऐन सुबह सात बजने में पाँच मिनट पर रोज उसका फोन आने लगा।

"लिख दीजिए, आपके तो बाएँ हाथ का काम है।"

उस वक्त फोन इसलिए आता था क्योंकि तब ट्रंक कॉल का हाफ रेट लगता था, सात बजते ही ट्रंक कॉल का रेट फुल हो जाता था।

क्लॉकवर्क रेगुलरिटी के साथ रोज सुबह फोन।

रोज एक ही मनुहार—आपके तो बाएँ हाथ का काम है।

मैं आजिज़ आ गया।

उस घड़ी फोन ऑफ कर देने पर भी वो हतोत्साहित नहीं होने वाली थी। फिर दिल्ली भी तो आई ही रहती थी।

तब मुझे लगा कि उस न्यूसेंस से पीछा छुड़ाने का एक ही तरीका था—उसके सामने हथियार डाल दूँ, जो वो कहती थी, वो मैं करूँ।

मैंने किया।

ऐसे विषय पर कलम चलाई, जिसका मुझे कोई ज्ञान नहीं था।

मैंने इस बात को धुरा बनाया कि रेल और मेल कभी नहीं रुकती थी, पोस्टमैन घर-घर जाता था, इसलिए हर घर की विषमताओं से वाकिफ हो सकता था, होता था।

पोस्टमैन को सूत्रधार बनाकर मैंने एक एपीसोड के लायक कहानी लिखी और 'संचार' के पायलेट एपीसोड के तौर पर उसे अरसाल की।

टीवी की जुबान में उसकी तर्जुमानी उसके पति ने की और यूँ उनकी अटकी हुई गाड़ी ने पहला व्यवधान पार किया।

नतीजा सिफर निकला।

तभी सुखराम एक आर्थिक घोटाले में फँस गए और संचार मंत्रालय उनसे छिन गया।

आरती-वीरेन्द्र की नयी उम्मीदों की जैसे बुनियाद ही खिसक गई।

'संचार' सीरियल कभी न बना।

जिन्दगी में पहली बार मैंने कभी कुछ ऑन डिमांड लिखा था, बल्कि यूँ कहिए कि मेरी बाँह मरोड़कर मेरे से लिखवाया गया था क्योंकि वो मेरे 'बाएँ हाथ का काम' था। और उजरत तो सिर्फ दाएँ हाथ के लिखे की हासिल होती थी, जिसे मैं इस्तेमाल नहीं कर सका था क्योंकि मेरे पर तोप तनी थी।

वो बेगार नीचे दर्ज है, आज 25 साल बाद शायद पाठकों को पढ़ना गँवारा हो :

कहते हैं रेल और मेल कभी नहीं रुकती।

मेल के—डाक के—निरन्तर प्रवाह को बनाए रखने में जो सरकारी मशीनरी इस्तेमाल होती है उसका एक निहायत मामूली पुर्जा होता है पोस्टमैन। डाकिया। ऐसा ही एक डाकिया है हमारा रामधन जो पिछले तीस साल से अपनी लुंज-पुंज साइकल पर हमारे इलाके में डाक बाँटता है और तब तक बाँटता रहेगा जब तक कि वो इस फानी दुनिया से रुखसत नहीं हो जाता या रिटायर नहीं हो ज़ाता। डाक बाँटता तो किशोर से युवा बना, युवा से अधेड़ बना और अब तेज़ी से वृद्धावस्था की ओर अग्रसर था। वो तब से इलाके का डाकिया था जबकि डाकिए का काम महज घर-घर डाक पहुँचाना ही नहीं होता था, बाज लोगों को उनकी चिट्ठी पढ़कर सुनाना भी होता था। वो चार जुबानें पढ़-लिख सकता था इसलिए उसकी खिदमत कई मर्तबा उन पढ़े-लिखे लोगों को भी दरकार होती थीं जो कि उन चार में से कोई जुबान नहीं जानते थे जबकि चिट्ठी ऐसी ही किसी जुबान में लिखी उन तक पहुँची होती थी। यही वजह थी कि रामधन डाकिया इलाके के बहुतेरे लोगों के दुख-सुख में शरीक था, उनकी कई दुश्वारियों का खुद जामिन था और उनका हमदर्द था।

मसलन :

- वो जानता था कि किराए की इमारत में स्थापित डाकखाने के आगे एक टूटी बैंच पर चार-चार आने में लोगों की चिट्ठियाँ लिखने और मनीऑर्डर फॉर्म भरने के लिए बैठने वाला वो जर्जर बूढ़ा—जिसे कि निगाह के चश्मे से भी ठीक से दिखाई नहीं देता था—जब रिटायर हुआ था तो गजेटिड ऑफिसर था, जिसने अपने इकलौते बेटे को डॉक्टरी पढ़ाने में और ग्रीन कार्ड होल्डर बनाने में अपनी तमाम जमा पूँजी—प्रॉविडेंट फंड, ग्रेचुअटी, लीव एनकैशमेंट वगैरह—की पाई-पाई खर्च कर दी थी, जबकि एक बार अमेरिका गए उसके डॉक्टर, ग्रीन कार्ड होल्डर बेटे ने पलट कर अपने वतन का रुख नहीं किया था। उसे तो शायद मालूम ही नहीं था कि उसका बूढ़ा बाप अभी ज़िन्दा था या मर चुका था।
- वो जानता था कि कोने के मकान में रहने वाली राधिका नाम की युवती, जो रोज सुबह नहा-धोकर, पवित्रता की प्रतिमूर्ति बनी मन्दिर जाती थी, जो फिर सारा दिन घर से बाहर कदम नहीं रखती थी, अँधेरा होने पर चुपचाप घर से रुखसत पाती थी और फिर आधी रात के देर बाद किसी वक्त घर का रुख करती थी।

क्यों भला?

क्योंकि सिर्फ डाकिया रामधन जानता था कि वो 'गुलनार' रेस्टोबार में कैब्रे करती थी। 'गुलनार' के बाहर की एक शो-विंडो कई डांसरों की जो अधनंगी तसवीरें लगी होती थीं, उनमें से एक को जैसे उसने राधिका की तसवीर से पहचान लिया था, पता नहीं इलाके का कोई और बाशिन्दा भी उस तसवीर को पहचान पाया था या नहीं! उसका 'गुलनार' के मालिक से कोई बिजनेस कांट्रैक्ट था, इस बात की रामधन को खबर थी, लेकिन वो कांट्रैक्ट क्या था, इसकी उसे तब भी खबर नहीं थी जबकि राधिका के इसरार पर बतौर गवाह रामधन ने साइन किए थे। राधिका ने उस काम को अंजाम देने के लिए रामधन को इसलिए चुना था क्योंकि उसकी वाकफियत में वो एक इकलौता शख्स था जो बिना कांट्रैक्ट को पढ़ने की—जायज—जिद किए बिना उस पर अपनी गवाही दर्ज करने को तैयार हो गया था। 'गुलनार' की शो-विंडो में राधिका की कैब्रे डांसर के अश्लील पोज़ में खिंची तसवीर को पहचान जाने के बाद अब रामधन को किसी से ये पूछने की जरूरत नहीं थी कि वो कांट्रैक्ट क्या था?

- वो जानता था कि बी ब्लॉक के सिरे वाले दोमंजिले मकान में ऊपर-नीचे रहते बाप-बेटे में ईंट-कुत्ते जैसा वैर था। मकान का मालिक बाप था, जो बेटे को वहाँ से निकालना चाहता था जबकि बेटा आज्ञाकारी बनकर दिखाने की जगह, शराफत से निकल जाने की जगह हर घड़ी अपने बूढ़े बाप की मौत की कामना करता था। कई बार तकरार के दौरान दोनों में हाथापाई हो चुकी थी। एक बार तो बेटे ने बाप का सिर फोड़ दिया था जिसकी वजह से घर में पुलिस आ गई थी। तब बाप ने बेटे का लिहाज किया था, उसने बेटे के खिलाफ इरादाएकत्ल के संगीन जुर्म की रिपोर्ट लिखाने से इनकार कर दिया था। सिर की चोट इतनी गहरी थी कि बाप को हफ्ता हस्पताल में रहना पड़ा था। जब वापिस घर लौट था तो उसने अपना नब्बे लाख का मकान इस शर्त के साथ पैंसठ लाख में बेचने की पेशकश की कि उसके बेटे को मकान से बेदखल करना खरीदार का काम होगा।

खरीदार ने डील मंजूर कर लिया।

जब तक बेटे को पता चला कि मकान बिक चुका था तब तक पैंसठ लाख की रकम के साथ बाप ऐसा गायब हुआ कि लाख कोशिशों के बावजूद बेटे को ढूँढ़े न मिला।

नये मकान मालिक ने पहले नम्रता से बेटे को समझाया कि वो मकान खाली कर दे लेकिन जब उसने ऐसा न किया तो उसके खिलाफ कोर्ट-कचहरी करने की जगह नये मकान मालिक ने एक कदरन आसान और जल्दी असर दिखाने वाला तरीका इस्तेमाल किया। उसने मकान की ऊपर की मंजिल पर पक्के हिस्ट्रीशीटर गुंडे बसा लिये जो कि बहानों से रोज बेटे से तकरार मोल लेने लगे, उसकी जवान बेटियों पर छींटाकसी करने लगे, अश्लील इशारे और हरकतें करने लगे और सौ तरह की दुश्वारियाँ सबकी जान को पैदा करने लगे।

बेटा थाने गया तो कुछ भी स्थापित करने में कामयाब न हो सका। उलटे उन नये किराएदारों ने उस पर ऐन वैसे ही इलजाम जड़ दिए जैसे कि बेटा उन पर जड़ना चाहता था।

लेकिन नये मकान मालिक के सामने तब एक नयी—पहले से भी जटिल—समस्या आन खड़ी हुई। बेटा सपरिवार मकान खाली कर गया तो तब गुंडे किरायदारों ने, मकान मालिक के वहाँ बसाए किरायेदारों ने मकान खाली करने से इनकार कर दिया।

आखिर वो नये मकान मालिक से नकद दस लाख रुपये उगाह कर टले।

- उसी ब्लॉक में वैसा ही एक अधेड़ावस्था में पहुँचा बेटा रामप्रकाश शराब के नशे के हवाले अपनी माँ को पीटता था क्योंकि उसने आधा मकान अपने दूसरे बेटे के नाम कर दिया था। वैसी नौबत आने पर—जो कि अक्सर आती थी—सहमी हुई माँ हमेशा रामधन के घर में पनाह पाती थी। सत्तर साल की माँ की एक ही अभिलाषा थी कि उसके शराबी बड़े बेटे की इकलौती बेटी की शादी उसके होते उसकी आँखों के सामने हो जाए।

जिस दिन पोती की शादी तय हुई, उस दिन वृद्धा बहुत खुश थी लेकिन शादी की तारीख को जब छ: दिन बाकी रह गए तो वृद्धा गम्भीर रूप से बीमार पड़ गई और दो दिन बाद उसकी हालत ऐसी हो गई कि सब कहने लगे कि वृद्धा वो रात नहीं काट पाने वाली थी।

रात के एक बजे ब्लॉक में शोर उठा। सामने घर से लोगों के रोने की बुलंद आवाज़ें आने लगीं तो रामधन की बीवी ने उसे झिंझोड़ कर जगाया और व्यग्र भाव से बोली—"उठो, जी, और सामने पहुँचो। बुढ़िया मर गई मालूम होती है।"

आँखें मलता रामधन उठा और गली में पहुँचा।

सामने मकान पर और भी अड़ोसी-पड़ोसी जमा थे और वृद्धा की

बाबत खुसर-पुसर कर रहे थे, जिसकी आखिरी ख्वाहिश पूरी नहीं हो सकी थी। वो बेटी की डोली उठती नहीं देख सकी थी।

घर के भीतर से रुदन की आवाज़ें निरन्तर आ रही थीं।

रामधन मन-ही-मन बुढ़िया के जन्नतनशीन होने की कामना कर रहा था कि उसे घर के एक दरवाजे के साथ लगी खड़ी वो बुढ़िया दिखाई दी जिसकी बूढ़ी आँखों से लगातार टप टप आँसू बह रहे थे और रोके नहीं रुक रहे थे।

रामधन सन्नाटे में आ गया।

हे भोले भंडारी, ये क्या देख रहा हूँ मैं? कोई प्रेत लीला...

"भाई साहब!"—उसने एक पड़ोसी की बाँह टहोकी और ससपेंसभरे स्वर में बोला—"माई तो...जिन्दा है?"

"हाँ, भई।"—जवाब मिला—"वो वहाँ दरवाजे के पास खड़ी तो है आँधी में पेड़ की तरह हिलती!"

"तो...मरा कौन है?"

"रामप्रकाश।"

"र-राम प-प्रकाश!"

"हाँ।"

"वो तो, गुस्ताखी माफ, हट्टा-कट्टा था! उसे क्या हुआ एकाएक?"

"दिल का दौरा पड़ा। दूसरी साँस न आई। अभी था, अभी नहीं था।"

"देवा!"

रामप्रकाश की बेटी की शादी उसी मंडप में हुई, जो कि रामप्रकाश के चौथे और उठाले के लिए गली में खड़ा किया गया था।

उस घटना को आज सत्तरह साल हो गए थे। वो झोलझाल तन्दुरुस्ती वाली माई, जो सत्तरह साल पहले चन्द ही घड़ियों में मर जाने वाली हालत में बताई जाती थी, आज भी 'अभी मरी, अभी मरी' हालत में थी लेकिन सलामत थी।

(कोमल मानवीय भावनाओं को झिंझोड़ने वाले ऐसे ही बेशुमार किस्सों का प्रत्यक्ष में या परोक्ष में जामिन था हमारा पोस्टमैन रामधन जिसके माध्यम से 'संचार' की 52 कड़ियाँ प्रस्तुत होंगी।)

'संचार' ठंडे बस्ते में यकायक ही तो न जा पड़ा, ऐसा होने से पहले एक इतवार को पति-पत्नी मेरे घर पधारे और समाजी गुफ्तगू के दौरान अदाकार ने

पुत्री के साथ (सन् 1989)

मुझे एक चैक सौंपा।

मेरे नाम। रकम पाँच हजार।

मैंने वजह पूछी।

"साइनिंग अमाउंट।" —जवाब मिला।

मैंने बहुत शिद्दत से चैक लेने से इनकार किया लेकिन उसकी जिद पर 'पाठक जी, लेना पड़ेगा' की अदाकारा की कुहुक पर मैं सधन्यवाद चैक कुबूल किया।

बाद में जब सुनिश्चित हो गया कि 'संचार' के टेकऑफ की कोई गुंजायश नहीं थी तो मैंने चैक को उन लोगों के रोहिणी के पते पर पोस्ट कर दिया।

एक हफ्ते बाद चैक वाला लिफाफा वापिस लौट आया तो मैंने पाया उस पर 'रिफ्यूज्ड', रिटर्न्ड टु सेंडर' लिखा हुआ था। तब मेरी तवज्जो मेरी इस नालायकी पर गई कि मैं लिफाफे पर डाक टिकट लगाना भूल गया था। बाद में मुझे मालूम हुआ कि पति-पत्नी उन दिनों मुम्बई में थे और फ्लैट अदाकारा की माँ की रिहायश से आबाद था जिसे 'बैरंग' लिफाफे की एवज में डाकिये को दस रुपये—पाँच रुपये की टिकट गायब थी, जमा पाँच रुपये जुर्माना—अदा करना गवारा न हुआ और यूँ मेरा अदाकारा के नाम चैक फिर मेरे पास वापिस लौट आया।

बाद में अदाकारा दिल्ली आईं तो मिलीं तो मैंने उन्हें बताया कि 'साइनिंग अमाउंट' वाली रकम डाक से वापिस भेजी थी लेकिन लिफाफा अनडिलिवर्ड वापिस लौट आया था क्योंकि मैं उस पर पाँच रुपये की टिकट लगाना भूल गया था। मैंने तब अदायगी की बात की तो मैडम ने कुबूल न फरमाई।

क्यों?

क्योंकि वसूली का उनका अपना एजेंडा था।

एक बार मिलीं तो उन्होंने बताया कि फर्श पर मैट्रेस बिछा कर सोने से वो आज़िज़ आ गई थीं, इसलिए चार बैडरूम के उस फ्लैट का एक बैडरूम वो फरनिश कराना चाहती थीं।

"आप तो दिल्ली वाले हैं"—वो आशापूर्ण स्वर में बोला—"आपका तो कोई बढ़ई वाकिफ होगा?"

"है तो सही!"—मैं बोला।

"बढ़िया कारीगर!"

"हाँ।"

"तो उसको मेरे से मिलवाओ न! एक सर्कुलर डबल बैड और एक वार्डरोब बनवानी है। फ्लैट खाली है, मेन डोर की एक चाबी हम उसे दे देंगे, यूँ काम कोई विघ्न आए बिना जल्दी होगा और वो और उसके कारीगर चाहेंगे तो रात को वहाँ सो जाएँगे।"

मैंने मैडम की बढ़ई से मुलाकात कराई। उन्होंने बढ़ई को काम समझाया, कुछ रकम एडवांस में सौंपी और खबर की कि वो अगले रोज चंडीगढ़ जा रही थीं, जहाँ वो उनको जब चाहता फोन कर सकता था।

मैडम चली गईं, काम शुरू हो गया।

पाँच-छ: दिन बाद मुझे बढ़ई का फोन आया कि लकड़ी, बोर्ड वगैरह मँगवाने के लिए और पैसे की जरूरत थी।

"चंडीगढ़ फोन करके बता।"—मैं सहज भाव से बोला।

"फोन किया था।"—वो बोला—"बताया था।"

"तो।"

"बोलीं अभी नहीं लौट सकती थी, दो-तीन दिन में लौटूँगी, तब तक किसी तरह काम चला ले।"

"फिर?"

"मैंने किया ऐसा। वो फिर भी न लौटीं। मैंने फिर फोन किया तो जवाब मिला जो रकम जरूरी चाहिए, वो पाठक साहब से ले ले, मैं उनको बोल दूँगी।"

सस्ता टाइम था। बढ़ई को मैंने पल्ले से चार हजार रुपये दिए।

उसके बाद की माली दरकार के खाते में चंडीगढ़ से हुक्म जारी हुआ कि फिलहाल बढ़ई काम बन्द कर दे, मैडम जब लौटेंगी तो काम फिर चालू करवा लेंगी और तब तक का जो पैसा उसका बनता था, वो पाठक साहब से ले ले।"

वो बोल देंगी अपने हुक्म के गुलाम को।

मैंने बढ़ई को साढ़े चार हजार रुपये और दिए।

अस्थायी तौर पर बन्द हुआ काम फिर चालू न हुआ क्योंकि मालूम हुआ कि मैडम चंडीगढ़ से सीधे मुम्बई चली गई थीं।

कोई एक महीने बाद प्रैस क्लब में पति मिला।

थोड़ी-बहुत 'हल्लो, हल्लो' के बाद मैं संकोच से बोला—"वो...आप के ईस्ट एंड वाले फ्लैट का काम..."

उसने मुझे मेरी बात कहने ही न दी, पहले ही बिफर पड़ा—"वो साला आपका रिकमेंडिड बढ़ई!"

कहने का, बिफरने का अन्दाज ऐसा था कि बढ़ई की कोई बेजा हरकत पति की जानकारी आई थी तो उसके लिए मैं...मैं जिम्मेदार था।

"क्या हुआ बढ़ई को?"—फिर भी मैं सहज भाव से बोला।

"हरामज़ादा चाबी ले गया।"

"चाबी ले गया! कौन-सी चाबी ले गया?"

"अरे, ईस्ट एंड वाले मेरे फ्लैट में काम कर रहा था न! उसके मेन डोर की चाबी ले गया..."

"ले गया क्या मतलब? मैडम ने खुद उसे..."

"कुछ चोरी कर ले जाए तो?"

"खाली फ्लैट में से क्या चोरी कर ले जाएगा? इसीलिए तो चाबी उसे सौंपी गई थी क्योंकि फ्लैट खाली था!"

"मैं कुछ नहीं जानता। जब काम बन्द है तो चाबी उसके पास नहीं होनी चाहिए।"

"हमेशा के लिए तो बन्द नहीं है! और चाबी अभी भी उसके पास है तो मैडम की हिदायत पर है।"

"आरती मुम्बई में है"—वो बड़बड़ाया—"पता नहीं कब लौटेगी। आप...बढ़ई को बोलिए कि चाबी वापिस करे।"

उसकी सख्त जुबानराजी अब मुझे भी खलने लगी थी।

"मिलेगा तो बोलूँगा।"—मैं शुष्क स्वर में बोला।

उसे बुड़बुड़ाता, भुनभुनाता छोड़कर मैं उससे अलग हुआ।

अगले दिन बढ़ई का फोन आया।

"पाठक साहब, मैं फ्लैट में नहीं घुस सकता?"—वो बोला।

"क्यों भला?"

"साहब ने ताला बदल दिया है?"

"कैसे मालूम?"

"जो चाबी मैडम के दिए मेरे पास है, वो मेन डोर के ताले को नहीं लग रही।"

"ओह! नया ताला खरीद लिया?"

"नया नहीं है। भीतर के किसी ताले से बदल दिया है। भीतर का ताला बाहर और बाहर का भीतर। अब मेरे पास की चाबी मेरे किस काम की!"

"ओह!"

"अब मेमसाहब के साहब ने मुझे हुक्म दिया है कि उन्हें अब मेरी जरूरत नहीं है।"

"लेकिन काम तो अभी अधूरा है!"

"फिर भी जरूरत नहीं मेरी।"

"किसी और से करवाएँगे।"

"क्या पता क्या करेंगे?"

"अब प्रॉब्लम क्या है तेरी?"

"साहब, मेरे औजार अन्दर हैं।"

"ओह!...मैं वापिस फोन करता हूँ।"

मैंने मेम के साहब को फोन किया और बढ़ई की प्रॉब्लम की बाबत बात की।

"शर्मा जी, ताला बदलना था तो कम-से-कम बढ़ई को..."

"उसे आरती ने एंगेज किया था, मुझे वो हरामजादा बिलकुल पसन्द नहीं।"

"वो आपकी मर्जी है। हलालजादों को हरामजादे नहीं पसन्द आते तो क्या बड़ी बात है?"

"आप बोलिए फोन कैसे किया?"

"जानने के लिए किया कि बढ़ई को उसके औजार कैसे हासिल होंगे?"

"उसे बोलना कि कल सुबह ग्यारह बजे ईस्ट एंड पहुँचे। तब उसे पहले वाला ताला फ्लैट को लगा मिलेगा। वो सिक्योरिटी गार्ड के साथ फ्लैट पर जाए, उसके सामने अपने औजार निकाल ले और चाबी आपको दे दे।"

"मेरे को दे दें! यानी बढ़ई की तरह मुझे भी कल सुबह ग्यारह बजे वहाँ पहुँचने का हुक्म है!"

आवाज़ न आई।

मैं प्रतीक्षा करने लगा।

"वो अपना सामान निकाल ले"—फिर आवाज आई—"तो फ्लैट को ताला लगाकर चाबी एक लिफाफे में बन्द करके, उस पर मेरा नाम लिख के प्रैस क्लब के रिसैप्शन पर छोड़ दे, मुझे मिल जाएगी। ओके?"

"ओके।"

"और आपका शुक्रिया, पाठक साहब, जो..."

"नहीं, जनाब, शुक्रगुजार तो मैंने होना है कि आपने इस नाचीज को खिदमत का मौका दिया।"

"और सुना है..."

बीबीसी पर ब्रॉडकास्ट हुआ था इसलिए सुनाई पड़ गया वर्ना ऑल इंडिया रेडियो कौन सुनता है आजकल!

"...आरती जब चंडीगढ़ में थी तो बढ़ई को कुछ पैसे उसने आप से दिलवाए थे!"

"अरे, जाने दीजिए, मामूली बात थी।"

"मामूली क्यों, जरूरत के वक्त आपने हैल्प की, ये क्या कम है। कितने पैसे थे?"

"मैं आरती से ले लूँगा।"

"वो पता नहीं मुम्बई से कब लौटे? आप मुझे बताइए। यही सोच के बताइए कि वो ऐसा चाहती है।"

"अब आपकी जिद है तो..."

"आरती की।"

"आठ हजार छः सौ अट्ठाइस रुपये।"

"ओके। नोट कर लिया मैंने। आप क्लब में बाईचांस न मिले तो ये रकम क्लब के रिसैप्शन पर मैं आपके लिए छोड़ जाऊँगा। एंड थैंक्स फॉर ऐवरीथिंग।"

लाइन कट गई।

कैसा अदब था।

और कैसा परायी रकम दूध से धोकर लौटाने का जज्बा था!

दो दिन बाद शाम को मैं प्रैस क्लब पहुँचा तो रिसैप्शन पर मेरा नाम लिखा लिफाफा मेरा इन्तजार कर रहा था।

भीतर रकम मौजूद थी।

3268 रुपये।

उस रकम की कैमिस्ट्री समझने में मुझे वक्त लगा।

आइटम :

पाँच हजार रुपये, फेबुलस साइनिंग अमाउंट, जो इतने फैनफेयर के साथ नजर की थी, चोरों की तरह सरका ली थी।

जबकि अदाकारा अक्सर कहती थी..."पाठक जी, साइनिंग अमाउंट कहीं वापिस होती थी! नहीं वापिस होती थी इसलिए वापिसी के लिए, वसूली के लिए जुगाड़ करना पड़ता था।

किया था।

जिसे बैरंग लिफाफे के दस रुपये भरना भारी पड़ता हो, कैसे वो पाँच हजार रुपयों का ग़म खा सकता था।

इसलिए जुगाड़! जुगाड़, जुगाड़!

आइटम :

5000 रुपये 8628 रुपयों में से काट कर बकाया रकम 3628 बनती थी, लेकिन लिफाफे में 3268 रुपये थे।

मुझे खाविंद कहता लगा : "ऐसी जक्स्टापोजीशन बेध्यानी में हो जाती है, पाठक साहब, '62' को '26' समझ बैठा।"

यानी रकम बमय बयाज—360 रुपये—वसूली।

दहर में हम वफाशुआरों को,
दोस्ती के भरम ने मार दिया;
दुश्मन से तो बच गए लेकिन,
दोस्तों के करम ने मार दिया।

फिर एकाएक अदाकारा से मेरा सम्पर्क टूट गया।

वो प्रैस क्लब में दिखाई देनी बिलकुल ही बन्द हो गई। खाविन्द क्लब में कभी-कभार दिख जाता था तो हम दोनों ही एक-दूसरे को अवायड करते थे। मेरा जी चाहता था कि अपनी उत्सुकता की शान्ति के लिए मैं उससे आरती की बाबत सवाल करूँ लेकिन मैंने कभी ऐसा न किया। आखिर पति था, मिजाज दिखा सकता था।

फिर सुनने में आया कि दोनों में तलाक हो गया था जिसकी वजह से साहिबे जायदाद खाविन्द का मुम्बई जाने का अब कोई मतलब ही नहीं था और अदाकारा—रिपीट, अदाकारा—का अब दिल्ली आने का कोई प्रयोजन नहीं था।

फिर खाविन्द भी क्लब में दिखना बन्द हो गय और वो किस्सा ही खत्म हो गया।

असलियत क्या थी, मैं कभी न जान सका।

□

सन् 1991 के अन्त तक मैंने 'जहाज का पंछी' वाली विमल की तिकड़ी लिखकर मुकम्मल कर ली थी। 'जहाज का पंछी' सीरीज का 21वाँ उपन्यास था और उसका—उस तिकड़ी का—'राधा' में प्रकाशित होना पूर्वनिर्धारित था। अभी मैं टोटल स्क्रिप्ट को रिवाइज़ कर रहा था जबकि मैंने प्रकाशन को राय दी कि वो 'जहाज का पंछी' का एक नये टाइप का, ऐसा विज्ञापन जारी करे जो किसी भी प्रकाशक की कल्पना से परे हो। थोड़ी हील हुज्जत के बाद—जो कि पॉकेट बुक्स के हर प्रकाशक की आदत होती है—वो ऐसा करने को तैयार हो गया।

विज्ञापन में विशेषता क्या थी?

उसमें पत्रिका के पूरे पृष्ठ पर सिर्फ एक उड़ता हुआ पंछी चित्रित था और पंछी के नीचे जो अभी आधा पृष्ठ बाकी था, उस पर सिर्फ इतना दर्ज था :

आ रहा है
जहाज का पंछी

गौरतलब बात ये थी कि उस विज्ञापन में न लेखक का नाम था, न प्रकाशक का नाम था और न कहीं इस बात का कोई स्पष्ट हिंट था कि वो विमल सीरीज का

आगामी नया उपन्यास था। अलबत्ता एक महीन हिंट उसमें था, जो कि किसी की भी पकड़ में न आया। वो हिंट ये था कि उसके नामकरण की प्रेरणा मुझे सूरदास के इस पद से मिली थी :

मेरौ मन अनत कहाँ सुख पावै,
ज्यों उड़ि के जहाज कौ पंछी पुनि जहाज पर आवै।

किसी पाठक को ये पद याद आता, वो जहाज का पंछी की फितरत पर, मजबूरी पर गौर करता तो उसे जरूर सूझ जाता कि जहाज का पंछी और कोई नहीं, विमल था। और अगर विमल था तो लेखक निर्विवाद रूप से उसका प्रणेता सुरेन्द्र मोहन पाठक था। फिर प्रकाशक का अन्दाजा लगाना भी कठिन नहीं था, वो या 'तुलसी' होता या 'राधा' होता क्योंकि उन दिनों मेरे नये उपन्यास वहीं प्रकाशित होते थे।

लेकिन उपरोक्त सरीखा किसी को कुछ न सूझने के बावजूद जिस किसी ने भी वो विज्ञापन देखा, बेहिचक, गोली की तरह इस नतीजे पर पहुँचा कि वो सुरेन्द्र मोहन पाठक के लिखे विमल सीरीज के इक्कीसवें उपन्यास का नाम और विज्ञापन था।

प्रकाशक का नाम उन्होंने अगले महीने जारी किए गए अगले विज्ञापन से जाना जिसमें पहले छपे विज्ञापन में बस ये इजाफा किया गया था कि पंछी की चोंच में एक पुस्तक थी, जिस पर 'जहाज का पंछी' और प्रकाशक का नाम अंकित था।

ऐसा विज्ञापन पॉकेट बुक्स ट्रेड में कभी नहीं छपा था—आज तक नहीं छपा—जो कि इतना कम बताता था और इतना ज्यादा कहता था। जब पहला विज्ञापन छपा था तो ट्रेड के महंत लेखक को अज्ञानी और प्रकाशक को—जो कि लेखक की बातों में आकर ऐसे वाहियात, बेमानी विज्ञापन पर पैसा लुटा बैठा था—मूर्ख करार देते थे लेकिन असल में उस असाधारण विज्ञापन का ही ये जहूरा था कि 'जहाज का पंछी' विमल सीरीज का ही नहीं, सारे पॉकेट बुक्स ट्रेड का सर्वाधिक चर्चित उपन्यास बन गया था जबकि प्रोडक्शन के लिहाज से—सिवाय इसके कि उसके पहले आठ पृष्ठ रंगीन छपे थे—उसमें कोई खूबी नहीं थी।

ऐसी एक कोशिश सन् 2011 में विमल के 39वें उपन्यास 'चैम्बूर का दाता' के साथ भी हुई थी लेकिन 'जहाज का पंछी' वाले विज्ञापन के इम्पैक्ट की परछाईं भी साबित नहीं हो पाई थी क्योंकि प्रकाशक विज्ञापन में अपने प्रकाशन का नाम और व्यापारिक सम्पर्क सूत्र प्रकाशित करने का लोभ संवरण नहीं कर सका था।

बहरहाल 320 पृष्ठों का उपन्यास 'जहाज का पंछी' अप्रैल 1992 में केवल पन्द्रह रुपये मूल्य में प्रकाशित हुआ था और ऐसी रफ्तार से बिक कर समाप्त हुआ था जैसे कि पुस्तक विक्रेताओं को और पाठकों को उस पर कोई बैन लगने का अन्देशा हो।

लेखक बैंकॉक में

उपन्यास का मूल प्रिंट ऑर्डर एक लाख प्रति का था और एक लाख प्रतियाँ मुकम्मल तौर से बिकी थीं। बीस दिन में न कोई कॉपी प्रकाशक के पास थी और न अधिकतर बुक स्टॉलों पर थी। 'जहाज का पंछी' के सिर एक लाख प्रतियों की जेनुइन सेल का सेहरा बँधा था जिससे उसका प्रकाशक राधा पॉकेट बुक्स ही नहीं, बाकी सारे प्रकाशक भी चमत्कृत थे। ऐसा नहीं था कि पहले कोई उपन्यास एक लाख छपा नहीं था। बराबर छपा था लेकिन एक लाख बिका नहीं था। प्रकाशक के पास तो अनसोल्ड ढेर बचा ही था, बुक स्टॉलों पर भी महीनों पड़ा रहा था। इस बात को यूँ भी कहा जा सकता है कि प्रकाशक ने अपने गोदाम से पुस्तक शिफ्ट की और डिस्ट्रीब्यूटर्स के गोदामों में भर दी।

ऐसा क्यों किया?

ताकि रौब पड़ सके कि उनका लेखक एक लाख बिकता था।

जबकि नहीं बिकता था। एक लाख छपता था, बिकता नहीं था।

जबकि 'जहाज का पंछी' का पहला संस्करण एक लाख छपा, एक लाख बिका।

इसीलिए मैंने उसकी सेल को जेनुइन सेल का दर्जा दिया।

मेरठ के एक बड़े प्रकाशन का पतन ही इसलिए हुआ था कि फर्म में पार्टनर बड़े लेखक की सेल दिन-ब-दिन डाउन जा रही थी लेकिन लेखक का बड़प्पन बनाए रखने के लिए बड़े प्रिंट ऑर्डर के साथ उसका नावल छापा जाता था और फिर किताब जबरदस्ती बिना ऑर्डर के या बिना समुचित ऑर्डर के मार्केट में धकेली जाती थी ताकि मेरठ के फैलो पब्लिशर्स पर रौब बना रहता कि प्रिंट ऑर्डर के लिहाज से बड़े लेखक के बड़प्पन में कोई फर्क नहीं आया था, ताकि ट्रेड में उसकी बड़ी हैसियत बनी रहती।

प्रतिद्वन्द्वी प्रकाशकों को प्रिंट ऑर्डर तो प्रैस से पता लग जाता था, बाइंडर से पता लग जाता था लेकिन जब ढेरों में अनसोल्ड वापिस आता था तो उसकी उन्हें खबर नहीं लगती थी।

लेकिन फिर लग भी जाती थी।

जब ऑफिस में अनसोल्ड रखने की जगह न बची तो उसे दोनों पार्टनर अपने आवासों पर स्टोर करने लगे। ऑफिस की आइटम घरों में शिफ्ट की जाती दिखे तो देखने वालों को असलियत का अन्दाजा हो ही जाता है, वो भी समझ जाते हैं कि पैडिड प्रिंट ऑर्डर में और जेनुइन प्रिंट ऑर्डर में फर्क होता है, किताब का डिस्पैच हो जाना सेल की गारंटी नहीं होता। सेल की गारंटी रिपीट ऑर्डर्स होते हैं, जो वितरक तभी जारी करते हैं, जबकि प्राप्त हुई किताब को बेच चुके होते हैं। मार्केट से किताब अनसोल्ड लौटने लगे तो रिपीट ऑर्डर कहाँ से आएगा।

'जहाज का पंछी' के रिपीट ऑर्डर आते थे तो प्रकाशक को खेद प्रकाश करना पड़ता था कि पुस्तक आउट ऑफ प्रिंट थी।

मामूली हैसियत के पब्लिशर ने बाजरिया 'जहाज का पंछी' बड़ी कामयाबी का मुँह देखा फिर भी मैंने जब उससे शिकायत की कि 'जहाज का पंछी' का कागज क्वालिटी में बहुत कमजोर था और उससे अनुरोध किया कि दूसरे भाग 'खबरदार शहरी' के लिए वो कदरन बेहतर कागज का इंतजाम करे तो एक पार्टनर ने पूरी ढिठाई से ये कहकर मेरी मिट्ठी झाड़ दी—"हमारे यहाँ तो पहले जैसा ही कागज लगेगा, आप चाहें तो बाकी दो भाग कहीं और छपवा लें।"

ये बात उसने मुझे अपने बाकी दो पार्टनरों की मौजूदगी में कही जो इस बाबत यूँ मौन धारणा किए रहे जैसे अपने सूरमा पार्टनर की धृष्ट बात से पूर्णतया सहमत हों।

मैं उसके कहे पर अमल नहीं कर सकता था। एक तो मैं ही नहीं चाहता था कि विमल की तिकड़ी का एक भाग एक जगह से छपे और बाकी दो भाग किसी दूसरी जगह से छपें। दूसरे, ये भी मुमकिन था कि बाकी दो भागों को छापने को—यानी अधूरी कहानी छापने को—कोई दूसरा प्रकाशक तैयार ही न होता। पहले ने एक भाग छापकर चाँदी काट ली थी लेकिन बाकी की कहानी दूसरा छापता तो उसके सामने बिक्री के मामले में समस्या खड़ी हो सकती थी—भले ही न खड़ी होती लेकिन सम्भावना तो थी। मैं धृष्ट पार्टनर की राय कुबूल करता लेकिन बाकी दो भागों को छापने के लिए किसी दूसरे प्रकाशक को तैयार न कर पाता तो मैं न इधर का रहता, न उधर का रहता।

मैं जानता था मेरे मूल प्रकाशक ब्लफ खेल रहे थे लेकिन उनका ब्लफ काल करने का हौसला मैं न कर सका, मुझे तिकड़ी के बाकी दो भाग 'खबरदार शहरी' और 'मौत का रास्ता' उन्हीं के हवाले करने पड़े।

जो कि 'जहाज का पंछी' से सवाया बिके।

और लेखक को सवाया उजरत हासिल हुई?

एक छदाम फालतू न मिला।

उसके बाद वहाँ से मेरा कोई नया नावल न छपा। केवल तीन रीप्रिंट छपे क्योंकि वो पहले से कमिटिड थे और फिर सोलह रीप्रिंट और नौ नये नावल छपने के बाद सवा पाँच साल 'राधा' के साथ चले मेरे व्यावसायिक सम्बन्धों का पटाक्षेप हो गया।

□

कहीं दुनिया में नहीं इसका ठिकाना ऐ दाग़,
छोड़कर मुझको कहाँ जाए मुसीबत मेरी।

तन्दुरुस्ती के मामले में मुझे हमेशा लगता था कि मेरे बनाने वाले ने मुझे शार्टचेंज किया था। हर उम्र में हमेशा कुछ-न-कुछ हुआ ही रहता था। स्कूल में

क्लास टीचर टोकता था कि माँ-बाप मुझे खाने को नहीं देते थे! गली मौहल्ले वाले कहते थे कि माँ-बाप तो इतने तन्दुरुस्त थे, लड़का क्यों हड्डियों का ढाँचा था! नौजवानी से लेकर आज तक पेट की अलामन मुझे हमेशा रही। नौजवानी में तो कई बार मेरा साइकिक जैसा हाल था। मैं चोरों की तरह उस इलाके से, जहाँ कि मैं रहता था, बाहर के डॉक्टर के पास जाता था और अपने पर कभी कैंसर तो कभी तपेदिक का शक जाहिर करता था। आज की तरह उन दिनों घर-घर गली-गली पैथालोजिकल टैस्ट तो होते नहीं थे, इसलिए डॉक्टर के निदान का ही भरोसा होता था। डॉक्टर भला होता था तो कह देता था कि मैं वहम का शिकार था, मुझे ऐसी कोई बीमारी नहीं थी, ऐसा-वैसा होता था तो ढेर दवाईयाँ दे देता था और ढेर चार्ज कर लेता था। यूँ मुर्गी बनाए जाने का जब अहसास होता था तो वहम भी आखिर पीछा छोड़ जाता था।

पेट और गले की अलामतों का तो ये हाल था कि ऑफिस से टूअर मिलता था तो मैं उस पर रवाना होने से पहले डॉक्टर की हाजिरी भरता था और दोनों अलामतों की दवाओं का प्रीकाशनेरी स्टॉक लेकर टूअर पर रवाना होता था।

विस्की हज्म नहीं होती थी लेकिन लेट सिक्सरीज़ में और अर्ली सेवेन्टीज में ओमप्रकाश शर्मा और वेद प्रकाश काम्बोज की सोहबत का एक दौर था जबकि पता ही नहीं लगता था कि कितनी पी। शर्मा जी की महफिल का कायदा ही ये था कि जब तक खत्म न हो जाए, तब तक दौरेजाम जारी। ऐसी महफिल में शिरकत के बाद सुबह हाय-हाय हो रही होती थी, जिस्मानी हालत तौबा बोल रही होती थी, अक्ल तौबा को एनडोर्स कर रही होती थी और बाकायदा संकल्प के लिए प्रेरित कर रही होती थी कि आज नहीं लेकिन दोपहरबाद तक तबीयत फिर सुधर जाती थी और शाम को फिर गिलास हाथ में।

तभी तो कहते हैं कि :

वारिस शाह न आदतां जान्दियो ने, भावें कट्टिये पोरिया पोरिया जी।

सन् 1991 के मिडल में मेरे को एक अनोखी अलामत ने पकड़ा।

मैं ऑफिस में बैठा फाइल वर्क कर रहा था कि नाक से लीक्विड की एक बूँद टप्प से मेरे सामने वर्क शीट पर टपकी।

मैं हड़बड़ाया।

ये कैसा जुकाम होने लगा था—हुआ तो नहीं था—जिसने टपकने से पहले कोई शॉर्ट नोटिस तक नहीं दिया था।

मैंने टायलेट में जाकर नाक को झटका, साँस को मुँह बन्द करके नाक के रास्ते कई बार अन्दर-बाहर खींचा तो जुकाम वाली किसी ब्लॉकेड का कोई अहसास न हुआ।

इत्तफाकन कुछ हुआ था—मैंने खुद को तसल्ली दी।

अगले रोज ऐसा दो बार हुआ। क्रिस्टल क्लियर लीक्विड की एक बूँद एकाएक नाक से टपक पड़ती थी जिसकी अव्वल तो मुझे कोई वार्निंग ही नहीं होती थी, कभी अहसास हो भी जाता था तो मैं उसे रोक नहीं पाता था, वो बूँद टपक कर रहती थी।

आइंदा कुछ दिनों में टपकने की फ्रीक्वेंसी बढ़ने लगी, एक-दो बार तो भारी एम्बैरेसमेंट का सामना करना पड़ा, चीफ मैनेजर के सामने नाक टपक गई। मैं इतना कांशस हो गया कि रूमाल हर वक्त हाथ में रखने लगा।

फिर रात को सोने के बाद सुबह जब मुझे तकिया नम मिलने लगा तो मैं फिक्रमन्द हो उठा।

क्या माजरा था?

फिर जुकाम का ही खयाल आया लेकिन दिल न माना।

"मैं 'मोड़ का डॉक्टर' के पास गया जो कि मेरा हमप्याला, हमनिवाला भी था।

"नाक एकाएक, बिना नोटिस टपक पड़ती है...।"—मैंने उसे बताना शुरू किया।

"अभी ठीक कर देते हैं।"—मेरी पूरी बात सुने बिना वो बोला।

क्या कहने! अभी ठीक कर देगा।

उसने मेरी नाक में कोई ड्रॉप्स डाले और दो दिन के लिए कोई ओरल मैडीसिन दी।

"वजह क्या है?"—मैंने पूछा।

"जुकाम बिगड़ गया लगता है।"

"जुकाम जैसी कोई ब्लॉकेड तो मुझे नहीं फील होती!"

"होता है कभी-कभी ऐसा।"

"फिर इस प्रॉब्लम को महीना होने को आ रहा है। जुकाम महीना थोड़े ही बिगड़ा रहता है!"

वो सकपकाया, फिर बोला—"जो दो दिन की मैडीसिन दी है, वो खाओ, फिर बताना।"

मैंने दो दिन दवा—छ: डोज—खाई।

कोई फर्क न पड़ा। नाक से क्रिस्टल क्लियर लीक्विड की बूँद नियमित अन्तराल पर बदस्तूर टपकती रही, रात को तकिया बदस्तूर गीला होता रहा।

अगले चौक में एक ज्यादा पढ़ा-लिखा डॉक्टर था, पुस्तक प्रेमी होने की वजह से वो भी मेरा वाकिफ था, मैं उसके पास गया।

उसने मुझे दवा न दी, एक हफ्ते के लिए एक प्रेस्क्रिप्शन लिख के दी। कहा उसने भी यही कि जुकाम ही था।

हफ्ता मैंने दवा खाई।

कोई फर्क न पड़ा।

और एक महीने बाद सिलसिला इतना बिगड़ गया कि ऑफिस में मैं दीवार

लेखक बैंकाक में पुत्री के साथ

की तरफ मुँह करके बैठने लगा और बिग बॉस बुलाता था तो नाक में रुई ठूँस के उसके पास जाता था।

आइंदा दो महीनों में मैं पाँच और डॉक्टरों के पास गया जिनमें से एक तो बहुत दूर मॉडल टाउन में था, एक इलाके का मशहूर होमियोपैथ था, जिसके पास सौ-सौ किलोमीटर से पेशेंट आते थे और एक ईएनटी स्पैशियलिस्ट एमएस डॉक्टर थे, जो मेरे घर से अगली गली में रहते थे, इलाके में ही जिनका क्लीनिक था और जो अब मोदी सरकार में कैबिनेट मिनिस्टर हैं।

किसी के भी ट्रीटमेंट से मेरी अलामत दूर न हुई।

अलामत क्या थी, इसका सबने गोल-मोल जवाब दिया या ऐसी जुबान में जवाब दिया जो पेशेंट की समझ में ही न आए।

उन सात डॉक्टरों में से कश्मीरी गेट पर स्थित एक डॉक्टर ने तो मेरी खास दुरगत की।

उसने मेरी नाक में हाइड्रोजन परआक्साइड डाल दी, जिसने मुझे तड़पा के रख दिया।

और बोला—"अब टपकता है?"

"डॉक्टर साहब"—मैं कलप कर बोला—"हमेशा तो पहले भी नहीं टपकता था! मैं जब आपके पास आया था तो मेरा नाक टपक रहा था जो आप पूछ रहे हैं, अब टपकता है!"

वो नाराज हो गया।

"मैं एक-डेढ़ घंटा यहीं बैठता हूँ। फिर देखिएगा टपकता है कि नहीं।"

"मैंने क्लीनिक बन्द करना है।"—वो रुखाई से बोला।

नया साल आ गया। मेरी अलामत ठीक न हुई।

फिजीकली उस अलामत से मुझे कोई तकलीफ नहीं थी लेकिन एम्बैरेसमेंट फैक्टर इतना स्ट्रांग था कि उसका ठीक होना तो जरूरी था न!

फिर एक इतवार के दिन मेरी साली का मेरे बेटे की उम्र का लड़का हमारे घर आया।

मेरी नाक उसके सामने ही टप्प करके टपकी।

बीवी ने चिन्तित भाव से उसे बताया कि छ: महीनों से वो परेशानी मुझे सता रही थी।

उसका जवाब चौंका देने वाला था।

"सीएसएफ रीनेरिया है।"—वो लापरवाही से बोल—"सर्जरी से ठीक होगा।"

"क्या बकता है?"—बीवी भड़की।

"जो मर्जी कहो। ये सीरीब्रल फ्लुईड है जो खोपड़ी के नीचे की मेम्बरेन पंचर हो जाए तो नाक के रास्ते टपकने लगता है, क्योंकि और कोई रास्ता टपकने को नहीं होता। इसको सीरीब्रल स्पाइनल फ्लूइड रीनेरिया—cerebral Spinal Fluid(CSF) Rhinorrhea कहते हैं, सर्जरी के अलावा जिसका कोई इलाज नहीं, जितनी मर्जी ओरल मैडीसिन खा लो।"

वो तो कह के चला गया, लेकिन किसी को उसके कहे पर यकीन न आया।

"इतनी बड़ी मैडीकल टर्म बोल गया!"—बीवी ने उसके पीछे नाक चढ़ाई—"वो क्या जानता था मैडीकल साइंस के बारे में! डॉक्टरी के बरे में! जरा-सी नाक टपकती देखी, सर्जिकल केस बता दिया। उहूँ!"

लेकिन वो ही ठीक बोला था। जो बात सात डॉक्टरों ने—जिनमें से एक एम.एस. था, इलाके का मशहूर ईएनटी स्पैशलिस्ट था—ने न कही, वो मेरी साली का लड़का कह के गया जो कि मास्टर ऑफ सोशल वैलफेयर की डिग्री होल्डर था और म्यूनीसिपल कार्पोरेशन दिल्ली में अधिकारी था।

सर्जरी करा चुकने के बाद, ठीक हो चुकने के बाद मैंने 'मोड़ का डॉक्टर' को बताया कि मेरा जो नाक टपकता था, उस अलामत को सीएसएफ रीनेरिया कहते हैं।

मेरे दोस्त, मेरे हमप्याला, हमनिवाला मोड़ के खानदानी डॉक्टर का जवाब था—"ऐसी...ऐसी कोई बीमारी नहीं होती।"

मैं भौचक्का-सा उसका मुँह देखता रह गया। जिस बीमारी की वजह से मैं विकट सर्जरी से गुजरा था, जिस बीमारी से मैं मुक्ति पा चुका था, उसको वो कहता था—ऐसी कोई बीमारी नहीं होती थी।

मैं उसे कैसे बोलता कि उसका कुछ न जानना माफ किया जा सकता था लेकिन कुछ जानने की कोशिश भी न करना काबिलेमाफी नहीं था।

सर्जरी से पहले मेरे लड़के ने उस कजन से ही पूछा कि उस अलामत का दिल्ली में बड़ा डॉक्टर कौन था!

उसने दो नाम बताए। एक डॉक्टर ब्रह्म प्रकाश थे, जो पंत हॉस्पिटल में न्यूरो-सर्जन थे और हैड ऑफ डिपार्टमेंट थे, दूसरे डॉक्टर जवाहर दर थे जो कि बंगाली मार्केट के एक मल्टी स्पैशियलिटी क्लीनिक में मिलते थे।

मैं अपने लड़के के साथ डॉक्टर जवाहर दर के पास गया।

मैंने अपनी अलामत बयान की।

उसने मेरा कोई मुआयना न किया, कोई सवाल न किया, सीधे उसी बात की तसदीक की जो मेरी साली का लड़का बोलकर गया था।

"सीएसएफ रीनेरिया है।"—वो बोला—"कनफर्मेशन फिर भी जरूरी होती है इसलिए दो टैस्ट्स के लिए कर्जन रोड पर डॉक्टर दीवान डायग्नोस्टिक सेंटर जाना पड़ेगा क्योंकि खास टैस्ट हैं, प्राइवेटली वहीं होते हैं। लेकिन एक बात ध्यान में रखना। पहले फैसला करके जाना कि ऑपरेशन कराना है, वर्ना महँगे टैस्ट हैं, चार हजार रुपये बेकार जाएँगे।"

"ऑपरेशन कैसा है?"

"बड़ा ऑपरेशन है। खोपड़ी के नीचे से मैम्बरेन बाहर निकालनी पड़ती है, जिसके लिए पेशानी पर कट लगाया जाता है और उसमें से उँगलियाँ डाल कर मैम्बरेन को बाहर खींच कर जहाँ-जहाँ से वो पंचर्ड हो, वहाँ से रिपेयर किया जाता है। यूँ समझो कि रफू किया जाता है।"

"कैसे?"

"जाँघ में डीप कट देकर भीतर से फ्लैश निकाली जाती है, उससे।"

"जाँघ को चीर कर!"

"और कैसे?"

"फिर तो ये दो ऑपरेशन हुए! जाँघ को भी वापिस सीना पड़ता होगा!"

"वो तो है!"

"फिर तो ये...ये खतरनाक ऑपरेशन हुआ?"

"नहीं। लाइफ थ्रैटनिंग ऑपरेशन ये बिलकुल नहीं है। एकदम सेफ ऑपरेशन है। इसको कराना खतरनाक नहीं है, न कराना बहुत खतरनाक साबित हो सकता है।"

"जी!"

"भई, नाक के जरिये, जहाँ से कि सेरीब्रल फ्लूइड टपकता है, ब्रेन तक ओपन रूट बन जाता है जिसके जरिये ब्रेन तक इन्फेक्शन पहुँच सकती है जो कि जानलेवा साबित हो सकती है।"

"ओह!"

"इसीलिए बोला कि ऑपरेशन कराना खतरनाक नहीं है, न कराना खतरनाक है।"

"ऑल्टरनेट इलाज कोई नहीं?"

"नहीं।"

"ऑपरेशन आप करेंगे?"—लड़के ने पूछा।

"मेरे से कराओगे तो मैं करूँगा।"

"कहाँ?"

"बतरा हॉस्पिटल में।"

जो कि महरौली बदरपुर रोड पर तुगलकाबाद के करीब था और मेरे घर से उसका फासला तीस-बत्तीस किलोमीटर था।

"किसी नजदीकी हस्पताल में नहीं?"—मैंने पूछा।

"नहीं। मेरे से ऑपरेशन कराना है तो बतरा हस्पताल में होगा।"

उस फैसले में अभी वक्त था। पहला काम तो टैस्ट कराना था।

प्रीअप्वायंटमेंट के साथ हम कर्जन रोड के डायग्नोस्टिक सेंटर पहुँचे।

हम में मेरे अलावा मेरी बीवी, मेरा लड़का और मेरा साला शामिल थे।

सवेरे नौ बजे ही वहाँ मेला लगा हुआ था।

हमने डॉक्टर का हुक्मनामा पेश किया, फीस जमा कराई।

एक सफेद कोट वाले ने आकर एक फॉर्म पर मेरा नाम, उम्र (बावन साल), पता वगैरह नोट किया।

कोई पौने घंटे बाद एक सफेद कोट वाला फिर आया, उसने फॉर्म पर निगाह डाली, पेशेंट की उम्र पढ़ी और मेरे साले की बाँह पकड़ कर बोला—"चलो।"

साला मेरे से एकाध साल ही बड़ा था, लेकिन सिर से अधगंजा था और बाकी बचे सारे बाल सफेद थे।

"भई"—मैं जल्दी से बोला—"टैस्ट मेरे होने हैं।"

वो हड़बड़ाया, उसने फिर फॉर्म का मुआयना किया और संदिग्ध भाव से बोला—"आप बावन साल के हो?"

"हाँ। और मैं एस.एम. पाठक हूँ। ये पी.एन. शर्मा हैं।"

उसने साले की बाँह छोड़ी और मुझे साथ लेकर गया।

जो पहला टैस्ट था उसके तहत रीढ़ की हड्डी में से लीक्विड निकाला जाना था और उसमें प्रोटीन की मात्रा जानी जानी थी, जिसके लिए सैम्पल को करीबी महादेव रोड पर स्थित डॉक्टर लाल की लैब में ले जाया जाता था। वो टैस्ट भी छोटी-मोटी सर्जरी ही था, जिसमें रीढ़ की हड्डी के मिडल के जोड़ों से बिना अनैस्थेटिक सुई डाली जानी थी—बल्कि सुआ डाला जाना था—जिससे सीरिंज में स्पाइनल फ्लूइड खींचा जाना था। सुई डालना ही इतना तड़पाने वाला एक्ट था कि दो मजबूत आर्डरलीज ने मेरे हाथ-पाँव पकड़े—एक तो उस स्ट्रेचर पर चढ़ गया, जिस पर कि मुझे लिटाया

गया था—तो तब कहीं जाकर फ्लूइड की वांछित मात्रा काबू में की गई।

उसके अनैलेसिज से मालूम हुआ कि स्पाइनल फ्लूइड में प्रोटीन की मात्रा बहुत ज्यादा थी इसलिए ऑपरेशन अवश्यंभावी था।

दूसरा टैस्ट भी।

दूसरा टैस्ट एमआरआई (मैगनेटिक रेज़ोनेंस इमेजिंग) जैसा था, जो कि तकलीफदेह नहीं था।

उससे पता लगा कि खोपड़ी के नीचे की मेम्बरेन कई जगह से परफोरेटिड थी।

मेरे से पूछा गया कि हाल में कभी क्या सिर में कोई भीषण चोट लगी थी!

मैंने कहा हाल में नहीं लगी थी, बचपन में लगी थी और पेशानी पर स्टिचिज़ के निशान दिखाए।

बहरहाल उन टैस्ट्स के अनुसार ऑपरेशन जरूरी था और उसे टाला भी नहीं जा सकता था।

रिश्तेदारी में, ससुराल की रिश्तेदारी में भी, मेरी आइंदा दुश्वारी के चर्चे होने लगे। हर कोई अपनी एक्सपर्ट राय देने लगा, कोई राय ऑपरेशन के हक में होती थी तो कोई उसके खिलाफ होती थी।

मुखालफत में सबसे प्रबल राय मेरे चंडीगढ़ वाले अंतर्यामी, सर्वज्ञानी, भविष्यद्रष्टा साढ़ू साहब की थी। उन्होंने पुरइसरार मुझे—मुझसे ज्यादा मेरी बीवी को—समझाया कि उस बीमारी को सरसाम कहते थे और वो दूध में खसखास उबाल कर पीने से ठीक हो जाती थी, मैं सर्जरी के जानलेवा चक्कर में पड़ने की जगह चालीस दिन नियमित रूप से दूध में खसखास उबाल कर पिऊँ।

यानी खोपड़ी के नीचे की मेम्बरेन, जो कई जगहों से पंचर्ड थी, उस इलाज से रफू हो सकती थी।

यानी सेरीब्रल स्पाइनल फ्लूइड रिनेरिया को देसी जुबान में सरसाम कहते थे।

जबकि मेरी जानकारी में सरसाम सन्निपात को कहते थे, जिसकी वजह वात, पित्त और कफ का एक साथ बिगड़ना होती थी।

मुझे उनकी राय कुबूल न हुई। मैंने सर्जरी के हक में फैसला किया।

साढ़ू साहब तक ये बात पहुँची तो उन्होंने इसे पर्सनल ऑफेंस माना, अपने गूढ़ ज्ञान का अनादर माना और ढाई सौ किलोमीटर दूर चंडीगढ़ से चार पेज की लम्बी चिट्ठी लिखी।

किसको?

मेरे को?

हरगिज नहीं। अपनी साली को—मेरी बीवी को—जिसे उन्होंने ताजिन्दगी कभी दो लाइन की चिट्ठी नहीं लिखी थी। चिट्ठी में पुरजोर, पुरइसरार लहजे में मिसालें दे-दे कर एक ही बात बार-बार दोहराई गई थी :

ऑपरेशन हरगिज न कराना।

वर्ना...

'वर्ना' का लिहाज किया कि दो टूक तहरीर न दी, जबकि संकेत स्पष्ट था : वर्ना विधवा हो जाएगी।

मैं ये नहीं कहता कि उन्होंने जो किया—या कहा—किसी इलविल से किया, अपनी स्थापित मान्यताओं के अधीन उन्होंने तो मेरा भला ही चाहा, कुछ गलत किया, नागवार किया तो ये किया कि अपनी काबिल राय को—कनसिडर्ड ओपीनियन को—थोपने, ठोकने की कोशिश की। किसी भी तरह के राग-द्वेष से मुक्त देवता स्वरूप व्यक्ति थे, जिसके लिए सोचते थे, अच्छा अच्छा ही सोचते थे। मैं उनकी बहुत इज्जत करता था लेकिन इस एक बात में मैं उनसे सहमत न हो सका और इसलिए उनकी वक्ती नाखुशी का शिकार बना।

तब तक मेरी प्रस्तावित सर्जरी की खबर सारे बुक ट्रेड में फैल चुकी थी और मैं तब भी अभी 'तुलसी' का लेखक था। रितुराज तब मेरठ में कांग्रेस का लोकल नेता था, वो दिल्ली आकर मेरे से मिला और उसने इन्ट्रोड्यूस कराती और सर्जरी के लिए मेरी सिफारिश करती वरिष्ठ कांग्रेसी नेत्री मोहसिना किदवई की, जो कि हैल्थ मिनिस्टर रह चुकी थीं, पंत हस्पताल के न्यूरोसर्जन और हैड ऑफ डिपार्टमेंट डॉक्टर ब्रह्म प्रकाश के नाम चिट्ठी दी और मुझे आश्वासन दिया कि मोहसिना जी की चिट्ठी जादुई असर करेगी, मुझे पंत हस्पताल में वीआईपी ट्रीटमेंट हासिल होगा।

सधन्यवाद मैंने वो चिट्ठी स्वीकार की।

फिर एक सुबह मैं अपने लड़के के साथ पंत हस्पताल गया और डॉक्टर ब्रह्म प्रकाश की बेहद मसरूफ ओपीडी की हाजिरी भरी। हमने मोहसिना जी की सिफारिशी चिट्ठी अटेंडेंट को दी और उसे आगे डॉक्टर साहब के पास पहुँचाने को कहा। उसने सहमति में सिर हिलाया और हमें बैठने का बोला।

हमें उम्मीद थी कि वो उलटे पाँव हमें बुलाने आएगा लेकिन ऐसा न हुआ। वो आता-जाता रहा, हमारी तरफ झाँके भी बिना और पेशेंट्स को पुकारता रहा, पेशेंट्स आते-जाते रहे, बेचैनी से करवटें बदलते हम बैठे रहे।

कहाँ गायब हो गया मोहसिना जी की चिट्ठी का जादुई असर!

एक बार अटेंडेंट को टोका तो वो रुखाई से बोला—"डॉक्टर साहब बोलेंगे तो बुलाऊँगा न!"

"लेकिन हमारे से बाद में पहुँचे पेशेंट आ के चले गए हैं!"—मैं बोला।

"मेरे को नहीं पता। डॉक्टर साहब बोलेंगे तो बुलाऊँगा।"

दो घंटे गुजर गए।

ओपीडी खाली हो गया। वेटिंग हॉल में हमारे सिवाय कोई न बचा।

तब हम हिम्मत करके, ऑर्डरली को परे धकेल के डॉक्टर साहब के कमरे में गए।

"सर"—मेरा लड़का विनीत भाव से बोला—"अब तो बाहर कोई भी नहीं बचा, फिर भी हमारी कॉल नहीं लगी!"

डॉक्टर हड़बड़ाया।

"हम मोहसिना किदवई जी की आपके नाम चिट्ठी लाए थे।"—मैं बोला।

"कहाँ है चिट्ठी?"—डॉक्टर बोला।

"आपके अटेंडेंट को आपके पास पहुँचाने के लिए दी थी।"

डॉक्टर ने अटेंडेंट से सवाल किया।

उसने बताया कि चिट्ठी मिलते ही उसने उसे डॉक्टर साहब के हवाले कर दिया था।

डॉक्टर ने मेज पर बिखरे अपने कागजात टटोले और चिट्ठी बरामद की। उसने चिट्ठी पढ़ी और फिर बोला—"बैठो!"

हम बैठ गए।

"पेशेंट कौन है?"—उसने पूछा।

"मैं।"—मैं बोला—"ये मेरा बेटा है। एस्कॉर्ट के तौर पर मेरे साथ है।"

"टैस्ट कराए?"

लेखक पच्चीस साल की आयु में

हमने टैस्ट रिपोर्ट्स उसे सौंपी।

उसने उनका भी खामोश मुआयना किया और फिर बोला—"ऑपरेशन होगा।"

"जी हाँ।"—मैं बोला।

"यहाँ कराओगे?"

"जी हाँ। और आपसे कराना चाहते हैं। मोहसिना जी ने चिट्ठी में लिखा है कि..."

"ठीक। ठीक। डेट देता हूँ।"

उसने अपनी डायरी देखकर बीस मार्च तारीख मुकर्रर की जबकि अभी जनवरी ही थी।

मोहसिना जी की चिट्ठी न होती तो, सरकारी हस्पताल था, हो सकता था तारीख छ: महीने बाद की होती! अगले साल की होती!

या शायद चिट्ठी के बिना भी तारीख दो महीने बाद की ही होनी थी।

उसने मेरा पर्चा बनाया, उसमें आकर भरती होने की तारीख लिखी और पर्चा मुझे दिया।

"सर, एडमिट कौन करेगा?"—मेरे लड़के ने पूछा।

"रिसैप्शन पर पर्चा दिखाना। वो लोग रूम अलॉट करेंगे। आगे तब कुछ अपने आप होगा।"

"और ऑपरेशन कब..."

"जब पेशेंट एडनिट हो जाएगा तो मालूम पड़ेगा।"

हमने डॉक्टर से विदा ली।

हमने रिसैप्शन पर जाकर डॉक्टर का पर्चा पेश किया तो रूखा जवाब मिला—"अभी कोई कमरा खाली नहीं है। बाद में पता करना।"

"कितना बाद में?"

"हफ्ते बाद पता करना।"

हफ्ते बाद भी वही जवाब मिला।

फिर के बाद फिर वही जवाब मिला।

कमाल था! मोहसिना जी की सिफारिशी चिट्ठी के असर की तो परछाईं भी सामने नहीं आ रही थी। डॉक्टर ने भरती होने की तारीख मुकर्रर की हुई थी और भरती हो पाने के आसार ही नजर नहीं आ रहे थे।

फिर रिसैप्शन के एक चपरासी ने हमारे ज्ञान चक्षु खोले।

रिसैप्शनिस्ट को पाँच सौ रुपये दिए तो कमरा फौरन अलॉट हो गया।

ऑफिस में मैंने सर्जरी के लिए बीस मार्च के बाद से एक महीने की छुट्टी अप्लाई की।

एप्लीकेशन में सर्जरी पढ़ के सीआरएम हैरान हुआ।

"कैसी सर्जरी?"—उसने पूछा।

मैंने बताया।

"कमाल है!"—वो बोला—"बस, इस बात की इतनी मेजर सर्जरी कि कभी-कभी नाक से लीक्विड का ड्रॉप टपक पड़ता है?"

"हाँ।"

"तुझे होता क्या है?"

"कुछ नहीं।"

"तो फिर सर्जरी किसलिए?"

"डॉक्टर कहता है टपकन का रूट ब्लॉक होना चाहिए वर्ना डैथ हो सकती है।"

"कमाल है!"

"सर्जरी कमाल नहीं है, सर, कमाल ये है कि लोग बीमार भरती होते हैं और तन्दुरुस्त लौटते हैं, मैंने तन्दुरुस्त भरती होना है और बीमार लौटना है।"

वो पूर्णतया आश्वस्त न हुआ। उसने छुट्टी तो सैंक्शन कर दी, साथ ही हुक्म दनदनाया—"जब भरती हो जाओ तो खबर करना।"

"किसलिए!"

"अरे देखने आएँगे न! हाल-चाल पूछने आएँगे न!"

"ओह! ठीक! शुक्रिया।"

बीस तारीख को मैं एडमिट हुआ।

मुझे उस कमरे में पहुँचाया गया, जो मुझे रिसैप्शन पर से अलॉट हुआ था।

वो खस्ताहाल कमरा था, जिसमें दाखिल होते ही मन वितृष्णा से भर उठा। कमरे में विंडो एसी था, लेकिन वो वर्किंग कंडीशन में नहीं था। ऑर्डरली को बुला कर शिकायत की तो वो बोला आगे बिजली वालों को खबर करेंगे।

"कमरा चेंज नहीं हो सकता?"—मैंने पूछा।

"डॉक्टर साहब कहें तो हो सकता है।"—जवाब मिला—"लेकिन वो ऐसी बातें नहीं सुनते।"

"यहाँ एक डॉक्टर जावेद अली खान हैं। वो इस वक्त ड्यूटी पर होंगे?"

"नर्सिंग स्टेशन से मालूम करो।"

जावेद अली खान मेरा रीडर था, मुझे मेरे उपन्यासों के प्रति रेगुलर खत लिखता था और उसी के बताए मुझे मालूम था कि वो मूल रूप से रायपुर का था, शिक्षा प्राप्ति के उद्देश्य से दिल्ली में था, एमबीबीएस था, एमडी की पढ़ाई कर रहा था और साथ में बतौर डॉक्टर पंत में नौकरी भी करता था।

मैंने कभी उसकी सूरत नहीं देखी थी, लेकिन अब दुश्वारी की घड़ी में वो मुझे याद आया था।

मैंने नर्सिंग स्टेशन पर जाकर उसकी बाबत दरयाफ्त किया।

"पता करते हैं।"—नर्स बोली।

एक घंटे बाद ऑर्डरली मेरे कमरे में आया।

"आपको डॉक्टर जावेद बुला रहे हैं।"—वो बोला।

"कहाँ?"

"नर्सिंग स्टेशन पर।"

मैं वहाँ पहुँचा तो नर्सों में एक ही मेल मुझे दिखाई दिया। मैं तो उसे नहीं पहचानता था लेकिन मेरी नावल पर तसवीर छपती थी, इसलिए उसने मुझे फौरन पहचाना। बहुत प्रेम भाव से वो मुझसे मिला। मैं क्यों भरती था, ये वो नर्सिंग स्टेशन से पहले ही जान चुका था।

वो एक खुशमिजाज, खूबसूरत, नौजवान था जिसकी शक्ल से ही बुद्धिमत्ता झलकती थी—लगता था कि डॉक्टर होने के अलावा कुछ हो ही नहीं सकता था—लेकिन कद में मात खाए था।

"ऑपरेशन के लिए यहाँ क्यों?"—उसने पूछा।

"डॉक्टर ब्रह्म प्रकाश की वजह से।"—मैंने बताया—"क्योंकि वो यहीं अवेलेबल होते हैं।"

"हूँ। न्यूरो सर्जन तो वो दिल्ली में टॉप के हैं!"

"तभी तो?"

"मेरे लायक कोई सेवा बताइए?"

तब सबसे पहले उसने मेरा कमरा ही चेंज कराया।

फिर नर्सों को, ऑर्डरलीज को मेरे बारे में हिदायत की।

जब तक मैं वहाँ रहा, वो रोज मेरे से मिला। पंत के होस्टल में ही रहता था, ड्यूटी खत्म करके होस्टल लौटने से पहले वो मेरे से मिल के जाता था।

बाद में उससे ऐसी पक्की यारी हुई कि आज तक बरकरार है।

ऐसा उधमी लड़का था, अपनी उच्च शिक्षा को ऐसी गम्भीरता से लेता था कि शाम छः बजे हॉस्पिटल ड्यूटी से ऑफ होता था, सवा छः बजे होस्टल के अपने कमरे में चटाई पर बैठा पढ़ाई कर रहा होता था।

फिर एमडी डॉक्टर बन गया, मेरे सामने उसकी डॉक्टर लड़की सबाह से शादी हुई—जिसकी शक्ल-सूरत कद-काठ मेरी अपनी बेटी से इतना मिलता था कि मैं उसे कहा करता था कि मेरी दो बेटियाँ हैं। वो पंत से नौकरी छोड़कर पहले दरियागंज में, फिर साउथ एक्सटेंशन में डॉक्टर खलीलुल्लाह—जो पहले पंत हस्पताल के डायरेक्टर होते थे—के क्लीनिक हार्ट सेंटर में बतौर सीनियर कार्डियालोजिस्ट बैठने

लगा। फिर संयोग से रहने भी मेरे घर से दो किलोमीटर दूर गीता कॉलोनी में लगा तो मेल-मुलाकात और बढ़ गई। फिर दो बच्चों का—बड़ा लड़का कशफ़, छोटी लड़की ज़ोया—का पिता बना।

फिर एक बहुत बड़ी असाइनमेंट पर सउदी अरेबिया चला गया, जहाँ अलमाना जनरल हॉस्पिटल्स अल खोबर से उसका दो साल का कांट्रैक्ट था लेकिन मैनेजमेंट की मनुहार पर पाँच साल वहाँ टिका। वहाँ से लौट कर थोड़ा ही अरसा दिल्ली में प्रैक्टिस की, फिर स्थायी रूप से अपने होम टाउन रायपुर शिफ्ट कर गया, जहाँ अब पति-पत्नी दोनों का ही शुमार बहुत बड़े डॉक्टरों में है। कशफ़ भी अब माता-पिता की तरह एमडी डॉक्टर है और ज़ोया दिल्ली में शायद एमबीबीएस के फाइनल इयर में है।

डॉक्टर जावेद का मुझे और मेरे परिवार को आज भी इतना आसरा है कि जब भी घर में किसी मेम्बर के साथ कोई मैडीकल कम्पलीकेशन खड़ी होती है, हम कंसल्टेशन के लिए उसे रायपुर फोन करते हैं और इस बात को उसने, उसका बड़प्पन है कि, अपने लिए कभी जहमत नहीं माना।

बहरहाल दो दिनों में पंत में मेरे कई टैस्ट हुए और फिर 31 मार्च, 1992 की तारीख सर्जरी के लिए निर्धारित हुई।

उस दौरान एक बार डॉक्टर ब्रह्म प्रकाश ने मेरे से एक उलझन में डालने वाला सवाल किया—"ऑपरेशन प्राइवेट कराना है?"

"आप मालिक हो, जनाब।"—मैं विनयशील स्वर में बोला—"मोहसिना जी ने अपने लैटर में मेरे बारे में जैसी हिदायत दी थी, वैसा कीजिए, प्लीज़।"

"हूँ।"

डॉक्टर ने फिर वो मुद्दा न उठाया।

बाद में एक आर्डरली के जरिये उस सवाल का औना-पौना मतलब मेरी समझ में आया।

हस्पताल में एक नया विंग बना था, जिसके कमरे फाइव स्टार होटल्स जैसे उम्दा थे और वहाँ बाकी सर्विसिज़ भी डीलक्स थीं। पूछे गए सवाल के जवाब में मैं 'हाँ' बोलता तो मुझे तत्काल उस विंग में शिफ्ट कर दिया जाता और मैं डॉक्टर ब्रह्म प्रकाश का प्राइवेट, प्रिविलेज्ड पेशेंट बन जाता और सर्जरी के लिए मुझे नौ दिन इन्तजार भी न करना पड़ता।

ऑल फॉर नथिंग?

हा हा हा!

31 मार्च में अभी नौ दिन बाकी थे। मैं कोई तीमारदारी का तलबगार मरीज तो था नहीं! कैसे नौ दिन हस्पताल में काटता! डॉक्टर ब्रह्म प्रकाश से उस बाबत बात की तो जवाब ने दिल खुश कर दिया।

"कमरे को ताला लगा कर"—वो बोला—"एक चाबी नर्सिंग स्टेशन पर सौंप कर घर चले जाओ, तीस को वापिस आ जाना। लेट हुए तो ऑपरेशन कैंसल कर दूँगा। हमेशा के लिए।"

तीस मार्च को मैं वापिस पंत हस्पताल अपने कमरे में पहुँच गया।

उस शाम को चीफ मैनेजर समेत आईटीआई के पाँच-छ: उच्चाधिकारी हॉस्पिटल के मेरे कमरे में मेरे से मिलने आए और मेरे से गप्पें मार के हा हा, हू हू करके चले गए।

सर्जरी से पहले क्यों आए?

तब तो मैं ऐन तन्दुरुस्त था, चौकस था।

शायद सोच रहे थे क्या पता ऑपरेशन में कैसी बीते, बाद में हाजिरी लगाने का इत्तफाक हो, न हो।

उसी शाम को एक बारबर आया और मेरा सिर मूँडा गया और एक जाँघ के बाल उतारे गए।

ब्राह्मण होते हुए अपने माता-पिता के देहावसान पर मैंने सिर नहीं मुँडाया था, तब सर्जरी के लिए मुँडाना पड़ा।

अगले रोज—31 मार्च, 1992—की सुबह मेरा सफल ऑपरेशन हुआ जो कि छ: घंटे चला।

तदुपरान्त मेरे ऑफिस के दो सौ कर्मचारियों, अधिकारियों में से कोई मेरे करीब भी न फटका।

यही ट्रीटमेंट पॉकेट बुक्स ट्रेड के लोगों से मिला।

कोई अपवाद था, जो रितुराज और वेद प्रकाश शर्मा थे जो ऑपरेशन के बाद का मेरा हालचाल दरयाफ्त करने आए थे।

जाँघ और सिर दोनों जगहों से स्टिचिज खुलने के बाद, छठे दिन मुझे हस्पताल से छुट्टी मिल गई लेकिन पूर्ण स्वास्थ्यलाभ में, नॉर्मल लाइफ में कदम रखने के काबिल बनने में मुझे तीन महीने लगे।

तब एक रोज मुझे सुशील मिला। उसने मेरे सिर पर अभी एक-एक इंच ही उग पाए बाल देखे तो पूछा—"क्या हुआ?"

मैंने बताया।

"ओह!"—वो बोला—"अगले दिन छुट्टी मिल गई होगी! या और एक दिन रुकना पड़ा था?"

"कहाँ!"—मैं बोला—"उसी शाम को छुट्टी मिल गई थी।"

"अच्छा! फिर तो कोई बड़ा ऑपरेशन न हुआ?"

"हाँ। बस पाँव से काँटा निकालने जैसा था।"

"तू तो, यार, बस..."

मैं ही उसका 'यार, बस...' वाला यार नहीं था, उसके सारे ही यार 'यार बस...' थे।

आज उस ऑपरेशन को हुए अट्ठाइस साल हो गए हैं, ईश्वर की अनुकम्पा से बीवी का सुहाग सलामत है जबकि चंडीगढ़ वाले साढ़ू साहब को इस फानी दुनिया से रुखसत हुए दस साल हो चुके हैं।

अपनी 'एडवांस बेल' न करा सके।

जबकि कोई ऐब नहीं करते थे, घंटियाँ बजाने वाले शुद्ध पवित्र पावन स्वभाव के देवतास्वरूप व्यक्ति थे।

एक सीस का मानवा, करता बहुतक हीस,
लंकापति रावण गया, बीस भुजा दस सीस।

'मोड़ का डॉक्टर', जिसने कहा था, 'ऐसी कोई बीमारी नहीं' होती, के किरदार का थोड़ा-सा बखान मैं और करना चाहता हूँ।

वो बीआईएमएस डॉक्टर था, बहुत आकर्षक व्यक्तित्व का मालिक था और देखने में ऋषि कपूर जान पड़ता था, खाने-पीने का शौकीन था इसलिए वजन सौ किलो से ऊपर था। ओवरडोज का स्पैशलिस्ट था क्योंकि अगले दिन लौटे पेशेंट से उसे ये सुनना अच्छा लगता था कि उसकी अलामत आधे से ज्यादा ठीक हो गई थी।

लेखक दुबई डेजर्ट सफारी में

जो दवा पेशेंट को देता था, उसको पेशेंट के नाम के साथ रजिस्टर पर लिखता था, फिर भी अगले दिन पेशेंट से सवाल करता था—"कल कैसी गोली दी थी? सफेद या रंगीन? गोल या लम्बी? गोली दी थी या कैप्सूल दिया था?"—पेशेंट कोई तसल्लीबख्श जवाब नहीं दे पाता था तो पूछता था—"पैसे...पैसे कितने दिए थे?"

यानी इस बात की कोई गारंटी नहीं होती थी कि जिस दवा की पेशेंट अच्छी रिपोर्ट दे रहा था कि वो उसे माफिक आ रही थी, वो ही उसे अगले रोज रिपीट में मिलेगी।

चौक से छ: गलियाँ पीछे उनका दौलतखाना था, पर क्लीनिक तक आने के लिए स्कूटर रखा हुआ था। फिर भी पेशेंट्स में अक्सर कहता सुना जाता था कि वो सुबह चार बजे उठकर वाक पर जाता था।

पेशेंट्स में पिछली रात की अपनी मौज-मस्ती का जिक्र छेड़ना उसका पसन्दीदा शौक था। नि:संकोच बोलता था—"कल मैंने फलाँ विस्की की बोतल खोली। कल मैंने फलाँ जगह से चिकन मँगाकर खाया।"

खाने की शौकीनी—या गुलामी—का ये हाल था कि शाम को पेशेंट्स को क्लीनिक पर बैठा छोड़कर करीबी मार्केट के रेस्टोरेंट से तन्दूरी चिकन खाने चल देता था या क्लीनिक पर ही करीबी टी-स्टॉल से चार अंडों का ऑमलेट मँगाता था और कम्पाउंडर के पिछवाड़े के केबिन में जाकर खाता था।

खाने की जो आइटम उसे पसन्द आ जाती थी, उसकी तब तक शागिर्दी करता था जब तक उससे आजिज नहीं आ जाता था या कोई नयी, ज्यादा लजीज, आइटम से वाकिफ नहीं हो जाता था। कनॉट प्लेस में युसुफजाई मार्केट में एक रेस्टोरेंट था, जहाँ सिर्फ शाम को तन्दूरी फिश तिक्का उपलब्ध होता था। उस मार्केट में तन्दूरी सर्व करने वाले वैसे और भी रेस्टोरेंट थे लेकिन तन्दूरी फिश तिक्का उस एक रेस्टोरेंट में ही उपलब्ध होता था। डॉक्टर इत्तफाक से एक बार वहाँ गया और उसने फिश तिक्का खाया जो कि उसे इतना पसन्द आया कि उस एक आइटम की खातिर वो अक्सर वहाँ जाने लगा।

एक बार मुझे भी साथ ले गया।

संयोगवश उस शाम फिश तिक्का जल्दी खत्म हो गया था। रेस्टोरेंट ओनर ने ये बात उसे—तब तक परिचित बन चुके अपने कस्टमर को—बताई—"फिश तिक्का तो खत्म है।"

"पैसे...पैसे ज्यादा मिल जाएँ तो?"—डॉक्टर बोला।

ओनर कलप गया।

"डॉक्टर साहब"—वो बोला—"जो चीज है ही नहीं, वो पैसे ज्यादा मिलने से कैसे हो जाएगी?"

डॉक्टर खामोश।

"आप कल का आना पक्का कर के जाओ, मैं आपके लिए बचा के रखूँगा।"

डॉक्टर अगले रोज वहाँ न गया।

कभी भी न गया।

मेरा लड़का अपनी नौकरी के सिलसिले में विदेश अक्सर जाता था। वो खुद नानड्रिंकर था इसलिए ड्यूटी फ्री शॉप से जो दो बोतल विस्की खरीदना उसे परमिटिड होता था, वो वो मेरे लिए लाता था। ऐसे एक बार विदेश गया तो एक बोतल रेमी मार्टिन शैम्पेन कोनियाक वीएसओपी की ले के आया।

दरियागंज में हर इतवार जो विशाल बुक बाजार लगता था—अभी भी लगता है, अलबत्ता ई-बुक्स के पदार्पण से रौनक घट गई है—वहाँ मैं हर इतवार शाम जरूर जाता था।

जनवरी की एक शाम मैं डॉक्टर को भी वहाँ साथ ले गया। बाद में प्रैस क्लब में ड्रिंक्स का सैशन अश्योर्ड था इसलिए उसने साथ चलने से इनकार न किया।

उसकी कार पर सवार हम दरियागंज पहुँचे। मैंने उसे कार मेन बाजार में ले जाने की जगह एक गली में रोकने को बोला और साथ लाए बैग में से बोतल निकाली और उसे दिखाई।

"ये क्या है!"—वो बोला।

"देखो।"—मैं गर्व से बोला, आखिर उस बोतल की कीमत में नॉर्मल स्कॉच विस्की की तीन बोतलें आती थीं।

"रेमी मार्टिन!"—उसने लेबल पढ़ा—"मैंने तो इस विस्की का कभी नाम नहीं सुना!"

"क्योंकि ये विस्की नहीं है, ब्रांडी है। सर्द मुल्कों में इसको पीने का बहुत रिवाज है, छोटे-बड़े, औरत-मर्द सब पीते हैं। दिल्ली की जनवरी की ठंड में इसको पीने का मजा आ जाएगा।"

"तुम्हारा मतलब है इसे हम यहाँ कार में बैठ के पिएँगे?"

"हाँ।"

"लेकिन कोई गिलास, सोडा, पानी वगैरह तो यहाँ है नहीं!"

"ये नीट पी जाती है।"

"क्या बात करता है?"

"शॉट ग्लास में।"

"किसमें?"

"इसमें।"

मैंने दो मिनी ग्लास बैग में से निकाले, बोतल खोलकर दोनों में कोनियाक डाली और उसके साथ चियर्स बोला।

संदिग्ध भाव से उसने मिनी गिलास को चुसका, फिर चुसका और फिर एक ही बार में मिनी गिलास खाली कर दिया।

"पाठक साहब"—फिर हैरानी से बोला—"ये तो कमाल की चीज है!"

"असली अंगूर की बेटी है न!"—मैं बोला।

"क्या मतलब?"

"अंगूर से बनती है।"

"अच्छा! फिर तो कीमती होगी!"

"हाँ।"

"कितनी कीमती।"

"मालूम नहीं! लड़का स्विट्जरलैंड से लाया।"

दूसरा पैग उसने खुद ही डाल लिया।

इस बार उसने धीरे-धीरे सब्र से कोनियाक पी।

"कमाल की चीज है!"—उसने फिर तसदीक की—"पेट में जाते ही अनार की तरह फूटती है और फिर लगता है जैसे आँतों को आतिशदान का सेंक मिल रहा हो।"

"अपने कान देखो।"

"क्या?"

"रियरव्यू मिरर में अपने कान देखो। लाल लग रहे हैं।"

उसने रियरव्यू मिरर में झाँका।

"अरे!"—फिर बोला—"ये तो लाल सुर्ख हैं। तुम्हारे भी।"

"है न कमाल!"

"बिलकुल है, भई। मैंने तो ऐसी चीज पहली बार पी है। बल्कि नाम ही पहली बार सुना है।...रेमी मार्टिन"—उसने बोतल पर से पढ़ा—"फाइन शैम्पेन कोगनैक..."

"कोनियाक।"

"यहाँ कोगनैक लिखा है। सी.ओ.जी. एन.ए.सी.।"

"हाँ। लेकिन इसे प्रोनाउंस कोनियाक किया जाता है।"

"मतलब क्या हुआ?"

"हाई क्वालिटी ब्रांडी। मेड इन टाउन काल्ड कोनियाक, वैस्ट फ्रांस।"

"फ्रांस? तुम तो कहते हो लड़का स्विट्जरलैंड से लाया!"

"इंटरनेशनल एयरपोर्ट पर हर कंट्री की प्रॉडक्ट्स मिलती हैं।"

"हूँ। आगे वीएसओपी लिखा है। उसका क्या मतलब है?"

"वैरी स्पेशल ओल्ड पेल।"

"तुम तो बहुत कुछ जानते हो!"

"अब जरा बुक बाजार में चलते हैं, फिर क्लब में जाकर विस्की पीते हैं।"

"नहीं। हम घर चल रहे हैं।"

"अभी?"

"हाँ।"

"लेकिन बुक बाजार!"

"अगले इतवार चले जाना।"

"पर घर क्यों?"

"मेरा दामाद आया हुआ है। मैं उसे ये...ये...कोनियाक...पिलाना चाहता हूँ।"

"वो आपके सामने...आपके साथ पी लेता है?"

"हाँ। कोई प्रॉब्लम नहीं।"

वो मुझे—बल्कि यूँ कहना चाहिए कि रेमी मार्टिन की बोतल को—अपने घर ले गया।

उसके घर में बार नहीं था लेकिन ड्राइंगरूम की एक दीवार पर एक जापानी लैंटर्न जैसा बक्सा लगा हुआ था, जिसके शीशों पर 'बार इज ओपन' लिखा था और जो उसका बिजली का स्विच ऑन किए जाने पर जगमग जगमग करता घूमता था।

सबसे पहले उसने स्विच ऑन करके 'बार इज ओपन' को जगमगाया, फिर परिवार को ड्राइंगरूम में इकट्ठा किया।

फिर दामाद ने ही नहीं, सबने पी—बीवी ने, दो बेटों ने, बेटी ने, खुद डॉक्टर ने।

चरणामृत मुझे भी मिला।

बोतल खाली हो गई।

मैं विदा हुआ।

सुबह डॉक्टर का फोन आया।

"क्लीनिक पर आ।"—हुक्म हुआ।

मैंने हुक्म की तामील की।

"कल तो मैंने नहला दिया सबको।"—वो बोला—"कोई कसर न छूटी। बल्ले-बल्ले हो गई।"

"बढ़िया।"

"ये पकड़ो।"—अखबार में लिपटा एक लम्बा बॉक्स-सा उसने मुझे थमाया।

"क्या है?"—मैंने पूछा।

"देखो।"

मैंने अखबार खोला तो पाया भीतर जानी वॉकर ब्लैक लेबल की बोतल थी।

"ये क्या?"—मैं बोला।

"अरे, कल तुम्हारी बोतल खत्म कर दी न, उसके बदले में।"

"मैं नहीं लूँगा। बोतल में मैं भी तो शरीक था!"

"फिर भी रखो।"

"नहीं।"

"अरे, कहना मानो, नहीं तो..."

"नहीं तो क्या?"

"यारी छूट जाएगी।"

"अच्छी बात है।"

"पच्चीस साल पुरानी है।"—वो गर्व से बोला।

"लेकिन इस पर तो 'एज्ड ट्वैल्व इयर्स' लिखा है!"

"तेरह साल मैंने भी तो पास रखी! क्या समझे? तेरह साल से है ये बोतल मेरे पास। तो ये पच्चीस साल पुरानी हुई कि न हुई?"

"बोतल।"

"क्या बोला?"

"बोतल पच्चीस साल पुरानी हुई। इसे तेरह साल और पास रख लोगे तो भी कन्टेंट्स 'एज्ड ट्वैल्प इयर्स' ही रहेंगे।"

"क्या बात करते हो!"

"विस्की की एजिंग अंडर आइडियल कंडीशंस होती है, ओक के कास्क्स में होती है। अलमारी में रखे-रखे विस्की एज्ड नहीं बन जाती।"

"मैं नहीं मानता। तुम्हारा खयाल गलत है।"

"चलिए ऐसे ही सही। बहरहाल शुक्रिया।"

उसने शान से शुक्रिया कुबूल किया।

किशोरी से उनके घर वयस्क हुई विस्की के साथ मैं अपने घर लौटा।

एक छुट्टी के दिन दोपहर के करीब मैं उसके क्लीनिक में गया।

"चल, आज मैं तुझे ब्लू लेबल दिखाता हूँ।"—डॉक्टर बोला।

मुझे हैरानी हुई।

अपने स्कूटर पर बिठा कर वो मुझे घर ले के गया।

संयोगवश तब घर में कोई भी नहीं था।

ड्राईंगरूम में ले जाकर उसने मुझे ब्लू लेबल दिखाई।

खाली बोतल।

"ये होती है"—वो शान से बोला—"जानी वॉकर ब्लू लेबल।"

"लेकिन ये तो खाली है!"—मैं बोला।

"पिछले हफ्ते खाली की न!"

"तो खाली बोतल रखी क्यों हुई है?"

"अरे, ब्लू लेबल की बोतल है!"—वो यूँ बोला जैसे किसी अज्ञानी को ज्ञान दे रहा हो!—"कोई फेंकता है भला!"

"ठीक! तो ब्लू लेबल विस्की का रंग भी ब्लू था?"

"पागल हुए हो? विस्की का रंग नीला भला कैसे होगा! और विस्कियों जैसा गोल्डन कलर ही था।"

"ओह! अच्छा हुआ आपने मुझे ब्लू लेबल दिखा दी।"

"हुआ न!"

"हाँ। थैंक्यू, डॉक्टर साहब।"

छः महीने बाद लड़का विदेश गया तो मैंने उसे खासतौर से कहा कि एक बोतल जानी वॉकर ब्लू लेबल की लेकर आए।

बोतल घर में आ गई तो मैंने डॉक्टर को ड्रिंक्स के लिए न्योता।

ब्लू लेबल देखकर वो हैरान हुआ।

बोतल ने उसे हैरान न किया, इस बात ने हैरान किया कि वो मेरे पास थी और मैंने उसे शेयर करने के लिए उसे इनवाइट किया था।

"असली है न?"—वो संदिग्ध भाव से बोला।

मैंने उसे ड्यूटी फ्री लिकर शॉप की रसीद दिखाई, जिस पर यूरो में पेमेंट दर्ज थी।

"दिल्ली में"—वो बोला—"प्रीमियम विस्कीज़ की डुप्लीकेशन का बहुत धन्धा है।"

"मैं ऐसे किसी धन्धेबाज से वाकिफ नहीं।"

"होना भी नहीं।"—उसने ज्ञान बघारा—"हुए तो स्पिरिट ही पल्ले पड़ेगी।"

उसने खुद बोतल खोली।

आधी बोतल हमने 40-60 के अनुपात में पी—40 मैं, 60 वो।"

मेरे काफी इसरार करने पर भी, 'वन फॉर दि रोड' के लिए उकसाने पर भी, उसने और न पी और रुखसत पाई।

अगले रोज शाम को क्लीनिक बन्द करने के बाद वो खुद ही आ गया।

"कल वाली बोतल निकालो।"—आते ही बोला।

मैंने आदेश का पालन किया।

इस बार हमने 30-70 के अनुपात से विस्की पी।

उस विभाजन से कल की तरह आज भी उसने कोई एतराज नहीं किया।

आखिर ब्लू लेबल थी, जिसकी तो खाली बोतल फेंकना भी गलत होता था।

ग्यारह बजे वो घर से रुखसत हुआ।

लेखक सिंगापुर में

गली के मोड़ पर ही उसका स्कूटर डगमगाया और वो उसके साथ ढेर होने से बाल-बाल बचा।

"फोन करो।"—थोड़ी देर बाद मेरी बीवी—उसने भी वो नजारा देखा था—बोली—"और मालूम करो डॉक्टर साहब घर पहुँच गए हैं न!"

अरे, सीजंड ड्रिंकर हैं।"—मैं बोला—"स्कूटर डगमगाने की वजह नशा नहीं, कोई और होगी।"

"फिर भी फोन करो।"

मैंने किया।

उनकी बीवी ने फोन उठाया।

"उल्टियाँ कर रहे हैं।"—और बताया—"आते ही करने लगे। क्या पिला दिया आपने इन्हें?"

मैंने उस सवाल को नजरअन्दाज किया और पूछा—"मैं देखने आऊँ?"

"नहीं, जरूरत नहीं। अब सुधर रही है तबीयत।"

"ठीक है। सुबह पता करूँगा।"

सुबह नौ बजे मैं उसके क्लीनिक पर पहुँचा जो कि क्लीनिक खुलने का टाइम था। तरोताजा डॉक्टर अपनी कुर्सी पर विराजमान था।

"सुना है"—सहानुभूतिपूर्ण भाव से मैंने पूछा—"कल रात घर पहुँचते ही तबीयत खराब हो गई!"

"आप जिम्मेदार हो।"—वो पूरी संजीदगी के साथ बोला।

"मैं!"—मैं हड़बड़ाया।

"हाँ। क्यों मुझे इतनी पिला दी?"

"मैंने पिला दी! बोतल तो आपके हवाले थी! सर्व तो आप कर रहे थे!"

"आपने जानबूझकर कम पी।"

"तो आप भी जानबूझकर कम पी लेते! कोई सरकारी हुक्म तो जारी हुआ नहीं था कि बोतल खाली करके ही उठना था!"

"मैं कुछ नहीं जानता..."

"ये आपकी मेजर प्रॉब्लम है।"

"...कल जो घर पर जाकर मेरे साथ हुआ"—मेरी बात की ओर ध्यान दिए बिना वो बोला—"उसके लिए आप जिम्मेदार हो।"

"ठीक है, जनाब"—मैं आह-सी भरता बोला—"मैं ही जिम्मेदार हूँ..."

आगे मैं कहना चाहता था—'आइंदा मैं घर में ब्लू लेबल की बोतल नहीं रखूँगा, रखूँगा तो आपको उसकी खबर नहीं लगने दूँगा।'

लेकिन न कह सका।

बहरहाल मुर्गी जान से गई, खाने वाले को मजा न आया।

वो एक ही मौका नहीं था जबकि यूँ नाजायज तौर पर मैं जिम्मेदार ठहराया गया था।

एक वाकया और बयान करता हूँ :

नॉनवैज के भारी रसिया डॉक्टर ने एकाएक नॉनवैज खाना छोड़ दिया।

वजह हैल्थ रिलेटिड थी या धार्मिक थी, ये उसने कभी न बताया।

एक शाम प्रैस क्लब में ड्रिंक्स के बाद हम कनॉट प्लेस के एम्बैसी नामक एक रेस्टोरेंट में खाना खाने के लिए गए तो मैंने डॉक्टर को बताया—"यहाँ फ्राइड फिश बहुत बढ़िया बनती और सोल इस्तेमाल होती है जो कि बहुत लजीज फिश होती है। अगर आपने किसी धार्मिक कारण से नॉनवैज खाना छोड़ा है तो बात जुदा है वर्ना मटन, चिकन खाने में हर्ज हो तो हो, फिश खाने में कोई हर्ज नहीं। आप तो जानते हैं फिश के ओमेगा-थ्री कंटेंट्स की वजह से डॉक्टर साहबान उम्रदराज मरीजों को हफ्ते में कम-से-कम तीन बार फिश खाने की राय देते हैं। मैं फिश खाऊँगा, कहें तो आपके लिए भी ऑर्डर करूँ?"

उसने सहमति में सिर हिला दिया।

मैंने वेटर को दो प्लेट फ्राइड फिश का ऑर्डर दिया।

ऑर्डर सर्व होने में बीस-पच्चीस मिनट लगने थे, इसलिए खास डॉक्टर की फरमायश पर इन्तजार के वक्फे को सहल करने के लिए मैंने दो लॉर्ज ड्रिंक्स का ऑर्डर भी दिया जो कि तुरन्त सर्व हुए।

फिर फिश सर्व हुई।

डॉक्टर ने अपनी प्लेट में से फिश का एक टुकड़ा खाया, फिर एकाएक उसके मिजाज में तब्दीली आई और उसने फिश खाने से मजबूत इनकार कर दिया।

मैंने पुरइसरार वजह पूछी जो कि उसने न बताई।

आखिर मैंने उसके लिए उसकी राय के मुताबिक वेजीटेरियन खाना मँगवाया और फिश की दोनों प्लेट खुद खत्म कीं।

वापिसी में बाराखम्बा रोड और टालस्टाय मार्ग का चौराहा पार करते ही उसने कार रोड डिवाइडर पर चढ़ा दी। एक फुट से ज्यादा ऊँचा रोड डिवाइडर था, कार करिश्मा ही था कि उलट न गई। कार काबू में आई तो दोनों की जान में जान आई।

बाकी का रास्ता डॉक्टर ने बहुत सावधानी से कार चलाई।

अगले रोज वो मिला तो मैं बोला—"कल बाल-बाल बचे। कार उलट गई होती तो भीषण एक्सीडेंट होता।"

"आप जिम्मेदार हो।"

मैं मुँह बाये उसे देखने लगा।

"वो कैसे?"—फिर पूछा।

उसने वजह न बताई, फिर दोहरा दिया—"आप जिम्मेदार हो।"

वजह वो जुबान पर नहीं ला रहा था लेकिन उस बाबत जो उसके मन में था, उसे मैं समझ सकता था।

मैंने उसे फिश खाने की राय दी थी।

वो धार्मिकता झाड़ रहा था कि यूँ उसका कोई संकल्प टूट गया था और उसकी सजा के तौर पर गम्भीर एक्सीडेंट होते-होते बचा था। मैंने उसे फिश खाने के लिए प्रेरित किया था इसलिए एक्सीडेंट के लिए मैं जिम्मेदार था।

स्टियरिंग व्हील के पीछे वो था, उसकी गफलत जिम्मेदार नहीं थी जो उस एडीशनल पैग का नतीजा थी जो प्रेस क्लब में छककर पी चुकने के बावजूद एम्बैसी उसने और मँगा लिया था।

हमारे इलाके में पुलिस का सिपाही ड्यूटी करता कभी-कभार ही दिखाई देता था और ट्रैफिक पुलिस के जवान तो कभी-कभार भी नहीं दिखाई देते थे। एक बार कोई ऐसा खास अभियान चला कि चौक में ट्रैफिक पुलिस चालान करने लगी, जिसकी कि मुझे खबर नहीं थी। मैं अपने स्कूटर पर सवार वन वे वाले रास्ते से डॉक्टर के क्लीनिक पर पहुँचा क्योंकि उधर से क्लीनिक पास ही था। मैंने क्लीनिक के सामने स्कूटर खड़ा किया तो मेरी तवज्जो ट्रैफिक पुलिस की ओर गई लेकिन मेरे मुँह खोल पाने से पहले ही एक हवलदार बोल पड़ा—"नहीं, नहीं, डॉक्टर साहब, आपको कुछ नहीं कहेंगे।"

मैंने शुक्रिया बोला और क्लीनिक में जाकर डॉक्टर को वो बात बताई।

"हा हा, हा हा"—पेशेंट्स के सामने उसने मेरी खिल्ली उड़ाई—"इसको डॉक्टर समझ लिया! हा हा, इनको डॉक्टर समझ लिया। हा हा हा।"

दर्जन बार 'हा हा' की पंचुएशन के साथ उसने वो बात दोहराई।

मैं नामाकूल सवाल न कर सका कि क्या डॉक्टर के सिर पर सींग होते थे, जिससे कि उसकी फौरी शिनाख्त होती थी! जो मेरे सिर पर नहीं थे, फिर भी हवलदार ने मुझे डॉक्टर समझ लेने की हिमाकत की थी।

मेरे साथ प्रेस क्लब में जाता था तो छक के पीता था। फिर अगले दिन यूँ मुझे ड्रिंक्स के लिए अपने घर बुलाता था जैसे अहसान का बदला उतारना चाहता हो। उसके घर ड्रिंक्स के लिए जाने का मतलब होता था कि साढ़े नौ से पहले वो सिलसिला शुरू नहीं होना था, क्योंकि नौ बजे तक क्लीनिक पर उसकी हाजिरी लाजमी थी। यूँ मैं आधी रात से पहले घर नहीं लौट पाता था, जो कि मुझे मंजूर नहीं होता था। इनकार करता था तो वो खफा हो जाता था। नतीजतन मुझे जाकर उसके साथ फाँसी लगना पड़ता था।

एक बार मुझे कोई अलामत हुई जो अब मुझे याद नहीं कि क्या थी। सोमवार शाम को मोड़ का डॉक्टर ने मुझे उसके लिए दो दिन की दवा दी, जिसकी बाबत उसे नहीं मालूम था कि वो विस्की के साथ रिएक्ट करती थी। मैंने उसका एक डोज शाम को सोने से पहले और विस्की पीने के कोई डेढ़ घंटे के बाद खाया और सो गया जिसकी वजह से बचाव हो गया या नींद में किसी रिएक्शन की मुझे खबर न लगी। अगले रोज मंगलवार था और उस रोज मैं ड्रिंक नहीं करता था। मैंने प्रेस्क्राइब्ड तीन डोज मंगल को खाईं। बुध को एक घर से खा के चला एक खाना भूल गया और एक छः बजे ऑफिस से छुट्टी होने के बाद खाई। अपनी रूटीन के मुताबिक वहाँ से मैं सीधा प्रैस क्लब गया, जहाँ मैंने बार पर बैठकर पहला पैग पिया तो मेरी तबीयत खराब होने लगी। वजह कोई समझ न आई। फिर दूसरा पैग पीते हालत बद् होने लगी। ऐसा लगने लगा जैसे दम घुट रहा हो। जैसे-तैसे मैंने वो पैग खत्म किया और घर का रुख किया। आधे रास्ते मेरी हालत ऐसी खराब होने लगी कि जी चाहता था कि मैं कपड़े जिस्म से उधेड़ कर उतार फेंकूँ। साँस फँस-फँस कर आने लगी। दिल की धड़कन कभी तेज हो जाती थी तो कभी लगता था कि थी ही नहीं। जी चाहता था कि कार खड़ी करूँ और फुटपाथ पर लेट जाऊँ।

ऐसा तड़पता-सा मैं घर पहुँचा जैसे जिन्दगी का दामन हाथों से छूटा जा रहा हो। घर में जाकर धड़ाम से बैड पर गिरा।

बीवी के छक्के छूट गए।

"डॉक्टर को बुला।"—मैं बड़ी मुश्किल से कह पाया—"उसकी दवा से ही कुछ हुआ है।"

डॉक्टर आया।

मेरी हालत देखकर वो भी घबरा गया।

तब मुझे पहली बार दिखाई दिया कि मेरी हथेलियाँ लाल लगने की जगह ऐसे काली लग रही थीं जैसे तारकोल मला हो। जरूर चेहरा भी वैसा ही हो चुका था लेकिन हथेलियों की तरह वो मुझे दिखाई नहीं दे रहा था।

डॉक्टर ने मुझे किसी ऐंटीडोट का इंजेक्शन दिया तो मेरी जान में जान आने लगी। उसने इतनी शराफत जरूर दिखाई कि जब तक मैं नॉर्मल न हो गया, वो वहीं बैठा रहा।

बाद में उसने मुझे बताया कि हार्ट सीजर से मैं बाल-बाल बचा था। ऐंटीडोट का इंजेक्शन देने में दस मिनट की भी और देर हो जाती तो मैं खत्म था।

वो मुझे मिला पाँचवाँ जीवनदान था।

डॉक्टर ने उस वाकये से क्या सबक लिया।

बकौल डॉक्टर!

"अब तो मैं बच्चों से, बूढ़ों से, औरतों से, सबसे पहले पूछ लेता हूँ, शराब तो नहीं पीते हो? इस दवा के साथ शराब मना है।"

मैंने उसकी कल्पना अस्सी साल की मरीज औरत के रूबरू की :
"शराब तो नहीं पीती, माई? इस दवा के साथ शराब मना है।"
ऐसा ही खबरदार होना चाहिए फैमिली फिजीशन को।

'मोड़ का डॉक्टर' को अपनी अच्छी पर्सनैलिटी का बड़ा गुमान था—इतना कि अपने आप पर बलिहार जाता रहता था। क्लीनिक और कम्पाउंडर के केबिन के बीच में दरवाजे के पहलू में एक शीशा टाँगा हुआ था, हर दस-बारह मिनट बाद अपनी कुर्सी से उठता था और पेशेंट्स की मौजूदगी में जाकर शीशे में अपनी शक्ल का मुआयना करता था, किसी एक भी बाल को बेतरतीब पाता था तो जेब से कंघी निकालकर उसे दुरुस्त करता था और फिर लौट कर अपनी कुर्सी पर बैठता था।

लेखक इंगलैंड में एक उपनगर के रेलवे स्टेशन पर

किसी पेशेंट को इंजेक्शन लगाना हो तो ये काम कम्पाउंडर के हवाले होता था लेकिन पेशेंट अगर नौजवान लड़की हो या आकर्षक महिला हो तो उसे पिछले केबिन में ले जा के, बीच का पर्दा खींच के, कम्पाउंडर को बाहर भेज के इंजेक्शन खुद लगाता था—बाँह पर हरगिज नहीं, कूल्हे पर जिसके लिए कि उसे एग्जामिनेशन टेबल पर लेटना पड़ता था और कूल्हा उघाड़ना पड़ता था।

एक बार हमारे घर में केक बना जिसके चार गर्मागर्म टुकड़े मैं डॉक्टर के लिए उसके क्लीनिक में ले के गया। उसने तीन टुकड़े खाए और चौथा मुझे खाने को बोला। मैंने उसे बताया कि मैं घर से खा के आया था। उसने फिर भी चौथा टुकड़ा न खाया तो वो मैंने उसके कम्पाउंडर को दे दिया।

डॉक्टर के चेहरे पर सख्त नाराजगी के भाव आए, ऐसे जैसे कि कम्पाउंडर से केक छीन लेना चाहता हो और मेरी उस हरकत के लिए मुझे फटकार लगाना चाहता हो।

गनीमत हुई कि उसने ऐसा कुछ न किया।

हमारे इलाके के मेन बाजार में एक पुराने जमाने के ट्रेडीशनल हलवाई की नयी दुकान खुली जो कि बेड़मी बहुत उम्दा बनाता था। डॉक्टर वैसी चीजों को शौक से खाता था इसलिए एक छुट्टी वाले दिन मैंने वहाँ से ढेर सारी बेड़मी खरीदीं और उनके साथ डॉक्टर के क्लीनिक पर पहुँचा। मैंने डॉक्टर को धीरे से उस बाबत बताया तो उसने मुझे भीतर जाने का इशारा किया। मैं पर्दा उठाकर कम्पाउंडर के केबिन में चला गया, जहाँ मेरे पीछे-पीछे वो भी पहुँचा। हमने भरपेट बेड़मी खाईं। डॉक्टर बाहर जा के अपने पेशेंट्स को अटेंड करने लगा। मैंने देखा कि अभी भी काफी सारी बेड़मी बची हुई थीं। मैंने वो वहीं छोड़ दीं, कम्पाउंडर को बोला वो खा ले और अपने घर लौट आया।

दस मिनट बाद कॉलबैल बजी।

मैंने गेट खोला तो सामने डॉक्टर के कम्पाउंडर को खड़ा पाया। ये देखकर मुझे हैरानी हुई कि उसकी त्योरी चढ़ी हुई थी। मेरे मुँह खोल पाने से भी पहले उसने हाथ में थमा पोलीथीन का बैग जिस पर बेड़मी वाले हलवाई का नाम छपा था, मुझे सौंपा और गुस्से से बोला—"ये पकड़िए अपनी बेड़मी। डॉक्टर साहब मेरे पर इतने खफा हुए! फौरन लौटा के आने को बोला। आपने पहले भी मुझे केक खिला के फँसा दिया था।"

और वो ये जा वो जा।

मैं हकबकाया-सा उसे जाता देखता रहा।

फिर मैंने पौलीथीन बैग में झाँका तो पाया उसमें एक आलू की सब्जी से लबरेज बेड़मी का टुकड़ा भी था—जैसे डॉक्टर ने कौर उससे मुँह से छीन लिया था।

मैंने वो पौलीथीन बैग गली के कूड़े के ड्रम में डाल दिया और घर के भीतर जाकर बीवी को वो वाकया सुनाया।

"गलती आपकी है।"—बीवी बोली—"आपने डॉक्टर की और उसके कम्पाउंडर की, यानी मालिक की और मुलाजिम की, औकात एक बना दी। डॉक्टर साहब को ये बात नहीं गवारा हुई, उन्होंने रिएक्ट किया तो क्या गलत किया!"

मैंने हैरानी से बीवी को देखा जो डॉक्टर की तरफदारी कर रही थी और मुझे गलत ठहरा रही थी।

"और उसने जो मेरी मिट्टी झाड़ी!"—मैं बोला—"बेड़मी यहाँ वापिस भेज दीं!"

"ऐसा किया उसने!"

"अभी कम्पाउंडर दे के गया। बैग में बेड़मी के एक आधे खाए टुकड़े समेत।"

"हे भगवान! आपने क्या किया?"

"बैग को कूड़ेदान में डाला और क्या किया! तेरे को बोलता खा ले तो तू खा लेती? खा लेती वो बेड़मी जिसमें जूठा टुकड़ा भी था?"

"कैसी बातें करते हो? जूठन खाकर मैंने अपना धर्म भ्रष्ट करना था?"

"ये बात डॉक्टर को नहीं मालूम थी! कम्पाउंडर को ये न बोला कि कूड़ेदान में फेंक के आ, बोला पाठक के घर वापिस करके आ!"

बीवी फिर न बोली।

ऐसी बातों—बल्कि हादसों—के बावजूद एक कामन बांड फिर भी हम दोनों में था।

हमप्याला हम फिर भी थे।

उसने नॉनवैज खाना छोड़ा था, ड्रिंक करना छोड़ा होता तो शायद हम 'तू कौन, मैं कौन' हो गए होते। बादाखोरी ही एक काम था जो हम दोनों को आपस में बाँधे था।

इस सन्दर्भ में उसकी थॉट ट्रेन का एक नमूना देखिए :

नौ बजे, क्लीनिक बन्द होने के वक्त मैं उसके क्लीनिक पर पहुँचा क्योंकि उसकी जिद थी कि उस रोज ड्रिंक्स के लिए मैं उसके घर चलूँ। अपनी रूटीन के मुताबिक नौ बजे वो उठकर खड़ा हो गया, कम्पाउंडर ने बत्तियाँ भी बुझानी शुरू कर दीं जबकि एकाएक एक कार पर छः सदस्यों का एक परिवार वहाँ पहुँचा जिसके मुखिया ने डॉक्टर को बोला कि सबको हैपाटिटिस-बी का इंजेक्शन लगाना था।

"पाठक साहब"—डॉक्टर हर्षित भाव से बोला—"आज की बोतल बन गई।"

मैंने घबरा कर इशारे से उसे चुप होने को बोला।

गनीमत थी कि परिवार में से किसी ने उस बात की तरफ तवज्जो न दी।

या बात कोई समझा नहीं।

अपनी पेट की अलामत का मैं 'मोड़ का डॉक्टर' से अक्सर जिक्र किया करता था।

"पाठक साहब"—एक बार वो बड़ी संजीदगी से मेरे से बोला—"मैं तुम्हारा केस स्टडी करूँगा।"

मैं बहुत प्रभावित हुआ।

ये की न यारी, दिलदारी वाली बात!

फिर मुझे हैरानी हुई।

कैसे केस स्टडो करेगा?

उसके घर मैं अक्सर जाता था, वहाँ तो मैंने कभी मैडीकल साइंस से सम्बन्धित कोई ग्रन्थ तो क्या, गुटका तक नहीं देखा था! वही बात उसके क्लीनिक पर लागू थी।

या आईएमए (इंडियन मैडीकल एसोसिएशन) में लायब्रेरी थी, वहाँ जाएगा?

आखिर राज खुला।

दवाईयाँ बनाने वाली कम्पनियों के रिप्रेसेंटेटिव अपनी कम्पनी की प्रॉडक्ट्स को प्रोमोट करने के लिए डॉक्टरों के पास जाते थे तो उनके लिए हर दवा की व्याख्या करने वाला जो पैम्फलेट छोड़ के जाते थे, वो उनको पढ़ेगा और पता करेगा कि क्या उनमें वर्णित कोई दवा मेरी अलामत में काम आ सकती थी।

वो बात मालूम होते ही उनकी स्टडी में मेरी सारी रुचि खत्म हो गई।

एक शाम एक मुस्लिम परिवार उनके क्लीनिक पर पहुँचा।

वो चार जने थे। दो मर्द बाप बेटा जान पड़ते थे, दो औरतें थीं जो बुर्का पहने थीं फिर भी जान पड़ रहा था कि एक नौजवान थी और दूसरी उम्रदराज थी। मालूम पड़ा कि मरीज नौजवान लड़की थी और साथ में उसका शौहर और सास-ससुर थे।

शौहर ने डॉक्टर को बताया कि वो बड़ी दूर से इलाके में उनकी मशहूरी के कायल होकर बड़ी उम्मीद से वहाँ आए थे, फिर उसने और ससुर ने संजीदगी से बयान किया कि मरीज को क्या-क्या होता था।

उस दौरान सास बहू को सँभाले खामोश रही।

काफी वक्त मर्दों ने विस्तार से मरीज की उन अलामतों को बयान करने में लगाया, जिनसे वो बहुत परेशान थी।

डॉक्टर ने सब कुछ गौर से सुना, फिर स्टेथस्कोप से उसका मुआयना किया, बीपी देखा, टेम्प्रेचर देखा, जुबान देखी, नाखूनों की रंगत देखी और कुछ जुबानी सवाल पूछे।

फिर कम्पाउंडर को करीब बुलाकर उसने मरीज के लिए दवा दी, उसको खाने का तरीका और वक्त समझाया और डायट के मामले में कुछ सावधानियाँ बरतने को कहा।

बीस मिनट वो सिलसिला चला, जबकि डॉक्टर मुश्किल से पाँच मिनट एक मरीज को देता था।

सब कुछ बहुत प्रभावशाली ढंग से हुआ।

वो परिवार भी बहुत आश्वस्त वहाँ से विदा हुआ।

"क्या बीमारी थी?"—पीछे मैंने उत्सुक भाव से पूछा।

"पता नहीं।"—डॉक्टर धीरे से बोला।

मैंने हैरानी से उसकी तरफ देखा।

"तो फिर दवाई किस बात की दी?"—मैंने पूछा।

"अन्दाजे से दे दी है। कोई असर दिख गया तो लौट आएँगे वर्ना कहीं और चले जाएँगे।"

कैसे वो कहता कि उसकी समझ में कुछ नहीं आ रहा था, वो किसी और डॉक्टर के पास चले जाएँ!

दूसरी बात ये भी ऐसी प्रैक्टिस की गौर करने लायक है कि मरीज तन्दुरुस्त हो जाता है तो खुद आना बन्द कर देता है, उसका डॉक्टर कभी उसे नहीं कहता कि अब वो ठीक हो गया था, और दवाई की जरूरत नहीं थी। यानी मरीज जब तक आता रहेगा, डॉक्टर दवा देता रहेगा।

पुराने जमाने में ऐसा नहीं होता था।

अर्ली फिक्टीज में शाहदरा अनाज मंडी में एक बनर्जी नाम का बंगाली डॉक्टर बैठता था जो इलाके का—बल्कि आसपास के इलाकों का भी—इकलौता एमबीबीएस डॉक्टर था। वो लौट के आए मरीज को पूछता था—"कैसा है?"

"ठीक हूँ, डॉक्टर साहब?"

"बिलकुल?"

"हाँ, जी।"

"जो बोलता था होता है, वो अब नहीं होता?"

"नहीं, जी।"

"तो फिर इधर क्यों आया? शौक है दवा खाने का? जाओ, मौज करो।"

"डॉक्टर साहब, मैं सोचता था एक दिन दवा और खा लेता।"

"गलत सोचता था। जब बोलता है, ठीक है तो काहे वास्ते दवा खाने का है! चलो, जाओ।"

कोई उम्रदराज पेशेंट 'मोड़ का डॉक्टर' के पास लाया जाए तो दवा दे चुकने के बाद साथ आए व्यक्ति को एक फिकरा वो जरूर कहता था—'मैडीसिन अपना काम करेगी, दवा अपना काम करेगी।'

बात श्रोता की समझ में आए, न आए; श्रोता उसे टोकता नहीं था।

डॉक्टर जो ठहरा!

दुआ और दवा में फर्क करना भाषाविदों का काम है, डॉक्टर का काम तो

नहीं है न! उसने ज्ञान की लाख टके की बात कहकर अपनी विद्वता स्थापित कर दी, बाकी मतलब मरीज खुद समझे।

डॉक्टर ने चाय का इंतजाम क्लीनिक में रखा हुआ जो कि उसके हुक्म पर कम्पाउंडर बना देता था लेकिन कोल्ड ड्रिंक की तलब हो तो मरीजों को बैठा छोड़कर उठकर सड़क के पार एक शॉप पर जाता था जो कोल्ड ड्रिंक्स, आइसक्रीम, छोटे-मोटे रैडी-टु-ईट स्नैक्स वगैरह बेचती थी।

उसका बड़ा लड़का डेंटिस्ट बन गया था तो उसने उसे अपने क्लीनिक में ही बिठाना शुरू कर दिया। कम्पाउंडर के केबिन में ही उसने उसकी डेंटिस्ट्स चेयर लगवा दी थी। इलाके के प्रतिष्ठाप्राप्त डॉक्टर का बेटा था, इसलिए जल्दी ही उसकी भी प्रैक्टिस पिक करने लगी थी। जमा, लड़का निष्ठावान था, मेहनती था और पूरी तल्लीनता से अपना काम करता था।

एक बार मैं क्लीनिक में मौजूद था, सात-आठ पेशेंट बैठे हुए थे तो डॉक्टर एकाएक उठ खड़ा हुआ और मुझे इशारा करता बाहर को चल दिया।

हुक्म का गुलाम मैं उसके पीछे हो लिया।

वो सड़क पार की शॉप पर पहुँचा जहाँ से उसने दो पैप्सी हासिल किए और एक मुझे थमाया।

आधा पैप्सी पी चुका तो एकाएक शॉपकीपर से बोला—"मेरा कितना पैसा हो गया?"

शॉपकीपर ने अपनी कॉपी निकाली जिसे वो लैजर की तरह इस्तेमाल करता था, उस कॉपी का मुआयना किया और बोला—"डॉक्टर साहब, ये दो पैप्सी मिला कर आठ सौ तीस रुपये हो गए।"

"अच्छा! इतने हो गए!"—वो एक क्षण ठिठका और फिर बोला—"तू ऐसा कर, लड़के से एक दाँत निकलवा ले, हिसाब बराबर हो जाएगा।"

शॉपकीपर हकबकाया, फिर बोला—"मेरे को तो दाँत की कोई प्रॉब्लम नहीं!"

"अरे, तू दिखा तो सही लड़के को! वो ढूँढ़ लेगा।"

"डॉक्टर साहब, मुझे कभी कोई दाँत की प्रॉब्लम नहीं हुई।"

"हा हा हा। मैं तो मजाक कर रहा था।"

□

पैथॉलोजिस्ट लैब्स चलाने वाले आसपास के डॉक्टरों को क्लायंट्स भेजने के लिए पटाते ही हैं। कोई डॉक्टर एमआरआई जैसा बड़ा टैस्ट किसी को प्रेस्क्राइब

करे और उसे किसी खास लैब में जाने को बोले तो वहाँ से उसको चालीस फीसदी तक कमीशन हासिल हो जाना रूटीन बात है।

एक पैथॉलोजिकल लैब हमारे चौक के करीब ही गली में खुली, जिसका संचालक इलाके के बड़े, बढ़िया प्रैक्टिस वाले एमडी डॉक्टर का जीजा था इसलिए उस लैब पर फोकस कदरन जल्दी बन गया। 'मोड़ का डॉक्टर' ने एक बार मुझे खून का एक टैस्ट कराने को बोला और उसी लैब में चले जाने की राय दी, जो कि उसके क्लीनिक और मेरे घर के ऐन बीच में स्थित थी। मैं वहाँ गया तो एक बीस-बाइस साल का लड़का सफेद कोट पहने अकेला वहाँ बैठा हुआ था। मैंने टैस्ट की बाबत उसको बोला।

उसने मुझे बिठाया और बाहर दरवाजे पर जाकर बगल के चाइनीज रेस्टोरेंट के एक वेटर को आवाज दी। उसी की उम्र का वेटर वहाँ आया तो वो उसको बोला—"इनकी बाँह यहाँ से कस कर पकड़ो।"

वेटर पकड़ने को आगे बढ़ा।

"किसलिए?"—मैंने हड़बड़ा कर पूछा।

"ब्लड का सैम्पल लेना है न!"—सफेद कोट सहज भाव से बोला।

"सैम्पल ऐसे लेते हैं?"

"वो...जो स्ट्रैप बाँह पर कस कर लपेटना होता है न...वो फील्ड में गया हुआ है।"

"तुम्हारी लैब में वैसा एक ही स्ट्रैप है?"

उसने जवाब न दिया।

"ये बाँह कसकर पकड़ता है न!" —फिर बोला—"आपको कोई प्रॉब्लम नहीं होगी।"

"दफा हो जा।" —मैंने वेटर को घुड़का।

तत्काल वो अपने रेस्टोरेंट में चला गया।

"मुझे मालूम है तकलीफ नहीं होगी"—मैं उठता हुआ सफेद कोट से बोला—"मैं यहाँ टैस्ट कराऊँगा तो तकलीफ होगी न!"

"तो आप टैस्ट नहीं करा रहे?"—वो बोला।

"अब क्या लिख के दूँ? अपने

लेखक लक्ष्मीनारायण त्रिपाठी के साथ

मालिक को बोलना जो स्ट्रैप फील्ड में गया हुआ है, वैसे दस मँगा के रखे, बीस मँगा के रखे। दस रुपये की आइटम है।"

मैंने जाकर 'मोड़ का डॉक्टर' को वो बात सुनाई तो उसने एक दूसरी पैथॉलोजिकल लैब का नाम ले दिया जो उसके घर के रास्ते में थी।

मैं वहाँ न गया। मैं कदरन फासले पर स्थित एक बड़ी पैथॉलोजिकल लैब में गया, जिसका मालिक डॉक्टर और उसके दो लड़के वहाँ का कारोबार देखने के लिए वहाँ उसके साथ बैठते थे।

शाम को टैस्ट रिजल्ट मिला तो उसको लेकर मैं 'मोड़ का डॉक्टर' के पास गया। रिजल्ट देखने से पहले ही वो बोल पड़ा—"अरे, यहाँ क्यों गए? वहाँ क्यों नहीं गए?"

"क्योंकि यहाँ का पैथॉलोजिकल डॉक्टर मुझे जानता है, मेरा लिहाज करता है।"

"वो खुद टैस्ट करता है?"

"जिसके पास भेज रहे थे, वो खुद टैस्ट करता है?"

उससे जवाब देते न बना।

खुद टैस्ट करने वाला दिल्ली में एक ही पैथॉलोजिस्ट था, जो कि फिफ्टीज़ में, सिक्सटीज़ में चाँदनी चौक में पाया जाता था। हर टैस्ट वो खुद करता था इसीलिए एक टाइप के टैस्ट के चार से ज्यादा सैम्पल वो नहीं कलैक्ट करता था, पाँचवाँ कस्टमर आ जाता था तो नम्रता से उसे अगले दिन आने को बोलता था।

आजकल पैथॉलॉजी का धन्धा इतना कमर्शियलाइज्ड है कि क्लर्कों की तरह लैब अटेंडेंट्स भरती किए जाते हैं और तमाम काम उन्हीं से कराए जाते हैं।

कुछ महीने बाद 'मोड़ का डॉक्टर' ने फिर एक बार मुझे कोलेस्ट्रोल चैक करवाने को भेजा तो पुरइसरार लहजे से बोला कि एक पैथॉलोजी में एमडी डॉक्टर ने बहुत वैल इक्विप्ड लैब चालू की है, मैं एक बार जरूर उसे ट्राई करूँ।

कोलेस्ट्रोल रूटीन टैस्ट था इसलिए मैंने नयी जगह जाना कुबूल कर लिया।

मैं नयी जगह पहुँचा तो मालूम हुआ वो पैथॉलोजिकल लैब नहीं थी, छः गुणा आठ की छोटी-सी दुकान में उसका कलैक्शन सेंटर था जिसमें एक लल्लू-सा लड़का बैठा था जिसका काम सैम्पल्स कलैक्ट करना था। लैब के बारे में मैंने सवाल किया तो मालूम पड़ा कि वो वहाँ से पाँच किलोमीटर दूर मधु विहार में थी।

'मोड़ का डॉक्टर' के मुलाहजे में मैंने कोलेस्ट्रोल चैक के लिए वहाँ सैम्पल दिया।

शाम को कलैक्शन सेंटर से रिपोर्ट मिली तो उसमें कोलेस्ट्रोल रेटिंग 130 दर्ज

पाई। उस बारे में मैं छोकरे को क्या कहता, वो तो मामूली अटेंडेंट था।

जो कहना था, मैंने जाकर 'मोड़ का डॉक्टर' से कहा।

"मैं कई सालों से कोलेस्ट्रोल चैक करवा रहा हूँ।"—मैं बोला—"मेरा कोलेस्ट्रोल आज तक कभी दो सौ से नीचे नहीं हुआ, ये 130 कैसे हो गया?"

"भई, टैस्ट हुआ है।"—डॉक्टर अपनी एमडी पैथॉलोजिस्ट को डिफेंड करता बोला—"और टैस्ट का जो रिजल्ट है, वो रिपोर्ट में दर्ज है।"

"गलत दर्ज है। या तो टैस्ट लापरवाही से किया गया, या किया ही नहीं गया।"

"ऐसे कहीं होता है!"

"अरे, नहीं होता तो कैसे कोलेस्ट्रोल 130 हो गया? आपकी डॉक्टरनी ने पैथॉलोजिकल टैस्ट किया या जादू किया!"

"मैं...मैं बात करता हूँ उससे।"

उसने लाउडस्पीकर पर लगा कर मोबाइल पर लेडी डॉक्टर को फोन किया और वो सब दोहराया जो मैंने कहा था।

"मैं पेशेंट की सैटिस्फेक्शन के लिए टैस्ट फिर करा देती हूँ।"—मुझे एक जनाना आवाज सुनाई दी—"उसको यहाँ भेज दो।"

डॉक्टर ने फोन बन्द किया और मेरे को बोला—"चला जा।"

"कहाँ?"

"मधु विहार। मैं पता लिख के देता हूँ।"

"वो अब शाम के साढ़े छ: बजे टैस्ट कराएगी?"

"खुद करेगी। मैं बोल दूँगा।"

"डॉक्टर साहब, वो मैडम जी अनजान हैं या आप नादान हैं?"

"क्या मतलब?"

"ये टैस्ट टैन आवर्स फास्टिंग के बाद होता है यानी मॉर्निंग में खाली पेट होता है, शाम को ये टैस्ट कराने का क्या मतलब?"

"भई, जब वो बुला रही है तो..."

"गलत बुला रही है।"

"तो नहीं जा रहा?"

"नहीं। एक गलती को सुधारने के लिए दूसरी गलती करना मूर्खता है, इसलिए नहीं।"

"फिर तो तेरे टैस्ट पर खर्चे पैसे वेस्ट गए!"

कर्टसी 'मोड़ का डॉक्टर'।

कुछ हम जैसे, कुछ हम से भी गए बीते।

अगले रोज मैंने अपनी वाकिफ लैब से वो टैस्ट फिर कराया तो कोलेस्ट्रोल रेटिंग 213 निकली।

मैंने उस बाबत 'मोड़ का डॉक्टर' को कुछ न बोला।

इस सिलसिले में एक और वाकया भी मेरे जेहन में है जो काबिलेजिक्र है।

मेरा अमृतसर में रहता इकलौता मामा बहुत तनहा शख्स था। संतानहीन था और फिर मामी भी कैंसर से स्वर्गवासी हो गई थी। बचपन से अफीम का आदी था इसलिए अस्सी के दशक के मध्य में अफीम की इतने सालों की शागिर्दी अपना असर दिखाने लगी थी, उसको फेफड़ों की कोई गम्भीर व्याधि सताने लगी थी। लोकल डॉक्टर ने उसे राय दी थी कि वो इलाज के लिए, या कम-से-कम कंसल्टेशन के लिए, दिल्ली के एक बड़े डॉक्टर के पास जाए जो ऑल इंडिया इंस्टीट्यूट ऑफ मैडीकल साइंसिज से डायरेक्टर रिटायर हुआ था और अब सुन्दर नगर स्थित अपने रेजीडेंस से प्राइवेट प्रैक्टिस करता था।

मामा दिल्ली आया तो मैं उसे डॉक्टर के पास ले के गया। उसने मामा का मुआयना किया और फिर चैस्ट का एक्सरे और ब्लड के ढेरों टैस्ट इस हिदायत के साथ लिख दिए कि टैस्ट बसन्त कुंज में स्थित एक पैथॉलोजिस्ट से ही कराए जाएँ जिसका नाम और पता उसने हमें बताया।

बसन्त कुंज मेरे घर से ऐन विपरीत दिशा में था और सुन्दर नगर से अभी पन्द्रह किलोमीटर आगे था। लगभग इतना ही फासला मेरे घर से सुन्दर नगर डॉक्टर के क्लीनिक का था। मुझे उन टैस्ट्स के लिए तीस किलोमीटर दूर जाना ठीक न लगा जबकि सारे टैस्ट दरियागंज में भी होते थे जो कि मेरे घर से छ: किलोमीटर पर था।

मामा सुदर्शन लाल तिवारी
(इकलौता उपलब्ध चित्र)

मैंने एक्सरे समेत सारे टैस्ट दरियागंज से कराए।

मामा को लेकर मैं फिर सुन्दर नगर डॉक्टर के पास गया।

टैस्ट्स पर निगाह पड़ते ही डॉक्टर यूँ आगबगूला हुआ जैसे टैस्ट्स न हों, उसके लिए नाकाबिलेबर्दाशत गाली हो।

"ये क्या है?"—वो रिपोर्ट्स को हमारे सामने उछालता बोला।

"टैस्ट्स हैं"—मैं दबे स्वर में बोला—"जो आपने प्रेस्क्राइब किए थे।"

"वहाँ क्यों नहीं गए, जहाँ मैंने जाने को बोला था?"

"सर, वो हमारे घर से तीस किलोमीटर दूर

जगह है, ये बीमार हैं, इतनी दूर नहीं जा सकते थे..."

"मैं कुछ नहीं सुनना चाहता। मेरे से इलाज कराना है तो मैं जहाँ भेजूँ वहाँ जाना पड़ेगा।"

"सर, ये टैस्ट्स दरियागंज की पुरानी और मशहूर लैब से कराए हैं..."

"बहस न करो। मुझे इन टैस्ट्स का कोई भरोसा नहीं। जो पैथॉलोजिस्ट मैंने बोला है, उससे टैस्ट करा के लाओ, तब मेरी तसल्ली होगी, तभी मैं इनके लिए दवाईयाँ तजवीज करूँगा।"

"सर, ये इतना लम्बा बस का सफर नहीं कर पाएँगे।"

"टैक्सी करो। हैलीकॉप्टर पर जाओ। मेरे से इलाज कराना है तो टैस्ट्स के लिए वहीं जाना पड़ेगा, वर्ना किसी और डॉक्टर के पास जाओ।"

मेरे दिल ने बहुत दुख माना। इतना बड़ा डॉक्टर, एम्स का रिटायर्ड डायरेक्टर और इतना अनएथिकल! इतना बेहिस! इतना संवेदनहीन!

टैक्सी करके मैं मामा को बसन्त कुंज लेकर गया।

जिस पैथॉलोजिस्ट के पास हमें भेजा गया था, वो घर से ही लैब चलाता था। हमने डॉक्टर का पर्चा पेश किया।

"हम्म"—वो बोला—"ब्लड के पाँच टैस्ट हैं। एक टैस्ट के पच्चीस रुपये चार्ज होंगे।"

"पच्चीस रुपये?"—मैं हैरानी से बोला।

"हाँ।"

"लेकिन ये टैस्ट्स तो पाँच रुपये में होते हैं!"

मकाओ टॉवर की ऑब्जरवेशन गैलरी से मकाओ नगर

"होते होंगे। हमारा रेट यही है। हम स्पैशियलाइज्ड वर्क करते हैं, एक्सक्लूसिव वर्क करते हैं।"

"अरे, जनाब, ग्राहक तो यहाँ हमारे सिवाय कोई है नहीं! वर्क तो अपने आप ही स्पैशियलाइज्ड हो गया, एक्सक्लूसिव हो गया!"

वो हड़बड़ाया, फिर बोला—"तुम दूर से आए हो इसलिए चलो, कंसैशन कर देंगे।"

"क्या कंसैशन?"

"बीस रुपये ले लेंगे।"

मैंने उसे सौ रुपये अदा किए।

शाम को निर्धारित टाइम पर जब मैं उससे रिपोर्ट्स कलैक्ट करने गया तो तब भी वहाँ मेरे सिवाय कोई नहीं था।

अगले दिन हम फिर सुन्दर नगर गए।

बसन्त कुंज की रिपोर्टें देखकर डॉक्टर को जैसे ऑक्सीजन लगी।

"अब ठीक है।"—वो बोला।

एक्सरे पर उसने एतराज इसलिए न जताया क्योंकि बसन्त कुंज वाले उसके लाडले पैथॉलोजिस्ट के पास एक्सरे का इंतजाम नहीं था।

डॉक्टर ने प्रेस्क्रिप्शन लिख के दी और उसे चार हफ्ते फॉलो करने की हिदायत दी।

"ये ठीक हो जाएँगे?"—मैंने आशापूर्ण स्वर में पूछा।

"अभी कुछ कहना मुहाल है। फेफड़ों को बहुत डैमेज पहुँच चुका है। अगली विजिट पर बोलूँगा।"

उसी शाम को मामा अमृतसर वापिस चला गया।

पता नहीं उसने वो दवाएँ खाईं या नहीं लेकिन चार हफ्ते बाद डॉक्टर को फिर दिखाने वो दिल्ली न आया।

मैंने पचास के दशक में अपनी आँखों से देखा था कि अच्छे डॉक्टर मरीज को पैथॉलोजिकल टैस्ट के लिए नहीं भेजते थे क्योंकि इस बात में वो अपनी तौहीन समझते थे कि वो रोग के निदान में अक्षम साबित हुए थे, इसलिए अपने मार्गनिर्देशन के लिए पेशेंट को पैथॉलोजिस्ट के पास भेज रहे थे। तब पाँच-दस कोस पर कहीं एक पैथॉलोजिस्ट लैब मिलती थीं, अब ये धन्धा घर-घर गली-गली पसरा पड़ा है।

क्यों पसरा पड़ा है?

क्योंकि पुलिस—क्रिमिनल नैक्सस की तरह डॉक्टर—पैथॉलोजिस्ट नैक्सस काम करने लगा है। चन्द डॉक्टरों को छोड़कर सब मरीज को महँगे-महँगे टैस्ट्स तजवीज करते हैं और किसी खास पैथॉलोजिकल लैब पर जाने का इसरार करते हैं। वैसे महँगे टैस्ट के लिए—खासतौर से एमआरआई जैसे टैस्ट के लिए—मरीज

कहीं भी जाए, डॉक्टर को उसकी कमीशन पहुँच जाती है।

कैसा अनादर है ये चिकित्सा आचार संहिता का!

कैसा अनादर है ये हिप्पोक्रेटिक ओथ का जो डॉक्टर साहबान डिग्री हासिल कर चुकने के बाद लेते हैं :

> मैं.......फिजीशियन अपोलो, साइकुलेसियस, हाइजिया, पैनासिया तथा अन्य देवी-देवताओं के नाम पर शपथ लेता हूँ कि मैं अपने शिक्षकों को, जिन्होंने मुझे इस कला का ज्ञान दिया है, अपने माता-पिता की तरह सम्मान दूँगा। उनकी जरूरतों का खयाल रखूँगा तथा उनके बच्चों को भाई-बहन की तरह मानूँगा। यदि वह इसे सीखना चाहेंगे तो उन्हें बिना शुल्क के पढ़ाऊँगा। मैं यह ज्ञान अपने बच्चों, शिक्षकों के बच्चों, तथा अन्य शिष्यों, जो इसे सीखने के योग्य होंगे, उन्हें यह मेडीसन पढ़ाऊँगा, किसी अन्य को नहीं। मैं इस पूरी पद्धति और इसके नियमों का पालन करूँगा। अपनी योग्यता और निर्णय के आधार पर मरीजों के हित में इनका उपयोग करूँगा। मैं किसी को भी नुकसानदायक दवाएँ नहीं सुझाऊँगा। मैं किसी स्त्री का गर्भपात नहीं करूँगा। मैं अपनी पूरी जिन्दगी पवित्रता से गुजारूँगा। इस कला का अभ्यास करते हुए जिस घर भी मरीज देखने जाऊँगा, वहाँ गलत नीयत नहीं रखूँगा। महिला मरीजों के प्रति भी गलत भावना नहीं रखूँगा। मैं चिकित्सा आचार संहिता का पालन करूँगा तथा मरीज के मर्ज सम्बन्धी बातों को गुप्त रखूँगा।

मामा पुराने जमाने का पढ़ा-लिखा बन्दा था, इसलिए कभी मौज में नौकरी छोड़ देता था तो फिर से वैसी नौकरी उसे झट मिल जाती थी। एक बार उसने नौकरी छोड़ी तो कुछ अरसा चैन से गुजारने के लिए हमारे पास दिल्ली आ गया। तब तक मामी स्वर्ग सिधार चुकी थी और उसकी तन्दुरुस्ती अभी उतने बुरे हाल में नहीं पहुँची थी, जितने में तब थी जबकि वो सुन्दर नगर वाले डॉक्टर से मशवरा करने दिल्ली आया था।

कोई डेढ़ महीना वो हमारे साथ रहा और बहुत खुश रहा। फिर एकाएक पशेमान दिखाई देने लगा। मेरी माँ ने भाई से वजह पूछी तो बोला बस, अब घर जाऊँगा।

घर तो आखिर उसने जाना ही था लेकिन हम हैरान थे कि ऐसा करने का खयाल उसे एकाएक क्यों आया था! मेरा तो दोस्त था, इसलिए मैंने उससे वजह पूछी।

वजह उसने बताई, सिर्फ मुझे बताई, जो कि बहुत वाजिब थी। एडिक्ट होने की वजह से अमृतसर में उसका अफीम का परमिट बना हुआ था, जो कि अमृतसर

हिप्पोक्रेटिक शपथ

मैं.......फिजीशियन अपोलो, साइकुलेसियस, हाइजिया, पैनासिया तथा अन्य देवी-देवताओं के नाम पर शपथ लेता हूं कि मैं अपने शिक्षकों को, जिन्होंने मुझे इस कला का ज्ञान दिया है, अपने माता-पिता की तरह सम्मान दूंगा। उनकी जरूरतों का ख्याल रखूंगा तथा उनके बच्चों को भाई-बहन की तरह मानूंगा। यदि वह इसे सीखना चाहेंगे तो उन्हें बिना शुल्क के पढ़ाऊंगा। मैं यह ज्ञान अपने बच्चों, शिक्षकों के बच्चों तथा अन्य शिष्यों जो इसे सीखने के योग्य होंगे, उन्हें यह मेडिसिन पढ़ाऊंगा किसी अन्य को नहीं। मैं इस पूरी पद्धति और इसके नियमों का पालन करूंगा। अपनी योग्यता और निर्णय के आधार पर मरीजों के हित में इसका उपयोग करूंगा। मैं किसी को भी नुकसानदायक दवाएं नहीं सुझाऊंगा। मैं किसी औरत का गर्भपात नहीं करूंगा। मैं अपनी पूरी जिंदगी पवित्रता से गुजारूंगा। इस कला का अभ्यास करते हुए जिस घर भी मरीज देखने जाऊंगा, वहां गलत नीयत नहीं रखूंगा महिला मरीजों के प्रति भी गलत भावना नहीं रखूंगा। मैं चिकित्सा आचार संहिता का पालन करूंगा तथा मरीज के मर्ज संबंधी बातों को गुप्त रखूंगा।

हिप्पोक्रेटिक शपथ की कॉपी

से बाहर कहीं—जैसे दिल्ली में—वैलिड नहीं था।

"अभी कितनी गुंजायश है?"—मैंने पूछा।

"चार दिन की।"—जवाब मिला।

"ठीक है। तीन दिन बाद चले जाना।"

अपने ऑफिस में मैंने उस बाबत चर्चा छेड़ा कि अफीम की अर्जेंट दरकार हो तो वो कहाँ मिल सकती थी!

सबने कहा कि कानूनी तौर पर तो नहीं मिल सकती थी लेकिन फिर गैरकानूनी दिल्ली में क्या नहीं होता था!

इस सिलसिले में मेरे काम मेरा वो मकैनिक आया जिसने मुझे स्कूटर चलाना सिखाया था। उसने बताया कि दिल्ली-यूपी बॉर्डर पर ट्रक वालों से दरयाफ्त करने पर कोई नतीजा हासिल हो सकता था।

लंच में मैं बॉर्डर पर गया। वहाँ एक अधेड़, खुशमिजाज सिख ट्रक ड्राइवर को मैंने अपना लक्ष्य बनाया। मैं उसे अकेले में लेकर पंजाबी में बताया कि मुझे अफीम चाहिए थी, किसी ने मुझे बोला था बॉर्डर पर मिल सकती थी।

"मिलदी तां है, काका"—वो बोला—"पर ऐस वेल्ले नहीं।"

"होर केड़े वेल्ले?"—मैंने पूछा।

"या सवेरे या शाम नूं। सूरज डुब्बे बाद।"

"ओह!"

"तू ऐद्दां कर। इक डंग तां तू मेरे कोलों लैके टपा लै। (तू ऐसे कर। एक टाइम का गुजारा तो तू मेरे से लेकर कर ले)..."

तौबा!

उसने समझा था कि जरूरतमन्द मैं था, एडिक्ट मैं था। और अमली अमली के काम आ रहा था, एक टाइम की खुराक वो मुझे अपने पास से दे रहा था।

"मालको"—मैं विनयशील स्वर में बोला—"अफीम मेरे मामे नू चाही दी ए।"

"तू नहीं लैंदा?"

"नहीं।"

"चंगा करना एं। की पया ए अमलां विच। आपां से फसे होये हां..."

"मेरे मामे वाकर।"

"आहो। तू, काका, शामी सत बजे आवीं, तेरा कम्म हो जाएगा।"

"कित्थे हो जाएगा?"

"ओ परे देसी शराब दा ठेका ए न! शाम तूं ओदे लागे मंजी तो कोई बन्दा बैठा होयेगा। ओनू पुच्छीं। (वो, परे देसी शराब का ठेका है न! शाम को उसके करीब चारपाई डाल के एक आदमी बैठा होगा। उससे पूछना)।"

मैंने सरदार की शुक्रिया अदा किया और ऑफिस लौट गया।

शाम को निर्देशित जगह से अफीम मुझे आराम से मिल गई।

मैंने घर आकर वो मामा को सौंपी। मामा का खुराक का वक्त था उसने उसी में से खाई।

अगले दिन उसने बताया कि मेरी लाई अफीम अमृतसर के सरकारी ठेके की अफीम से कई गुणा बढ़िया थी; ठेके वाले अफीम में तारकोल की मिलावट करते थे, जबकि मेरी लाई अफीम बिलकुल प्योर थी।

वो एक महीना और ठहरा और खुशी-खुशी रुखसत हुआ।

जाने से पहले एक बार बड़े दयनीय स्वर में मेरे से बोला—"मेरी नौकरी नहीं है, फिर से न मिली और पल्ले का पैसा चुक गया तो मैं क्या करूँगा?"

"क्या करोगे?"

"मेरी एक ही बहन है, जिसका कि तू बेटा है, और तो कोई करीबी मुझे दिखाई नहीं देता जो मेरी मदद करे। तू करेगा?"

"मैं!"—मैं हड़बड़ाया—"कैसी मदद?"

"भई, मदद जैसी मदद और कैसी मदद!"

जवाब में नालायक, नामाकूल, नाशुक्रा, नाहंजार भांजा मामा को अपने आपे से बाहर होते खर्चे, अपनी माली दुश्वारियाँ गिनाने लगा।

जबकि मेरी कुछ कर पाने की हैसियत न भी होती तो मेरा जवाब होना चाहिए था—"जरूर करूँगा। आप जो कहेंगे, मैं करूँगा।"

जब-जब उस वाकये की मुझे याद आती है, मैं अपने आप पर लानत भेजता हूँ कि मैंने अपने मजबूर, तनहा मामा को वो माकूल जवाब क्यों न दिया!

गया वक्त तो लौट कर आता नहीं कि कोई अपनी बेजा हरकत को सुधार ले।

काश मैं एनी फ्रैंक की इस उक्ति से तब वाकिफ होता कि देने से कभी कोई गरीब नहीं हुआ।

उस वाकये से दो ही साल बाद हुई अपनी मौत के वक्त मामा अभी मोहताजी के दौर से बहुत दूर मरा था। कुछ लेने की जगह कुछ छोड़ के गया था। इंटैस्टेट मरा था इसलिए मेरी माँ, उसका इकलौता ब्लड रिलेशन, कानूनन उसकी वारिस करार दी गई थी और उसके फिजीकल पोजेशंस के अलावा उसका बैंक बैलेंस भी उसने क्लेम किया था, जो कि अस्सी के दशक की शुरुआत में दस हजार था।

मुझे वो सदा कहता लगता था—"सुरिन्दर, कुछ दे नहीं सकता तो कुछ ले ले, बल्कि सब कुछ ले ले।"

बख्श देता है खुदा उसको, जिसकी किस्मत खराब होती है,
वो हरगिज नहीं बख्शे जाते हैं, जिनकी नीयत खराब होती है।

तदुपरान्त कितना ही अरसा मेरे जेहन पर मामा का अक्स उतरता रहा, और बार दयनीय लहजे से—जैसे कोई नामालूम गुनाह कुबूल कर रहा था—मुझे कहता लगा :

जिन्दा रहें हम तो क्या, मर जाएँ हम तो क्या,
खामोशी से इस दुनिया से गुजर जाएँ हम तो क्या!

खामोशी से ही गुजरा मामा। बकौल मेरी माँ—जो संयोगवश उन दिनों अमृतसर में थी—मामा अभी था, अभी नहीं था। माँ ने ही उसका अमृतसर में अन्तिम संस्कार किया, वो ही हरिद्वार उसकी अस्थियाँ प्रवाहित करने गई।

लौटी तो मुझे उसकी जुबानी मामा के गुजर गया होने की खबर लगी।

"मुझे तब क्यों न बताया?"—मैंने गिला किया।

"सोचा, तुझे तकलीफ होगी।"—माँ बोली—"खड़े पैर अमृतसर पहुँचना पड़ता। फिर हरिद्वार भी तेरे को ही जाना पड़ता। तकलीफ होती तुझे।"

क्या कहता शर्मिन्दा मैं!

मामा को, उसके दिल्ली में अपने आखिरी डायलॉग को याद करता था तो मेरी शर्मिन्दगी दोबाला हो जाती थी। मामा को याद करता पश्चात्ताप के अन्दाज से मैं सोचता था कि मैं खुदा से नहीं, मरहूम मामा से मुखातिब था :

तेरे करम में कमी कुछ नहीं, करीम है तू,
कुसूर मेरा है, झूठा उम्मीदवार हूँ मैं।

माँ की मृत्यु का वाकया भी मैं यहाँ संक्षेप में बयान करना चाहता हूँ।

बाइस जून, 1987 को पैंसठ साल की उम्र में उसकी मौत से कोई छः महीने पहले वो एक बार गम्भीर रूप से बीमार पड़ी तो उसे दरियागंज के एक नर्सिंग होम में भरती कराया गया। वहाँ जिस कार्डियालोजिस्ट का वो केस बनी, वो मेरे ससुराल वालों का पुराना वाकिफ था इसलिए हमारा भी लिहाज करता था। पाँच दिन वो नर्सिंग होम में रही, जहाँ से काफी हद तक ठीक होकर घर लौटी। वो डॉक्टर दूर रहता था इसलिए हमारा परिचय उसने एक लोकल एमडी डॉक्टर से करा दिया, जो मौलाना आजाद मैडीकल कॉलेज में प्रोफेसर था लेकिन उसकी बीवी भी डॉक्टर थी, इसलिए उसके नाम से हमारे इलाके में नर्सिंग होम चलाता था।

माँ को कई अलामतें थीं जिनकी वजह से और उसके परहेज न कर पाने की वजह से उसकी हालत में ऊँच-नीच होती ही रहती थी। जब तबीयत बिगड़ती थी, वो मेरे से कहती थी—"मैं तैयार होऊँ? नर्सिंग होम चलें?"

मैं लोकल प्रोफेसर डॉक्टर को घर बुलाकर लाता था, वो मुआयना करता था, कुछ दवाईयाँ तजवीज करता था, कुछ जोड़ता था, कुछ घटाता था और आश्वासन देकर चला जाता था कि जल्दी ही हालत में सुधार होगा।

सुधार नहीं होता था।

मैं और लड़का फिर उसके पास जाते थे तो वो झुंझलाता था।

मैं कहता था कि एडमिट कर लो तो वो डाँट के कहता था—"तुम्हें तो पैसा खर्चने का शौक है। पेशेंट रैस्ट चाहता है जो जैसा नर्सिंग होम में होगा, वैसा घर में भी हो सकता है।"

शर्मिन्दा से हम लौट आते थे और आकर माँ को तसल्ली देते थे कि डॉक्टर कहता था कि उसे खास कुछ नहीं हुआ था, खाली रैस्ट की जरूरत थी।

लेकिन माँ के भीतर क्या गुजर रही थी, उसे वो ही बेहतर जानती थी। रैस्ट से रोग दूर हो जाते थे, ये बात उसे आश्वस्त नहीं करती थी।

असलियत ये थी कि मुझे भी नहीं करती थी, लेकिन जब इतना बड़ा मैडीकल कॉलेज में पढ़ाने वाला डॉक्टर कहता था तो उसकी सुननी पड़ती थी।

माँ को जब अपनी तबीयत ज्यादा खराब लगती थी, वो मुझे बुलाती थी और कहती थी—"मैं तैयार होऊँ? नर्सिंग होम चलें?"

मैं फिर नर्सिंग होम वाले डॉक्टर के पास पहुँच जाता था, पता नहीं कैसा डॉक्टर था जो फिर सख्ती से कह देता था—"तुम्हें तो बस पैसा खर्चने का शौक है।"

कई बार तो उसकी तबीयत इतनी खराब हो जाती थी कि मैं और बीवी रात भर उसके सिरहाने बैठे रहते थे।

दो शादीशुदा बहनें घर से मुश्किल से दो सौ गज दूर रहती थीं जो फ्लाईंग विजिट पर आती थीं और माँ को 'ठीक हो जाएगी' की तसल्ली देकर, हमें उसकी बाबत कुछ हिदायतें देकर चली जाती थीं।

लेखक पुष्पेश पंत के साथ

एक बार बड़ी के मन में माँ के लिए अनुराग जागा और उसने घोषणा की कि रात को वो माँ के पास रहेगी।

एक ही रात में उसकी तौबा बुल गई।

सारी रात वो माँ को डाँटती रही, उठ बैठती थी तो झिंझोड़-झिंझोड़ कर बैड पर लिटाती रही और कहती रही—"सोती क्यों नहीं? सो जा।"

सुबह हुई तो वो अपने घर चली गई।

दोबारा उसने रात को माँ के पास ठहरने की पेशकश न की।

जो दुश्वारी हम रोज रात को झेलते थे, वो एक रात न झेल सकी।

माँ को लम्बी-लम्बी नींद आने लगी जिसका उसकी तीनों बेटियों ने ये नतीजा निकाला कि भरपूर रैस्ट कर रही थी, जो कि अच्छी बात थी।

असल में वो तिल तिल करके अपने बनाने वाले के करीब सरकी जा रही थी।

जिसकी हमें खबर न लगना कोई बड़ी बात नहीं था, नामाकूल बड़े डॉक्टर को भी जिसकी खबर नहीं थी, जिसको पेईंग कस्टमर को अपने नर्सिंग होम में भरती करने से प्रॉब्लम थी।

माँ की उसी बुरी हालत में उसकी छोटी बेटी ने आ के उसे बताया कि हसबैंड और बच्चों के साथ कश्मीर जा रही थी, वो ट्रिप पहले से शिड्यूल्ड था, वो कहे तो वो लोग चले जाएँ।

माँ क्या कहती? हमें तो शक था कि उसकी तो समझ में भी नहीं आया था कि उससे किस बात की इजाजत माँगी जा रही थी। उसने होंठों में कुछ बुदबुदाया जिसकी कश्मीरगामी बेटी ने ये तर्जुमानी की कि माँ कह रही थी वो चली जाए।

जबकि वो उस बाबत माँ से पूछ नहीं रही थी, माँ से कहलवा रही थी।

अभी वो कश्मीर पहुँची ही होगी कि माँ मर गई।

एक रोज दोपहर के करीब मेरी बीवी का ऑफिस में मुझे फोन आया कि मैं जल्दी घर आऊँ, माँ की तबीयत बहुत खराब थी।

मैं बैठा फाइल वर्क कर रहा था। सब कुछ वैसे ही पड़ा छोड़कर नीचे जाकर कार में बैठा और घर के लिए रवाना हुआ।

अभी मैंने थोड़ी ही दूर कार चलाई थी कि मुझे लगने लगा कि मुझे साफ दिखाई नहीं दे रहा था। मैंने चश्मे के लैंस आस्तीन से रगड़ लिए, फिर भी लगा कि साफ दिखाई नहीं दे रहा था, जो कि चिन्ता की बात थी, एक्सीडेंट हो सकता था। क्या माँ के बुरे हाल की खबर ने दिमाग पर कोई ऐसा असर कर दिया था कि आँखें भी उस असर के कब्जे में आ गई थीं!

मैंने कार रोक कर विंड स्क्रीन को रगड़कर साफ किया।

मेरी विजन में फिर भी कोई फर्क न आया, सब कुछ धुँधला ही दिखाई देता रहा।

आखिर वजह समझ में आई।

खबर की घबराहट में, घर पहुँचने की हड़बड़ी में मैं जब ऑफिस से उठा था तो चश्मा बदलना भूल गया था और रीडिंग ग्लासिज लगाए कार चला रहा था।

जिस सड़क पर मैं था, वो वन वे थी। उसी पर उलटी साइड कार चलाता मैं वापिस ऑफिस लौटा और चश्मा तब्दील कर के फिर घर को रवाना हुआ।

घर पहुँचा तो देखा माँ बेहोश पड़ी थी।

फौरन एक नजदीकी नर्सिंग होम से एम्बुलेंस बुलाई और माँ को वहाँ पहुँचाया।

वहाँ के बड़े डॉक्टर ने पन्द्रह मिनट में ही कह दिया कि कोशिश कर रहे हैं लेकिन बचने की कोई उम्मीद नहीं।

दो घंटे में बिना होश में आए माँ मर गई।

मौत का कारण मल्टीपल ऑर्गन फैलियोर बताया गया।

उसी शाम को उसका अन्तिम संस्कार हो गया।

दो दिन बाद वैकेशन पर कश्मीर गई उसकी छोटी बेटी भी रोती-धोती आ गई, जिसने आकर बड़ी शिद्दत से बताया कि वो वैकेशन 'कट शॉर्ट' करके लौटी थी।

मैं फुल अनाथ हो गया।

माँ-बाप दोनों का साया सिर से उठ गया।

कितना दुरुस्त कहा है किसी ने :

तिन रंग नईं मिल दे, हुस्न, जवानी ते माँ-पे।

माँ मर गई तो मुझ नादान की समझ में आया कि जब वो कहती थी—"मैं तैयार होऊँ? नर्सिंग होम चलें?" तो उसकी मुराद दरियागंज वाले नर्सिंग होम से होती थी, जहाँ से कि वो तन्दुरुस्त होकर घर लौटी थी। उसकी ख्वाहिश वहाँ जाने की थी, ये मेरी समझ में वक्त रहते आया होता तो मैं लोकल, गैरजिम्मेदार, अलगर्ज डॉक्टर के फेर में पड़े रहने की जगह जरूर-जरूर उसे दरियागंज वाले नर्सिंग होम में लेकर जाता, भले ही ठीक वो वहाँ भी न हो पाती।

'मैं तैयार होऊँ!' कहती माँ आखिर तैयार हुई तो कहीं और ही रवानगी के लिए जहाँ से कि तन्दुरुस्त भी वापिस नहीं लौटता।

सालोंसाल मुझे ये बात सालती रही कि मैंने माँ की न सुनी, मैं उसे दरियागंज वाले नर्सिंग होम में न लेकर गया।

वो तो मर गई। पीछे गुनहगार मैं कैसे अपना गुनाह बख्शवाता!

□

'राज' से मेरा आखिरी नया उपन्यास 'लेट न्यूज' जनवरी 1987 में छपा था, जबकि उस प्रकाशन से मेरी अलहदगी सन् 1985 में ही हो गई थी। यानी तीन साल वहाँ मेरे नये-पुराने उपन्यासों का प्रकाशन नियमित रूप से चला था—तीन साल में उसने मेरे बीस उपन्यास छापे थे, जिनमें से 14 नये थे और 6 रीप्रिंट्स थे—और सवा साल उसने 'लेट न्यूज' को होर्ड कर के जबरन चलाया था। फिर छः साल बाद सन् 1993 में मेरी फिर उससे सुलह कैसे हुई, मुझे याद नहीं। बहरहाल वहाँ 1993 में फिर से मेरे उपन्यासों के प्रकाशन की शुरुआत हुई थी और नयी जुगलबन्दी के तहत जब मेरा नया उपन्यास 'तड़ीपार' वहाँ छपा था, तब तक राज पॉकेट बुक्स राजा पॉकेट बुक्स बन चुकी थी।

यानी राजकुमार गुप्ता का रुतबा बुलंद हो गया था, वो अब राजा बन गया था।

लेकिन प्रजा से उसके व्यवहार में कोई तब्दीली न आई।

सन् 1993 में मेरा सुनील सीरीज का सौवाँ उपन्यास ड्यू था। राज बाबू चाहते थे कि वो मेरे सुनील सीरीज के 100वें उपन्यास को बड़ी धूमधाम से, विशेषांक के तौर पर छापें।

मैंने 'गोली और जहर' लिखा लेकिन धूमधाम कोई न हुई, कोई विशिष्ट आयोजन उसके लिए न किया गया, कुछ किया तो मैंने ही किया कि उसके लिए मैंने एक बड़ा कथानक चुना और एक वृहद उपन्यास लिखा। बड़ी स्क्रिप्ट होने की वजह से उपन्यास ज्यादा पृष्ठों में छपा, जिसका प्रकाशक ने ये फायदा उठाया

कि उसने नये उपन्यास की स्थापित कीमत को 15 रुपये से बढ़ाकर 20 रुपये कर लिया लेकिन मेरी फीस में कोई इजाफा न किया। मैंने शिकायत की तो इजाफे पर गौर करने की जगह मुझे हुक्म फरमाया कि मैं उपन्यास को काफी सारा काट-छाँट कर उसका मैटर इतना कर दूँ कि वो 15 रुपये मूल्य में छप सके। वो दोबारा फाँसी लगने वाला काम था, जो मैंने न किया और अपनी इजाफे की जिद छोड़कर उसे उपन्यास कीमत बढ़ाकर छाप लेने दिया।

सन् 1993 तक शायद मैंने कुछ अतिरिक्त नाम कमा लिया था जिससे प्रेरित होकर 'फिल्मी दुनिया' वाले नरेन्द्र गुप्ता ने सुमन पॉकेट बुक्स के अंतर्गत मेरे पुराने—सन् 1965 से 1968 के सवा तीन सालों में छपे उपन्यास रीप्रिंट करने शुरू कर दिए। वो मेरे ऐसे उपन्यासों को पॉकेट बुक आकार में नयी, रंगीन तसवीर—जो वो किसी अन्य के प्रकाशन पर से उठा लेता था—छापता था और कहीं ये भी दर्ज नहीं करता था कि वो नया नहीं, पूर्वप्रकाशित उपन्यास था। दूसरी नाजायज हरकत वो ये करता था कि उपन्यास के टाइटल पर मेरा नाम होता था, पुश्त पर मेरी तसवीर होती थी लेकिन भीतर मेरे उपन्यास के बाद बाकी का उपन्यास किसी काले चोर का होता था, जिसके कि कोई नाम से भी वाकिफ नहीं होता था। ये पाठकों के साथ सरासर धोखा था। वो मेरा उपन्यास खरीदते, आधे में मेरा उपन्यास खत्म हो जाने के बाद किसी दूसरे नामालूम लेखक का उपन्यास छपा पाते तो कलपते और शिकायत की चिट्ठी मुझे लिखते। प्रकाशक को उस हरकत के विरोध में मैंने मेरठ में तीन-चार जगह—राधा, तुलसी, शिवा वगैरह में—वो उपन्यास छपवाने शुरू कर दिए। जवाब में नरेन्द्र गुप्ता मुझे धमकाने लगा कि मैं ऐसा नहीं कर सकता था क्योंकि कॉपीराइट होल्डर वो था। मैंने शान्ति से उसे समझाया कि वो कॉपीराइट होल्डर नहीं था, उसके पास केवल बिना लेखक को कोई उजरत दिए उपन्यासों को रीप्रिंट करने का अधिकार था।

रसीद की शब्दावली थी :

RIGHTS TO REPRINTS AND SUBSEQUENT PRINTS
REST WITH PUBLISHER WITHOUT ANY ADDITIONAL PAYMENT
TO THE AUTHOR.

मैं वो रसीद दिल्ली के टॉप के पेटेंट अटर्नी आनन्द एंड आनन्द के प्रवीण आनन्द को उनकी फीस भर कर ये जानने के लिए दिखा चुका था कि क्या वो रसीद ये जताती थी कि प्रकाशक कॉपीराइट होल्डर था?

आनन्द साहब ने रसीद का गम्भीर मनन किया था और नि:संकोच कहा था कि उस रसीद की तहरीर प्रकाशक को कॉपीराइट होल्डर नहीं बताती थी, वो केवल उन उपन्यासों के बिना मुझे कोई रॉयल्टी अदा किए रीप्रिंट कर सकता था।

मैं बहुत आश्वस्त हुआ। मेरे साथ आया शिवा पॉकेट बुक्स का प्रकाशक बहुत आश्वस्त हुआ।

मैंने आनन्द साहब से पूछा कि अगर केस अदालत में पहुँचा तो क्या वो मुझे डिफेंड करेंगे?

जवाब पुरजोर हामी में मिला।

फिर उन्होंने मुझे एक और मार्के की बात बताई। बोले कि वो कॉपीराइट तो था ही नहीं, होता भी तो इतने सालों बाद—अट्ठाइस साल बाद—उसे खारिज कराया जा सकता था।

उन्होंने मुझे सतरहवीं सदी के ब्रिटिश कवि जॉन मिल्टन की मिसाल दी जिसकी तमाम शुरुआती रचनाओं के कॉपीराइट्स प्रकाशक के पास थे लेकिन जब केस कोर्ट में लगा था तो फैसला जॉन मिल्टन के हक में हुआ था और उसे कई मिलियन डॉलर्स की रॉयल्टी मिली थी। उन्होंने अपनी लॉ लायब्रेरी से निकालकर मुझे एक बड़ा ग्रन्थ वहाँ से खोल कर दिखाया, जहाँ उस ऐतिहासिक केस का जजमेंट छपा था और जॉन मिल्टन के वकील का ये आर्ग्यूमेंट छपा था, जो कि जज को कुबूल हुआ था—'दैट वाज ए वल्नरेबल पीरियड ऑफ दि ऑथर ऑफ विच दि पब्लिशर हैड आलरेडी टेकन मोर दैन ऐनफ एडवांटेज'।

मुझे ओम प्रकाश शर्मा ने ऐसा ही फैसला प्रेमचंद के हक में हुआ बताया था। बकौल शर्मा जी, प्रकाशक के पास 65 रुपये की उजरत के बदले में प्रेमचंद के उपन्यास 'गबन' का लेखक का बाकायदा एनडोर्स्ड एंड विटनेस्ड कॉपीराइट डाक्यूमेंट था। पैंसठ रुपये में प्रकाशक उपन्यास के पैंसठ संस्करण कर चुका था जबकि प्रेमचंद के पुत्र अमृतराय के द्वारा केस हाईकोर्ट में ले जाया गया था। जज ने कॉपीराइट को खारिज किया था और कहा था पैंसठ रुपये में कॉपीराइट नहीं होता था, शोषण होता था।

जो कुछ नरेन्द्र गुप्ता कर रहा था, उसमें और भी खराबियाँ थीं, लेकिन मैंने उनका जिक्र न किया। मसलन :

- मेरा एग्रीमेंट जासूसी फंदा से था, तारा से था, जबकि उपन्यास को सुमन पॉकेट बुक्स के अन्तर्गत प्रकाशित कर रहा था, जिसको कि यूँ मेरे उपन्यास प्रकाशित करने का कोई अधिकार प्राप्त नहीं था।
- रीप्रिंट करते वक्त नावल का फारमेट बदलना, उसका टाइटल बदलना या उसकी कीमत बदलना उससे अपेक्षित नहीं था।
- अनधिकृत रूप से वो उपन्यास पर मेरी तसवीर छापता था।
- मेरे उपन्यास के साथ चोरों की तरह दूसरे लेखक का उपन्यास जोड़ता था, जो कि पेईंग कस्टमर के साथ धोखा था।
- कहीं विज्ञापित नहीं करता था कि वो उपन्यास नया नहीं था, रीप्रिंट था।

उसने जब अपने यहाँ के उपन्यास धड़ाधड़ अन्यत्र छपते पाए तो वो आगबगूला हो उठा, वो मुझे तो नये सिरे से धमकाने ही लगा, मेरठ के प्रकाशकों को भी

धमकाने लगा कि जो कोई भी उसके यहाँ का छपा पाठक का उपन्यास छापेगा, वो उसका धन्धा चौपट कर देगा।

कैसे धन्धा चौपट कर देगा, इस बात की कोई व्याख्या उसने न की।

लेकिन जो उसके मन में था और जिस पर उसने बाद में अमल किया, वो किसी की भी कल्पना से परे था।

'शिवा' में मेरा नया उपन्यास 'कत्ल का सुराग' प्रकाशनाधीन था। वो एक छोटा प्रकाशक था, जिसने मेरे चौबीस उपन्यास छापे थे लेकिन एक 'कत्ल का सुराग' के अलावा सब रीप्रिंट थे।

'कत्ल का सुराग' छपकर मार्केट में आने से पहले नकली 'कत्ल का सुराग' बाजार में आ गया, जिस पर बाकायदा मेरा नाम और फोटो था और बतौर प्रकाशक शिवा पॉकेट बुक्स, मेरठ, छपा हुआ था। भारत के सारे नोन बुकसैलर्स को वो उपन्यास बिना ऑर्डर्स, बिना पूर्वसूचना एकाएक मिला था।

ये पैसे की खुली बरबादी थी क्योंकि अव्वल तो बिना ऑर्डर के माल का पैसा लौट कर आना नहीं था, आता तो शिवा पॉकेट बुक्स के पास आता, जिसका नाम कि बतौर प्रकाशक दर्ज था।

असली

नकली

उन्हीं दिनों 'तुलसी' से वेद प्रकाश शर्मा के उपन्यास 'लल्लू' आने वाला था, जिसकी ट्रेड में पूर्वघोषणा हो भी चुकी थी।

नरेन्द्र गुप्ता की ट्रेड में घोषणा थी कि जो कोई भी सुरेन्द्र मोहन पाठक को छापेगा, वो उसका धन्धा चौपट कर देगा। कैसे कर देगा, वो तब सामने आया।

उसने 'लल्लू' को भी नकली छापने की प्रक्रिया शुरू कर दी, क्योंकि 'तुलसी' में मेरे उपन्यास छपते थे वर्ना उनसे उसका कोई लेना-देना नहीं था।

'शिवा' से भी नहीं था लेकिन वो भी मेरे उपन्यास छापने का गुनहगार था, इसलिए सजा का मुस्तहक था।

तुलसी वालों को वक्त रहते पता लग गया कि नकली 'लल्लू' छप रहा था। उन्होंने तुर्त-फुर्त पुलिस कम्पलेंट दर्ज कराई और उस प्रैस पर छापा पड़वाया जहाँ नकली 'लल्लू' छप रहा था, उस बाइंडिंग हाउस पर छापा पड़वाया जहाँ नकली लल्लू की बाइंडिंग हो रही थी। जिनके यहाँ माल पकड़ा गया उन्होंने पुलिस को तहरीरी बयान दिया कि उनका क्लायंट नरेन्द्र गुप्ता था।

तीस हजारी कोर्ट में उस पर क्रिमिनल केस लगा और उसके नाम वारंट जारी हुआ।

नक्काल गायब हो गया।

पुलिस को ढूँढ़े न मिला।

आठ रोज बाद तब प्रकट हुआ जबकि अग्रिम जमानत का इंतजाम हो गया।

वो कोर्ट में पेश हुआ जहाँ कि अगली तारीख पड़ी।

'तुलसी' के पास उसके खिलाफ ओपन एंड शट केस था लेकिन पता नहीं क्या हुआ कि उन्होंने केस विदड्रा कर लिया।

नकली 'लल्लू' मार्केट में आने से बच गया।

'कत्ल का सुराग' का प्रकाशक इतना खुशकिस्मत साबित न हुआ लेकिन जो हुआ था उसके खिलाफ वैसे कोई कदम न उठाया जैसे 'तुलसी' ने उठाया था और बिना वक्त जाया किए तत्काल उठाया था। शहीदी शक्ल बनाकर दिखाने के अलावा उसने इस बाबत उँगली तक न हिलाई जबकि वो पुस्तक विक्रेताओं से बयान हासिल कर सकता था कि नकली 'कत्ल का सुराग' उसे दिल्ली की—न कि मेरठ की—एक फर्म से हासिल हुआ था और उस बिना पर 'तुलसी' की तरह कोर्ट में जा सकता था। लेकिन उसने सिर्फ शहीदी शक्ल बनाकर दिखाई और मेरे से उम्मीद की कि मैं कुछ करूँगा क्योंकि नकली किताब तो आखिर मेरी छपी थी।

मैं क्यों करता? मैंने बतौर लेखक अपनी उजरत कमा ली थी, एक किताब का नकली छप जाना मेरा कुछ नहीं बिगाड़ सकता था, मेरा कोई भी रेगुलर पाठक नकली नावल के दो वर्के पढ़ता तो वो समझ जाता कि वो नकली था। दूसरे, पुस्तक विक्रेताओं तक मेरी वो पहुँच नहीं थी जो प्रकाशक की थी।

फिर भी मैंने 'कुछ' किया।

मैंने पल्ले से अस्सी हजार रुपये खर्च करके हिन्दी के दो दैनिक अखबारों में विज्ञापन छपवाया कि मार्केट में उस वक्त उपलब्ध 'कत्ल का सुराग' नकली था, जो किसी भ्रष्ट प्रकाशक ने असली उपन्यास का, जो कि शिवा पॉकेट बुक्स, मेरठ से प्रकाशित होना था, धन्धा खराब करने के लिए खुंदक में छापा था। वो रकम प्रकाशक को खर्च करनी चाहिए थी जिसमें कि उसने हिस्सा बँटाने की भी कोशिश न की। यहाँ ये भी गौरतलब है कि उस रकम से कम रकम मुझे बतौर उजरत 'शिवा' से हासिल हुई थी। यानी एक इकलौता नया उपन्यास जो मैंने 'शिवा' के लिए लिखा, वो मुफ्त में लिखा, बल्कि नुकसान में लिखा।

'शिवा' से ज्यादा कुछ तो उस सिलसिले में राजकुमार गुप्ता ने किया, जिसका कुछ करना बनता तक नहीं था। 'फिल्मी कलियाँ' का प्रकाशक उसका दोस्त था, उसने अपने रसूख से 'फिल्मी कलियाँ' में आधे पेज की न्यूज छपवाई थी जिसमें दाएँ-बाएँ असली और नकली दोनों 'कत्ल का सुराग' के टाइटल छपे थे और पाठकों को सावधान किया गया था कि बाईं तरफ का 'कत्ल का सुराग' असली था और दाईं तरफ का नकली था। साथ में ये स्पष्ट संकेत भी छापा कि उस बेगैरत हरकत के लिए कौन जिम्मेदार था।

मेरे किए अस्सी हजार रुपये के खर्चे ने वो नतीजा न निकाला जो 'फिल्मी कलियाँ' की आधे पेज की कम्पलीमेंट्री न्यूज ने निकाला।

अब असली उपन्यास आने से पहले सारे पाठकों को मालूम था कि जो 'कत्ल का सुराग' मार्केट में उपलब्ध था, वो नकली था।

लेखक पौत्री के साथ

यहाँ ये बात भी गौरतलब है कि अधिकतर पुस्तक विक्रेताओं ने तो नकली सप्लाई का बंडल तक न खोला—खोला तो बिक्री न की—और नकली सप्लाई जहाँ से आई थी, वहाँ लौटा दी।

नकली 'कत्ल का सुराग' की कहानी यहीं तक होती तो भी गनीमत होती, उसमें मेरे नाम से लम्बा 'लेखकीय' छपा था, जिसका शीर्षक था—बेशर्म हूँ मैं, और उसमें खुल्ला मुझे कोसनों से गालियों से, लानतों से यूँ नवाजा गया था जैसे वो मेरी कनफेशनल स्टेटमेंट हो।

नकली प्रकाशक की मेरे खिलाफ निकली भड़ास उस 'लेखकीय' ने मेरी बहुत छवि खराब की। पढ़ने वाले जानते थे कि वो जेनुइन नहीं हो सकता फिर भी मुझे उस बाबत चिट्ठी लिखकर सवाल करते थे कि क्या वो मैंने लिखा था।

मैं जवाब लिखता-लिखता आजिज आ गया।

फिर नक्काल ने नया शोशा छोड़ा।

'शिवा' में 'निम्फोमैनियाक' नामक सुधीर सीरीज के चौथे उपन्यास का रीप्रिंट छपा था। प्रकाशक ने आकर मुझे बताया कि भ्रष्ट प्रकाशक 'शिवा' पर उसको प्रकाशित करने की वजह से ऑब्सीनिटी का केस दायर करने जा रहा था। यानी वो नावल अश्लील था, पोर्नो की हैसियत रखता था। ज्ञातव्य है कि उससे पहले वो नावल मूल रूप से सन् 1982 में 'साधना' में छपा था और सन् 1986 में वहीं रीप्रिंट भी हो चुका था। लेकिन नक्काल प्रकाशक का निशाना 'साधना' नहीं था—क्योंकि अब वहाँ मेरे उपन्यास नहीं छपते थे—'शिवा' था जिसके पास 'कत्ल का सुराग' प्रकाशनाधीन था।

मैं क्या जवाब देता?

मैंने यही कहा कि जब वो उपन्यास पहले दो बार छपा था तो तब अश्लील नहीं था तो अब 'शिवा' में छपने से अश्लील हो गया!

"अगर उसने सच में केस कर दिया तो?"—'शिवा' का प्रकाशक बोला।

"तो देखेंगे, भई।"—मैं बोला—"ऐसा केस अकेले प्रकाशक पर तो नहीं होता! लेखक और मुद्रक पर भी होता है। जब केस होगा तो देखेंगे।"

बहुत फिक्रमन्द वो मेरे पास से गया।

फिर मार्केट से एक नयी खबर आई।

सुमन पॉकेट बुक्स में मेरा नया उपन्यास 'हेरोइन के व्यापारी' छप रहा था और ट्रेड में उसका सर्कुलर भी चला गया था।

जबकि मैंने तो सुमन पॉकेट बुक्स के लिए कोई उपन्यास लिखा ही नहीं था, मेरा तो उस प्रकाशक से कोई वास्ता ही नहीं था।

मैंने इमीजिएट लीगल कंसल्टेशन की जरूरत महसूस की और इस बाबत राज कुमार गुप्ता से बात की क्योंकि दिल्ली में तब वो ही मेरा प्रकाशक था।

तब तक अनूप सिंह जी जन्नतनशीन हो चुके थे। राज बाबू ने मुझे बताया कि उनके भांजे मनमोहन सिंह ने वकालत के फील्ड में बहुत तरक्की कर ली थी और अब उसका शुमार दिल्ली के बड़े पेटेंट अटर्नीज में था।

मैं मनमोहन सिंह से मिला।

वो अनूप सिंह जी की वजह से मेरे से पहले से वाकिफ था, इसलिए बहुत प्रेमभाव से मेरे से मिला। उसने गम्भीरता से मेरी बात सुनी और मुझे बताया कि केस तो कभी भी हो सकता था लेकिन अगर 'हेरोइन के व्यापारी' की एक कॉपी मिल जाती तो केस बहुत मजबूत हो सकता था।

इस सिलसिले में जिस शख्स ने मेरी अप्रत्याशित मदद की, वो कुछ अरसा प्रकाशक रह चुका था इसलिए मेरे से वाकिफ था। 'हेरोइन के व्यापारी' जिस बाइंडिंग हाउस में बाइंड हो रहा था, वो उसके पड़ोस में ही था। किसी तरह से बाइंडिंग हाउस से वो एक कॉपी निकलवा लाया जो कि उसने मुझे ला के सौंपी।

मैंने वो कॉपी मनमोहन सिंह को सौंपी और फिर हाईकोर्ट में सुमन पॉकेट बुक्स के खिलाफ केस दायर हुआ।

फिर एक सुबह नरेन्द्र गुप्ता माथे का पसीना पोंछता कोर्ट में खड़ा था।

जज साहब को शायद प्रकाशकों की ऐसी हरकतों का पहले से कोई तजुर्बा था या मनमोहन सिंह ने केस की मिसल ही बहुत उम्दा तैयार की थी, वो पहले मिनट से ही प्रकाशक को संदिग्ध निगाह से देखने लगे।

उन्होंने केस की मनमोहन सिंह की प्रेजेंटेशन सुनी और फिर प्रतिवादी के वकील को सुना।

प्रतिवादी के वकील ने एक रसीद पेश की, जिस पर रेवेन्यू स्टैम्प पर मेरे साइन थे और जो कहती थी कि प्रकाशक ने लेखक से सन् 1966 में सौ रुपये में वो नावल बमय कॉपीराइट खरीदा था।

"अब तो 1994 है"—जज साहब बोले—"अट्ठाइस साल बाद क्यों छापा?"

"1966 में भी छापा था।"—प्रतिवादी का वकील बोला—"अब नयी सज-धज में दोबारा छापा है।"

"पहले एडीशन की कॉपी है?"

प्रतिवादी के वकील ने अपने क्लायंट की ओर देखा।

क्लायंट ने सहमति में सिर हिलाया।

"जी हाँ, है।"—वकील बोला।

"ओरीजिनल स्क्रिप्ट है?"—इस बार जज साहब ने सीधे प्रतिवादी से सवाल किया। प्रतिवादी ने फिर सहमति में सिर हिलाया।

"कल कोर्ट में पेश करना। ओरीजिनल स्क्रिप्ट और पहले एडीशन की कॉपी, दोनों।"

सुनवाई खत्म हो गई।

मैं अपने वकील के साथ बाहर आ गया।

बाहर मैंने नरेन्द्र गुप्ता के वकील को उसे कहते सुना—"आपके केस में कुछ नहीं रखा, लाला जी, कम्प्रोमाइज कर लो।"

लाला जी ने कम्प्रोमाइज न किया, नया वकील किया।

तभी कोर्ट का चपरासी मेरे पास पहुँचा।

"आपको जज साहब के पीएस बुला रहे हैं।"—वो बोला।

"मुझे!"—मैं हैरानी से बोला।

"जी हाँ।"

"कहाँ?"

उसने कोर्ट के बाजू के एक कमरे की ओर इशारा किया।

मैंने विचलित भाव से मनमोहन सिंह की तरफ देखा।

"मिल आओ।"—वकील बोला—"फिर बताना क्या बात थी?"

मैं चपरासी के साथ गया।

बाजू के कमरे में एक खूबसूरत, गोरा-चिट्टा क्लीनशेव्ड व्यक्ति बैठा था, जो वकीलों जैसा काला कोट पहने था लेकिन उन जैसा सफ़ेद कॉलर नहीं लगाए था। वो मुझे देखकर मुस्कराया।

"बैठिए, पाठक साहब।"—वो बोला।

झिझकता-सा मैं बैठा।

"लगता है आपने मुझे पहचाना नहीं!"

मैंने संकोचपूर्ण भाव से इनकार में सिर हिलाया।

"अरे, मैं सुरेन्द्र दत्त हूँ...महेन्द्र दत्त शर्मा का छोटा भाई।"

"ओह! ओह! सॉरी, भई, काले कोट की वजह से और कोर्ट के माहौल की वजह से नहीं पहचाना।"

"कोई बड़ी बात नहीं। वैसे भी कोई ज्यादा बार तो मिले नहीं हम!"

"वही तो!"

तभी चपरासी चाय ले आया।

लगता था उसने उसे पहले ही चाय के लिए बोल दिया हुआ था।

"कोर्ट पहुँच गए!"—वो बोला।

"मजबूरी लाई।"

"मैंने तो आपके कोर्ट में ऐंटर होते ही आपको पहचान लिया था।"

"मुझे तुम्हारी हाईकोर्ट की नौकरी के बारे में नहीं मालूम था। महेन्द्र जी ने

शायद कभी जिक्र नहीं किया था।"

"हो सकता है। वकील ठीक चुना है आपने। अनूप सिंह जी का भांजा है। बहुत जहीन है, बहुत फास्ट तरक्की कर रहा है।"

उस बात से मुझे राहत महसूस हुई।

चन्द और हल्की-फुल्की बातें चाय खत्म होने तक हमने कीं फिर मैंने रुखसत पाई।

प्रतिवादी के नये वकील ने उस बात को भी इशु बना लिया, जोर-जोर से कहने लगा—"प्रासीक्यूशन के क्लायंट को चाय पिलाई, मेरे क्लायंट को क्यों न पिलाई?"

"मैंने किसी क्लायंट को चाय नहीं पिलाई"—सुरेन्द्र दत्त सख्ती से बोला—"अपने बड़े भाई के दोस्त को चाय पिलाई। मैं आपके क्लायंट को नहीं जानता; जिसको चाय पिलाई, उसको जानता हूँ। ऐनी प्रॉब्लम?"

उसके मुँह से बोल न फूटा।

"इफ देयर इज वन, पुट अप ए नोट टु हिज ऑनर कम्पलेनिंग अबाउट माई कन्डक्ट। गो अहेड। डू इट नाओ।"

उसने ऐसा कुछ न किया, उसने तो एक तमाशा करना था जो वो कर चुका था।

अगले दिन कोर्ट को आश्वासन के अनुसार प्रतिवादी ने 'हेरोइन के व्यापारी' के मूल संस्करण की कॉपी पेश न की, अपने प्रिंटर की एक स्टेटमेंट पेश की कि 'हेरोइन के व्यापारी' की जो कॉपी प्रिंटिंग प्रॉसेस के लिए उसे सौंपी गई थी वो बहुत खस्ता हालत में थी—Was in a dilapidated condition—और वो टाइपसैटिंग के लिए हैंडलिंग के दौरान और इतने खस्ता हाल में पहुँच गई थी कि उसने वो स्क्रिप्ट फेंक दी थी क्योंकि टाइपसैटिंग मुकम्मल हो जाने के बाद वो और किसी काम की नहीं रही थी।

जज के चेहरे पर आश्वासन के भाव न आए।

"ओरीजिनल स्क्रिप्ट?"

"योर ऑनर"—प्रतिवादी का वकील बोला—"मेरे क्लायंट को अब याद आ रहा है कि उसने तभी, पहला संस्करण प्रकाशित हो चुकने के बाद ही, स्क्रिप्ट लेखक को लौटा दी थी।

जज ने मेरी तरफ देखा और इशारा किया कि मुझे कठघरे में खड़ा किया जाए।

भयभीत भाव से मैं जाकर कठघरे में खड़ा हुआ। मुझे शपथ ग्रहण कराई गई, फिर मुझे वो रसीद दिखाई गई, जो विपक्ष ने बतौर सबूत में पेश की थी और सवाल किया गया—"यू साइन्ड दिस रिसैप्ट?"

रसीद ने मुझे बहुत कनफ्यूज किया। तहरीर मेरी थी सिग्नेचर मेरे थे लेकिन

ताजमहल, आगरा (सन् 1968)
लेखक ओमप्रकाश शर्मा के ज्येष्ठ पुत्र महेन्द्र शर्मा के साथ

वो मेरी नहीं हो सकती थी; जिस स्क्रिप्ट का कोई वजूद ही नहीं था, उसकी रसीद कैसे हो सकती थी!

जज की खुर्दबीनी निगाह मेरे पर टिकी हुई थी।

मुझे पुरजोर लहजे में कहना चाहिए था कि वो रसीद जाली थी लेकिन हाईकोर्ट के जज के जलाल से थर्राया मैं ऐसा न कह सका।

"आई डोंट रिमेम्बर हैविंग साइन्ड दिस रिसैप्ट!"—मैंने कहा।

"ये साइन आपके नहीं हैं?"—प्रतिवादी के वकील ने मुझे घूरते हुए पूछा।

"मेरे लगते हैं।"

"ये साइन आपके हैं।"

"सर, आई रिपीट, आई डोंट रिमेम्बर हैविंग साइन्ड ऐसी सच रिसैप्ट।"

"ये तो याद है न, कि पब्लिशर ने स्क्रिप्ट आपको लौटा दी थी?"

"अच्छी तरह से याद है..."

"सो देयर, योर ऑनर..."

"अभी मेरी बात पूरी नहीं हुई। पूरी बात सुनिए। अच्छी तरह से याद है कि स्क्रिप्ट मुझे नहीं लौटाई गई थी। नो पब्लिशर ऐवर डज़।"

जज का सिर सहमति में हिला।

"अगर ये प्रकाशक साहब पुस्तक प्रकाशन के बाद स्क्रिप्ट लेखक को लौटा देते हैं तो एक ही स्क्रिप्ट क्यों लौटाई? मैंने इनके लिए बाइस नावल लिखे, बाकी सारी स्क्रिप्ट्स क्यों न लौटाईं?"

"ये स्क्रिप्ट उसके ओरीजिनल एडीशन की तरह ही डिलापिडेटिड कंडीशन में थी, मेरे क्लायंट ने इसलिए लौटाई कि ये उसके किसी काम की नहीं थी?"

"तो मेरे किस काम की थी?"

जज का सिर फिर सहमति में हिला।

वकील को जवाब न सूझा।

मुझे कठघरा खाली करने का हुक्म हुआ।

फिर प्रतिवादी को कठघरे में खड़ा किया गया और उसका बयान हुआ।

उसने वही कुछ दोहराया जो उसके वकील ने उसे रटाया था और बार-बार इस बात पर जोर किया कि उसने वादी से बाइस नावलों के राइट्स खरीदे थे।

"दि राइटर असाइन्ड ऑल राइट टु डि पब्लिशर...टु माई क्लायंट।"—उसके वकील ने तरह दी।

"गवाह असाइनमेंट का मतलब समझता है?"—जज ने पूछा।

"समझता है।"—उसका वकील बोला।

जज ने आँखें तरेर कर वकील की तरफ देखा।

वकील खामोश हो गया।

जज ने गवाह की तरफ देखा।

गवाह ने बेचैनी से पहलू बदला।

"मुझे नहीं लगता कि समझता है।"—जज ने कहा।

उसने कोर्ट असिस्टेंट को भेज कर अपने चैम्बर से कानून का एक मोटा ग्रन्थ मँगवाया, खुद उसे एक जगह से खोला और प्रतिवादी के वकील को पास बुलाकर कहा—"यहाँ दर्ज है असाइनमेंट का मतलब। पढ़कर अपने क्लायंट को समझाइए"—जज एक क्षण ठिठका, फिर बोला—"और खुद भी समझिए।"

मेरा वकील खुश हो गया। जो इफेक्ट उसे पैदा करना चाहिए था, वो जज साहब ने खुद कर दिया।

"आप प्रकाशक हैं।"—जज गवाह से सम्बोधित हुआ—"आपको मालूम है हर प्रकाशक को अपने हर प्रकाशन की दो प्रतियाँ नेशनल लायब्रेरी, कलकत्ता भेजनी होती हैं?"

"जी हाँ, मालूम है।"—गवाह बोला।

"इस नावल...वाट वाज दि नेम...यस, 'हेरोइन के व्यापारी'...इसकी दो कॉपियाँ आपने कलकत्ता भेजीं?"

"अभी तो नावल प्रिंटिंग प्रासेसिंग में है, जब प्रकाशित होगा तो भेजेंगे।"

"अभी प्रिंटिंग प्रॉसेस में है। लेकिन अभी तो आप दूसरी बार छाप रहे हैं न! जब पहली बार छापा था तो भेजी थीं?"

"जी, याद नहीं।"

कैसे भेजी होतीं, जो चीज पहले वजूद में ही नहीं थी, वो कलकत्ता कैसे भेजी होती!

साफ जाहिर हो रहा था कि जो मेरे जेहन में था, वो जज के जेहन में भी था।

"और जो कुछ आप छापते हैं, उसकी दो-दो कॉपियाँ नैशनल लायब्रेरी, कलकत्ता भेजते हैं?"

जवाब नदारद।

"ओके"—जज ने कहा—"यू कैन स्टैप डाउन।"

दो महीने बाद की तारीख पड़ गई।

तब जाकर प्रकाशक की जान में जान आती दिखाई दी।

बाद में मैंने अपने वकील से कहा—"वो रसीद का चक्कर अब मेरी समझ में आ गया है।"

"क्या समझ में आ गया है?"—वकील उत्सुक भाव से बोला।

"मैंने सिक्सटीज में उसके लिए एक नावल लिखा था जिसका नाम मैंने 'हेरोइन के व्यापारी' रखा था। नावल अभी प्रिंटिंग प्रॉसेस में ही था कि उसने मुझे कहा था

कि वो नाम उसे नहीं जँच रहा था क्योंकि आम पाठक को 'हेरोइन' का मतलब नहीं समझ में आने वाला था। तब मैंने नावल का नाम बदल कर 'हांगकांग के लुटेरे' रख दिया था और पेमेंट मिलने पर इसी नाम की रसीद बना कर उसे दी थी। उसके पास मेरी स्क्रिप्ट अगर अभी भी है तो उस पर 'हेरोइन के व्यापारी' टाइटल लिखा होगा लेकिन वो स्क्रिप्ट को कोर्ट में पेश करना अफोर्ड नहीं कर सकता क्योंकि 'हेरोइन के व्यापारी' के तहत उसने जो कहानी अब किसी घोस्ट राइटर से लिखवा कर छापी है, वो स्क्रिप्ट से मैच करती नहीं पाई जाएगी, वो 'हांगकांग के लुटेरे' के नाम से छपे उपन्यास के साथ मैच करती पाई जाएगी। इसी वजह से उसने स्क्रिप्ट के डिलापिडेटिड कंडीशन में पहुँची होने की कहानी गढ़ी और कहा कि स्क्रिप्ट मुझे लौटा दी गई थी।"

"हूँ। और रसीद!"

"रसीद उसने अब बनवाई और मेरी किसी पुरानी रसीद पर से मेरे हस्ताक्षर समेत रेवेन्यू स्टैम्प उखाड़ी और उस रसीद पर चिपका दी। जो रसीद मुझे कोर्ट में दिखाई गई थी, वो यूँ तैयार की गई थी। इसीलिए मेरे से उसे जाली कहते नहीं बना था क्योंकि सिग्नेचर तो साफ मेरे जान पड़ रहे थे। मनमोहन जी, अब अगर उसको ये कहा जाए कि जैसे उसने कोर्ट में 'हेरोइन की व्यापारी' की रसीद पेश की है, वैसे वो उसके यहाँ छपे बाकी सारी नावलों की रसीद भी दिखाए तो एक रसीद, जिस पर से कि उसने मेरे सिग्नेचर्स वाली स्टैम्प उखाड़ी, वो नहीं दिखा पाएगा।"

"अरे, पाठक साहब, रहे रब दा नां"—वकील बोला—"ये सब तुम तब क्यों न बोले जब कठघरे में खड़े थे और जब जज साफ तुम्हारे से सिम्पथेटिक लग रहा था?"

"तब सूझा नहीं। लेकिन हम ये अगली पेशी में कह सकते हैं।"

"तब के ड्रामाई इफैक्ट नहीं पैदा होगा जो कि आज कहते तो होता।"

"ओह!"

"खैर! देखेंगे।"

□

फिर प्रकाशक ने पटियाला हाउस कोर्ट में चुपचाप मेरे खिलाफ धोखाधड़ी का केस दायर कर दिया। वहाँ कोर्ट को बढ़ा-चढ़ा के बताया गया कि प्रार्थी प्रसिद्ध प्रकाशक था जिसने सिक्सटीज़ में मेरे कई उपन्यास छापे थे, जिनका कि प्रार्थी कॉपीराइट होल्डर था। अब लेखक बेईमानी पर उतर आया था, उसने धड़ाधड़ प्रार्थी के कॉपीराइटिड उपन्यास मेरठ के प्रकाशकों के पास छपवाने शुरू कर दिए थे, जिसकी वजह से प्रार्थी के कारोबार को सख्त नुकसान पहुँचा था क्योंकि उन

उपन्यासों को अब प्रार्थी भी रीप्रिंट कर रहा था। प्रार्थी ने सद्भावना में लेखक को चेताया था कि वो यूँ धड़ाधड़ उसके कॉपीराइटिड नावल दूसरी जगहों पर छपवाना बन्द करे लेकिन लेखक ने निहायत बद्तमीजी से ऐसा करने से इनकार कर दिया था और साथ ही प्रार्थी पर हाईकोर्ट में केस दायर कर दिया था।

कोर्ट ने बिना विपक्ष को अपनी सफाई का कोई मौका दिए प्रकाशक को ओपन सर्च एंड सीज़र वारंट थमा दिया था।

यानी उसे कोर्ट से अख्तियार हासिल हुआ था कि जहाँ भी, जिसके पास भी उसे मेरे मूल रूप से उक्त प्रकाशक के यहाँ छपे नावल दिखाई दें, वो उन्हें सीज़ करवा दे।

यहाँ मुझे एक खुदाई मदद हासिल हुई।

मुझे एडवांस में अपने पर दायर हुए उस केस की खबर लग गई जिसकी वजह से प्रकाशक मुझे सरपराईज़ का झटका न दे सका। ऐसा न हो सका कि वो तो मेरे खिलाफ पूरी तैयारी कर चुके होते और मुझे कोर्ट का समन एकाएक तब मिलता जबकि बाजरिया सर्च एंड सीज़र वारंट मेरा केस काफी डैमेज हो चुका होता।

मैंने सबसे पहले मेरठ के अपने प्रकाशकों को खबर की कि उनके द्वारा प्रकाशित मेरे नावलों की वजह से उनके यहाँ सर्च एंड सीज़र के लिए रेड पड़ सकती थी इसलिए वक्ती तौर पर मेरे नावलों का स्टॉक वो अपनी नोन प्लेस ऑफ बिजनेस से कहीं और शिफ्ट कर दें।

फिर मैं हाईकोर्ट गया जहाँ मैंने अपने वकील मनमोहन जी को तलाश किया और उन्हें नये बखेड़े के बारे में बताया।

मनमोहन जी ने खुद मेरे साथ पटियाला हाउस चलकर वहाँ से प्रकाशक के मेरे खिलाफ केस की कॉपी मुझे निकलवा कर दी लेकिन साथ ही लोअर कोर्ट में

लेखक मकाओ के डुप्लीकेट वेनिस में

मुझे रिप्रेजेंट करने में अपनी असमर्थता जताई और सलाह दी कि मैं आनन्द एंड आनन्द में ही जाऊँ।

आनन्द एंड आनन्द में प्रवीण आनन्द के अमरजीत सिंह नाम के एक बराबर की हैसियत के पार्टनर थे जो कि फर्म में आए क्रिमिनल केस हैंडल करते थे। मैं वहाँ गया तो वहाँ मैं अमरजीत सिंह के हवाले कर दिया गया, जो कि लम्बे ऊँचे बड़ी रौबदार पर्सनैलिटी वाले अधेड़ावस्था में पहुँचे सिख थे।

उन्होंने मेरा केस टेकओवर किया और तारीख पर मेरी तरफ से पटियाला हाउस कोर्ट्स में डिप्टी चीफ मैट्रोपोलिटन मैजिस्ट्रेट के कोर्ट में पेश हुए।

वहाँ इसी बात से रौब गालिब हो गया कि मेरे वकील एक्मी वाले थे।

प्रकाशक का वकील हैरान था कि मैं वहाँ पहुँचा कैसे हुआ था!

और वो भी अमरजीत सिंह के साथ।

सिंह साहब ने जैसे डीसीएमएम के सिर पर सवार होकर उसके द्वारा जारी किए गए वारंट में नुक्स निकाले। सवाल किया कि क्या वो ओपन सर्च एंड सीज़र वारंट राष्ट्रपति भवन की लायब्रेरी में भी छापा पड़वाने के लिए वैलिड था? क्या वो ए.एच. व्हीलर के सारे नॉर्थ और सेंट्रल इंडिया में फैले 280 रेलवे बुक स्टॉलों पर छापा पड़वाने के लिए भी वैलिड था? डीसीएमएम को तो ऐसा वारंट जारी करने का आख्तियार ही नहीं था।

डीसीएमएम ने सिंह साहब की हर बात से सहमति जताई और फिर एक तरह से उन्हीं की डिक्टेशन पर नया ऑर्डर दर्ज किया, जिसके तहत ओपन सर्च एंड सीज़र वारंट खारिज हुआ और उसकी जगह लिमिटिड वारंट जारी हुआ जो प्रार्थी को सिर्फ 'तुलसी' और 'शिवा' पर सर्च एंड सीज़र ऑपरेशन की इजाजत देता था।

तब मुझे पहली बार अहसास हुआ कि बड़े वकील का क्या जहूरा होता था!

जब केस रेगुलर मैजिस्ट्रेट के कोर्ट में लगा तो लोअर कोर्ट के ऐसे दस्तूर मुझे मालूम हुए जिन पर हाईकोर्ट में अमल नहीं होता था। मसलन हाईकोर्ट में वादी या प्रतिवादी की किसी तरह की आवाज नहीं लगती थीं, हर तारीख के केसों की एक लिस्ट नोटिस बोर्ड पर लगती थी जिस पर से वकीलों को खुद मालूम करना या करवाना होता था कि उनके केस का कौन-सा नम्बर था और वो किस केस के बाद लगना था। अपना नम्बर आने से पहले दोनों तरफ के वकील मुस्तैदी से तैयार होते थे, कोई वकील न हो तो उसका केस उसके क्लायंट की दरख्वास्त पर लिस्ट के एंड में पास ऑन कर दिया जाता था।

पटियाला हाउस में—वैसे बाकी लोअर कोर्ट्स में—हर केस पर बुलंद आवाज लगती थी—"फलाना हाजिर हो?"

हाईकोर्ट के हाल बड़े होते थे, वहाँ वकीलों और जज के बीच में एक निश्चित, सम्मानित दूरी होती थी जहाँ दो चैस्ट हाई डैस्क होते थे, जिनके पीछे दोनों पक्ष के वकील फासले से बोलते थे, फिल्मी अदालतों की तरह जज के सामने बोलते वक्त कोर्ट के एक सिरे से दूसरे सिरे तक परेड नहीं करते फिरते थे। जज जब एक केस की फाइल को फेंक कर दूसरी उठा ले तो इसका मतलब होता था कि अब पिछले केस के वकीलों में से किसी को बोलने की इजाजत नहीं थी।

लोअर कोर्ट्स में अदालतों के कमरे छोटे होते थे, इसलिए वकील मैजिस्ट्रेट के, जज के ऐन सामने खड़े होकर—अमरजीत सिंह जैसे टाल और मैजेस्टिक वकील तो जैसे सिर पर सवार होकर—जिरह करते थे।

पेशी की भी अमरजीत सिंह जैसे बड़े वकील अपनी शर्तें लगाते थे, जैसे कि सिर्फ बुध को या शनि को आएँगे—क्योंकि बुध को हाईकोर्ट में नया केस नहीं लगता था और शनि को वहाँ छुट्टी होती थी—इसलिए उनके केस की अगली तारीख बुध और शनि के अलावा किसी और दिन की न हो। जैसे, उनकी फिक्स्ड टाइम हाजिरी हो। वो बताएँगे कि वो तारीख पर किस वक्त आ सकते थे और उस वक्त पर, जैसे लंच के बाद ढाई बजे, अविलम्ब उनके केस की सुनवाई हो। जैसे, उनके क्लायंट की 'फलाना हाजिर हो' जैसी आवाज न लगे।

कहने का मतलब ये है कि मैं इसी बात से बहुत आश्वस्त था कि मैं अमरजीत सिंह जैसे वकील का क्लायंट था।

सिंह साहब के सीनियर पार्टनर प्रवीण आनन्द साहब मुझे ऐसा मान देते थे कि मन मुग्ध हो जाता था। हाईकोर्ट में कभी मेरा उनसे आमना-सामना हो जाता था तो मेरे मुँह खोल पाने से पहले वो मेरा हालचाल पूछते थे और फिर एक सवाल जरूर साथ जोड़ देते थे—"हुन किन्ने नावल हो गए!"

इस केस के बारह साल बाद का एक छोटा-सा वाकया मैं यहाँ दर्ज करना चाहता हूँ :

मुझे आनन्द साहब का एक पर्सनल लैटर मिला जिसमें दर्ज था कि वो मेरे से किसी विषय में कुछ बात करना चाहते थे इसलिए मैं उन्हें फोन करूँ।

नीचे तीन लैंडलाइन और उनका मोबाइल नम्बर दर्ज था।

मैंने पत्र मिलते ही दर्ज मोबाइल पर एसएमएस भेजा :

सर, कैन आई काल यू?

जवाब में अमूमन लोग 'यस, यू मे' कहता एसएमएस भेज देते हैं। लेकिन आनन्द सहब ने ऐसा कोई एसएमएस भेजने की जगह तुरन्त मुझे फोन किया।

तब मुझे पता लगा कि वो मेरे से क्या बात करना चाहते थे।

उन्हें खबर लगी थी कि मैंने अपने कुछ नावलों में आनन्द एंड आनन्द नामक लॉ फर्म का जिक्र किया था। उनके दुबई में कोई रिश्तेदार रहते थे, जो मेरे नियमित

पाठक थे लेकिन उन्हें वो नावल नहीं मिल रहे थे, जिनमें आनन्द एंड आनन्द एडवोकेट्स का जिक्र था। लिहाजा वो उपन्यास उन्हें मैं मुहैया कराऊँ।

तब तक एक एक्स्ट्रा आनन्द वाली फर्म के मुकेश माथुर के तीन ही उपन्यास छपे थे जो कि तत्काल मैंने उन्हें उनके निजामुद्दीन स्थित ऑफिस में पहुँचाए और सरे तसलीमखम उनका शुक्रिया हासिल किया।

हाईकोर्ट में पहली ही पेशी पर 'हेरोइन के व्यापारी' के प्रकाशन, वितरण पर स्टे लग गया था, जो कि प्रकाशक के वकील की लाख कोशिशों के बावजूद केस की ड्यूरेशन में नहीं हटा था, लेकिन प्रकाशक उसकी बाबत ट्रेड सरकुलर पहले ही भेज चुका था और ए.एच. व्हीलर से भी उनके सारे स्टॉलों पर सप्लाई के बल्क ऑर्डर के लिए लिख चुका था।

व्हीलर से उसको जो जवाब मिला, वो उसके लिए अप्रत्याशित था।

व्हीलर के जरनल मैनेजर का जो पत्र जवाब में उसे मिला, उसका आशय था कि उनके स्टॉल्स पर सुरेन्द्र मोहन पाठक की बहुत अच्छी सेल थी जिसकी वजह से वो उनके लिए महत्त्वपूर्ण लेखक था। उनके सुनने में आया था कि 'हेरोइन के व्यापारी' को लेकर लेखक और प्रकाशक के बीच कोई गम्भीर मतभेद था। जब तक वो मतभेद दूर नहीं हो जाता था, वो ऑर्डर नहीं दे सकते थे, क्योंकि वो अपने स्टॉलों पर खूब चलते लेखन से नहीं बिगाड़ सकते थे। लिहाजा प्रकाशक से उनका अनुरोध था कि वो उन्हें लेखक के साथ हुए 'हेरोइन के व्यापारी' के कान्ट्रैक्ट की कॉपी भेजे!

प्रकाशक कॉपी कहाँ से भेजता! कान्ट्रैक्ट होता तो कॉपी भेजता!

अपने अन्य प्रकाशनों की वजह से उसके व्हीलर से सालों पुरानो सम्बन्ध थे इसलिए वो तो उम्मीद कर रहा था कि व्हीलर में 'हेरोइन के व्यापारी' की खबर भेजते ही वापिसी डाक से उसे ऑर्डर मिल जाएगा। ऐसा न हुआ, साथ में व्हीलर ने लेखक से तरफदारी दिखाई, इस बात से वो बहुत भड़का, उसने व्हीलर को धमका दिया कि पाठक की कहीं से भी छपी किसी भी किताब के सीजर के लिए वो उनके बुक स्टॉलों पर छापे पड़वा देगा।

तब व्हीलर से मुझे चिट्ठी मिली कि अगर 'हेरोइन के व्यापारी' नकली नावल था तो मैं उस बारे में जल्दी कुछ करूँ।

ये सब मेरे हाईकोर्ट में जाने से पहले हो चुका था।

हाईकोर्ट से स्टे जारी हुआ तो मैंने उसकी कॉपी व्हीलर में भेज दी।

तब उन्होंने प्रकाशक को ऑर्डर देने से बिलकुल ही इनकार कर दिया।

हाईकोर्ट की अगली तारीख पर प्रकाशक हाजिर न हुआ। उसके वकील ने जज को प्ली दी कि क्लायंट की तबीयत खराब थी। लिहाजा अगली दो महीने बाद की तारीख पड़ गई।

ऐसा उसने कई बार किया।

दरअसल उसके नये वकील की स्ट्रेटेजी ही यही थी कि केस ज्यादा से ज्यादा देर तक लटकाया जाता।

फिर जज साहब इंतकाल फरमा गए।

केस दूसरे जज के पास चला गया।

तब प्रकाशक शेर हो गया। पहले जज की अदालत में तो उसकी हर पेशी पर किरकिरी होती थी—एक बार किसी बात पर जुर्माना भी हुआ था—नये जज ने उसके खिलाफ इतना सख्ती का रुख न अपनाया। नतीजतन वो मुझे धमकाने लग गया, मुझे मेरे अंजाम से डराने लग गया।

"मैं सुप्रीम कोर्ट में जाऊँगा।"—एक पेशी पर वो लॉबी में धमकीभरे लहजे से मेरे से बोला।

"तो?"—मैं हैरानी से बोला—"मेरे सुप्रीम कोर्ट में जाने पर पाबन्दी है? जिसने मुझे हाईकोर्ट का रास्ता दिखाया है, वो मुझे सुप्रीम कोर्ट ले जाने से मना कर देगा?"

"तुम सुप्रीम कोर्ट जाने के खर्चों से वाकिफ नहीं हो।"

"यहाँ के खर्चे क्या कम हैं?"

"वहाँ के मुकाबले में बहुत कम हैं। कंगाल हो जाओगे वकीलों की फीस भरते-भरते!"

"आई विल क्रॉस दैट ब्रिज वैन आई रीच इट।"—मैं सुनीलियन अन्दाज से बोला।

पटियाला हाउस कोर्ट में भी विपक्ष की यही स्ट्रेटेजी थी। कभी उसका वकील नहीं आता था, कभी वो खुद नहीं आता था और अगली तारीख पड़ जाती थी।

वहाँ एक बार तो खुद मैजिस्ट्रेट ने कहा—"पढ़े-लिखे लोग हो। यहाँ चोर, उचक्कों, पॉकेटमारों, मॉनिटेरी डिफाल्टर्स के बीच खड़े होना आप लोगों को शोभा देता है? कम्प्रोमाइज क्यों नहीं करते हो?"

"मैं तो तैयार हूँ, सर"—मैं बोला—"ये ही नहीं करते।"

उसकी एक ही रट थी—"मैंने कॉपीराइट्स खरीदे हैं, मैं कैसे कम्प्रोमाइज कर लूँ!"

मैजिस्ट्रेट खामोश हो गया।

फिर प्रकाशक ने मेरे लिए नयी धमकी जारी की—"मैं तुम्हारी नौकरी छुड़वा दूँगा।"

"क्या?"—मैं हैरानी से बोला—"क्या मतलब?"

"यहाँ ऑफिस में छुट्टी अप्लाई करके आते हो?"

मैं खामोश रहा।

"सरकारी कर्मचारी हो, नौकरी के टाइम में कोर्ट में खड़े हो, ये मतलब।"

"भई, मैं कर्मचारी नहीं, अधिकारी हूँ। और सरकारी अफसर की नौकरी चौबीस घंटे की होती है। इसलिए किसी खास पीरियड की ऑफिस से उसकी गैरहाजिरी नॉर्मल है, पनिशेबल नहीं है।"

"बकवास! मैं क्या जानता नहीं..."

"नहीं जानते हो।"

"मुझे सब मालूम है।"

"ठीक है, छुड़ाना नौकरी।"

आखिर उसने मेरठ के दो प्रकाशकों की बिजनेस प्लेस पर रेड कराई।

हाथ कुछ भी न आया।

वो बहुत तिलमिलाया।

आखिर पुलिस पार्टी को मेरठ ले जाने पर उसका ढेर खर्चा हुआ था।

वो तुलसी वालों को समझाने लगा—"हम तो एक हैं। एक बिरादरी के हैं। समझो कि प्रकाशक-प्रकाशक भाई भाई। पाठक कौन होता है! दो टके का लेखक है। उसको क्यों सपोर्ट करते हो? अपने प्रकाशक भाई को सपोर्ट करो।"

जिसके यहाँ रेड करवाई, वो 'प्रकाशक भाई' हो गया।

"सोचेंगे।"—रितुराज ने जवाब दिया।

लेखक अपने नौजवानी के वर्क स्टेशन पर

फिर एक ऐसा वाकया हुआ जिसने हाईकोर्ट में उसके केस की बिलकुल ही हवा निकाल दी।

संयोग से ही मेरे हाथ में उसकी छापी एक ऐसी किताब आ गई जिसके शुरुआती पेजों में से एक पर उसके पास छपे मेरे उपन्यासों की लिस्ट छपी थी, जिसका शीर्षक था :

सुरेन्द्र मोहन पाठक के
सुमन पॉकेट बुक्स में प्रकाशित कुल उपन्यास

कुल उपन्यास!

लेकिन लिस्ट में 'हेरोइन के व्यापारी' दर्ज नहीं था।

मैं बहुत उत्तेजित हुआ। तुरन्त जाकर अपने वकील से मिला और उसे वो किताब और उसमें छपी वो लिस्ट दिखाई, उसके शीर्षक की तरफ उसकी तवज्जो दिलाई जिस में 'कुल' पर खास जोर था।

मनमोहन जी भी खुश हो गए।

"ये तो एक तरह से पब्लिशर की कनफैशनल स्टेटमेंट है कि उसने 'हेरोइन के व्यापारी' सन् 1966 में पहले नहीं छापा था। अगली पेशी पर इसे कोर्ट में पेश करेंगे। डिफेंस की हालत खराब कर देगा ये सबूत।"

वैसा ही हुआ।

मनमोहन जी ने कोर्ट में वो किताब पेश की।

जज ने खुद लिस्ट का मुआयना किया और उसका शीर्षक बोल-बोलकर कोर्ट में पढ़ा—"सुरेन्द्र मोहन पाठक के सुमन पॉकेट बुक्स में प्रकाशित कुल उपन्यास! कुल उपन्यास! हूँ।"

वो किताब लिस्ट वाली जगह से खोलकर प्रकाशक के प्रतिवादी के वकील को दिखाई गई।

उसने किताब देखी, लिस्ट का मुआयना किया और फिर स्वयमेव उसके मुँह से निकला—"ये कहाँ से आ गई!"

उसने किताब अपने क्लायंट को दिखाई।

क्लायंट—प्रकाशक—भी तत्काल फिक्रमन्द दिखाई देने लगा।

फिर उसके वकील ने उस नये सबूत के सन्दर्भ में अपनी तैयारी करने के लिए वक्त माँगा।

फिर दो महीने की तारीख पड़ गई।

कोटि प्रयास करे किन कोय कि सत्य का दीप बुझे न बुझाए।

अगली पेशी पर वो फिर न आया।

"योर ऑनर"—उसका वकील बोला—"माई क्लायंट इज इनडिस्पोज्ड एंड बैडरिडन सिंस लास्ट थ्री डेज, सो..."

हाईकोर्ट में जब तक कोर्ट की ऐसी हिदायत न हो, क्लायंट को बोलने की इजाजत नहीं होती लेकिन मेरे से न रहा गया, मेरे मुँह से निकल गया—"बट ओनली यस्टरडे ही वाज हैविंग ए नाइस टाइम इन ऐ पार्टी टिल इलैवन ओ'क्लॉक इन दि नाइट।"

मनमोहन जी घूमकर 'श श' करके मुझे चुप कराने लगे।

जो मैंने कहा था, जज सुन चुका था।

"कम फारवर्ड।"—मुझे हुक्म हुआ।

मैं उठकर आगे गया और कठघरे के करीब जाकर खड़ा हुआ।

"हू आर यू?"—जज ने पूछा।

"सर, ही इज माई क्लायंट।"—मनमोहन जी जल्दी से बोले—"इट इज हिज केस दैट इज बीईंग हर्ड। ही इज़ दि प्लेंटिफ।"

"हम्म।"—जज ने हुंकार भरी—"रिपीट नाओ वाट यू सैड फ्राम दि आडियेंस।

"सर"—मैं बोला—"कल शाम मैं और डिफेंडेंट दोनों एक म्यूचुअल फ्रेंड के बेटे की रिसैप्शन पार्टी में थे। वहाँ रात ग्यारह बजे तक डिफेंडेंट पार्टी एनजाय करता रहा था और मेरे सामने हँसता-खेलता वहाँ से रुखसत हुआ था। ये नहीं हो सकता कि वो तीन दिन से..."

"दैट्स एनफ।"—जज सख्ती से बोला—"यू आर एक्सक्यूज्ड।"

मैं वापिस जाकर अपनी जगह पर बैठ गया।

"नाओ यू लिसन, मिस्टर डिफेंस अटर्नी"—जज गुस्से से बोला—"आई वांट युअर क्लायंट टु बी हेयर फर्स्ट थिंग इन दि मार्निंग ऑर एल्स आइल ईशु अरैस्ट वारंट अगेंस्ट हिम।"

अगले दिन प्रकाशक बार-बार माथे का पसीना पोंछता कोर्ट में खड़ा था।

मैंने सहज भाव से उसकी तरफ देखा और उसका अभिवादन किया।

"क्या है!"—वो भुनभुनाया—"बनिये की मूँछ है, कभी ऊँची हो गई"—उसने अपने क्लीनशेव्ड ऊपरले होंठ पर ऊपर को उठता हाथ फेरा—"कभी नीची हो गई।"

हाथ की वही क्रिया उसने रिवर्स में दोहराई।

"मैंने तो कुछ नहीं कहा!"—मैं बोला।

उस बार फिर प्रतिवादी को जुर्माना हुआ।

उसके वकील ने नया स्टैंड लिया कि वो प्रॉसीक्यूशन के साथ मिलकर

कम्प्रोमाइज करने की कोशिश करेगा।

उस बिना पर फिर तारीख पड़ गई।

यहाँ मैं ये बात भी दर्ज करना चाहता हूँ कि डिफाल्टर डिफेंडेंट था लेकिन खौफजदा मैं था। दोनों केसों में से किसी की भी तारीख करीब आने लगती थी तो मुझे टेंशन हो जाती थी। मैं अपनी मनोदशा अपने वकील पर जाहिर करता था तो शाहदिल वकील मुझे आश्वस्त करता था कि मैं नहीं हार सकता था।

"पाठक साहब"—एक बार तो मनमोहन जी ने ये तक कहा—"ये क्लायंट का यानी कि आपका केस नहीं है, समझो कि ये मेरा केस है। अब सोचो, मैं अपना खुद का केस कैसे हार सकता हूँ!"

मैं आश्वस्त होता था लेकिन वक्ती तौर पर।

एक बार तो बेचैनी का ऐसा दौरा मेरे पर पड़ा कि मैंने प्रकाशक से मिलने की ठानी। उसके अंसारी रोड ऑफिस से मुझे पता लगा कि वो आजकल दिल्ली नहीं आता था, फरीदाबाद—जहाँ कि उसका आवास भी था—अपनी प्रिंटिंग प्रैस में बैठता था।

संयोगवश मुझे ऑफिस के काम से फरीदाबाद जाना पड़ा। शाम को मैं प्रकाशक से प्रैस के ऑफिस में मिला। वो बहुत अच्छा अच्छा मेरे साथ पेश आया और बाकायदा मुझे चाय वगैरह से नवाजा। कुछ देर दुनियादारी की बातें हुईं, लेकिन केस का जिक्र उस बातचीत में न मैं सरका पाया, न उसने छेड़ा।

बाद में वो मुझे ऑफिस के बाहर तक सी ऑफ करने आया।

उस बात से प्रोत्साहित होकर मैंने उस बात का जिक्र किया जो मेरे मन में थी। मैंने कोर्ट कचहरी खत्म करने के लिए तजवीज किया कि जिन बाइस नावलों का बखेड़ा था, वो हम आधे-आधे कर लेते हैं—यानी ग्यारह का कॉपीराइट होल्डर वो मुझे तसलीम करे और ग्यारह का मैं उसे तसलीम करूँ।

अभी मैं दूसरे केस के बारे में भी उसके सामने तजवीज रखता लेकिन उसने पहली ही तजवीज को सिरे से नकार दिया।

"क्यों भई! खामखाह!"—वो तल्ख लहजे से बोला—"जो नावल मैंने खरीदे हैं, उनमें तुम्हारे से हिस्सा बँटाने का क्या मतलब?"

मायूस, नाउम्मीद में वापिस लौट आया।

बाद में हालात ने जैसी करवट बदली, उसकी रू में मुझे खुशी हुई कि मेरी वक्ती नाउम्मीदी से उपजी उस बात को उसने मान न लिया।

बहरहाल कोर्ट की तारीख करीब पहुँचने पर टैंस हो जाने की मेरी आदत—बल्कि कमजोरी—आखिर तक बरकरार रही।

पाँच साल की लिटीगेशन के दौरान दो बार लोअर कोर्ट की तारीख शुक्रवार तेरह तारीख को पड़ी। मेरा ऐसी बातों में कोई ऐतबार नहीं लेकिन उन दो तारीखों पर मैं डबल टैंस हुआ।

एक बार लोअर कोर्ट की पेशी के बाद अमरजीत जी ने भी प्रकाशक को समझाने की कोशिश की—"लाला जी, हमारा तो रोज का काम है कोर्ट में आना, आप क्यों ख्वार होते हो खामखाह! कोई कम्प्रोमाइज़ कर लो।"

उसने साफ इनकार कर दिया।

हाईकोर्ट की अगली दो पेशियों में प्रतिवादी के वकील ने यही प्ली ले कर तारीख बढ़वा ली कि कम्प्रोमाइज वर्क आउट किया जा रहा था।

जबकि वो बात गलत थी।

उस सिलसिले में न वकीलों में कोई बातचीत हुई थी, और न वादी और प्रतिवादी में ऐसा कोई जिक्र छिड़ा था।

मैंने मनमोहन जी को कहा कि वो इस बात को गलत क्यों नहीं ठहराते थे कि कोई कम्प्रोमाइज़ वर्क आउट नहीं किया जा रहा था।

दरअसल मुझे ऐसा लगता था कि प्रकाशक को लोअर कोर्ट के अपने किए केस से कोई खास उम्मीद थी जो वो समझता था कि पूरी हो जाने वाली थी और फिर वो दूसरे केस में मेरे खिलाफ हथियार के तौर पर इस्तेमाल की जा सकती थी, इस वजह से उनकी पॉलिसी तारीख पर तारीख हासिल किए जाने की थी।

आखिर मनमोहन जी ने हाईकोर्ट में इस बात की हाजिरी लगाई कि कोई कम्प्रोमाइज़ वर्क आउट नहीं हो रहा था, इस बाबत डिफेंस ने अभी कोई कोशिश तक नहीं की थी।

जज ने अगली तारीख देने से पहले इस बारे में डिफेंस को फिर निर्देश दिया।

अगली पेशी पर भी कुछ न हुआ।

डिफेंस के वकील ने वही रट दोहरा दी कि कम्प्रोमाइज़ की कोशिश जारी थी।

तब जज ने कड़ा रुख अख्तियार किया।

"अगली पेश पर"—उसने कहा—"अगर मुझे फाइल में कम्प्रोमाइज़ न दिखाई दिया तो मैं फैसला सुना दूँगा।"

वो चेतावनी इस बात का स्पष्ट संकेत था कि नॉनकम्प्रोमाइज़ की सूरत में फैसला क्या होने वाला था।

उस संकेत को डिफेंस के वकील ने भी कैच किया।

दो दिन बाद प्रकाशक का मेरे पास फोन आ गया।

माता, पुत्र, पुत्री, पत्नी

"तुम अपने वकील से"—वो बोला—"कम्प्रोमाइज़ के पेपर तैयार करवा लो, मैं साइन कर दूँगा।"

"नो।"—मैं सख्ती से बोला।

"क्या मतलब?"—वो हड़बड़ाया।

"पहले लोअर कोर्ट से अपना केस विदड्रा करो। जब तक वो केस विदड्रा नहीं होगा, कोई कम्प्रोमाइज़ नहीं होगा।"

वो खामोश हो गया।

तीन हफ्ते बाद लोअर कोर्ट में डेट थी।

उस डेट पर प्रकाशक का वकील आया ही नहीं, प्रकाशक ही आया। उसने मैजिस्ट्रेट को बोला कि वो अनकंडीशनली अपना केस विदड्रा करने को तैयार था।

मैजिस्ट्रेट ने यूँ जाहिर किया जैसे कि उसे प्रकाशक की बात पर यकीन न आ रहा हो।

"आप बिना दूसरी पार्टी पर कोई शर्त लागू किए अपनी मर्जी से अपना केस वापिस ले रहे हैं?"

"जी हाँ।"

अपनी रूटीन के तौर पर रिकॉर्ड रजिस्टर पर मैजिस्ट्रेट ने ये बात खुद दर्ज करनी थी और फिर रिकॉर्डिड स्टेटमेंट पर प्रकाशक से साइन कराकर अपना फैसला सुनाना था। उसने रजिस्टर को उलटा करके प्रकाशक के सामने रखा, उसे कलम थमाई और जो खुद लिखना था, वो डिक्टेट करके प्रकाशक के हैंडराइटिंग में प्रकाशक से लिखवाया और साइन करवाए।

सहमति के तौर पर मैंने भी साइन किए।

फिर केस विदड्राअल की बाबत कोर्ट ऑर्डर इशू हो गया और शाम से पहले दोनों पार्टियों को ऑर्डर की कॉपी भी मिल गई।

तदुपरान्त मनमोहन जी ने हाईकोर्ट के केस में कम्प्रोमाइज़ का ड्राफ्ट तैयार किया। जिसमें प्रमुख शर्तें थीं :

- प्रकाशक स्वीकार करता था कि उसके द्वारा प्रकाशित सुरेन्द्र मोहन पाठक की समस्त पुस्तकों का कॉपीराइट होल्डर लेखक था।
- प्रकाशक 'हेरोइन के व्यापारी' की तमाम प्रकाशित प्रतियाँ नष्ट करेगा और इस बाबत कोर्ट में एफीडेविट जमा कराएगा।

प्रकाशक ने कम्प्रोमाइज़ के पेपर्स साइन कर दिए।

यूँ पाँच साल बाद वो केस खत्म हुआ जिसका आधार प्रतिवादी की मूँछ थी जो कभी ऊँची हो जाती थी, कभी नीची हो जाती थी।

बाद में सुनने में आया था कि 'हेरोइन के व्यापारी' की 25000 प्रतियाँ उसके पास वितरण के लिए तैयार थीं जो कि उसे नष्ट करनी पड़ी थीं। इतना बड़ा लॉट मुकम्मल तौर से नष्ट करना कौन-सा आसान काम था! कुछ प्रतियाँ भी बाजार में पहुँच जातीं तो उस पर कन्टैम्प्स ऑफ कोर्ट का इलजाम आता। लिहाजा सुनने में आया था कि उसने सारा लॉट किसी पेपर मिल को लुग्दी बना देने के लिए सौंप दिया था।

हम दोनों में दुआ-सलाम आज भी बरकरार है अलबत्ता कोर्ट-कचहरी का जिक्र बीच में कभी न आया।

मनमोहन जी अब हाईकोर्ट के आदरणीय जज हैं।

अमरजीत सिंह मेरे केस के दौरान ही एक्मी से, आनन्द एंड आनन्द से अलग हो गए थे और उन्होंने अपनी लॉ फर्म की स्थापना कर ली थी।

कोर्ट-कचहरी के दौरान एक लम्बे अरसे तक मेरा दुश्मन बना वो अब प्रकाशन के धन्धे में ही नहीं था।

बहरहाल ये हकीकत अपनी जगह कायम थी कि नौजवानी का हमउम्र दोस्त था; हमप्याला हमनिवाला था, जिसने मुतवातर मेरे बाइस नावल छाप कर इस धन्धे में मेरी बुनियाद बनाई थी।

हर कदम पर इक नए सांचे में ढल जाते हैं लोग,
देखते ही देखते कितने बदल जाते हैं लोग।

□

कम्पनी की टाइमबाउंड प्रोमोशन पॉलिसी के अनुसार सन् 1993 में फिर मेरी प्रोमोशन ड्यू थी। मुझे बैंगलौर का मूवमेंट ऑर्डर मिला तो मैंने पिछली बार की, सन् 1989 की, फैमिली पिकनिक से प्रेरित होकर फिर बैंगलौर की चार प्लेन टिकट बुक करा लीं जबकि तब भी मेरी एनटाइटलमेंट फर्स्ट क्लास रेल ट्रैवल की ही थी।

लेकिन बैंगलौर का वो ट्रिप वजूद में न आ पाया।

लोकल मैनेजमेंट से मुझे खबर मिली कि ऑफिसर ग्रेड थ्री के लिए मेरा इंटरव्यू प्री-पोन हो गया था, यानी अब वो बैंगलौर में नहीं, पहली निर्धारित तारीख से काफी पहले दिल्ली में ही होना था और इस काम के लिए एक डायरेक्टर दिल्ली आ रहा था।

मैंने प्लेन टिकट वापिस करवाए।

गनीमत थी कि उन दिनों प्लेन बुकिंग कैंसल करवाने पर बतौर जुर्माना कोई कटौती नहीं होती थी, पूरे पैसे वापिस मिलते थे।

नयी तारीख पर चीफ रिजनल मैनेजर और लोकल फाइनांस मैनेजर की डायरेक्टर के साथ मौजूदगी में मेरा इंटरव्यू हुआ।

तब मैं परचेज का इंचार्ज था इसलिए परचेज की बाबत ही मेरे से सवाल पूछे गए।

मेरे से परचेज प्रोसीजरल के बारे में सवाल पूछे गए।

अपनी तरफ से तो मैंने दुरुस्त ही जवाब दिए लेकिन तीनों ऊँचे अफसरान की सूरतों से मुझे लगा कि मैं कहीं कुछ बंगल कर बैठा था।

मेरे से परचेज के बारे में कुछ जनरल सवाल पूछे गए तो उनके दौरान भी ऐसा ही माहौल बना कि मैं कहीं कुछ ठीक नहीं कह रहा था, या कह ही नहीं रहा था। डायरेक्टर के चेहरे पर तो स्पष्ट डिसअप्रूवल के भाव थे।

आखिर इंटरव्यू खत्म हुआ।

बाद में फाइनांस मैनेजर ने तो मेरे से साफ कहा—"पाठक साहब, बहुत कैजुअल जवाब दिए। डायरेक्टर बिलकुल राजी नहीं था तुम्हारे जवाबों से। मुझे नहीं लगता कि तुम्हारी प्रोमोशन होगी।"

"लेकिन"—मैं व्यग्र भाव से बोला—"जब ये टाइमबाउंड प्रोमोशन है..."

"सब्जेक्ट टु सैटिस्फैक्ट्री इंटरव्यू।"—वो बोला।

मैं खामोश हो गया।

मैं सीआरएम के रूबरू हुआ तो उसने भी मुझे तसल्ली दी—"कोई बात नहीं। छ: महीने बाद फिर चांस मिलेगा। तब आज से बेहतर तैयारी के साथ इंटरव्यू में पेश होना।"

हफ्ते बाद बैंगलौर से मेरा प्रोमोशन लैटर आ गया।

मैं बहुत चमत्कृत हुआ।

कैसे हो गया?

आज तक न समझ सका कि कैसे हो गया! जब इंटरव्यू में सब कुछ असंतोषजनक हुआ था तो मैं प्रोमोट कैसे हो गया!

मेरा महकमा वही रहा लेकिन मेरा ग्रेड टू से थ्री हो गया और डैजिग्नेशन असिस्टेंट रिजनल मैनेजर बन गया जो कि रोजमर्रा के रेफ्रेंस में परचेज मैनेजर कहलाता था।

अभी पाँच साल की नौकरी और बाकी थी।

यानी एक प्रोमोशन और हो सकती थी, मैं डिप्टी रिजनल मैनेजर रिटायर हो सकता था।

जबकि भरती मकैनिक हुआ था, जिसे इन्स्पेक्टर ग्रेड बी कहते थे।

वो आखिरी पाँच साल मैंने बहुत धौंस-धड़ल्ले से नौकरी की। उस दौरान तनखाह के अलावा मैंने कोई कम्पनी बैनीफिट क्लेम न किया। न कभी कनवेयंस बिल बनाया, न कार अलाउंस हासिल किया, न कभी खुद का या फैमिली का

मैडीकल बिल दिया, न अधिकारी को मिलने वाले टैलीफोन, मैगजींस, अलाउंसिज जैसी सुविधाएँ हासिल कीं।

यानी जुबानी ही न कहा, अमली तौर पर भी साबित कर के दिखाया कि मैं तनखाह के लिए नौकरी करने नहीं आता था।

यहाँ आईटीआई में नौकरी के एक दस्तूर का हवाला मैं देना चाहता हूँ :

आईटीआई की नौकरी में दस साल मुकम्मल होने पर कर्मचारी को एक सर्टिफिकेट दिया जाता था, जिसका काम कम्पनी की उसके काम के प्रति सन्तुष्टि प्रकट करना होता था, और पन्द्रह साल बाद एक एचएमटी की घड़ी मिलती थी, जिसकी पुश्त पर कर्मचारी का नाम और स्टॉफ नम्बर खुदा होता था और, मैंने बाजार से मॉडल बताकर दरयाफ्त किया था कि उसकी कीमत साढ़े तीन सौ रुपये के करीब थी।

प्राप्तकर्ताओं को वो बड़ा ईनाम जान पड़ता था।

मेरे लिए घड़ी बेकार थी क्योंकि मैं घड़ी पहनता ही नहीं था। लड़का तब सिर्फ आठ साल का था, इसलिए मर्दाना घड़ी उसके काम की भी नहीं थी। लिहाजा घड़ी मिलने की नौबत आने से पहले ही मैंने दो-चार सहयोगी कर्मचारियों में बोला हुआ था कि साढ़े तीन सौ की घड़ी थी, कोई ढाई सौ में लेगा तो दे दूँगा।

किसी ने हामी न भरी।

शायद सब फ्री के तालिब थे।

फिर एक दिन मुझे कनॉट प्लेस ऑफिस में सीआरएम के हुजूर में पेश होने का हुक्म हुआ।

लेखक पुत्री और पुत्र के साथ हांगकांग में

मैं पेश हुआ।

सीआरएम ने खड़े होकर, हाथ मिला के बड़े फैनफेयर के साथ घड़ी मुझे पेश की और रुखसत किया।

मैं उसके कक्ष से बाहर निकला तो एक कर्मचारी को अपने इन्तजार में पाया। उसने मुझे ढाई सौ रुपये थमाए, नि:संकोच मैंने उसे घड़ी थमा दी।

उसी चुगलखोर हिन्दी अधिकारी ने, जिसका मैंने पहले जिक्र किया था, संयोगवश वो आदान-प्रदान देख लिया। अपनी आदत से मजबूर उसने अन्दर जाकर सीआरएम से चुगली कर दी कि पाठक ने मिलते ही घड़ी बेच दी थी।

तुरन्त सीआरएम का पीए मेरे पास पहुँचा और बोला साहब बुलाता था।

मैं फिर पेश हुआ।

"तुमने घड़ी बेच दी?"—मुझे देखते ही वो सख्ती से बोला।

"कौन-सी घड़ी बेच दी?"—जानबूझकर नादान बनता मैं बोला।

"भई, जो तुम्हें पन्द्रह साल की सर्विस कम्पलीट करने की एवज में अभी मिली थी!"

"किसे मिली थी?"

"तुम्हें! तुम्हें मिली थी।"—वो लगभग गर्जता बोला।

"तो, सर, वो किसकी हुई?"

तत्काल उसके जोशोखरोश को लगाम लगी।

"जब वो आपके पास थी तो आपकी थी, मुझे मिल गई तो मेरी हो गई। अपनी चीज़ का मैंने क्या किया, इस बाबत आप क्यों सवाल करते हैं?"

उसने असहाय भाव से मेरी तरफ देखा।

"गो अवे।"—फिर बोला।

"यस, सर। राइट अवे, सर।"

वही सीआरएम मेरे रिटायर होने तक मेरा टॉप बॉस रहा।

पढ़ा-लिखा, भला आदमी था फिर भी चुगलखोरों के बहकावे में आकर गाहे-बगाहे मेरे से पंगा लेता ही रहा था।

मसलन जब मैं स्टोर का इंचार्ज था तो उसके किसी लाडले ने उसके कान भरे कि मैं लेट आता था।

जो कि गलत था।

मैं कार ड्राइव करके आता था इसलिए कभी-कभार जाम में फँस जाता था तो थोड़ा लेट हो जाता था वर्ना इरादतन मैं कभी लेट नहीं आया था।

कड़ाके की सर्दियों की एक सुबह जबकि धुंध अभी हटी ही थी लेकिन सूरज

नहीं निकला था, पूरे साढ़े नौ बजे वो अंसारी रोड ऑफिस पहुँच गया।

मुझे स्टोर में देखकर वो हकबकाया।

मैंने प्रणाम किया, चाय की पेशकश की, फिर पूछा—"कैसे आए, सर?"

साहब क्या बताता! जिस मिशन से आया था, वो तो फेल हो गया था!

"कौन-कौन लेट आता है?"—फिर बोला।

"आप खुद देखिए, कौन-कौन यहाँ नहीं हैं!"—मैं अदब से बोला—"दो महिलाएँ हैं, जो लेट आना और जल्दी चले जाना अपना जन्मसिद्ध अधिकार समझती हैं। टोको तो उलटे-सीधे इलजाम लगाने लगती हैं, बाकी स्टॉफ उन्हें सपोर्ट करता है। स्टोरकीपर इसलिए लेट आता है क्योंकि वो अपने आपको स्टोर का मालिक समझता है और मालिक पर क्या वक्त की कोई पाबन्दी होती है! वो स्टोर कुली है, जिसको मैं लेट आने पर टोकता हूँ तो वो मेरे से सवाल करता है कि दोनों औरतें आ गईं! उनसे तो पहले ही आया हूँ! एक वो क्लर्क है जिसे मैं लेट आने पर या किसी और वजह से टोकता हूँ तो वो उलटा मुझे धमकाता है—"खबरदार जो मेरे पर अफसरी झाड़ी, मैं बड़े साहब का आदमी हूँ।"

"क्या!"—सीआरएम गुस्से से बोला—"मेरा कोई आदमी नहीं है।"

"होना भी नहीं चाहिए। लेकिन कहने वाला तो कहता है न! कहने वाले तो कहते हैं न!"

"गलत कहते हैं। आप क्या एक्शन लेते हैं?"

"किस पर एक्शन लूँ? मेरे अलावा सारे तो साहब के आदमी हैं!

"ऐसी कोई बात नहीं है।"

"अब आप आए ही हुए हैं, एक्शन की कोई मिसाल कायम करके जाइएगा, उसी पर मैं अमल किया करूँगा।"

वो घिर गया था। मजबूरन उसे रुकना पड़ा।

उसने सारे लेटकमर्स का खुद हाजिरी रजिस्टर में रैड क्रॉस लगाया और एक घंटे की छुट्टी अप्लाई करने को बोला।

बस, बोला।

पता नहीं उनकी वो छुट्टी बाद में कटी या नहीं।

"सर"—मैं जानबूझकर अनजान बनता बोला—"आपने बताया नहीं, कैसे आए सवेरे-सवेरे?"

उसने जवाब न दिया।

"इजाजत दें तो मैं बताऊँ?"

उसने सकपका कर मेरी तरफ देखा।

"आप मेरी वजह से आए, क्योंकि किसी लाडले ने, किसी 'साहब के आदमी' ने, आपको खबर की कि मैं लेट आता हूँ। अपने इस मिशन की खातिर मुझे सजावार

ठहराने से पहले आपने खुद को सजा दी।"

"क्या!"

"नार्मल टाइम से आधा-पौना घंटा पहले तो घर से चले होंगे न इस खराब मौसम में, ताकि मेरे से पहले यहाँ पहुँच सकें!"

उसने अवाक् मेरी तरफ देखा।

"आपकी खुफिया रिपोर्ट गलत है। मैं अंग्रेज के टाइम का पैदा हुआ शख्स हूँ। आदतन नापसन्द करता हूँ मैं डंडीमार नौकरी को।"

"मिस्टर पाठक, यू आर इमपॉसिबल।"

भुनभुनाते हुए उसने जाने के लिए पीठ फेरी।

"सर, वो चाय...!"

उसने जवाब न दिया।

उसकी कार तक मैं उसे छोड़ने गया। उसके लिए बाकायदा मैंने पीछे का दरवाजा खोला।

मेरी उस मुस्तैद सबार्डीनेशन को वो कतई खातिर में न लाया।

फिर कभी सुबह साढ़े नौ बजे वो अंसारी रोड ऑफिस में न आया।

□

कहते हैं सरकारी मुलाजमत में लोगों की नाफर्मानी की आदतें इतनी पक्की हो जाती हैं कि उन्हें कोई सीधा नहीं कर सकता। ये बात कितनी गलत थी, इसको कलकत्ता ब्रांच से ट्रांसफर हुए एक बंगाली रिजनल मैनेजर ने साबित करके दिखाया, जो कि बहुत थोड़ा अरसा ही—सिर्फ पाँच महीने—दिल्ली रिजनल ऑफिस में ठहरा था लेकिन उतने में ही उसने सबको तीर की तरह सीधा कर दिया था।

उनको भी जिन्होंने 'साहब का आदमी' बनने की कोशिश की।

रिजनल ऑफिस का दस्तूर था कि जो नया बड़ा साहब आता था वो सबसे पहले रिजनल ऑफिस के तमाम अधिकारियों और कर्मचारियों से मिलता था और सबका बारी-बारी परिचय प्राप्त करता था, भले ही एक का भी परिचय याद न रख पाए। लेकिन बंगाली बड़ा साहब ने ऐसी कोई कोशिश न की। वो आया और आकर अपने केबिन में—जो उसके टाइम में मेन हॉल में ही होता था—जाकर बैठ गया, उसने कर्मचारियों से क्या, सारे अधिकारियों से भी मिलने की कोशिश न की। उसने रिजनल ऑफिस में पहली घोषणा ही ये की कि कोई स्टॉफ या अधिकारी बिना तलब किए गए उसके पास न फटके, वो सिर्फ बाजरिया सैक्शन हैड्स स्टॉफ से डील करेगा।

वो एक नई बात थी। जिनका 'साहब का आदमी' होने का दावा होता था,

वो सारे दूसरे बड़े साहब लोगों के तो सिर पर नाचते ही थे, चपरासी तक जा के उनके सिर पर खड़ा होता था।

बंगाली साहब ने ऐसी छूट किसी को न दी।

फिर उसने कनॉट प्लेस ऑफिस के क्लर्कों को सीधा किया।

वो जिसके काम में खामी पाता था, उसे अपने पास नहीं बुलाता था, खुद जाकर उसके सिर पर खड़ा होता था और उसे बाँह से पकड़कर हिलाता था—"ए! ठीक से काम क्यों नहीं करता?"

कहने का अन्दाज ऐसा होता था कि वो क्लर्क अन्दर से भी हिल जाता था।

मेरा उससे पहली बार वास्ता उसके रिजनल ऑफिस जॉयन करने के एक महीने बाद पड़ा था।

मैं किसी काम से कनॉट प्लेस ऑफिस गया था और हॉल में एक टाइपिस्ट के पास खड़ा था; वो अपने केबिन में बैठा था जिसका दरवाजा वो हमेशा खोल के रखता था। इत्तफाक से मेरा उससे आई कान्टैक्ट हो गया तो उसने हाथ के इशारे से मुझे अपने पास बुलाया।

मेरा दम निकल गया। उसके सख्त और रूखे मिजाज के चर्चे तो सब जगह थे, मैं यही समझा कि जरूर मेरे से कोई गलती हुई थी जो पकड़ी गई थी।

झिझकता-सा मैं उसके पास पहुँचा, मैंने सादर उसका अभिवादन किया।

"कौन है?"—वो बोला।

हे भगवान! ये कैसा सवाल था! मुझे क्या वो कोई गेट क्रैशर समझ रहा था जो उसके टाइपिस्ट को डिस्टर्ब कर रहा था।

"एस एम पाठक है, सर।"—मैं बोला।

"क्या काम देखता है?"

'करता है' न बोला वो। यानी अधिकारी तो वो मुझे तसलीम कर रहा था। सरकारी दफ्तरों में कर्मचारी काम 'करते हैं', अधिकारी काम 'देखते हैं'।

"मैं परचेज इंचार्ज हूँ, सर।"

"ओह! उधर अंसारी रोड ऑफिस में बैठता है?"

"यस, सर।"

"सिग्रेट पीता है?"

"नहीं, सर।"

"जो ऑफिसर सिग्रेट पीता है, उसको इधर बुला के ला।"

बाद में मालूम पड़ा कि वो हैवी स्मोकर था और उसके पास अपने सिग्रेट खत्म थे।

बाद में ये भी मालूम हुआ कि उसको लोकल लैंग्वेज में प्रॉब्लम थी इसलिए वो खुद कम बोलता था और दूसरे को कम बोलने देता था।

लेखक पुत्र के साथ दुबई में

जल्दी ही मेरा उससे फिर वास्ता पड़ा।

मेरा एक कलीग था जो इसलिए आउट ऑफ दि वे अपना काम कराना अपना अधिकार मानता था क्योंकि वो ग्रेड वन अफसर था। उसने एक बार मुझे अपना ऐसा कन्वेंस बिल दिया—दिया क्या, मेरे सामने मेज पर फेंका—जिस पर नियमानुसार किसी उच्चाधिकारी की एनडोर्समेंट नहीं थी। इसी वजह से उसने बिल उन क्लर्क को नहीं दिया था, जिसके पास मेरी सब-इम्प्रेस्ट होती थी कि वो, या मैं, बिल को बाद में एनडोर्स करा लेगा और पेमेंट वो तुरन्त चाहता था।

मैंने उसे अनएनडोर्स्ड बिल की पेमेंट करने से इनकार कर दिया।

वो भुनभुनाता हुआ सीधा कनॉट प्लेस ऑफिस में गया और उसने वहाँ बिग बॉस से मेरी शिकायत कर दी कि मैं इम्प्रैस्ट होल्डर होने का नाजायज फायदा उठा रहा था, मैंने जानबूझकर उसे पेमेंट नहीं की थी।

फौरन मुझे बंगाली साहब का फोन आया।

"यू कम हेयर दिस मिनट।"

और फोन बन्द।

गोली की रफ्तार से मैं कनॉट प्लेस ऑफिस पहुँचा जहाँ ढिठाई की मिसाल बना वो शिकायतकर्ता बैठा था—जैसे अभी मुझे काले पानी भिजवा के ही मानेगा।

"ए!"—बंगाली साहब बोला—"पेमेंट क्यों नहीं करता?"

"क्योंकि इसका बिल इन अन्डर नहीं था।"—मैं शान्ति से बोला।

"वाट वाज़ आउट ऑफ ऑर्डर।"

"उस पर इसके सीनियर ऑफिसर की एनडोर्समेंट नहीं थी। ये कहता है ये

ऑटो पर एयरपोर्ट गया था और लौटा था। मुझे क्या पता ये गया था या नहीं! इसका अफसर जर्नी एनडोर्स करेगा तो मुझे पता लगेगा। इम्प्रैस्ट होल्डर की हैसियत से मैं सरकारी पैसे का कस्टोडियन हूँ, किसी की धौंस में आकर मैं आउट ऑफ दि वे उसे डिस्ट्रीब्यूट नहीं कर सकता।"

"यू आर राइट। बिल किधर है!"

"मेरे पास है।"

मैंने बिल पेश किया।

जो तोप मेरे पर चल रही थी, अब उसका रुख शिकायतकर्ता की तरफ हो गया जिसके मुँह से धृष्ट मुस्कराहट तब तक पुँछ चुकी थी।

"जब बिल एनडोर्स्ड नहीं है तो काहे वास्ते पेमेंट को दिया?"—बंगाली साहब सख्ती से बोला।

"सर, बिल डीलिंग क्लर्क एनडोर्स करा लेता है।"—वो हड़बड़ाया-सा बोला।

"ये क्लर्क का काम? ट्रैवल वो किया? पेमेंट वो रखेगा पास? बोगस कम्पलेंट करता है? बिल ले के जाओ अपना। जब एनडोर्स हो तो देना।"

"सर, मेरा ऑफिसर टूर पर है।"

"सो? हैवन विल फाल इफ यू गैट पेमेंट आफ्टर हिज़ रिटर्न! गो अवे एंड बी केयरफुल विद कम्पलेनिंग अबाउट अदर्स।"

मैं बहुत खुश हुआ।

कोई तो बड़ा साहब ऐसा आया था जिसका किसी से मुलाहजा नहीं था, जो किसी का तरफदार नहीं था।

और जिसने मुझे सपोर्ट किया था। पहले तो ऐसा कभी नहीं हुआ था! पहले तो हमेशा मैं 'मिस्टर आलवेज रॉंग' था!

एक एकाउंट असिस्टेंट ने मेरा टैक्स डिडक्शन का एकाउंट गलत बनाया। मैंने बंगाली साहब को दिखाया कि उसमें कितनी स्थूल गलतियाँ की गई थीं तो उसने एकाउंट असिस्टेंट को बुलाया और उसे वो गलतियाँ दिखाईं।

"हीं हीं हीं।"—वो अपनी स्थापित आदत के मुताबिक बात को हल्के से लेता बोला—"टाइपिस्ट ने गलत टाइप कर दिया।"

"शट अप!"—बंगाली साहब बोला—"जब तक तुम साइन नहीं किया, टाइपिस्ट रिस्पांसिबल, तुम ब्लडी साइन कर दिया तो तुम रिस्पांसिबल। साइन करने से पहले चैक काहे वास्ते नहीं किया! गो एंड ब्रिंग करैक्टिड वर्शन इन टैन मिनट्स।"

उसने ऐसी जुबान, ऐसी फटकार कभी सुनी नहीं थी, वो दस मिनट से पहले करैक्ट वर्शन लेकर आया।

ऑफिस की कार और ड्राइवर पर रिजनल हैड का एकाधिकार होता था। मुश्किल से ही किसी दूसरे अधिकारी को वो इस्तेमाल के लिए मिलती थी। और कार के एकाधिकार की तरह ड्राइवर को वो अपने चौबीस घंटे का मुलाजिम समझता था। बीवी ने इतवार को सब्जी खरीदने जाना हो तो ड्राइवर कार उसके घर ले के आता था।

बंगाली साहब के टेन्योर के दौरान एक नयी मारुति कार रिजनल ऑफिस के लिए—रिपीट, रिजनल ऑफिस के लिए, रिजनल मैनेजर के लिए नहीं जबकि दूसरे रिजनल हैड उसे अपने लिए ही समझते थे—इशू हुई। कार की चाबी के साथ वो एडमिनिस्ट्रेशन के असिस्टेंट के पास गया और चाबी उसकी टेबल पर फेंकता बोला—"तुम रखो। जिसको जरूरत हो उसको कार देना। स्टोर में बोलो कि इंस्टालेशन प्लेस पर फिटिंग मैटीरियल, वायर वगैरह इसमें जाएगा, ऑटो का, टेम्पो का बिल नहीं बनाने का।"

यानी कार बाकी अफसरों को ही नहीं, माल ढोने के लिए मकैनिक लोगों को भी उपलब्ध थी।

"सर, आप...।"—असिस्टेंट ने कहना चाहा।

"हम क्या करेगा कार का! अकेला तो है इधर! फैमिली तो लाया नहीं! बस पर जाता है। पहुँचने में लेट भी हो जाएगा तो क्या प्रॉब्लम है?"

असिस्टेंट अवाक्।

कैसा बड़ा साहब था! कार उपलब्ध होते बस पर घर जाता था!

दफ्तर में एक सिख सीनियर टैक्नीकल असिस्टेंट था, शिक्षा के क्षेत्र में जिसकी निचले स्तर पर भी हाजिरी संदिग्ध थी लेकिन हर किसी से अंग्रेजी में बात करता था, देश-विदेश घूमा हुआ था फिर भी विस्की को वाइन कहता था। ऑफिस में वो क्या काम करता था, ये कोई गहन रिसर्च के बाद ही बता सकता था। टिपीकल 'साहब का आदमी' था इसलिए कोई उसे टोकता नहीं था। फिर भी कोई मेरे जैसा ईडियट काम की बाबत उसे टोकता था तो उसका एक ही जवाब होता था—"मैं साहब का आदमी हूँ, मेरे मुँह लगने की जरूरत नहीं है।" साहब का हवाला कारगर नहीं होता था तो दुहाई देने लगता था कि वो माइनारिटी कम्यूनिटी से था इसलिए उसे परेशान किया जा रहा था। फिर भी अफसर का इसरार ठंडा नहीं पड़ता था तो धमकीभरे लहजे से कहता था—"आई विल गो टु बूटा सिंह।"

सरदार बूटा सिंह उन दिनों केन्द्र में गृहमंत्री थे।

उस आखिरी तुरुप के पत्ते के साथ मामला ठंडे बस्ते में पड़ जाता था।

कनॉट प्लेस में सारे दफ्तर को मालूम था कि वो ऑफिस टाइम में पासपोर्ट बनवाने का, वीसा लगवाने का अपना प्राइवेट धन्धा करता था, इस काम के लिए

दफ्तर के टेलीफोन इस्तेमाल करता था और सारा दिन टेलेक्स पर उसके पासपोर्ट, वीसा के तालिब क्लायंट्स के मैसेज, लैटर वगैरह आते थे।

उसकी बदकिस्मती से पहली बार में ही बंगाली साहब के साथ उसका गम्भीर वास्ता पड़ गया।

साहब ने इंटरकॉम का बजर दबाकर बाहर बैठी अपनी पीएस को कोई अर्जेंट नम्बर मिलाने को बोला जो अर्जेंटली न मिलाया गया तो वो अपने केबिन से उठकर बाहर बैठी अपनी पीएस के पास पहुँचा और अपने स्वभावगत रूखे लहजे में बोला—"ए! फोन क्यों नहीं मिलाती?"

उस घड़ी सिख एसटीए एक फोन का रिसीवर कान से लगाए खड़ा था और दूसरा रिसीवर उसके सामने फोन से अलग टेबल पर पड़ा था।

"कैसे मिलाऊँ?"—पीएस कलप कर बोली—"दो तो फोन हैं। एक पर इसकी कॉल आई हुई है और दूसरे से ये खुद कॉल कर रहा है।"

साहब ने फोन को एसटीए के हाथ से नोच कर अलग किया और उसे क्रेडल पर रखा। दूसरा फोन मेज पर से पीएस ने खुद उठा लिया और कॉल डिसकनैक्ट करके नम्बर डायल करने लगी।

"कौन है?"—साहब बोला।

एसटीए ने अपना नाम बताया।

"ऑफिसर है?"

"नहीं, सर। मैं..."

"इधर सीट है?"

"नहीं, सर। वो तो दरियागंज ऑफिस में..."

"इधर क्या करता है?"

"सर, मुझे कुछ काम है यहाँ इसलिए..."

"किधर काम है?"

"एकाउंट्स में।"

"तो मेरी पीएस के सिर पर क्यों खड़ा है?"

"सर, मैं टेलीफोन करने के लिए..."

"नो! दीज टेलीफोंस आर नॉट फॉर यू। डोंट टच दैम। डोंट यू ऐवर स्टैंड नियर माई पीएस। अंडरस्टैंड?"

"सर, मैं तो..."

"नो! यू गो टु बूटा सिंह।"

हकबकाई सैक्रेट्री के पास से उसे हटाकर वो अपने केबिन में चला गया।

सरदार को पड़ी दुर्लभ फटकार की मौज सारे ऑफिस ने ली। उसकी बहुत किरकरी हुई कि कैसे नये बिग बॉस ने एक ही झटके में उसके सारे कलपुर्जे ढीले

कर दिए थे, उसकी ऐंठ के सारे बल निकाल दिए थे।

उस बात से भड़क कर उसने खूब वाही तबाही बकी।

उसकी भी खबर बंगाली साहब के पास पहुँच गई।

दो बजे तक उसे कोटा ट्रांसफर का ऑर्डर सर्व हो गया।

उसके होश फाख्ता हो गए। चुटकियों में सारे कस बल निकल गए। उसने बंगाली साहब से मिलने की कोशिश की तो ऐसा होने न दिया गया।

चार बजे साहब किसी काम से केबिन से बाहर निकला तो वो लपक कर उसके रूबरू हुआ।

"गैट अवे।"—साहब ने घुड़का।

"साहब मेरी पाँच बेटियाँ हैं। मैं कोटा नहीं जा..."

"यू गॉट दि ट्रांसफर ऑर्डर। यू हैव टु गो।"

"सर, मैं नहीं जा सकता। मैं..."

"दैन रिजाइन।"

"सर, आप सुनिए तो सही!"

"नो! आई आलसो हैव ए फैमिली। मैं कलकत्ता से इधर अपनी मर्जी से आया?"

"सर, मैं..."

"यू गो टु बूटा सिंह। एंड गैट माई ट्रांसफर रिवर्स्ड। तब मैं तुम्हारा ट्रांसफर ऑर्डर वापिस लेगा। गैट अवे, नाओ।"

सरदार परे हटा।

इस बार भी उसकी दुरगत का तमाशा सारे दफ्तर में देखा।

उसने परेशानहाल, पहलू बदलते छः बजने का इन्तजार किया और फिर साहब के केबिन में घुस गया और उठकर रुखसत होने की तैयारी करते साहब के कदमों में ढेर हो गया। उसने मजबूती से साहब के टखनों के करीब से दोनों पाँव पकड़ लिये।

"ए!"—साहब ने घुड़का—"क्या करता है?"

"साहब, रहम..."

"पाँव छोड़ो।"

"साहब, नहीं छोड़ूँगा।"

"छोड़ो।"

"तभी छोड़ूँगा जब आप मेरी खता माफ करेंगे और ट्रांसफर ऑर्डर वापिस लेंगे।"

"नो!"

"साहब, मैं आपके कदमों में जान दे दूँगा।"

"नो!"

"साहब मैं आपकी शरण में आया हूँ। कैसे आप शरणागत को नाउम्मीद कर सकते हैं?"

"आई डोंट अंडरस्टैंड युअर लिंगो। पाँव छोड़ो।"

"साहब, नहीं छोड़ूँगा। तभी छोड़ूँगा जब एक बार, सिर्फ एक बार आप मुझे माफ करेंगे और ट्रांसफर ऑर्डर वापिस लेंगे।"

उस सारे वाकये का गवाह साहब का चपरासी था, जिसने चटखारे ले-ले कर वो वाकया अगले रोज सारे दफ्तर को सुनाया था और बताया था कि सरदार ने सच में ही बड़े साहब के पाँव तब छोड़े थे जब उन्होंने ट्रांसफर ऑर्डर वापिस लेना कुबूल कर लिया था।

ऐसा ही करतबी था वो सरदार।

और फिर 'अजगर करे न चाकरी पंछी करे न काम' जैसे मिजाज वाला रिजनल ऑफिस में वो अकेला भी तो नहीं था। उसके अलावा और भी थे जिनको 'साहब का आदमी' होने का गुमान था।

वो गुमान बंगाली साहब की सदारत में अलबत्ता कायम न रह सका।

बहरहाल साहब की कलकत्ता ऑफिस में वापिस ट्रांसफर हुई तो कनॉट प्लेस ऑफिस में स्टॉफ को सुख का साँस आया।

□

मैं ग्रेड थ्री ऑफिसर बन जाने के बाद भी परचेज का ही इंचार्ज रहा।

लेकिन वो एक तरह से मेरे से तब से नाखुश, जब मैंने उसके नाम दर्ज 13 टेलीफोन एडजस्ट नहीं किए थे और वो बात तमाम अफसरान के सामने उसके मुँह पर कही थी, सीआरएम की मेरे लिए सजा थी, पनिशमेंट पोस्टिंग थी।

मुझे अंसारी रोड ऑफिस की पहली मंजिल पर एक आठ बाई आठ फुट का केबिन हासिल था, जिसमें जो टेलीफोन था, वो भी मुझे बगल में स्थित रिपेयर लैब से शेयर करना पड़ता था। सवेरे ऑफिस खुलने पर एक डेली वेजिज पर रखा बन्दा मेरी टेबल की अहसान करके झाड़-पोंछ करने आता था जो कि बाकी सारा दिन मुझे शक्ल नहीं दिखाता था। कुछ टाइप कराना हो तो मुझे कनॉट प्लेस ऑफिस जाना पड़ता था, जहाँ मुझे कोई टाइपिस्ट असाइन्ड नहीं था, मुझे किसी-न-किसी की पर्सनल लैवल पर चिरौरी करके अपना काम निकलवाना पड़ता था। कभी वैसे काम नहीं निकलता था तो मैं खुद टाइप करता था क्योंकि संयोगवश टच सिस्टम से टाइप करना मुझे आता था।

मैं सीआरएम को अपनी दुश्वारी की बाबत बोलता था तो वो हाँ हूँ कर देता था, उस बाबत करता कुछ नहीं था।

एक साल यूँ ही गुजरा।

फिर मेरी बाबत नई शिकायतें सिर उठाने लगीं। मसलन :

- मेरे से लड़कियाँ मिलने आती थीं—और जब ऐसा होता था तो मैं केबिन को भीतर से कुंडी लगा लेता था।
- मैं ऑफिस टाइम में दरवाजा भीतर से बन्द करके केबिन में ड्रिंक करता था।
- दरवाजा बन्द करके मैं भीतर नावल लिखता था।

उन बातों के चैक करने के लिए भी एक दिन दोपहरबाद सीआरएम ने *छापा* सा मारा।

पहली नाउम्मीदी तो उसे ये हुई कि उसे मेरे केबिन का दरवाजा भिड़का हुआ तो मिला, लेकिन भीतर की तरफ से लॉक्ड न मिला।

दूसरी नाउम्मीदी ये हुई कि उसने भीतर मुझे अकेला पाया और एक ट्रांजिट फाइल पर काम करते देखा।

मैंने उठकर उसका अभिवादन किया और उसके लिए अपनी कुर्सी पेश की।

वो मेरे सामने एक विजिटर्स चेयर्स पर बैठ गया।

"दरवाजा बन्द क्यों रखते हो?"—वो बोला।

"बन्द नहीं रखता।"—मैं सहज भाव से बोला—"भिड़का के रखता हूँ।"

"वो भी क्यों?"

"क्योंकि दरवाजा खुला हो तो मई-जून की तेज धूप सीधी आँखों को पड़ती है। आप मेरी सीट पर आकर, दरवाजा खोल कर बैठिए, दस मिनट में आजिज आ जाएँगे।"

"हूँ।"

"मैंने चिक के लिए दरख्वास्त दी थी जो कि रिजेक्ट हो गई थी, जबकि चिक सिर्फ अस्सी रुपये की आती है। आप यहाँ आए हुए हैं, मैं चिक के लिए नयी दरख्वास्त लिखता हूँ, अभी पास कर जाइए, कल से दरवाजा भिड़का हुआ भी नहीं मिलेगा।"

"हूँ।"

"मैं आपके लिए चाय मँगाऊँ? या कोल्ड ड्रिंक!"

"नहीं।"—एकाएक उसका स्वर आत्मीयतापूर्ण हो उठा—"विस्की पिला।"

"ठीक है। शाम को मैं कनॉट प्लेस ऑफिस आता हूँ, फिर आपके साथ प्रैस क्लब में..."

"यहीं पिला।"

"आप शाम को यहाँ वापिस आएँगे?"

"अभी पिला।"

"आप...ऑफिस टाइम में, लगे हुए ऑफिस में ड्रिंक करेंगे?"

"तू भी तो करता है?"

"ओह! तो फिर कोई खुफिया खबर मिली!"

"बोतल निकाल।"

"बोतल यहाँ नहीं है लेकिन आप इस बाबत सीरियस हैं तो मैं...मँगाता हूँ।"

"मैं अभी तेरे डैस्क ड्राअर्स की और अलमारी की तलाशी लूँ तो बोतल नहीं मिलेगी?"

मैंने जवाब न दिया, मैं उठा और बाहर जाकर छज्जे पर खड़ा हो गया।

"लीजिए।"—मैं बोला।

उसने ऐसी कोई कोशिश न की।

"आ के सीट पर बैठो।"—उसने आदेश दिया।

मैं वापिस आकर सीट पर बैठा।

"हूँ।"—वो अनिश्चित भाव से बोला।

"क्या हूँ?"

उसने जवाब न दिया।

"मैं कुछ अर्ज करूँ?"

"बोलो।"

"आपको मालूम है दरियागंज ऑफिस में सेल्स ऑफिसर शर्मा भरी दोपहर ऑफिस में ड्रिंक करता है! पूरे बारह बजे मेज के टॉप के दाएँ दराज को आधा खोल कर उसमें पैग बना के रख लेता है और काम करता चाय-कॉफी की तरह चुसकता है?"

"उसको वार्निंग मिली है।"

"गुड! तो वो वार्न हो गया है! अब बारह बजते ही घूँट लगाना शुरू नहीं कर देता?"

"उसकी प्रॉब्लम है। अल्कोहलिक हो गया है। फिर शर्मिन्दा है। ऊपर से साल में रिटायर होने वाला है।"

"मैं चार साल में रिटायर होने वाला हूँ। मेरा एक-चौथाई तो लिहाज कीजिए।"

वो खामोश रहा।

"बगल के स्टोर का स्टोरकीपर"—मैंने नयी मिसाल दी—"पाँच बजे अद्धा पी के टुन्न हो गया और स्टोर खुला छोड़ के घर चला गया क्योंकि नशे में समझा था कि छ: बज गए थे। मैंने स्टोर की बत्तियाँ बुझाई थीं और बाजार से नया ताला मँगवा कर स्टोर को लगाया था।"

उसके नेत्र फैले।

"घंटे भर में नशा कदरन उतरा था तो बद्हवास आश्रम से ऑटो कर के वापिस लौटा था।"

लेखक संजीव कुमारियन पोज में

"मुझे इस बात की खबर नहीं।"

"होती तो क्या करते?"

"मिस्टर पाठक, आर यू कालिंग फॉर माई एक्सप्लेनेशन?"

"नो, सर। नैवर, सर। आई एम सॉरी इफ यू फैल्ट सो।"

"हूँ।"

"नाओ, मे आई हम्बली आस्क यू ए क्वेश्चन?"

"पूछो।"

"आपने यहाँ की तलाशी लेने की कोशिश न की लेकिन कोशिश करते और बोतल बरामद होती तो इसका क्या मतलब निकालते?"

"मतलब तुम्हें बताने की जरूरत है?"

"है न! तभी तो पूछ रहा हूँ!"

"तो इसका मतलब होता कि मेरी इंफर्मेशन सच है, तुम ऑफिस टाइम में ड्रिंक करते हो।"

"आपका मतलब है कि बोतल में से विस्की निकाली जाए तो उस पर ये भी दर्ज हो जाता है कि वो कब, कितने बजे निकाली गई!"

"मिस्टर पाठक, डोंट आर्ग्यू। दफ्तर में बोतल रखने का या बोतल लाने का कोई मतलब नहीं, अगरचे कि उसको यूज करने की मंशा न हो।"

"लेकिन गन रखने का मतलब है!"

"क्या?"

"आपका लाडला एसटीए सरदार बत्तीस कैलीबर की लोडिड स्मिथ एंड वैसन गन रोज अपने ब्रीफकेस में रखकर ऑफिस आता है और गर्व से आपकी नाक के नीचे कनॉट प्लेस ऑफिस में गन निकालकर सबको दिखाता है।"

"उसके पास लाइसेंस है।"

"वो जुदा मसला है लेकिन आपकी लॉजिक के मुताबिक तो उसकी डाका डालने की, ऑफिस का कैश लूटने की मंशा होनी चाहिए। नो!"

उसे जवाब न सूझा।

"मैं चलता हूँ।"—एकाएक वो उठ खड़ा हुआ।

"एक मिनट और बैठिए, प्लीज़।"

"क्यों?"

"मैं आपको एक जोक सुनाना चाहता हूँ।"

"क्या!"

"एक जोक सुनाना चाहता हूँ, सर। जोक तो कोई वैपन ऑफ ऑफेंस नहीं बन सकता!"

"सुनाओ।"

"आप स्टिल—एस टी आई डबल एल—समझते हैं?"

"नहीं।"

"एन अप्रैटस फार डिस्टिलिंग अल्कोहलिक ड्रिंक्स। शराब खींचने के उपकरण को स्टिल कहते हैं। जोक स्टिल से रिलेटिड है, इसलिए इसका मतलब समझना जरूरी था।"

"मैं समझ गया। आगे बोलो।"

"अमेरिका में प्रोहिबिशन के दिनों में एक आदमी के घर में स्टिल पकड़ी गई। उसे गिरफ्तार करके कोर्ट में पेश किया गया क्योंकि घर में स्टिल होने का मतलब था कि वो घर में शराब खींचता था। उसने कोर्ट में फरियाद पेश की कि ऐसा नहीं था, वो एंटीक कलैक्टर था और कलैक्टर्स आइटम के तौर पर वो स्टिल उसके घर में मौजूद थी, न कि इस्तेमाल के लिए। जज को उसकी फरियाद मंजूर न हुई, उसने यही रूलिंग दी कि उसके पास औजार था इसलिए वो उसे इस्तेमाल भी करता था।

"दि अक्यूज्ड हैड दि इक्वीपमेंट, सो ही कुड बी यूजिंग इट टू।"

"इन दैट केस, योर ऑनर, यू माइट ऐज वैल चार्ज मी फॉर दि रेप ऑफ युअर डाटर।"

"वाट! यू हैव रेप्ड माई डाटर?"

"नो, सर। बट आई हैव दि इक्विमेंट।

"दिस जोक इज ए वर्ड टु रिवाइज़, सर।"—मैं बोला।

"मे बी यू हैव ए प्वायंट देयर।"—वो एक क्षण ठिठका, फिर यूँ बोला जैसे कोई भूली बात याद आ गई हो—"तुमने फाइनांस मैनेजर को परचेज की फाइल देने से मना क्यों किया?"

"इंडैक्स फाइल देने से मना किया।"—मैं बोला।

"उससे भी क्यों मना किया? जब वो माँगता है तो..."

"सर, आप उससे तीन ग्रेड सीनियर हैं, चीफ रिजनल मैनेजर हैं, नार्दर्न रिजन के टॉप बॉस हैं, परचेज की कोई इंडेक्स फाइल आप भी माँगेंगे तो मैं आपको नहीं दूँगा।"

"क्या!"—वो यूँ हड़बड़ाया जैसे जो सुना हो, उस पर यकीन न आ रहा हो।"

"इस बाबत मेरे पास हैड ऑफिस का ऑर्डर है। अभी दिखाता हूँ।"

मैंने एक फ्लैट फाइल एक जगह से खोलकर उसके सामने रखी।

"ये देखिए।"—फिर बोला।

"क्या है ये?"—वो बोला।

"हैड ऑफिस का सर्कुलर है। आप ही ने मुझे मार्क किया है।"

"क्या है इसमें?"

"वही है जो मैंने अभी जुबानी कहा। खुद पढ़िए।"

"मेरे रीडिंग ग्लासिज पास नहीं हैं। तुम बोलो।"

"इसमें परचेज अधिकारियों के लिए हिदायत है कि परचेज की तमाम इंडेक्स फाइल्स अंडर लॉक एंड की रखी जानी है। किसी सूरत में भी कोई किसी को सौंपी जानी नहीं है। अगर किसी दूसरे सैक्शन हैड को उनमें से किसी में कुछ देखना है तो वो अपनी जरूरत को स्पैसीफाई करे फिर उसकी दरकार डाक्यूमेंट्स की फोटोकॉपीज़—रिपीट, फोटोकॉपीज़—उसे मुहैया कराई जाएँ। वो फिर भी ओरीजिनल्स को देखना चाहे तो वो परचेज में जाकर परचेज ऑफिसर के सामने देखे। ऐसी कोई फाइल किसी भी सूरत में किसी को सौंपी न जाए।"

"ये सब इसमें लिखा है?"—वो संदिग्ध भाव से बोला।

"जी हाँ। इसी में से पढ़ रहा हूँ! मैं आपको फोटोकॉपी..."

"जरूरत नहीं। तो तुम इंडेक्स फाइल मुझे भी नहीं दोगे?"

"मैं अपने टॉप बॉस से ऐसी बेअदबी करने की जुर्रत नहीं कर सकता। आप कोई इंडेक्स फाइल माँगेंगे तो मैं खुद उसे लेकर कनॉट प्लेस ऑफिस में आपके पास हाजिर होऊँगा। आपने फाइल में जो देखना होगा, देख चुके होंगे तो फाइल लेकर वापिस लौटूँगा।"

"लेकिन सीआरएम के पास, मेरे पास, छोड़ के नहीं जाओगे?"

"नो, सर। हैड ऑफिस का ये ऑर्डर यही कहता है कि मैं ऐसा न करूँ। इंडेक्स फाइल को अपनी निगाहों से दूर न होने दूँ।"

"ये अकैडेमिक ऑर्डर है। आपसदारी में एक दूसरे को अकामोडेट करना पड़ता है।"

"ऐसा करने के नतीजे गम्भीर हो सकते हैं।"

"खामखाह!"

"मैं आपको एक मिसाल देता हूँ।"

"दो।"

"कई बार ऐसा होता है कि जरूरत की अर्जेंसी को महसूस करते हुए आप कोई ऑर्डर फौरन जारी किया जाना जरूरी समझते हैं लेकिन फाइनांस मैनेजर को उसके किसी पहलू से इत्तफाक नहीं होता तो आप किसी-न-किसी तरह से उसे तैयार कर लेते हैं कि वो केस को ओके कर दे और फाइल को फाइनांस की तरफ से एनडोर्स कर दे। आपके मुलाहजे से दबा फाइनांस मैनेजर ऐसा कर देता है। ऑर्डर इशू हो जाता है लेकिन एफएम कम्फर्टेबल फील नहीं करता, समझता है कुछ गलत हो गया है, आगे चलकर कोई पंगा पड़ सकता है, उसे वैसा नहीं करना चाहिए था। बाद में किसी वक्त—महीने बाद, दो महीने बाद—वो परचेज से इंडेक्स फाइल अपने पास मँगाता है और चुपचाप उस केस में से अपनी एनडोर्समेंट गायब कर देता है—या वो वर्क शीट ही गायब कर देता है जिस पर कि उसकी एनडोर्समेंट होती है—तो इंडेक्स फाइल लौटने पर मुझे इस बात की फौरन खबर लगेगी?"

उसने अवाक् मुझे देखा।

"हर इंडेक्स फाइल में 30-40 केस होते हैं। मैं जान पाऊँगा कि कौन से केस के साथ उसने क्या हरकत की! फर्ज कीजिए उस केस में बाद में सच में कोई पंगा पड़ता है—कोई गौरमेंट ऑडिट ऑब्जेक्शन होती है, या हैड ऑफिस से कोई उसके बारे में क्वेरी आती है—तो जानते हैं क्या होगा? केस पर फाइनांस मैनेजर की हामी कहीं दर्ज नहीं मिलेगी। पूछे जाने पर वो बड़े इत्मीनान से कह देगा कि जहाँ तक उसे याद पड़ता था, उसे तो वो फाइल दिखाई ही नहीं गई थी। तब कैसे आप उसका मुँह पकड़ पाएँगे, उसकी गलतबयानी को चैलेंज कर पाएँगे?"

वो खामोश रहा।

"परचेज की फाइल में किसी के लिए ऐसा कुछ नहीं होता जिसकी फोटोकॉपी से उसका काम न चल सके। पूछने पर एफएम बताता नहीं कि उसे इंडेक्स फाइल क्यों चाहिए। बस, हुक्म करता है फलाँ इंडेक्स फाइल मेरे पास भेज दो। क्यों भेज दो? अगर उसकी जिद है कि ओरीजिनल्स को ही बाँचना है तो यहाँ आए, बाँच के जाए।"

"वो तेरे से सीनियर है।"

"सिर्फ एक ग्रेड सीनियर है। आप जितना सीनियर नहीं है।"

"सुना है तू जासूसी नावल लिखता है!"

"जी हाँ।"

"तभी!"

बहुत बुरे मूड में वो वहाँ से रुखसत हुआ।

□

निरन्तर उपेक्षा से आजिज आकर आखिर एक बार मैंने दृढ़ निश्चय से अपनी सीट से सीआरएम को फोन किया और उसे बताया कि मैं कोई बहुत जरूरी बात उससे डिसकस करना चाहता था। उसने मुझे लंच के बाद, तीन बजे आने को बोला।

निर्धारित समय पर मैं उससे मिला।

मेरे हाथ में उसने कोई फाइल न देखी तो उसकी भवें उठीं।

"कोई पर्सनल बात डिसकस करना चाहते हो?"—वो बोला।

"नहीं। मे आई सिट डाउन एंड टॉक?"

"क्या? ओह! ओह यस, प्लीज टेक ए सीट।"

"थैंक्यू सर।"

"अब बोलो।"

"इस ऑफिस से सम्बन्धित कुछ स्टेटिस्टिकल फैक्ट्स मैं आपको सामने रखना चाहता हूँ।"

"रखो।"

"सुनिए। एडमिनिस्ट्रेशन का इंचार्ज मेरी तरह ग्रेड थ्री ऑफिसर है। अपना सैक्शन चलाने के लिए उसके अंडर चार क्लर्क, दो ग्रेड वन ऑफिसर और एक चपरासी है। फाइनांस मैनेजर, जो मेरे से एक ग्रेड सीनियर है, के अंडर चार क्लर्क, एक टाइपिस्ट एक कैशियर, एक ग्रेड टू ऑफिसर, एक ग्रेड वन ऑफिसर और चपरासी हैं। सेल्स मैनेजर भी मेरे से एक ग्रेड सीनियर है, उसके अंडर एक ग्रेड थ्री ऑफिसर, दो ग्रेड वन ऑफिसर, तीन क्लर्क, एक टाइपिस्ट और एक चपरासी है..."

"मिस्टर पाठक"—वो बेसब्रेपन से बोला—"कम टु दि प्वायंट।"

"बट आई एम ऑलरेडी देयर, सर।"

"यू आर टैलिंग मी थिंग्स विच आई आलरेडी नो। आई एलोकेट ड्यूटीज़ टु ऑल।"

"बट यू हैव वैरी कनवीनियंटली फारगाटन वाट यू एलोकेटिड, हाऊ यू ऐलोकेटिड।"

"वाट डू यू मीन?"

"लैट मी फिनिश, लैट मी ड्रा ए कम्पलीट डायग्राम, दैन यू विल वैरी वैल नो वाट आई मीन।"

लेखक (नॉनस्मोकर) लक्की स्ट्राइक के पैकेट के साथ

"बट..."

"एंड प्लीज डोंट फारगैट दैट आई एम हेयर बाई ए प्रापर, अप्रूव्ड अप्वायंटमेंट एंड आई एम नॉट ए पीयन आर ए क्लर्क।"

"ओके, फिनिश युअर पीस।"

"थैंक्यू, सर।

वैसे ही मैंने बाकी के चार सैक्शंस के बारे में सविस्तार उसे बताया।

उसने बोर होते, छुपाए भी बिना कि बोर हो रहा था, सब सुना।

"और मैं"—आखिर में मैं बोला—"जो ग्रेड थ्री ऑफिसर हूँ और डेकोरेटिव टर्म परचेज मैनेजर से नवाजा गया हूँ, तमाम काम अकेले करने के लिए अभिशप्त हूँ। परचेज के महकमे का पीर, बावर्ची, भिश्ती, खर मैं हूँ..."

"आई डोंट अंडरस्टैंड युअर लिंगो। प्लीज स्पीक दि वे आई कैन अंडरस्टैंड यू।"

"यस, सर। अपने महकमे का मैं ही जूनियर ऑफिसर हूँ, मैं ही डीलिंग असिस्टेंट हूँ, मैं ही क्लर्क हूँ, मैं ही टाइपिस्ट हूँ, मैं ही चपरासी हूँ। अब समझ रहे हैं, सर?"

"आगे बढ़ो।"

"आप अर्जेंट लोकल परचेज के लिए जो कमेटी अप्वायंट करते हैं, उसमें तीन सदस्य होते हैं, जिनमें एक परचेज का होना जरूरी होता है जो कि मैं होता हूँ क्योंकि मेरे सिवाय मेरे सैक्शन में कोई है ही नहीं। दूसरा फाइनांस का होता है जो खुद कभी कहीं नहीं जाता, अपने किसी मातहत को कमेटी मेम्बर अप्वायंट कर देता है। तीसरा

उस सैक्शन से होता है, जिसने रिक्वीजिशन रेज़ की होती है। यूँ जो दो कमेटी मेम्बर अप्वायंट किए जाते हैं, वो मेरे से बहुत जूनियर होते हैं लेकिन कभी अंसारी रोड आकर मुझे रिपोर्ट नहीं करते, मुझे यहाँ कनॉट प्लेस उन्हें लेने आना पड़ता है, भले ही वापिस अंसारी रोड की तरफ ही जाना हो। उन साहबजादों को मैं लेने न आऊँ तो वो बतौर कमेटी मेम्बर वर्क करने से इनकार कर देते हैं। इतना ही नहीं, कमेटी का काम हो जाने के बाद उन्हें वापिस कनॉट प्लेस ऑफिस पहुँचाना मेरी जिम्मेदारी है। मैं उन्हें पहुँचाता हूँ फिर भी वो ऑटो कनवेयंस बिल क्लेम करते हैं। फील्ड में उनको उनकी पसन्द का नाश्ता-पानी अपने पल्ले से कराने की जिम्मेदारी भी मेरी होती है।"

"कमाल है! ये बातें मुझे क्यों नहीं मालूम?"

"क्योंकि आपने कभी मालूम करने की कोशिश नहीं की। क्योंकि रिजनल ऑफिस में एस.एम. पाठक है जो कि इंसान का बच्चा नहीं, बीस्ट ऑफ बर्डन है, बिना हुज्जत किए, बिना चाबुक की फटकार सुने चलता है और काम होता रहता है। काम अटके तो ये बातें आपको मालूम हो न!"

"हूँ।"

"मेरे को कोई रिक्वीजिशन मिलती है, मैं उसको प्रॉसेस करता हूँ और केस की ट्रांजिट फाइल बनाकर आपके पास भेजता हूँ...सॉरी, भेजने की कोई सुविधा तो मेरे को उपलब्ध ही नहीं है, खुद ले के आता हूँ। आप उसे फाइनांस को या इनटर्नल ऑडिट को मार्क करते हैं तो फाइल चपरासी को आगे ले जाने को नहीं सौंपते, मेरे से उम्मीद करते हैं कि फाइल लेकर मैं टेबल-दर-टेबल फिरूँ। कोई शिकायत करता है कि परचेज में डिले हो रही है तो मेरा ये जवाब आपको मंजूर नहीं कि मैंने अपना काम कब का कर दिया हुआ था, उसे ऑडिट वाला दबा के बैठा हुआ था या फाइनांस वाला उसे अटैंड करने में गैरमामूली देर लगा रहा था। आप हुक्म फरमाते हैं—'चेज़ दि केस'। जैसे केस कोई खरगोश है जिसे मैंने पकड़ के लाना है और आपके हुजूर में पेश करना है..."

"मिस्टर पाठक, माइंड युअर लैंग्वेज।"

"लेकिन मैं सच में यही करता हूँ। कभी फाइनांस मैनेजर के पास जाकर उसकी चिरौरी करता हूँ 'हुजूर, आपके बच्चे की खैर, साइन कर दो? फाइल आगे सरका दो' तो कभी इस बाबत इंटरनल ऑडीटर की पुच-पुच करता हूँ, जो मेरे से दो ग्रेड जूनियर है लेकिन पूरी बेशर्मी के साथ कहता है—'लंच करा तो साइन करता हूँ।'

सीआरएम के नेत्र फैले।

"और लंच उसने अपनी औकात का नहीं करना, मेरी औकात का करना है। इस काम के लिए मुझे उसको कनॉट प्लेस के टॉप के रेस्टोरेंट में ले जाना पड़ता है, जहाँ अपने पल्ले से खर्चा करके जाने की उसकी हैसियत नहीं, और न कभी होगी। एक बार मैं उसे प्रैस क्लब में लंच के लिए ले गया था तो नाराज हो गया

था। बहाना ये बनाया था कि वो नानड्रिंकर था, ऐसी जगह लंच नहीं कर सकता था, जहाँ लोग अगल-बगल बैठे ड्रिंक कर रहे हों।"

वो खामोश रहा।

"अंसारी रोड फोन करके मुझे हुक्म देता है कि अपनी कार पर मैं उसे अशोक विहार ले के चलूँ। यानी पहले मैं उलटी तरफ, कनॉट प्लेस उसे लेने जाऊँ, फिर अशोक विहार जाऊँ, जब तक उसका वहाँ काम न हो जाए, शोफर की तरह उसका इन्तजार करूँ और फिर वापिस यहाँ उसे छोड़ने आऊँ।"

"तुम करते हो ऐसा?"—वो हैरानी से बोला।

"एक बार किया था ऐसा। उसी से शह पाकर वो फिर, फिर कहने लग गया। बिजी होने के हवाले से मैंने उसे मना किया तो जानते हैं उसने क्या जवाब दिया?"

"क्या?"

" 'अब आना मेरे पास कोई फाइल लेकर, महीने में भी क्लियर हो जाए तो बोलना'।"

"ही कांट डू दैट।"

"मुद्दा ये नहीं है, सर, कि वो क्या कर सकता है और क्या नहीं कर सकता! मुद्दा ये है कि ये आप ही की स्किपरशिप का जहूरा है कि सरकारी अफसर को सरकारी अफसर से सरकारी काम रिश्वत देकर कराना पड़ता है।"

वो हड़बड़ाया।

"फिर भी ये सब मैं करता हूँ। क्यों करता हूँ। ताकि काम न अटके। काम होता रहे। काम होता रहने की कोई हाजिरी नहीं, कोई शाबाशी नहीं, लेकिन न होने के बदले में फटकार सदा तैयार है। मेरे से—एक सीनियर ऑफिसर से—ऐसा घटिया व्यवहार करने में आप खुद शामिल हैं।"

"मैं! मैं शामिल हूँ?"

"जी हाँ। याद कीजिए, कितनी बार ऐसा हुआ है जबकि मैंने कोई फाइल आपके एक्शन के लिए पेश की तो आपने एक्शन लेकर, साइन करके फाइल को आगे सरकाने के लिए घंटी बजाकर चपरासी को नहीं बुलाया, फाइल मुझे इस हिदायत के साथ वापिस सौंपी कि मैं खुद जाकर उसे फलाने को देकर आऊँ, खुद जाकर फलाने से उस पर इनीशियल करा कर लाऊँ।"

"वो...वो आपसदारी की बात होती है।"

"मेरी आप से कौन-सी आपसदारी स्थापित है या कभी हुई है?"

उसने जवाब न दिया।

"कोई रिक्वीजिशन रेज़ करने वाला आपके पास आकर शिकायत करता है कि फलाँ आइटम अभी तक स्टोर में नहीं पहुँची। आप फौरन मेरे से जवाब तलब

करते हैं। मैं जवाब देता हूँ कि मैंने अपना काम कर दिया है, ऑर्डर बना दिया है, फाइल ऑडिट में है या एकाउंट में है। आपका हुक्म होता है कि मैं आकर पता करूँ कि कहाँ अटकी हुई है, क्यों अटकी हुई है, जबकि दोनों महकमे आपकी नाक के नीचे यहीं हैं। आप ऑडिट वाले से सवाल नहीं करेंगे कि वो क्यों फाइल रखे बैठा है। फाइनांस से तो बिलकुल ही नहीं करेंगे।"

"क्यों?"

"क्योंकि आप उससे दबते हैं। बल्कि डरते हैं।"

"खामखाह!"

"कई वजह हैं दबने की! आप चाहते हैं मैं यहाँ उनका जिक्र करूँ?"

वो परे देखने लगा।

"उसने आपको राइटिंग में कहा था कि आप कार घर नहीं ले जा सकते, कार आपके घर पर नहीं, ऑफिस में खड़ी होनी चाहिए। और आप लॉगबुक भी मेनटेन नहीं करते जो कि निहायत जरूरी है।"

"तुम्हें क्या पता?"

"मुझे क्या पता! सारे दफ्तर को पता है। खुद फाइनांस मैनेजर के बताए पता है कि कैसे उसने सीआरएम को कार के मामले में एमबैरेस किया..."

"बात रिक्विजिशन की हो रही थी।"—उसने जल्दी से मुझे टोका।

"हाँ। रिक्विजिशन की हो रही थी। काम कहाँ अटका हुआ है, आप उस बाबत खुद कोई एक्शन नहीं लेंगे, मेरे को आगे करेंगे कि मैं जा जा के पता करूँ कि फाइल आगे क्यों नहीं सरक रही! यानी आब्सट्रक्टर कोई भी हो, रिक्विज़ंड आइटम के स्टोर में न होने के लिए मैं और सिर्फ मैं जिम्मेदार। आप चाहें तो मैं ऐसी और भी मिसाल दे सकता हूँ।"

"तुम एकतरफा बातें करते हो। तुम उन शिकायतों को भूल रहे हो जो मुझे तुम्हारे खिलाफ अक्सर मिली हैं।"

"मैं नहीं भूल रहा, सर। आप भूल रहे हैं कि उन शिकायतों के दम पर मेरे खिलाफ कभी कुछ साबित नहीं हुआ। मेरी इंकम टैक्स में गुमनाम शिकायत पहुँची और फिर इंक्वायरी हुई, दो बार डिपार्टमेंटल इंक्वायरी हुई, क्या नतीजा निकला? कुछ भी नहीं। हर बार मुझे बेदाग पाया गया और एग्जोनरेट किया गया।"

"मैंने एक बार खुद अपनी आँखों से तुम्हें ऑफिस में ऑफिस टाइम में प्रूफ पढ़ते देखा।"

"आप विषय से भटक रहे हैं, लेकिन...खैर। लेकिन ये कभी न देखा कि यहाँ इस ऑफिस में ऑफिस टाइम में ऑफिस कम्प्यूटर पर क्लर्क लेडी एम्पलाईज की पीठ पीछे पोर्न देखते हैं जिनमें कभी-कभार उनका अफसर भी शामिल होता है..."

"अफसर भी शामिल होता है!"

"जी हाँ। जिसका काम टोकना है, वो टोकता नहीं, वार्न नहीं करता कि वो हरकत गलत है, हरकत में शरीक होता है।"

वो खामोश रहा।

"आपको ये कभी न दिखाई दिया कि कितने ही क्लर्क डैस्क ड्रॉअर में लंच बॉक्स खोल कर साढ़े बारह बजे ही खाना खा लेते हैं और फिर 'रीगल' लड़कियाँ ताड़ने जाते हैं जहाँ से लंच पीरियड के खत्म होने के आधा-पौना घंटा बाद लौटते हैं। कभी नहीं जा पाते तो लंच पीरियड को उतना ही स्ट्रेच करके सीट पर ही ताश खेलते हैं।...आपने ये कभी न देखा कि एक ग्रेड वन अधिकारी पिछली शाम को अगले दिन की हाजिरी रजिस्टर में लगा जाता है और फिर अगले रोज डेढ़-दो घंटा लेट जाता है। टोके जाने पर बोलता है वो सुबह से यहीं था, शायद कहीं टायलेट-वायलेट में था। एक दूसरा अधिकारी टायलेट में जा के चरस वाला सिग्रेट पीता है और वहाँ जली चरस की इतनी गन्ध फैला के निकलता है जो वहाँ एग्जास्ट चलता होने के बावजूद घंटा भर पूरे तौर पर वहाँ से नहीं निकलती। इस सन्दर्भ में ये बात भी गौरतलब है कि हॉल में लेडीज एंड जेंट्स का एक ही टायलेट है। जो सब यहाँ आपकी नाक के नीचे होता है, वो आपको कभी न दिखाई दिया, यहाँ से चार किलोमीटर दूर प्रूफ पढ़ता पाठक दिखाई दे गया।"

"मिस्टर पाठक, यू आर पिकिंग फाल्ट्स इन मी।"

"नो, सर। आई एम मियरली रिफ्रेशनिंग युअर मेमरी।"

"मेरी मेमरी को किसी रिफ्रेशनिंग की जरूरत नहीं है।"

"दैट्स ग्रेट न्यूज, सर। बहरहाल आप में फाल्ट कैसे हो सकता है। आप में तो फाल्ट हो ही नहीं सकता। आप तो आप हैं। ऐसे ही तो तुलसीदास जी ने नहीं कहा कि समरथ को नहीं दोष गुसाईं।"

"बहुत बोलते हो।"

"हमेशा नहीं, सर। लेकिन जब जरूरत आन पड़े तो बोलना पड़ता है क्योंकि चुप रहने से बोलने का हक छिन जाने का खतरा होता है। और ज्यादती सहने से, ज्यादती सहते रहने से, ज्यादती सहने की आदत पड़ जाती है, खामोशी जिसको निरन्तर मजबूत करती चली जाती है। आप चाहते हैं मेरे साथ ऐसा हो?"

उसने जवाब न दिया।

"मेरी इस बात को शायर की जुबान में यूँ भी सम अप किया जा सकता है कि कुछ न कहने से भी छिन जाता है, ऐजाजेसुखन, जुल्म सहने से भी जालिम की मदद होती है।"

"बहुत बोलते हो। कुछ भी बोल देते हो। बोलते वक्त कोई आगा-पीछा नहीं देखते हो, ये भी नहीं कि किसके सामने बोल रहे हो!"

"सर, यू आर नॉट गॉड। यू आर नॉट ईवन जीसस क्राइस्ट।"

"मिस्टर पाठक!"

"सॉरी, सर। दैट काइंड ऑफ स्लिप्ड। आयम सॉरी अगेन।"

"आगे बढ़ो।"

"कितनी ही बार काम की अर्जेंसी को देखते हुए टाइप मुझे खुद करनी पड़ती है..."

"टाइपिंग हैल्प प्रोवाइड कर दी जाएगी।"

"जो कि आप खैरात की तरह करेंगे, न कि मेरी राइटफुल हैल्प की तरह। और जो हैल्प आप प्रोवाइड करेंगे—कभी-कभार ऑलरेडी करते हैं—वो किसी दूसरे सैक्शन का टाइपिस्ट होता है, जिसे उसका अफसर घुड़क देता है कि पाठक का काम उसे तब करना है जबकि अपने सैक्शन का कोई काम न हो और ऐसी नौबत कभी अगले दिन आती है, कभी उससे अगले दिन आती है। नतीजतन काम की अहमियत के मद्देनजर हॉल में बैठकर मुझे, ग्रेड थ्री ऑफिसर को, खुद टाइप करनी पड़ती है क्योंकि बदकिस्मती से मुझे टच सिस्टम से टाइप करना आता है। अभी उसमें भी फच्चर है।"

उसकी भवें उठीं।

"मुझे कोई टाइपराइटर खाली होने का इन्तजार करना पड़ता है। ऐसा वर्किंग आवर्स में नहीं हो पाता तो मुझे छः बजे छुट्टी के वक्त के बाद टाइपराइटर खटखटाना पड़ता है या अगले रोज साढ़े नौ बजे से काफी पहले आना पड़ता है। ये टॉर्चर की, स्लेवरी की वर्किंग कंडीशंस हैं जो कल तक मुझे मंजूर थीं, फार दि कॉज मंजूर थीं कि जैसे-तैसे काम होता रहे, वो अटके नहीं। मैं ऐसा इसलिए भी आज तक करता रहा हूँ क्योंकि फिरंगी के पीछे छोड़े इस मुहावरे पर मेरा अकीदा है कि 'वैन यू वांट टु गैट समथिंग वैल डन, यू इट युअरसैल्फ'।

"जब कर रहे हो तो..."

"कल तक कर रहा था, अब नहीं करूँगा।"

"क्या मतलब?"

"मैं आपको ऑफिशियली खबर कर रहा हूँ कि कल से मैं कोई काम नहीं करूँगा, वो भी नहीं जो बतौर सैक्शन इंचार्ज मेरे से किया जाना अपेक्षित है।"

"क्या! तुम काम नहीं करोगे?"

"हाँ।"

"कम्पनी तुम्हें मुफ्त में तनखाह देगी।"

"मैं रोज हाजिरी भरूँगा, वक्त पर आऊँगा, वक्त पर जाऊँगा, तो क्यों नहीं देगी?"

उसने अवाक् मेरी तरफ देखा।

"आई विल ट्रांसफर यू।"

"करना। मैं जहाँ भेजोगे, वहाँ भी काम नहीं करूँगा।"

"यू विल बी सॉरी, मिस्टर पाठक।"

"हाउ विल आई बी सॉरी, सर।"

"यू विल लूज युअर जॉब।"

"आप मुझे नौकरी से निकाल देंगे?"

"मैं...मैं ऐसा कर नहीं सकता लेकिन ऐसा किया जाना रिकमेंड कर सकता हूँ। और जो मैं रिकमेंड करूँगा, उस पर अमल यकीनी तौर पर होगा।"

"अभी कीजिए।"

"क्या?"

"रिकमेंड। जो आप करना चाहते हैं। मैं स्टेनो को बुलाकर लाऊँ कि इस बाबत आपसे डिक्टेशन ले?"

उसने बेचैनी से पहलू बदला।

"तीस साल हो गए मुझे यहाँ नौकरी करते। और अब जब मैं रिटायरमेंट की कगार पर हूँ तो आप मुझे मेरी नौकरी छुड़ा देने की धमकी देते हैं! आप पढ़े-लिखे, काबिल, इंटेलीजेंट यूनिट हैड हैं फिर भी नहीं जानते कि यू कैन नॉट से गैट आउट टु ऐन आउटगोइंग मैन। आर यू कैन?"

उसने जवाब न दिया।

"एंड दिस इज सो वैन यू ऑलरेडी नो, पर्सनली नो दैट आई डोंट पे टू हूट्स फॉर दिस लाउजी, टू बिट, आईटीआई जॉब। अब फिर ये न कहना कि फिर मैं क्यों नौकरी करता हूँ। कहेंगे तो मेरा फिर वही जवाब होगा कि आईटीआई से अन्तिम विदा लेने से पहले बोलूँगा, बोलकर जाऊँगा। अभी निकालिए, अभी बोलकर जाऊँगा।"

वो कुछ न बोला।

कई क्षण वातावरण में बोझिल सन्नाटा व्याप्त रहा।

तभी दरवाजा खुला और उसके पीए ने भीतर कदम रखा।

"बाद में आना"—तत्काल वो बोला—"बुलाने पर आना।"

"सर, मैं ये कहने आया था कि..."

"बाद में कहना।"

"सर, जरूरी है।"

"तो भी बाद में कहना। प्लीज गो एंड शट दि डोर बिहाइंड यू। सी दैट नोबॉडी कम्स इन।"

"यस, सर।"

दरवाजा बन्द हो गया।

पीछे उसने फिर मेरी तरफ तवज्जो दी।

"मिस्टर पाठक"—वो शुष्क स्वर में बोला—"यू आर गैटिंग डिफीकल्ट।"

"नो, सर। नैवर, सर।"—मैं बोला—"आई एम ओनली स्टेटिंग फैक्ट्स। कोई

लेखक फिल्म मेकर अनुराग कश्यप के साथ

बात गलत कही हो तो बताइए!"

"यू यूज र्‌यूड लैंग्वेज व्हाइल टाकिंग टु युअर टॉप बॉस।"

"नो सर, नो सच थिंग, सर। मेरे अल्फाज़ के पीछे छुपा मतलब, मकसद र्‌यूड हो सकता है, अल्फाज र्‌यूड नहीं हो सकते। नहीं हैं।"

"क्या चाहते हो?"

"मैं! मैं तो कुछ नहीं चाहता! मैं तो एक आखिरी बात कहना चाहता हूँ और फिर सधन्यवाद आपसे विदा लेना चाहता हूँ।"

"आखिरी बात! अभी कुछ बाकी है?"

"आखिरी बात बाकी है।"

"कहो वो भी।"

"जैसा ट्रीटमेंट मुझे यहाँ आपकी मैनेजरी में हासिल हो रहा है, उस बाबत मैं बैंगलौर भी लिखूँगा।"

वो जैसे आसमान से गिरा।

"क्या!"—उसके मुँह से निकला।

"जरूरी है, सर, ऐसा किया जाना। आपको अहसास होना चाहिए—और वो अहसास आपको एस.एम. पाठक ही दिला सकता है—कि आप मेरे से बड़े हैं, सबसे बड़े नहीं हैं। कि आप चन्द लोगों के आला अफसर नहीं हैं, मुकम्मल महकमे के आला अफसर हैं। आप यूनिट हैड हैं, ज्यादतियाँ करने से आपको कोई रोक नहीं सकता, टोक नहीं सकता, आप समझते हैं कि ऐसा करने का, कैसा भी कुछ

करने का आपको अख्तियार है लेकिन उस अख्तियार को अमली जामा पहनाने की कोई हद मुकर्रर होना जरूरी है। हाकित की संशस की जंजीर हिलानी पड़ती है और ये काम मैं करने की कोशिश कर रहा हूँ। सर, जैसे यहाँ आपके नीचे लोग हैं, वैसे आपके ऊपर भी लोग हैं जो बैंगलौर में बैठे हैं। आपकी खामखयाली दूर होनी चाहिए कि आप यहाँ के दो सौ मुलाजिमों की तकदीर लिखते हैं। सो, आइल राइट टु बैंगलौर अबाउट यू। आइल राइट टु सीएमडी।"—मैं उठ खड़ा हुआ—"इजाजत चाहता हूँ, सर। मुझे वक्त देने का शुक्रिया।"

वो खामोश बैठा रहा।

दरवाजे की ओर बढ़ता मैं बीच में ठिठका घूमा और बोला—"एक बात और। ऐज आन दिस मिनट मेरा कोई काम पैंडिंग नहीं हैं। मेरे पीठ फेरते ही मेरा महकमा तब्दील नहीं कर देंगे तो कल से हर काम पैंडिंग होगा।"

मैं वहाँ से निकला और दूसरे विंग में जाकर हाल में बैठ गया।

फिर मैं वहाँ सबसे यूँ मिलने लगा जैसे उनसे आखिरी मुलाकात कर रहा था।

"बड़ी लम्बी मुलाकात चली सीआरएम के साथ तुम्हारी!"—फाइनांस मैनेजर मेरे से बोला—"क्या बात थी!"

"कुछ नहीं।"—मैंने सहज भाव से जवाब दिया—"ऐसे ही सोशल, बेतकल्लुफ मुलाकात थी।"

"फिर भी?"

"शाम को ड्रिंक डिनर का प्रोग्राम डिसकस कर रहे थे।"

छः बजने में दस मिनट पर बड़े साहब का चपरासी मेरे पास आया।

"साहब बुला रहे हैं।"—वो बोला।

मैं वापिस सीआरएम के ऑफिस में पहुँचा।

सीआरएम का निजी कक्ष काफी बड़ा था। उसमें बाजू के एक कोने में एल शेप में एक सोफासैट भी लगा हुआ था। मैं उसकी टेबल की तरफ बढ़ा तो उसने मुझे दिखाकर सोफासैट वाले कोने की तरफ इशारा कर दिया।

मैं उस कोने में जाकर खड़ा हो गया और सीआरएम के फोन काल से फारिग होने का इन्तजार करने लगा।

फोन से फारिग होकर वो अपनी एग्जीक्यूटिव चेयर पर से उठा और मेरे करीब पहुँचा। उसने बाँह पकड़कर मुझे सोफे पर बिठाया और खुद भी बैठ गया।

कुछ क्षण खामोर्शी में गुजरे।

"हैड ऑफिस क्या लिखेगा?"—फिर वो धीरे से बोला।

"वो आप मेरे बताए बिना भी जान जाएँगे।"—मैं बोला—"ये भी इस

ऑर्गेनाइजेशन की ट्रेजेडी है कि जो मैं आपकी बाबत लिखूँगा, वो आप ही को मार्क हुआ यहाँ लौट आएगा।"

"लेकिन लिखेगा जरूर?"

मैं खामोश रहा।

"ये बहुत टेंशन की नौकरी है।"—वो संजीदगी से बोला—"दो सौ एम्पलाइज़ को राजी रखना पड़ता है..."

"एक सौ निन्यानवे को।"

"...वर्ना वो कोऑपरेट नहीं करते, ऑफिस चलाने की रूटीन में फच्चर डालते हैं, कम्पलीकेशंस खड़ी करते हैं..."

"अनईज़ी इज़ दि हैड ऑन विच रैस्ट्स दि क्राउन।"

"यू सैट इज़। पाठक, तूने जो इतना कुछ इतने फायरी ढंग से कहा, वो तू तरीके से, आपसदारी में भी कह सकता था।"

"किसको?"

"अरे, मेरे को और किसको!"

"आप तो मुझे बिलिटल करने में, ह्यूमीलियेट करने में सबसे आगे हैं!"

"वो तेरी गलतफहमी है, वो किस्सा अब फिर न छेड़।"

"ओके।"

"मैं सोचूँगा तेरे बारे में। थोड़ा वक्त दे मुझे। बल्कि कुछ तो मैंने सोच भी लिया है और उस पर एक्ट भी कर लिया है।"

"कर भी लिया है?"

"हाँ। मैंने टाइपिस्ट्स को सख्ती से बोल दिया है कि आइंदा वो तेरा काम प्रायर्टी से करें। कोई उन्हें ऐसा करने से रोके तो फौरन मुझे आकर बोलें।"

"थैंक्यू, सर।"

"अब तुझे कम-से-कम टाइप कराने के लिए यहाँ नहीं आना पड़ेगा।"

"वो कैसे होगा?"

"देखना। और फैक्स भिजवाने के लिए भी यहाँ नहीं आना पड़ेगा। अंसारी रोड में अहाते के बाहर ही एक पीसीओ है जो फैक्स भी कराता है। उसको बोल दिया है कि आईटीआई के फैक्स वो भेजा करेगा और माहाना बिल देगा।"

"बोल भी दिया है!"

"हाँ। तेरे को वहाँ जाना भी नहीं पड़ेगा। तू वहाँ फोन करेगा तो वो अपना आदमी तेरे पास भेजेगा फैक्स कराने वाला डाकूमेंट लाने के लिए।"

मैंने हैरानी से उसकी तरफ देखा।

"नीचे स्टोर का एक आदमी सुबह ग्यारह बजे तक तेरे पास ठहरेगा। फिर शाम तक तू जब बुलाएगा, वो आएगा। नाम पंडित है। कोई उसको रोकेगा, टोकेगा तो

तेरे को कुछ कहना, करना नहीं पड़ेगा, उसको हुक्म है कि वो मुझे खबर करे।"

"वाह!"

"लैब में सबको बोल दिया गया है कि पाठक का फोन आए तो प्रायर्टी में, बिना डिले उसको खबर भिजवानी है। इस काम को किसी भी बहाने से नजरअन्दाज नहीं किया जाएगा। कोई खबर करने वाला मौजूद नहीं होगा तो लैब इंचार्ज खुद तेरे पास आएगी।"

"कमाल है!"

"अभी कुछ और भी होगा जो तुझे कल पता लगेगा। कल तक तो वेट कर सकता है कि नहीं?"

"कर सकता हूँ। जब तक आपका हुक्म होगा, तब तक कर सकता हूँ।"

"रिजनल ऑफिस में स्टॉफ की कमी है, इस वजह से..."

"आई अंडरस्टैंड, सर।"

"अब हैड ऑफिस क्या लिखेगा?"

"नहीं लिखूँगा।"

"श्योर?"

"यस, सर।"

"अब तुझे चैन है?"

"हाँ!"

"मैं भी चैन करूँ?"

"जरूर।"

"वुई आर एट पीस नाओ?"

"यस, सर।"

"नो हार्ड फीलिंग्स?"

"नो हार्ड फीलिंग्स।"

"तो प्रैस क्लब में चल। आज मुझे विस्की पिला।"

"सर, वहाँ बार सात बजे..."

"तब तक चाय पिएँगे।"

अगले रोज मेरे ऑफिस पहुँचने से पहले एक ग्रेड वन ऑफिसर मेरे केबिन के बाहर टहलता मुझे मिला।

मैं उसे बाखूबी जानता था। वो पहले इंजीनियरिंग में मेरे अंडर काम कर चुका था, पिछले रिजनल मैनेजर का रिश्तेदार था इसलिए आदतन कलीग्ज पर उस रिश्तेदारी की धौंस जमाता रहता था।

"तू यहाँ क्या कर रहा है?"—मैंने पूछा।

"आपका इन्तजार कर रहा था।"—वो बोला।

"क्यों?"

"मुझे परचेज में ट्रांसफर किया गया है और आपको रिपोर्ट करने को बोला गया है।"

"अब तू मेरे साथ परचेज में काम करेगा?"

"हाँ।"

"टैम्परेरी?"

"नहीं। हमेशा।"

फैन, फ्रेंड, दिल्ली पुलिस इंस्पेक्टर सुहैब अहमद फारूकी के साथ उसके थाने में लेखक

"कम्माल है! बैठेगा कहाँ?"

"मुझे क्या पता? आप बताओगे।"

तो ये था, जिसके बारे में पिछले रोज सीआरएम ने कहा था कि अभी कुछ और भी होगा जो मुझे कल पता चलेगा!

मुझे सहायक तो आखिर मिला था लेकिन यूँ मिला था जैसे खीर मक्खी डाल के मिली हो। उसने मेरे साथ मेरे उस छोटे से केबिन में ही मेरे सिर पर सवार होकर बैठना था।

दूसरे वो बड़े लो आईक्यू वाला आदमी था जो मकैनिक भी अपने रिश्तेदार आरएम की सिफारिश से भरती हुआ था। फील्ड वर्क को वो कदरन ठीक-ठाक अंजाम दे लेता था, लेकिन डैस्क वर्क में, डाकूमेंटेशन में, ड्राफ्टिंग वगैरह में किसी काम का नहीं था।

बाद में सीआरएम ने एक बार मेरे से सवाल किया—"असिस्टेंट कैसा लगा?"

"होम्योपैथी की दवा जैसा लगा।"—मैं बोला।

"क्या मतलब?"

"फायदा कोई नहीं तो नुकसान भी कोई नहीं।"

वो हँसा।

बहरहाल बड़े साहब ने उस पहिये को तेल दे दिया था, जिसे उसने सबसे ज्यादा चूँ-चूँ करता पाया था।

भला आदमी था लेकिन मुसाहिबी, जी हुजूरी पसन्द करता था और उस सरकारी भँवर जाल से नहीं उबर सकता था।

आखिर सभी तो पाँच महीने के वक्ती मेहमान बंगाली आरएम जैसे नहीं होते थे!

अपनी बाबत उसके खयालात की तर्जुमानी के तौर पर अर्ज है :

जो देखता हूँ, वही बोलने का आदी हूँ,
मैं इस शहर का सब बड़ा फसादी हूँ।

□

तीन साल गुजरे।

उस दौरान मैंने पूरी दबंगई से नौकरी की लेकिन ईमानदारी से की; हमेशा की तरह रिकॉर्ड बरकरार रखा कि मेरे पास कभी कोई काम पैंडिंग न हो। काम कोई ज्यादा था भी नहीं, असिस्टेंट और क्लैरिकल हैल्प मिल जाने से और घट गया था। बहरहाल जैसे नौकरी के शुरुआती साल सजा बनकर आए, आखिरी मजा बनकर गुजरे। नौकरी करने आना पिकनिक बन गया।

सन् 1997 में मेरी ग्रेड फोर की प्रोमोशन ड्यू थी जो कि मुझे न मिली, काल तक न आई। कईयों ने कहा कि सीआरएम ने अड़ंगा लगाया था क्योंकि वो मुझसे खफा रहता था। मुझे यकीन न आया। वो समझदार, जिम्मेदार उच्चाधिकारी था, यूँ स्थायी रूप से किसी के खिलाफ नहीं हो सकता था।

वैसे भी उस प्रोमोशन से मुझे कोई खास फायदा नहीं होने वाला था, बस थोड़ा रुतबा ही बुलंद हो जाता बाकी सात महीनों में। जो पे स्केल ग्रेड फोर का होता था, इंक्रीमेंट्स के सदके उस तक मैं पहले से पहुँचा हुआ था, लेकिन लोग बाग बातें बनाते थे कि वो प्रोमोशन मुझे इसलिए नहीं मिली थी क्योंकि मैं उसके काबिल नहीं समझा गया था।

असलियत ये थी कि कम्पनी गम्भीर फाइनांशल क्राइसिस से गुजर रही थी जिसकी वजह से वक्ती तौर पर टाइम बाउंड प्रोमोशंस को फ्रीज़ कर दिया गया था।

फिर सीआरएम ने एक नया शोशा छोड़ा।

उसने मुझे कनॉट प्लेस ऑफिस बुलाया और कहा—“अब तुम यहाँ कनॉट प्लेस ऑफिस बैठा करोगे।”

“जी!”—मैं सकपकाया।

“अंसारी रोड ऑफिस के फर्स्ट फ्लोर की रेनोवेशन की स्कीम है जिसके तहत तुम्हारे वाला केबिन तोड़ दिया जाने वाला है।”

“हैड ऑफिस से अप्रूवल आ गई?”

“नहीं। वो...वो क्या है कि अभी यहाँ हैड ऑफिस को भेजने के लिए प्रोपोजल का ड्राफ्ट तैयार हो रहा है।”

“गुड गॉड, सर, तो अभी से मुझे वहाँ से उठाने की क्या जल्दी है? जितनी देर में कागजी कार्यवाही मुकम्मल होगी, अप्रूवल आएगी, आप टेंडर काल करके ठेकेदार चुनेंगे तब तक मेरी बाकी की नौकरी मुकम्मल हो जाएगी।”

“इतनी देर नहीं लगेगी।”

“फिर भी...”

“तुम्हें इस ऑफिस में बैठने से ऐतराज है?”

वो ट्रिकी सवाल था। मैं तीन ऑफिसों में कहीं भी बिठाए जाने से ऐतराज नहीं कर सकता था।

“नहीं, सर, मुझे कोई ऐतराज नहीं। लेकिन आप यहाँ पहले से पैक्ड ऑफिस में मेरी सीट बना पाएँगे।”

“वो इंतजाम हो जाएगा।”

“फाइलों का भी?”

वो सकपकाया।

“फाइलों में क्या प्रॉब्लम है?”—उसने पूछा।

"है तो सही एक प्रॉब्लम!"

"क्या?"

"हैड ऑफिस का सर्कुलर है कि परचेज की सारी फाइलें अंडर लॉक एंड की रखी जाएँ और की किसी एक ही व्यक्ति के पास—जो कि परचेज का इंजार्च हो—हो।"

"ऐसा सर्कुलर है?"

"हैड ऑफिस से आया था। आप ही ने मुझे मार्क किया था।"

"मुझे याद नहीं।"

"मैंने दिखाया था आपको! जब एक बार आप अंसारी रोड आए थे..."

"याद नहीं।"

"मैं आपको लाकर दिखाता हूँ।"

"जरूरत नहीं। तुम कहते हो ऐसा सर्कुलर है तो है।"—वो एक क्षण ठिठका, फिर बोला—"परचेज की फाइलों के लिए ऐसी कोई जगह यहाँ नहीं है।"

"फिर कैसे होगा?"

"मैं सोचूँगा इस बारे में। तब तक तुम जहाँ हो, वहीं बैठो।"

मैंने चैन की साँस ली।

रिटायरमेंट से छ: महीने पहले एक और ग्रेड वन अफसर, जो कि कश्मीरी था, इस हिदायत के साथ मेरे हवाले किया गया कि मेरे जाने के बाद मेरी सीट, मेरा सैक्शन वो सँभालेगा।

"यू कैन टेक इट ईजी नाओ।"—सीआरएम मेरे से बोला।

"जी!"

"कश्मीरी से सब काम कराओ ताकि उसे परचेज के काम का तजुर्बा हो। उसे खूब दौड़ाओ, काम न हो तो जबरन काम क्रिएट करो। आई वांट यू टु कीप हिम आन टोज़, ताकि तुम्हारी सीट उसे आसान असाइनमेंट न लगे। ओके?"

"यस, सर।"

ओके तो नहीं था! सारी उम्र खच्चर की तरह काम किया, जब आदत पड़ गई, मजबूत हो गई तो मुख्तसर राहत ऑफर की जा रही थी।

रिटायरमेंट के आखिरी दिन तक अपने सैक्शन का तमाम काम मैंने ही किया। सीआरएम गाहे-बगाहे पूछता था कश्मीरी ठीक चल रहा था, मैं बोलता था ठीक चल रहा था।

मेरी रिटायरमेंट में दो महीने बाकी रह गए तो सीआरएम मेरे से बोला कि मैं जरूर ही कनॉट प्लेस ऑफिस आ के बैठूँ, जब मैं आ जाऊँगा तो फाइलों का भी कुछ करेंगे।

मैंने नौकरी से बाकी दिनों की छुट्टी की अर्जी उसके सामने रख दी।

"मेरे साथ ऐसा करेगा?"—वो आहत भाव से बोला।

"अपने साथ ऐसा करूँगा। शिड्यूल डेट से दो महीने पहले अपनी रिटायरमेंट अनाउंस करूँगा।"

"मत कर। मैं बचे-खुचे दिनों में तुझे नाराज नहीं करना चाहता।"

"मैं कतई नाराज नहीं हूँ, सर।"

"मैं रेनोवेशन तेरी रिटायरमेंट तक के लिए पोस्टपोन कर रहा हूँ। वहीं बैठ।"

फरवरी के शुरू में, रिटायरमेंट के महीने में सरसरी तौर पर मैंने अपने असिस्टेंट से कहा—"मेरी रिटायरमेंट पर एक नया काम होगा।"

"क्या?"—वो उत्सुक भाव से बोला।

"कोई फेयरवैल नहीं होगा, कोई पार्टी नहीं होगी।"

"क्यों?"

"क्योंकि मैंने ये फैसला किया है।"

उसने वो बात अंसारी रोड ऑफिस में आनेवाले दो-तीन दिनों में कई लोगों को कह सुनाई। नतीजतन वो कनॉट प्लेस ऑफिस भी पहुँची।

फिर एक सुबह सीआरएम का फोन आ गया।

"क्यों भई?"—वो सख्ती से बोला—"तुमने फेयरवैल को मना किया है?"

"हाँ।"—मैं बोला।

"तुम ऐसा नहीं कर सकते।"

"क्यों?"

"वाट क्यों? यू कांट डू दैट।"

"कमाल है, सर! जो काम मेरे बिना हो नहीं सकता, उसमें भी आपकी धौंस है?"

लाइन पर खामोशी छा गई।

"आप कीजिए फेयरवैल का इंतजाम। लेकिन जो होगा मेरे बिना होगा।"

"ऐसा कैसे हो सकता है? तुम्हारा फेयरवैल तुम्हारे बिना कैसे होगा?"

"यही तो मैं कह रहा हूँ। फिर भी आप समझते हैं कि फेयरवैल जरूरी है तो मैं आप सबको फेयरवैल दूँगा।"

"ऐसा कहीं होता है!"

"फेयरवैल ही नहीं, कोई पार्टी भी एस.एम. पाठक के लिए नहीं होगी—न अफसरों की तरफ से, न कर्मचारियों की तरफ से, न मेरे सैक्शन की तरफ से, न यूनियन की तरफ से।"

"तुझे क्या मालूम?"

"सर जी, मेरे को ही मालूम है।"

"लेकिन क्यों?"

"क्योंकि मैं ऐसा चाहता हूँ।"

"तू...तू शाम को आ के मेरे से मिल।"

मैंने आदेश का पालन किया। शाम को छुट्टी से पहले सीआरएम के केबिन में उसके रूबरू हुआ।

"क्या उलटा-सीधा बोल रहा था सुबह?"—सीआरएम बोला—"एक्सप्लेन! एक्सप्लेन एवरीथिंग!"

"सर, अभी मेरी एम्पलायममेंट बाकी है, अभी सब कुछ नहीं बोल सकता। रिटायर हो लूँ, फिर बोलूँगा, डिटेल से बोलूँगा।"

"जो बोल सकता है, बोल।"

"रिटायर होते एम्पलाई को खासतौर से मँगाकर बड़े फैनफेयर के साथ गेंदे के फूलों का हार पहनाया जाता है, उसे गेंदे के फूलों का गुलदस्ता थमाया जाता है।"

"तो?"

"मुझे नफरत है उन दोनों चीजों से। गेंदे के फूल मुर्दे पर डाले जाते हैं, दीवार पर टँगी उसकी तसवीर को उनकी माला पहनाई जाती है। मुझे ऐसी रस्म सख्त नापसन्द है जो रिटायरमेंट को आदमजात की अन्तिम यात्रा के समकक्ष रखे।"

"नॉनसेंस! अव्वल तो ऐसा होता नहीं, होता है तो भई, तुम्हारे लिए गुलाब के फूलों की माला मँगवाएँगे, गुलाब के फूलों का गुलदस्ता मँगवाएँगे।"

मैंने इनकार में सिर हिलाया।

"अब क्या है?"—वो अप्रसन्न भाव से बोला।

"मुझे ऐसा कोई रिचुअल पसन्द नहीं जो नौकरी और रिटायरमेंट पीरियड्स में कील ठोक कर फर्क करे। सर, नौकरी अट्ठावन साल तक की होती है, जिन्दगी सौ साल की होती है—भले ही कोई वहाँ तक न पहुँचे लेकिन होती तो है हमारी धार्मिक मान्यताओं के अनुसार! मैं नौकरी से रिटायर हो रहा हूँ, जिन्दगी से रिटायर नहीं हो रहा। मेरे लिए नौकरी से आगे जहाँ और भी है। क्यों आप फेयरवैल के बहाने मेरे को याद दिलाना चाहते हैं कि आईटीआई की नौकरी खत्म है तो जिन्दगी खत्म है?"

वो भौचक्का-सा मेरा मुँह देखने लगा।

कुछ क्षण खामोशी रही।

"और?"—फिर वो बोला।

"है और भी। लेकिन बोला न, रिटायरमेंट के बाद बताऊँगा।"

"मेरे को बता। जो बोलेगा, मेरे से आगे नहीं जाएगा।"

"पक्की बात!"

पत्नी, पुत्र और पुत्री, सन् 1982 में

"हाँ।"

"सर, आप यूनिट हैड हैं, आप जानते हैं कि हर दूसरे महीने एकाध कर्मचारी रिटायर होता है, हर तीसरे-चौथे महीने एकाध अफसर रिटायर होता है और जब ऐसा होता है तो कितने ही जूनियर अफसर माँ-बहन की गालियाँ निकाल रहे होते हैं।"

"क्या!"—सीआरएम हैरानी से बोला—"वो किसलिए?"

"फेयरवैल पार्टी फोकट में तो नहीं होती! पैसा खर्च होता है, जिसके लिए चन्दा किया जाता है जो पर हैड कम-से-कम दो सौ रुपये होता है, सीनियर ऑफिसर रिटायर हो तो डबल तक हो जाता है। हमारे ऑफिस में जब भी किसी की रिटायरमेंट का नोटिस जारी होता है, कोई-न-कोई—बल्कि कई—अफसर बड़बड़ाने लगता है—"लो अब एक और बहन...जा रहा है, फिर दो सौ रुपये देने पड़ेंगे। सर, गाली खाकर फेयरवैल पाया तो क्या पाया!"

वो कई क्षण खामोश रहा, फिर उसने सहमति में सिर हिलाया।

"एक बात और भी तूने बताने को बोला था।"—फिर बोला।

मेरी भवें उठीं।

"बोलता था, 'तनखाह के लिए नौकरी नहीं करता, क्यों करता हूँ, रिटायर होने पर बताऊँगा।' अब रिटायर हो रहा है, बता, क्यों करता है?"

"वो मामूली बात है।"—मैं लापरवाही से बोला।

"मामूली ही बता।"

"वो मामूली एडजस्टमेंट रिलेटिड बात है। पर्सनल बात है।"

"फिर भी बता।"

"जरूर सुनना चाहते हैं?"

"हाँ।"

"तो सुनिए। नौकरी की जो ड्रिल है, वो मुझे पसन्द है। फौज जैसी रेजीमेंटेशन है वो जिसकी वजह से आदमी चुस्त, दुरुस्त और मुस्तैद रहता है—भले ही सरकारी नौकरी में ऐसा रहने की जरूरत नहीं होती। मैं आपकी कल्पना किसी को ये टोकने की नहीं कर सकता कि कोई शेव करके नहीं आया, या—खासतौर से सर्दियों में—नहा कर नहीं आया, या उसके कपड़े झुर्रियों भरे हैं; या उसकी चप्पल टूटी है। मेरी निगाह में इंसान के बच्चे की सैल्फ-रिस्पैक्ट बनाने में ये बातें काउंट करती हैं। साढ़े नौ बजे ऑफिस पहुँचना है, ये बात मुझे जल्दी उठकर तरीके से, सलीके से तैयार होने के लिए प्रेरित करती है, हुलिया प्रेजेंटेबल बनाकर रखने के लिए प्रेरित करती है। यूँ मेरी सैल्फ रिस्पैक्ट बढ़ती है कि मैं औरों से बेहतर हूँ, फलाँ जैसा नहीं हूँ जो गर्मियों में पता नहीं क्या करता है, लेकिन सर्दियों में मुँह से मानता है, एक दिन छोड़ के नहाता है। फलाना सिर्फ छुट्टी वाले दिन शेव करता है, फलाना सिर्फ छुट्टी वाले दिन नहाता है। फलाना जिन कपड़ों में रात को सोया होता है,

उन्हीं में दफ्तर आता है। फलाने के पास आप खड़े नहीं हो सकते क्योंकि उसके कपड़े भी बास मारते हैं और जिस्म भी बास मारता है। आपका एक क्लर्क पूरी बाँह के स्वेटर के ऊपर सूट का कोट पहने होता है फिर भी कोट के ऊपर जिप वाली जैकेट पहने होता है। आपके एक ग्रेड थ्री ऑफिसर सर्दियों में इतने कपड़े पहनते हैं जो दो जनों के लिए ज्यादा होते हैं—थर्मल, काट्सवूल की कमीज, बिना बाँह का स्वेटर, पूरी बाँह का स्वेटर ट्विड का कोट, गले में कस कर लपेटा गर्म मफलर—जैसे ऑफिस गुलमर्ग में हो, बस एक कम्बल लेने की कसर छोड़ते हैं। ऐसे लोगों के बीच काम करते वक्त मुझे सैंस ऑफ सुपीरियारिटी महसूस होती थी। मुझे अहसास होता था कि मेरा उनका कोई साथ नहीं, कोई मेल नहीं। भले ही एक दफ्तर में काम करते थे, फिर भी उनकी दुनिया अलग थी, मेरी दुनिया अलग थी। इसी वजह से यहाँ मेरी कभी कोई फ्रेटर्निटी न बन सकी। अंग्रेज के टाइम का मुझे सबक है कि क्लीनलीनैस इज नैक्स्ट टु गॉडलीनैस, उनका सबक है क्लीनलीनैस इस नैक्स्ट टु इमपासिबल। इसी वजह से यहाँ मेरा कोई ग्रुप नहीं, जमात नहीं, कॉकस नहीं। मुझे लंच में किसी के साथ खाना खाते आपने कभी भी नहीं देखा होगा, रोज की तो बात ही क्या है, इस दफ्तर में मैंने चौंतीस साल नौकरी की लेकिन मुलाजिमों के बीच में की, वाकिफकारों के बीच में की, दोस्तों के बीच न की। फिर भी कोई दोस्त बना तो इसलिए नहीं कि वो आईटीआई का मुलाजिम था बल्कि इसलिए कि वो मेरे जैसा था। ये भी एक वजह है जो मुझे फेयरवैल पार्टी मंजूर नहीं। जिन लोगों ने मुझे पार्टी देनी है उनमें से आधों के या मैं कभी करीब नहीं खड़ा हुआ या उनको अपने करीब न खड़ा होने दिया। अब फेयरवैल के बहाने वो मेरे साथ गलबहियाँ डालें, मुझे मंजूर नहीं।"

वो मुँह बाये मुझे देखने लगा।

"इतनी एयर ऑफ सुपीरियारिटी है तुम्हारे में?"—फिर बोला।

"नो, सर। इतना चूजी हूँ मैं। आई कैन नॉट बिफ्रेंड जस्ट एनीबॉडी। आई एम नॉट ए लीडर आफटर ऐवरीबाडीज़ वोट। आई एम नॉट ए प्रीचर हू इज कमिटिड टू प्रीच ऐवरीबाडी। आई एम एन आर्डीनेरी गार्डन वैरायटी ऑफ ए हम्बल ह्यूमन बीईंग बट दि वन हू इज चूजी। आई हैव ए स्पैसिफिक चायस इन ऐवरी मैटर। वाट्स रांग इन दैट?"

वो खामोश रहा।

"आप खाना अपनी मर्जी का खाते हैं, पोशाक अपनी मर्जी की पहनते हैं, शादी अपनी मर्जी की करते हैं तो दोस्त अपनी मर्जी का नहीं चुन सकते?"

"हूँ।"

"आप अपने दिल पर हाथ रख कर कहिए, आप अपने सारे रिश्तेदारों को पसन्द करते हैं? देयर इज नो वन अराउंड यू हूम यू डिस्पाइज़?"

"आई गैट युअर प्वायंट।"

"जब रिश्तेदारों में इक्वल लैवल पर डीलिंग मुमकिन नहीं तो कलीग्ज में कैसे होगी? सारे कलीग्ज न यार होते हैं, न हो सकते हैं। यार कोई-कोई होता है, बाकी सब वाकिफकार होते हैं, भले ही यार होने का भ्रम पैदा करते हों।"

उसने सहमति में सिर हिलाया।

"गुस्ताखी की माफी के साथ मैं आपको खुद आपकी मिसाल देता हूँ।"

वो हड़बड़ाया।

"हाउ डू यू इवैल्युएट युअरसैल्फ? आर यू ए मैन विद ऐन एयर ऑफ सुपीरियारिटी?"

उसने इनकार में सिर हिलाया।

"सारे मातहत आपके दोस्त हैं?"

उसने फिर इनकार में सिर हिलाया।

"कुछ तो होंगे!"

"हैं तो ऑफिस आवर्स के हैं।"

"एग्जैक्टली। इसीलिए एक बार सबके सामने आपने कहा था—या आपके मुँह से निकल गया था—'घर आने का क्या मतलब? आठ घंटे ऑफिस में हम इकट्ठे बिताते हैं, उसके बाद कोई कसर रह जाती है कि घर आकर ही पूरी होगी?' याद आया?"

उसने सहमति में सिर हिलाया।

"कितनी क्लियर वार्निंग दी आपने घर आने की बाबत हर किसी को? अपने ईक्वल्स को, अपने जूनियर्स को, अपने मोर जूनियर्स को? किसलिए? क्योंकि आप ऑफिस एक्विंटेंस में और दोस्ती में एक क्लियर लाइन ऑफ डिमार्केशन खींच कर रखते हैं। क्योंकि जानते हैं साथ काम करते होने से कोई दोस्त कहलाने का हकदार नहीं बन जाता। ठीक?"

उसका सिर सहमति में हिला।

"तो फिर समाजी ताल्लुकात में चूज़ी हुए या न हुए आप?"

"यूँ तो हुआ!"

"तो फिर इस सिलसिले में मेरे में और आपमें क्या फर्क हुआ? सिवाय इसके कि जो बात मैंने मुँह फाड़ के कही, वो आपने दिल में रखी।"

"ठीक।"

"इस कान्टैक्स्ट में मैं एक शायार की दो लाइनें अर्ज करना चाहता हूँ।"

"करो।"

"चलना तो चाहिए जमाने के साथ ही लेकिन, फिर भी अच्छा है गर कुछ फासला रखा जाए।"

"गुड! ऐसी बातें पहले तो तूने कभी न कीं!"

"ऐसी नौबत कब आई! मैं तो अब भी न करता अगरचे कि आप ये मुद्दा उठाने का खयाल न करते।"

"हूँ।"

"फिर फेयरवैल की बाबत एक बात और भी है।"

"क्या?"

"फेयरवैल का ये दस्तूर होता है कि जाने वाला पीछे छूट रहे जनाबेहाजरीन के लिए चन्द अल्फाज़ उचर कर जाता है। गले में गेंदे का हार पहने, हाथ में गुलदस्ता थामे बड़ा जज्बाती होकर, बल्कि आँखों में आँसू भर कर, वो बोलता है कि उसका दिल ही जानता था कि सब लोगों से बिछुड़ने का उसको कितना दुख हो रहा था—चाहे असल में दिल गुड रिडेंस ही कह रहा हो—वो सब भाइयों जैसे कलीग थे, जिनके साथ काम करने का आनन्द ही कुछ और था। इतने साल मैंने जिन लोगों के साथ गुजारे थे, हर घड़ी मुझे उनकी याद आया करेगी, वगैरह... मैं फलाने का शुक्रगुजार हूँ, जिसने यूँ मेरा साथ दिया, मैं फलाने का शुक्रगुजार हूँ जिसने मेरी बेमिसाल खिदमत की, हमेशा मेरी बहती नाक पोंछी। मैं फलाने का शुक्रगुजार हूँ, जिसने हमेशा मुझे माकूल सलाह दी कि चलना शुरू करते वक्त कौन से वार को कौन-सा पाँव पहले उठाना चाहिए, वगैरह...मैं सीआरएम साहब का शुक्रगुजार हूँ जिनके साथ—या जिनके लिए—काम करना मेरे लिए सौभाग्य का विषय था, जो चाय पी चुकने के बाद कप उठाने का पहला चांस मुझे देते थे, वगैरह..."

वो हँसा, तत्काल संजीदा हुआ।

"मैं ये पाखंड नहीं कर सकता। नौकरी लगी है तो छूटनी भी है। रिटायरमेंट तो मौत की तरह लाजमी है, आकर रहना है उसने अपने वक्त पर। नहीं?"

"हाँ।"

"एक खामखयाली और भी है यहाँ हर किसी को जिसे मैं दूर करना चाहता हूँ।"

उसकी भवें उठीं।

"यहाँ हर कोई मेरे से कुढ़ता है कि मैं नावल लिखता हूँ। लेकिन कुढ़न की वजह ये नहीं है कि मैं नावल लिखता हूँ—आधे जने तो समझते ही नहीं कि नावल लिखना क्या होता है—कुढ़न की वजह ये है कि जानते हैं कि मेरा नावल लिखना मेरी माली औकात उनसे बेहतर, कहीं बेहतर बनाता है। इसी वजह से उधार के मामले में हर कोई मुझे ईजी टारगेट समझता है। एक मकैनिक, जिसका मैं ठीक से नाम नहीं याद रख पाता, जिसकी मैं बस शक्ल से वाकिफ हूँ कि वो आईटीआई में नौकरी करता है, एक रोज मेरे पास आकर बोला कि उसे पन्द्रह हजार रुपये की सख्त जरूरत है, वो रकम मैं उसे उधार दे दूँ। मैंने कहा कि मेरा तेरे से नौकरी

में कभी वास्ता नहीं पड़ा, जिन लोगों में तू उठता-बैठता है, उनसे माँग। उसने उस बात का जवाब न दिया, कुछ और ही बोला—मेरे को तो फलाने ने कहा था कि आपके पास जाऊँ। मैं तो इसलिए आया। मैंने कहा—जिसने तुझे मेरे पास भेजा है वो तेरा मेरे से ज्यादा वाकिफ है, मेरे से ज्यादा पैसे वाला है, खुद क्यों नहीं देता? जानते हैं उसने मुझे क्या जवाब दिया?"

"क्या?"

"उलटे-सीधे सवाल मत करो जी, मेरे से। देते हो तो दो नहीं तो...। सर, बताने की जरूरत है कि आगे वो कहता तो क्या कहता?"

उसने इनकार में सिर हिलाया।

"फिर भी मैंने कभी किसी को नाउम्मीद नहीं किया लेकिन एक लिमिट में रहकर।"

"क्या लिमिट?"

"सैकड़ों में किसी को मना नहीं किया, हजारों में किसी को हाँ नहीं बोली। मैंने जब भी किसी को सैकड़ों में रकम दी, पहले ही ये सोच के दी कि वापिस नहीं मिलनी। और सैकड़ों में ऐसा नुकसान मैं झेल सकता था। सर, यहाँ तो प्रोफेशनल बारोअर्स हैं। इसलिए नहीं माँगते कि जरूरत है, इसलिए माँगते हैं कि मिल गया तो वाह-वाह, न मिला तो, तो भी वाह-वाह। मिल गया तो लौटाना तो है नहीं! ये तक झूठ बोल देते हैं कि लौटा दिया था, भूल गए हो, याद नहीं रख सकते।"

"हूँ।"

"एक कर्मचारी मेरे पास आया। उसने मुझे बताया कि उसने उसी रोज शाम तक अपने डीडीए के फ्लैट की किस्त भरनी थी वर्ना फ्लैट उससे छिन जाना था। उसने मुझे नोटों से भरा एक थैला दिखाया जिसमें खुद उसने बताया कि साढ़े बावन हजार रुपये थे, लेकिन किस्त की रकम से चौदह सौ रुपये कम थे जो कि उसने मेरे से माँगे। इतनी बड़ी रकम की उसके पास मौजूदगी ने मेरे पर अच्छा साइक्लोजिकल दबाव बनाया, मैंने उसे चौदह सौ रुपये दे दिए। शाम तक उसने डीडीए में किस्त जमा कराए होने की रसीद भी मुझे दिखा दी, यानी वो कोई ड्रामा नहीं कर रहा था, जेनुईन जरूरतमन्द था। आज उस वाकये को तीन साल से ऊपर हो गए हैं, उसने चौदह सौ रुपये मुझे नहीं लौटाए, उलटे आँखें नम करके जज्बाती हो के मुझे आश्वासन दिया कि वो रकम जरूर लौटाएगा, दूध से धो के लौटाएगा। मेरी नौकरी के अब चन्द महीने बाकी हैं। क्या खयाल है, लौटाएगा?"

सीआरएम ने सप्रयास इनकार में सिर हिलाया।

"विस्की हर शाम स्टोर में अभी भी बदस्तूर रोज पीता है।"

वो खामोश रहा।

लेखक अपनी स्टडी में फैमिली फ्रेंड गुल पनाग के साथ

“एक आखिरी मिसाल और सुनिए जो सबसे अनोखी है। यहाँ एक ग्रेड टू अफसर है जो बहुत पैसे वाला है, खुद बताता है बैंक में उसके कई लाख रुपये जमा है। एक बार पच्चीस तारीख को उसने मेरे से दस हजार रुपये उधार माँगे जो कि मैंने तुरन्त दे दिए क्योंकि मैं जानता था कि वो शरीफ, भला, खानदानी आदमी था लेकिन हैरान जरूर हुआ कि ऐसा शख्स उधार माँग रहा था। मेरी हैरानी उसने खुद दूर की, बोला—‘यार, मैं बैंक से दस हजार रुपये निकालूँगा तो इस महीने का इंटरेस्ट मारा जाएगा’। चार पर्सेंट से दस हजार रुपये पर कितना माहाना इंटरेस्ट होता है? दो सौ सवा आठ रुपये। क्या समझे, सर? कुछ लोग इसलिए सम्पन्न हैं क्योंकि कमाते ज्यादा हैं, लेकिन ज्यादा लोग इसलिए सम्पन्न हैं क्योंकि खर्चते कम हैं—बल्कि खर्चते ही नहीं हैं।”

“ए रुपी सेव्ड इज से रुपी अर्न्ड।”

“यू आर वैरी करैक्ट, सर, लेकिन बाल मूँड़ने से मुर्दा हल्का नहीं होता।”

“हूँ।”

“यहाँ ये बात भी गौरतलब है कि उसकी माँगी रकम मैंने उसे बैंक से निकलवा के दी थी, जहाँ मुझे भी इंटरेस्ट उसी गज से नाप कर मिलना था, जिससे उसे मिलता था।”

“यू आर ऑफ दि सब्जेक्ट। तुम अपने नावल लिखने के बारे में कुछ कह रहे थे!”

“हाँ! मैं ये अर्ज करना चाहता था कि मेरे नावल लिखने के बारे में यहाँ बहुत खामखयालियाँ हैं, जिन्हें मैं दूर करके जाना चाहता हूँ। सर, मैं रोज नहीं लिखता, मैं संडेज को और हॉलीडेज़ को लिखता हूँ और हर छुट्टी वाले दिन लिखने में पन्द्रह घंटे की शिफ्ट लगाता हूँ।”

उसके नेत्र फैले।

“नानस्टॉप?”

“यस, सर।”

“खाना-पीना, नहाना-धोना?”

“कुछ नहीं। सिर्फ चाय।”

“कमाल है! यू वर्क दैट हार्ड!”

“यस, सर। ये बात हमारे में पहले उठ चुकी है।”

“लेकिन ये पन्द्रह घंटे वाली तुमने नहीं बताई थी।”

“ज्यादा भी हो जाते हैं। मैं सुबह सात बजे लिखने का एक कोरम मुकर्रर करके बैठता हूँ; जब तक वो कोरम काल नहीं हो जाती, मैं नहीं उठता, भले ही आधी रात हो जाए।”

“कमाल है!”

"तमाम उम्र जलाए हैं खूनेदिल के चराग, यूँ ही नजर नहीं आतीं सजी-सजी रातें।"

"मिस्टर पाठक, डोंट गैट, थियेट्रिकल।"

"सॉरी, सर।"

"नैवर माइंड। तो तुम कह रहे थे...!"

"सर, मेरी मैंटल और फिजीकल ट्रेनिंग ऐसी बन गई है कि जब तक एक लम्बी, अनइन्ट्रप्टिड शिफ्ट का माहौल न हो, मैं लिखने नहीं बैठता। अब आप खुद सोचिए, कैसे मैं अंसारी रोड ऑफिस में बैठकर नावल लिख सकता हूँ, जहाँ कि तकरीबन वक्त रेलवे प्लेटफॉर्म जैसा माहौल होता है! ऐसे माहौल में चिट्ठी नहीं लिखी जा सकती, लेकिन शिकायत करने वाले खम ठोककर कहते हैं कि मैं दफ्तर में बैठकर नावल लिखता हूँ—और वो भी कभी-कभार नहीं, हमेशा।"

"लेकिन सरकारी नौकरी में ऐसा करना है तो गलत! वो भी मैनेजमेंट को इस बाबत खबर किए बिना!"

"ये बात इंक्वायरी में भी उठ चुकी है। सर, लिखना परफारमिंग आर्ट्स में आता है, जैसे कि गाना, कोई वाद्य बजाना, नाटक करना, डांस करना वगैरह, और इन विधाओं में सरकारी मुलाजिम का दखल हो तो न उसे मैनेजमेंट को खबर करने की जरूरत होती है, और न इजाजत लेने की जरूरत होती है।"

"लेकिन जो इंकम होती है?"

"वो बेकरी चलाकर, पनवाड़ी की दुकान चलाकर, हलवाई की दुकान चलाकर की होने के समकक्ष नहीं होती है। मैं नावल की सेल नहीं लगाता, मुझे उसकी रायल्टी हासिल होती है। मेरी कोई दुकान नहीं है जहाँ बोर्ड लगा हो—यहाँ अप्रकाशित पांडुलिपि बिकती हैं। फर्क समझिए दोनों बातों में।"

"हूँ।"

"इसके विपरीत यहाँ ऐसे मुलाजिम हैं जो आईटीआई में बैठकर आईटीआई की जड़ खोदते हैं। आपका लाडला ग्रेड वन ऑफिसर आईटीआई के कारोबार जैसी अपनी कम्पनी चलाता है, बड़े-बड़े वायरिंग के कान्ट्रैक्ट उठाता है और यूँ तनखाह से दस गुणा कमाई करता है।"

"फिर नौकरी क्यों करता है?"

"नौकरी नहीं करेगा तो उसे पता कैसे लगेगा कि आईटीआई ने कहाँ वायरिंग का बड़ा एस्टीमेट भेजा!"

"ओह!"

"उसका भेजा जमूरा जाकर उस काम को आईटीआई के रेट्स से 20-30-40 पर्सेंट से कम में करने की पेशकश करता है, काम उसे मिल जाता है, आईटीआई को पता ही नहीं लगता उसका एस्टीमेट क्यों न पास हुआ! एक दूसरा जवान है जो आईटीआई से जो इलैक्ट्रॉनिक्स कम्पोनेंट सरकाए जाते हैं,

सीनियर ऑफिसर से मिलीभगत से उन्हीं का बिल बनाकर वापिस आईटीआई को सप्लाई कर देता है। अभी एक और शख्स ने फाउंड्री खोली हुई है, जहाँ आईटीआई को ही सप्लाई करने के लिए कास्ट आयरन के बॉक्स बनते हैं। एक की बिजली के सामान की दुकान है जहाँ आधे से ज्यादा वो सामान बिकता है, जो आईटीआई से सरकाया हुआ होता है। एक टैक्नीशियन ऑफिस टाइम में थ्री व्हीलर चलाता है..."

"क्या! ऑटो चलाता है?"

"बाकायदा ऑटो ड्राइवर का पीतल का तिकोना बैज कमीज पर टाँग कर।"

"लेकिन ऑफिस टाइम में!"

"स्टाइल है न उसका!"

"क्या?।

"मोती नगर रहता है। घर से दफ्तर तो आना है न! दरियागंज की सवारी बिठाकर लाता है। सवेरे के ऑफिस टाइम में क्या मुश्किल है ऐसी सवारी मिलना! दरियागंज तक का ऑटो का भाड़ा भी कमा लेता है और खुद फ्री में ऑफिस पहुँच जाता है।"

"बट दिस इज...प्रीपोस्चरस!"

"नहीं सर, पुरुषार्थ है। प्रीपोस्चरस तब है जब पाठक करे।"

उसने असहाय भाव से गर्दन हिलाई।

"फिर ऑफिस से उसे ओखला का काम मिलता है। वो ऑटो की ओखला की सवारी बिठाकर ले जाता है, भले ही ऐसा होने में एक घंटा लग जाए, दो घंटे लग जाएँ। वहाँ से फारिग होता है तो शाम को मोती नगर की सवारी ढूँढ़ लेता है और घर जल्दी भी पहुँच जाता है, फोकट में भी पहुँच जाता है। फिर अगले दिन ऑफिस आकर अपने सैक्शन इंचार्ज को दरियागंज से ओखला जाने-आने का बमय लंच अलाउंस कनवेयंस बिल थमा देता है। फिर कोढ़ में खाज ये कि सारे अंसारी रोड ऑफिस में इस बात की खबर है।"

"लेकिन वो ऑटो ड्राइवर..."

"उसका पिता था। उसकी डैथ हो गई तो ऑटो खुद चलाने लग गया।"

"गॉड!"

"एक क्लर्क ने अपनी बीवी के नाम से एलआईसी की एजेंसी ली हुई है लेकिन एजेंटी खुद करता है। ऐसे समय का 'सद्उपयोग' करने वाले कई साहबान और भी होंगे जिनकी मुझे खबर नहीं। अब आप ये बताइए कि मैंने छुट्टी के दिन छुट्टी मनाने की जगह, बीवी-बच्चों को कहीं घुमाने या सिनेमा दिखाने ले जाने की जगह सारा दिन बँधुआ मजदूर की तरह कलम घिसी तो क्या कोई गुनाह किया?"

उसने इनकार में सिर हिलाया।

"आम सरकारी मुलाजिम की जिन्दगी की तर्जुमानी एक शायर ने इन अल्फाज में की है :

क्या हुआ, क्या इस जहाँ में कारेनुमायां कर गए,
पैदा हुए, नौकर हुए, पेंशन मिली और मर गए।

मैं या मेरे जैसा कोई कारेनुमायां करे तो गुनहगार।"

"हूँ। पर तू अभी भी सब्जेक्ट से भटक रहा है।"

"मैं वहीं हूँ, सर। मैं ये कहना चाहता हूँ कि साल के तीन सौ पैंसठ दिन न मैं लिखता हूँ, न लिख सकता हूँ। नावल लिखना ऐसा काम है, जिसमें प्रिपरेशन में ज्यादा टाइम लगता है, एग्जीक्यूशन में कम लगता है। मैं दो महीने तैयारी करता हूँ और एक महीना लिखने में लगाता हूँ। लिखना एक फिजीकल एक्ट है, जो उस ठीये पर बैठकर ही होता है जिसके कि आप आदी हैं। तैयारी दिमागी काम है और दिमाग चौबीस घंटे—सोने में भी चलता है। यहाँ की फाइव डेज वीक की नौकरी में मैं हफ्ते में दो दिन लिखता हूँ, नौकरी छोड़ने का ये मतलब हरगिज नहीं होगा कि मैं रोज लिखना शुरू कर दूँगा। लिखना तब भी साल में चार-साढ़े चार महीने ही होगा, बस सिर्फ वीक एंड की मोहताजी नहीं होगी। इस सिनेरियो में नौकरी छोड़कर मैं क्या हासिल करता, सिवाय इसके कि जिन्दगी थोड़ी आसान हो जाती! लेकिन मेरे को तो आसान जिन्दगी की आदत नहीं, मैं तो बेहतरीन काम तभी कर पाता हूँ जब अंडर प्रैशर होता हूँ। बाकी रही, यहाँ गाहे-बगाहे इज्जत उतरने की बात, सैल्फ-रिस्पैक्ट पर चोट होने की बात तो आकूपेशनल हैजड्र्स कहाँ नहीं होतीं! पब्लिशर के साथ क्या मेरा सब कुछ समूथ चलता है! आए दिन झगड़े-फसाद, ईगो क्लैश होते हैं। सर, दुश्वारियों से डरना आदम के बच्चे का काम नहीं होता। जो शख्स दुश्वारियों से डरता है, उसके लिए तमाम जिन्दगी में दुश्वारियाँ ही दुश्वारियाँ हैं, भले ही संन्यास धारण कर ले।"—एकाएक मेरे स्वर में ओज का पुट आया—"सुर्खरू होता है इंसा ठोकरें खाने के बाद, रंग लाती है हिना पत्थर पै घिस जाने के बाद।"

"ओके!"—वो यूँ बोला जैसे उस विषय का समापन कर रहा हो—"फाइन डिसकोर्स यू हैव डिलीवर्ड। आई एम एजुकेटिड एंड एनलाइटंड। अब मेरी सुन।"

"यस, सर।"

"फेयरवैल न लेना, पार्टी न लेना, लेकिन एक चीज जरूर लेना।"

"क्या?"

"एक टेलीफोन इंस्ट्रूमेंट, जो हेड ऑफिस की तरफ से प्रेजेंट होगा।"

लेखक चालीस साल की आयु में

"अच्छा!"

"हाँ। ये सिलसिला इसी साल से चला है और यूँ टेलीफोन पाने वाला तू पहला रिटायर होने वाला शख्स होगा।"

आईटीआई का निर्मित सबसे सस्ता टेलीफोन हजार रुपये का था, फैंसी मॉडल पन्द्रह-सोलह सौ तक थे।

"फोन कौन-सा?"—मैंने उत्सुक भाव से पूछा।

"जो तू कहे। जो तू चाहे।"

मुझे बहुत खुशी हुई। जाती बार साहब मेहरबान होकर दिखा रहा था।

लेकिन बाद में सामने आया कि दिखा ही रहा था।

स्टोर से मुझे मालूम पड़ा कि मुझे देने के लिए जिस टेलीफोन इंस्ट्रूमेंट का चालान बना था, वो बिलकुल बेस मॉडल था।

27 फरवरी, 1998 आईटीआई में मेरी नौकरी का आखिरी दिन था और मैं शाम चार बजे भी अभी दफ्तर का काम कर रहा था। कनॉट प्लेस ऑफिस से दोपहर से सीआरएम के पीए का फोन आ रहा था कि मैं आकर अपना प्रॉविडेंट फंड का चैक प्राप्त करूँ।

काम छोड़कर मैं न गया।

आखिर साढ़े चार बजे सीआरएम ने खुद मुझे फोन किया।

"तू अपना चैक लेने क्यों नहीं आता?"—वो अप्रसन्न भाव से बोला—"मैं तेरी वजह से बैठा हूँ।"

"क्यों बैठे हैं?"—मैं बोला—"चैक पीए को दे दीजिए और जहाँ जाना है जाइए, मैं काम से फारिग होकर जब उधर आऊँगा, पीए से ले लूँगा।"

"अरे, मैंने देना है चैक तेरे को।"

"आपने क्यों देना है? प्रॉविडेंट फंड का चैक है। मेरा पैसा है जो मेरे को मिल रहा है। इसमें आपका क्या रोल है? आप क्या अपनी जेब से कुछ दे रहे हैं मेरे को, जो मेरे को अहसान जताकर देंगे?"

उसने फोन बन्द कर दिया।

क्लोजिंग टाइम से बीस मिनट पहले मैं कनॉट प्लेस ऑफिस पहुँचा।

चैक पीए के पास था, मैंने उसी से लिया।

बड़ा साहब उठकर मेरे से हाथ मिलाकर तमाशबीनी के साथ मुझे चैक देने का सुख न पा सका।

टेलीफोन लेने से मैंने इनकार कर दिया।

"साहब ने बोला था"—पीए बोला—"कि मैं आऊँ तो मिलकर जाऊँ?"

मैंने भीतर कदम रखा।

सीआरएम ने उठकर मेरा स्वागत किया, हाथ मिलाया और बैठने को बोला।

फिर मेरे लिए चाय मँगाई, जिसके साथ पहले से मँगाया हुआ बर्फी का डिब्बा खोलकर रखा।

"मैं मीठा नहीं खाता।"—मैं सादर बोला।

"न खा, भई"—वो बोला—"मुँह तो मीठा कर।"

मैंने किया।

"चैक मिल गया?"—वो बोला।

"मिल गया क्या मतलब?"—मेरी भवें उठीं—"खैरात है!"

वो हड़बड़ाया।

"चैक ले लिया मैंने।"—मैं बोला।

"यार, तू नहीं सुधरेगा।"

"अब तक नहीं सुधरा तो अब क्या सुधरूँगा! अब तो मेरी नौकरी में—मैंने वाल क्लॉक पर निगाह डाली, दस मिनट बाकी हैं।"

उस दौरान मैंने चाय का कप खाली किया; फिर उठ खड़ा हुआ।

सीआरएम भी उठा, अपनी विशाल टेबल का घेरा काटकर मेरे करीब आया और गले लगकर मेरे से मिला।

"पाठक"—वो बड़े अरमान से बोला—"गायब न हो जाना। शादी-ब्याह वगैरह में बुलाते रहना।"

साहब जो कह रहा था, उसे मैंने बशीर बद्र की जुबान में समझा :

कुछ भी हालात रहें, तर्क न कीजे रिश्ते।
दिल मिले न मिले, हाथ मिलाते रहिए।

बहरहाल आखिरी घड़ी में साहब ने मुझे जज्बाती कर दिया।

"जरूर, सर।"—मैं भर्राए कंठ से बोला—"जरूर, सर।"

सीआरएम ऑफिस में और कोई न मेरे से मिलने आया, न मैं किसी से मिला।

उस शाम मेरी चौंतीस साल की पहली और आखिरी नौकरी का समापन हुआ।

पीछे किसी ने मुझे मिस न किया।

अलबत्ता खैर कइयों ने मनाई मेरे दफा होने की।

आईटीआई में मेरी आखिरी तनखाह बारह हजार रुपये थी।

और तब मेरे एक नावल की फीस दो लाख रुपये थी।

दो हफ्ते बाद मुझे घर पर सीआरएम के पीए का फोन आया कि 'गिफ्ट' वाला फोन उस मद में स्टोर से निकल चुका था, वो मुझे ले जाना चाहिए था वर्ना उसे सीआरएम ले जाने वाला था।

तब मैं वो फोन कलैक्ट करने कनॉट प्लेस ऑफिस गया।

वहाँ से मुझे राज की बात मालूम हुई कि यूनियन के रिकॉर्ड में मेरे फेयरवैल की पार्टी बराबर हुई थी, मेरे लिए जो गिफ्ट खरीदा गया था, वो सैक्रेट्री घर ले गया था और पार्टी का खर्चा(!) यूनियन एग्जीक्यूटिव्ज ने आपस में बाँट लिया था।

दो महीने बाद मुझे खबर मिली कि आईटीआई में अट्ठावन साल की नौकरी साठ साल की हो गई थी।

मुझे बहुत अफसोस हुआ।

वैसा दो महीने पहले हुआ होता तो और दो साल मैं वहीं होता, फिर मेरी हैल्ड अप प्रोमोशन भी मुझे जरूर मिली होती।

जमा मेरी नौकरी छूटते ही नीचे से ऊपर तक सबकी तनखाहें दुगनी हो गई थीं।

✪✪✪